AF533599

György Dalos

Geschichte der Russlanddeutschen

György Dalos

Geschichte der Russlanddeutschen

Von Katharina der Großen bis zur Gegenwart

Deutsche Bearbeitung von Elsbeth Zylla

C.H.BECK

Mit 25 Abbildungen und einer Karte

Förderung der Publikation durch die Beck-Stiftung,
die Heinrich-Böll-Stiftung e.V. und den Beauftragten der Bundesregierung für Kultur
und Medien aufgrund eines Beschlusses des Deutschen Bundestags

1. Auflage. 2014
2., durchgesehene Auflage. 2015
3. Auflage. 2020

4. Auflage. 2024

www.chbeck.de
Umschlaggestaltung: Kunst oder Reklame, München
Umschlagabbildung: Panjewagen, © Andrej Krementschouk/OSTKREUZ
Satz: Fotosatz Amann, Memmingen
Druck und Bindung: Druckerei C.H.Beck, Nördlingen
Printed in Germany
ISBN 978 3 406 81851 6

myclimate
verantwortungsbewusst produziert
www.chbeck.de/nachhaltig

Für Karl Schlögel

Inhalt

Siedlungsgebiete der Deutschen in der Sowjetunion (1970/1979)
Barentssee
Karasee
Laptewsee
RUSSISCHE SOZIALISTISCHE FÖDERATIVE SOWJETREPUBLIK
Lett. SSR
Lit. SSR
Estn. SSR
Tallinn
Riga
Vilnus
Leningrad (St. Petersburg)
Nowgorod
Minsk
Weißrussische SSR
Moldau. SSR
Schitomir
Kiew
Kischinjow
Ukrainische SSR
Odessa
Dnepropetrowsk
Saporoshje
Sewastopol
Jalta
Schwarzes Meer
Rostow
Krasnodar
Stawropol
Elista
Georgische SSR
Armen. SSR
Tiflis
Eriwan
Astrachan
Aserbaidschan. SSR
Baku
Kaspisches Meer
Moskau
Tula
Wolga
Saratow
Wolgograd
Kujbyschew
Uralsk
Ural
Gurjew
Archangelsk
Nördliche Dwina
Workuta
Norilsk
Ob
Lena
Perm
Ufa
Swerdlowsk (Jekaterinburg)
Tjumen
Orenburg
Tscheljabinsk
Petropawlowsk
Aktjubinsk
Kustanaj
Kokschetau
Omsk
Tomsk
Nowosibirsk
Kemerowo
Krasnojarsk
Turgaj
Zelinograd (Astana)
Slawgorod
Pawlodar
Barnaul
Abakan
Kasachische SSR
Karaganda
Dscheskasgan
Semipalatinsk
Ust-Kamenogorsk
Altai-Region
Aralsee
Ksyl-Orda
Turkmenische SSR
Usbekische SSR
Aschchabad
Buchara
Samarkand
Taschkent
Tschimkent
Dschambul
Frunse (Bischkek)
Alma-Ata
Kirgisische SSR
Duschanbe
Tadschikische SSR
Balchaschsee
Taldy-Kurgan
Baikalsee
Irkutsk
Tschita
1 Kabardino-Balkarische ASSR
2 Nord-Osetische ASSR
3 Daghestanische ASSR
4 Baschkirische ASSR
5 Nord-Kasachstan
6 Ost-Kasachstan
7 Chakassisches Auton. Gebiet
0 600 km
nach Dr. A. Eisfeldt
10 000 Deutsche
unter 5000 Deutsche
Staatsgrenze der Sowjetunion
Republikgrenze
Gebietsgrenze
Grenze der Wolgadeutschen ASSR 1918/23 bis 1941
1928–1945 erloschene deutsche Siedlungen

Vorwort

Im Frühjahr 1965, ich studierte Geschichte an der Lomonossow-Universität in Moskau, erhielt ich eine Einladung nach Frunse, heute Bischkek. Mein Gastgeber war der kirgisische Dichter Temirkul Umetoli. So verbrachte ich eine gute Woche in der Hauptstadt der kirgisischen Sowjetrepublik, zwischen dem ersten Mai, dem international begangenen Tag der Arbeit, und dem neunten Mai, dem zwanzigsten Jahrestag des Sieges der Sowjetunion über Hitlerdeutschland. Temirkul Umetoli, damals ein sehr bekannter Literat, besaß eine Villa mit Garten im Stadtzentrum und hatte eine große, weitverzweigte Familie. Einer seiner Enkel, der fünfjährige Serjoscha, litt an Kinderlähmung und konnte weder laufen noch sprechen. Er saß im Kinderwagen und wurde von Ida Iwanowna gepflegt, einer älteren deutschen Frau, die so liebevoll mit ihm umging, als wäre der Kleine ihr eigener Enkel. Ab und zu nahm sie ihn auf den Arm, wiegte ihn hin und her und sagte mit sanfter Stimme auf Deutsch: «Du armes schönes Kind!»

In Ida Iwanowna begegnete mir zum ersten Mal das Phänomen der Russlanddeutschen, von deren Existenz ich zuvor keine Ahnung hatte. Offenbar hatte mich diese Begegnung beeindruckt, denn in einem Aufsatz über meine Reise nach Kirgisien für die Szegediner Literaturzeitschrift «Tiszatáj» widmete ich ihr einen ganzen Absatz. Unter Hinweis auf das Gespräch mit der alten Frau schrieb ich:

«Hier im kirgisischen Land leben viele Deutsche, ebenso wie es in der benachbarten Kasachischen Republik ganze deutsche Dörfer, deutsche Kolchosen gibt. Diese Deutschen flüchteten gegen Ende des 18. Jahrhunderts vor den vielen Wirtschaftskrisen in das Russische Reich, in dem damals eine relative ökonomische Konjunktur herrschte und wo man viele fleißige Arbeiterhände brauchte. Die Deutschen blieben auch nach der Großen Sozialistischen Oktoberrevolution im Lande. Ihre Zahl wurde auf eine halbe Million geschätzt, als sie ihre Autonomie im

Rahmen der 1922 gegründeten Union erhielten. Das Zentrum der Deutschen Autonomen Republik lag im Wolgagebiet, in der provinziellen Kleinstadt Engels. Doch die Kriegsjahre dezimierten die deutsche Bevölkerung. Die Schrecknisse der Evakuierung, die Integration eines Teils der Deutschen in die fünfte Kolonne und andere, rein subjektive Faktoren machten es für die deutsche Bevölkerung unmöglich, sich nach dem Krieg in einer neuen autonomen staatlichen Formation zu vereinigen. Ein Teil von ihnen ließ sich daraufhin hier in Zentralasien ansiedeln, wo sie die ohnehin vielfarbige ethnische Karte dieses Gebiets noch bunter machen.»

Heute, fast fünfzig Jahre später, weiß ich nicht, was mich beim Lesen dieses Textes mehr verblüffen soll: meine Wohlinformiertheit, die weit über den durchschnittlichen Kenntnissen der Sowjetmenschen lag, oder die Blauäugigkeit des damals 21-jährigen Jungkommunisten, der irgendetwas aufgeschnappt hatte und allerlei Halbwahrheiten für bare Münze nahm. Dabei muss betont werden, dass ich meine Weisheiten ausschließlich aus Ida Iwanownas Äußerungen und vielleicht einigen ergänzenden Kommentaren der kirgisischen Gastgeber geschöpft hatte. Es gab auch nicht die Möglichkeit, das Gehörte anhand schriftlicher Quellen zu verifizieren. Literatur zu dem Thema galt in den Bibliotheken des gesamten Ostblocks als «Verschlusssache», und westliche Bücher lagen zu dieser Zeit im Giftschrank. Dabei war mein Spezialgebiet und das Thema meiner Diplomarbeit ausgerechnet die neuere Geschichte Deutschlands, insbesondere der Weimarer Republik.

Wenn ich nun ein Buch über das Schicksal der Russlanddeutschen vorlege, muss ich gestehen, dass mir diese Materie zu Beginn der Arbeit an dem Buch relativ neu war, obwohl meine Recherchen zu Themen der russischen Geschichte auch früher gelegentlich sowjetdeutsche Aspekte tangierten. Gleichzeitig festigte die gründlichere Auseinandersetzung mit der Historie der Russlanddeutschen meine Überzeugung, dass diese sehr viel mit dem Ende der Sowjetunion zu tun hatte. Der Staatssozialismus scheiterte natürlich nicht zuletzt an der ökonomischen Unhaltbarkeit des Systems und den vielfältigen absurden Formen der Unfreiheit. Aber seine Achillesferse, seine größte Verwundbarkeit entstand langfristig durch den doktrinären und lebensfremden Umgang mit der nationalen Frage.

Noch zwei Gebrauchsanweisungen für die deutschen Leser, insbesondere für diejenigen, die aus der ehemaligen Sowjetunion stammen. Erstens: Anders als in meinen früheren Büchern zu historischen Sujets arbeite ich mit Anmerkungen – genauen Quellenhinweisen und persönlichen Kommentaren –, was vielleicht das Lesen umständlicher macht, mir aber für die Schilderung des Themas unverzichtbar erscheint. Als Entschädigung für die dadurch entstehenden Mühen bei der Lektüre gibt es im Apparat die Internetadresse für zwei russische Wolgalieder.

Und zweitens: Obwohl ich es im Laufe dieser Arbeit fast ausschließlich mit deutschem und russischem Material zu tun hatte, haben mich bei der Darlegung zweifelsohne die Erfahrungen eines Mitteleuropäers, genauer gesagt eines Ungarn jüdischer Abstammung beeinflusst. Somit habe ich nicht unbedingt die Perspektive der deutschen und russlanddeutschen Kollegen eingenommen. Ich hoffe sehr, dass dieser gewissermaßen fremde Blick neue Gesichtspunkte zum Nachdenken über die eigene Geschichte ergeben kann.

György Dalos

Die heile Welt der Kolonisten

War ein schöner großer Garten,
Standen wenig Bäume drin.
Fleißig täte seiner warten
Eine große Gärtnerin.
Wollt ihn schöner haben gerne,
Holte Bäume aus der Ferne.

Russland ist der große Garten,
Katharina – Gärtnerin,
Und die Deutschen, die sich scharten
Auf den Ruf der Kaiserin,
Sind die Bäum' aus fremdem Land
Beiderseits am Wolgastrand.

(Volkslied)

Die junge Zarin war alles andere als eine sentimentale Menschenfreundin. Wenn es um die Ausschaltung ihrer Rivalen ging, war sie bereit, über Leichen zu gehen. Deren erste war ihr eigener Ehemann, Peter III., der 1762 nach einem halben Jahr Herrschaft durch einen Staatsstreich gestürzt und ermordet wurde. Die nächste war der junge Iwan VI., den die Putschisten als legitimen Thronfolger in der Festung Schlüsselburg einsperrten, um ihn 1764 wegen eines angeblichen Fluchtversuchs ebenfalls zu liquidieren. Obwohl die direkte Beteiligung der Zarin an diesen Vorgängen niemals bewiesen werden konnte (Peters Mörder wurde sogar zum Tode verurteilt und öffentlich hingerichtet), hatte «die Alleinherrscherin aller Reußen» zu Beginn ihrer Regierungszeit eine ziemlich schlechte Reputation im Ausland. Umso befremdlicher wirken Voltaires Sätze aus einem Brief an d'Alembert von 1763: «Ich weiß, man macht ihr Vorwürfe aus Bagatellen in Bezug auf ihren Ehemann, das sind aber familiäre Angelegenheiten, die mich nichts angehen. Ansonsten ist es keineswegs schlecht, wenn jemand einiges abzubüßen hat. Dies zwingt sie zu großen Anstrengungen, um die Anerkennung und Bewunderung der Öffentlichkeit erheischen zu können.» Seinerseits schrieb d'Alembert über den Tod von Iwan VI. an Voltaire wie folgt: «Meine gute russische Freundin publizierte eine großangelegte Erklärung zu den Abenteuern des Fürsten Iwan, der laut ihrer Meinung zu einer Art blutrünstiger Bestien gehörte. (...) Trotzdem ist es peinlich, wenn jemand so viele aus dem Weg räumen muss. (...) Ich bin mit Ihnen einverstanden: Die Philosophie muss auf solche Schüler nicht allzu stolz sein. Aber was wollen Sie? Wir sollten unsere Freunde samt deren Fehlern lieben.»[1]

Dieser geistreiche, zynische, kokette, teilweise völlig verlogene Ton charakterisiert auch den umfangreichen Briefwechsel zwischen Voltaire und Katharina. Den obersten Aufklärer und die autokratische Herrscherin des Riesenreiches verband eine Art Notkoalition. Der Enzyklopädist brauchte den allgemein bekannten Nexus zur Zarin als Druckmittel gegen die weltlichen und kirchlichen Autoritäten seiner Heimat, während die Monarchin durch ihre in perfektem Französisch verfassten Episteln ihr nicht besonders gutes Image in Europa aufzupolieren suchte. Die Korrespondenz zeigt zwei souveräne, liberale Geister, die sich über alles unbefangen austauschen konnten. Die kriegführende, Hinrichtungen anordnende, mit ihren Rivalen gnadenlos abrechnende Katharina erschien im Prisma ihrer französischen Freundschaften als Vertreterin eines «Reformfeudalismus», die zumindest in ihren Absichtsbekundungen viel weiter zu gehen bereit war als die anderen, die konkurrierenden Kaiser und Könige des Kontinents: Ludwig XV. in Frankreich, Maria Theresia und Joseph II. im Habsburgerreich und Friedrich II. in Preußen. Tatsächlich bangten zu dieser Zeit alle Majestäten der Alten Welt um die Beibehaltung wenn schon nicht des ganzen Regimes, dann doch wenigstens der Institution der Monarchie, denn sie merkten bereits – und in diesem Sinne waren sie wirklich «aufgeklärt» –, dass Gottes Gnade allein keine ausreichende Garantie für die Aufrechterhaltung ihrer Herrschaft darstellte. Leere Staatskassen, Bauernaufstände, nationale und konfessionelle Unruhen forderten den Souveränen immer mehr politische Sachkenntnis und nüchterne Urteilskraft ab.

«Gegeben zu Peterhof, im Jahre 1763 den 22ten Juli, im Zweyten Jahre Unserer Regierung (...) Da Uns der weite Umfang der Länder Unseres Reiches zur Genüge bekannt, so nahmen Wir unter anderem wahr, daß keine geringe Zahl solcher Gegenden noch unbebaut liege, die mit vorteilhafter Bequemlichkeit zur Bevölkerung und Bewohnung des menschlichen Geschlechtes nutzbarlichst könnte angewendet werden, von welchen die meisten Ländereyen in ihrem Schoose einen unerschöpflichen Reichtum an allerley kostbaren Erzen und Metallen verborgen halten; und weil selbiger mit Holzungen, Flüssen, Seen und zur Handlung gelegenen Meerung genugsam versehen, so sind sie auch ungemein bequem zur Beförderung und Vermehrung vielerley Manufacturen, Fabriken und zu verschiedenen Anlagen. Dieses gab Uns Anlaß zur Erteilung des Manifestes, so zum Nutzen aller Unserer getreuen Unterthanen den 4. December des abgewichenen 1762 Jahres publiciert wurde. Jedoch, da wir in selbigen Ausländern, die Verlangen tragen würden, sich in Unserem Reich häuslich niederzulassen, Unser Belieben nur summarisch angekündiget; so befehlen Wir zur besseren Erörterung desselben folgende Verordnung, welche Wir hiermit feierlichst zum Grunde legen, und in Erfüllung zu setzen gebieten.» Die beiden Manifeste garantierten den nach Russland kommenden Ausländern in ländlichen Gegenden dreißig, in den Städten fünf Jahre Steuerfreiheit, zollfreie Einfuhr ihres Vermögens, Kredite für Hausbau, Boden und Nutztiere sowie landwirtschaftliche Technik und außerdem die Genehmigung, mit ihren Produkten Handel zu treiben. Zum Angebot gehörte auch die vollkommen ungehinderte Ausübung ihres Glaubens, «die Freyheit, Kirchen und Glocken-Türme zu bauen und dabey nöthige Anzahl Priester und Kirchendiener zu unterhalten». Die Neubürger sollten «während der ganzen Zeit ihres Hierseins (...) wider Willen weder in Militär noch Civil-Dienst genommen werden.» Als absolutes Privileg wurde diesen «ausländischen Capitalisten», also Kapital-Anlegern, gestattet, «für ihre Fabriken und Manufacturen erforderliche leibeigene Leute und Bauern zu erkaufen.» Allerdings wurde diese Freiheit der Sklavenhaltung durch das Statut von 1857 dahingehend eingeschränkt, dass weder Russen noch christliche Georgier als Unfreie beschäftigt werden durften. Und zu guter Letzt gestand der russische Souverän den künftigen Bewohnern der «Colonien oder Landflecken» eine eigene Verfassung und Jurisdiktion zu. Zugesichert wurde also Selbstverwaltung, wobei die eigens für die neuen Kolonien geschaffene staatliche Behörde, die «Kanzlei der Vormundschaft», nicht über das Recht verfügte, sich in innere Angelegenheiten der Zuwanderer einzumischen.

Abb. 1: Katharina die Große, «Zarin aller Reußen», Stahlstich nach einem zeitgenössischen Gemälde

Obwohl die Zarin diese mehr als großzügige Avance formal an alle immigrationswilligen Ausländer adressierte – «krome shidow», mit Ausnahme der Juden, wie der zeitgeistgerechte Vorbehalt hieß –, betrachtete sie als eigentliche Zielgruppe des Manifestes die vom Siebenjährigen Krieg (1756–1763) schwer in Mitleidenschaft gezogene deutsche Bevölkerung. Um aus dem armen Land möglichst viele arbeitsfähige, fleißige Bauern und Handwerker herauszulocken, startete sie eine beinahe modern anmutende Umsiedlungskampagne, angeführt von Iwan Smolin, dem russischen Residenten am Reichstag zu Regensburg. Von Ulm bis Hamburg richtete man in zahlreichen deutschen Städten Sammelpunkte ein, von denen aus die angeworbenen Kolonisten in die Häfen Lübeck und Danzig gebracht wurden. Besonders aktiv an der Werbung beteiligt war ein früherer Beamter der Holsteinisch-Gottorper Kanzlei, Iwan (Johannes) Facius, der 1765 in russische Dienste trat und von Katharina als «Kronagent» eingesetzt wurde. Das Manifest der

Zarin, eigentlich ein Ukas für den eigenen Senat, wurde in den deutschen Fürstentümern, in Österreich, Frankreich, Dänemark und den Niederlanden in der Presse veröffentlicht. Da die großangelegte Kampagne diplomatische Schwierigkeiten nach sich ziehen konnte, wich der Petersburger Hof auf private Agenturen aus.[2] Diese lockten mittellose Bauern, Handwerker und zerlumpte Söldner mit «Essgeld» – für erwachsene Männer 16 Kreuzer pro Tag, für Halbwüchsige und Frauen zehn Kreuzer, für Kinder sechs Kreuzer – in die Auswanderungshäfen und bekamen pro angeworbenem Auswanderer ein Kopfgeld.

Die erste Gruppe der Umsiedler kam mit dem Schiff aus Lübeck und erreichte über St. Petersburg Anfang Mai 1764, am 26. Tag der Reise, ihren Bestimmungsort, die Stadt Saratow an der Wolga. «Während der ganzen Zeit der Fahrt», so tönte ein propagandistisch angehauchter Reisebericht, «starb von 269 Familien nur ein Kind, während unterwegs 27 Kinder auf die Welt kamen.» Die von den Kolonisten versendeten Briefe bordeten über vor Glück und Zufriedenheit. Außer den niedrigen Preisen für Brot, Butter, Rind- und Schweinefleisch, Fisch und praktisch alle Lebensmittel, des Weiteren für Pferde, Kühe und Geflügel, wurden auch die günstigen klimatischen Bedingungen gepriesen, die sogar an «die warmen Provinzen in Frankreich» erinnern sollten. Und die benachbarten Kalmücken, Kasachen und Russen seien «die friedliebendsten und gutherzigsten Völker».[3] Den zu Hause Gebliebenen wurde gleichsam das Land Kanaan versprochen, in dem Milch und Honig flossen. So war es kein Wunder, dass aus den bettelarmen deutschen Städten und Dörfern mehrere tausend ausgemergelte Existenzen kamen und die Schiffe in den Auswanderungshäfen zu stürmen versuchten. So mancher von ihnen war auf der Flucht vor seinen Gläubigern, weil er das in der Notlage geliehene Geld niemals würde zurückzahlen können. Die kleinen Fürstentümer und Grafschaften versuchten die Migration aufzuhalten – es kam zur Androhung drakonischer Strafen, zu denen auch die Verhängung von Todesurteilen für die Vermittler gehörte. Doch nichts konnte den Exodus noch aufhalten.

Zur gleichen Zeit begann die Auswanderung aus den deutschen Ländern in Richtung Südosten. Im selben Jahr wie Katharina öffnete auch die österreichische Monarchin Maria Theresia ihre Grenzen für die verarmten Nachbarn. Ihr Ansiedlungspatent vom 25. Februar 1763 sollte das Bevölkerungsvakuum füllen, das die anderthalb Jahrhunderte währende Osmanenherrschaft hinterlassen hatte. Die Gebiete unter ihrer Herrschaft waren zu groß für die wenigen Untertanen, es fehlte an zupackenden und tatkräftigen Menschen. So hieß es im kaiserlichen Appell: «Die dann allen solchen Läuthen, welche sich auf ein neu anstiftendes Hauß niederzulassen gedenken, die 6-jährige Steuer Freyheit anmit zugesagt und versprochen wird. Jenen hingegen, welche in Hungarn, Siebenbürgen und Temesvarer Banath sich ansiedeln wollen, werden Grundstücke und so auch das Holtz zum Bauen ohnentgeltlich angewiesen, annebst ihnen zum ersten Anbau aller hülflicher Baystand geleistet und eine 6-jährige Freyheit von aller Contribution und Steuer denen dahin abgehen; den Professionisten aber eine 10-jährige Freyheit zugestanden werden; wie dann gleichermaßen, wann einige der Catholischen Religion zugethane Lußt zum Militär-Gränitz-Stand trügen, wir diese in dem Banath mit denen gleichen Beneficien und Genuß deren dasigen Banath-Gränitzern, mithin auch mit denen für diesen Stand ausgemessenen Grund-Stücken mildest begaben lassen wollen.»

Die Privilegien waren denen für die Einwanderer nach Russland sehr ähnlich. Wie dort wurde «Essgeld» gezahlt, allerdings gab es von Maria Theresias Behörden nur sechs Kreuzer Tagegeld für erwachsene Männer. Außerdem war die katholische Religionszugehörigkeit eine Conditio sine qua non für die Einreise, im Bedarfsfall fanden selbst an der Reichsgrenze noch Zwangstaufen statt. Erst 1781 erlaubte das Toleranzpatent von Joseph II. den Neuankömmlingen «eine gänzlich vollkommene Gewissens- und Religions-Freyheit; wie auch jede Religions-Parthey mit denen benöthigten Geistlichen, Lehrern, und was darzu gehöret auf das vollkommenste zu versorgen» – eine Liberalität, angesichts derer sich die erzkatholische Frau Mutter des «wohlwollenden Despoten», wie ihn Karl-Markus Gauß bezeichnet, sicherlich im Grabe umdrehte.

Die Verheißungen eines Klimas so mild wie in Südfrankreich, von finanziellen Vergünstigungen und friedlicher Koexistenz mit den benachbarten Völkern waren selbstverständlich übertrieben. Vor allem die bittere Kälte machte Katharinas Gästen aus Ulm, Frankfurt und Hamburg zu schaffen. Bereits der erste Januarmonat in der neuen Heimat ließ Böses ahnen. Die durchschnittliche Temperatur am rechten Wolgaufer bei Saratow lag bei minus 13 bis minus 15 Grad Celsius – in Frankfurt gab es zur selben Zeit Temperaturen knapp über Null. Der Frost konnte an der Wolga häufig auch bei 30 bis 40 Grad minus liegen, und die mittellosen Wirtschaftsflüchtlinge waren auf diese Bedingungen von ihren russischen Beratern, den sogenannten «Lokatoren», vermutlich schlecht vorbereitet worden. Der Kolonist Bath aus der Siedlung Dittel erinnerte sich an den ersten russischen Winter:

«Wir hatten kein Dach über dem Kopf, und bei unserer Ankunft fiel ein starker Regen, der alle unsere Kleider und Decken durchnässte. Dies zwang uns dazu, gleich mit dem Bau von Erdhütten zu beginnen. Da der erste Winter ziemlich hart war mit viel Schnee, ist es nicht schwer sich vorzustellen mit welchem Kummer jeder von uns an die liebe Heimat zurückdachte. Zwei unserer Kolonisten, die nach Topowka um Lebensmittel fuhren, erfroren unterwegs, und erst im Frühjahr, als der Schnee taute, wurden ihre toten Körper gefunden. Nur dank der göttlichen Vorsehung starben nicht noch mehr Leute. Ich erinnere mich mit Schrecken daran, wie die Kolonisten in einem deutschen Gehrock oder Kaftan, falls sie über solche verfügten, nach Saratow fuhren, um dort staatliches Mehl abzuholen, das sie zur Ernährung ihrer Kinder brauchten.»[4] Selbstverständlich handelte die «Kanzlei der Vormundschaft», die in Saratow ein eigenes Büro eingerichtet hatte, nicht aus purer Nächstenliebe. Alles, was der Gastgeber an Hilfe oder Kredit gewährte, war als Vorschuss auf die nächste Ernte gedacht.

Über den Ablauf des Geschäfts mit der russischen Obrigkeit berichtete der Schulmeister Johann Georg Möhring aus der Siedlung Stahl am Karaman: «Den 8. August (1767) mussten wir, die Neuankömmlinge, mit dem Vorsteher nach Saratow, um Pferde und Vorschuß zu empfangen, und jeder musste, ob er wollte oder nicht, Vorschuß nehmen. Des anderen Tages bekammen wir jeder 2 kalmückische Pferde, aber den ersten Vorschuß zu 15 Rubeln erst 11 Tage nachher, wofür wir Ackergerätschaften als Chomute, Wagen, Sensen, u. f. w. kaufen mussten. 3 Tage nachher bekammen wir das erste Tagegeld in Saratow, der Mann 7, die Frau 7 Kop(eken). Täglich, Kinder nach dem Alter, meine Stieftöchter jede 3 Kop(eken).» Solange die «ersten Saatfrüchte» noch nicht geerntet waren, erhielten die Kolonisten auch Saatgut: «2 Kuhl, 4 Pudowki Gerste, ¼ Pudowki Hanf, 5 Pudowki Hafer, $^{1}/_{8}$ Hirse, $^{1}/_{8}$ Buchweizen».[5]

Allerdings wurde die Leistung der Kolonisten jedes Jahr von den Behörden kontrolliert, und zu geringe Erträge wurden sofort sanktioniert. So machte 1788 «Se. Excellenz der Herr Brigadier und Präsident des Hohen Comptoirs Iwan Resanow im Monat Mai eine Revision, er war sehr streng und es wurde ein großer Abzug an Tagegeldern gemacht zur Strafe, daß wir nicht geackert hatten. Ich war dazumal auf den Tod krank am hitzigen Fieber, doch war mir auf Juni am Tagegeld abgezogen 1 Rubel 80 Kopeken; sogar die Kinder mussten 1 Kopeken Abzug leiden.»[6] Um seinem Erscheinen Nachdruck zu verleihen, ließ sich der Revisor von Kosakentruppen begleiten, die, ihre Reitpeitschen schwingend, nach angeblich versteckten Gütern suchten und den Gästen des Imperiums einen immensen Schrecken einjagten.

Neben den Unbilden des Wetters litt das kühne Ansiedlungsprojekt auch an der durchwachsenen Qualität der von den «Lokatoren» angeheuerten Arbeitskräfte. Diese arbeiteten oft in die eigene Tasche und scherten sich wenig um die landwirtschaftlichen Bedingungen und Erfordernisse des Landes. Der Kolonist Asmus schilderte die tragikomische Lage in der Frühzeit der Kolonisierung: «Der eine war zu Hause Schneider, der andere Friseur und so weiter. Sie hatten ein Leben lang nie mit Pferden, Pflügen, Pferdewagen zu tun gehabt und hatten keine Ahnung, wie mit diesen umzugehen war. Sie hatten nie gesehen, wie man ein Pferd aufzäumt, und nun zwang man sie diese zu reiten. Wenn solche Menschen die Pferde für die Nacht auf die Weide trieben, dann konnten sie die Tiere am Morgen nicht mehr wiedererkennen, geschweige denn einfangen, falls das Pferd nicht überhaupt das Weite gesucht hatte.»

Auch waren die Menschen, mit denen die Siedler in ihrer neuen Heimat in Kontakt kamen, zumindest in den ersten Jahrzehnten der Kolonisierung keineswegs so friedfertig, wie immer behauptet wurde. Das Wolgagebiet lag an der Peripherie des Imperiums, weit östlich von den dicht bewohnten Gouvernements, am Rande unübersehbarer Steppen, die von der Zentralregierung nur mit großer Mühe unter Kontrolle gehalten werden konnten. Angriffe von Nomadentruppen der Kalmücken, Tataren und Kirgisen und der Bauernkrieg, der unter dem Anführer Jemeljan Pugatschow Anfang der 1770er Jahre mit aller Gewalt wütete, machten die ersten zarten Pflänzchen der deutschen Bewirtschaftung des Wolgagebiets von Saratow bis Astrachan zunichte.[7] Erst

Abb. 2: Voltaire, der Aufklärer, Brieffreund der Zarin Katharina

gegen Ende des 18. Jahrhunderts stabilisierte sich das Ansiedlungssystem im Russischen Reich und ermöglichte fortan immer neue Wellen von Einwanderern aus dem von Revolutionen und Kriegen erschütterten Westeuropa.

Auf Katharinas Schreibtisch gelangten vor allem Triumphmeldungen von der Wolga – Berichte über Probleme und Rückschläge bei der Besiedlung waren eher selten. So beeilte sich die «Philosophie-Zarin», auch «Semiramis des Nordens» oder «Minerva des Ostens» genannt, ihren weisen Briefpartner in Frankreich über die Fortschritte der Kolonisierung zu unterrichten. Am 3. (nach europäischem Kalender 14.) Juni 1769 teilte sie Voltaire mit: «Sie schreiben mir, dass Sie über verschiedene Dinge, die ich vollbracht habe, so denken wie ich und dass Sie sich für meine Sachen interessieren. So nehmen Sie also zur Kenntnis, dass meine schöne Kolonie Saratoff 27 000 Seelen zählt und dass sie trotz aller Berichte der Kölner Zeitung[8] nichts von den Einfällen der Türken oder Tataren usw. zu befürchten hat; jeder Kanton hat seine Kirchen und seinen Gottesdienst; jeder bebaut seinen Acker in Frieden und ist für 30 Jahre frei von Abgaben.» Offensichtlich beschäftigte dieses Projekt Voltaires Phantasie noch lange. Zur selben Zeit gründete der Philosoph in der kleinen Ortschaft Ferney eine Uhrmacherwerkstatt, in der er Meister einstellen ließ, die aus dem benachbarten Genf vor den dort ausgebrochenen Unruhen geflohen waren. Um die Produktion der Manufaktur verkaufen zu können und das Unternehmen weiter zu finanzieren, bot er der gekrönten «Madame» Taschenuhren mit ihrem Portrait an. «Wenn Ihre Majestät mit den Sendungen und den Preisen zufrieden wären, dann würden meine Fabrikanten alles ausführen, was Sie bestellen. Das wäre eine Zweigstelle der Kolonie Saratoff hier in Ferney.»[9]

Katharinas Prahlerei mit der Steuerfreiheit für die Kolonisten, die dreißig Jahre gewährt würde, entsprach nur teilweise der Realität. Das Privileg galt nur für jene Ausländer, die auf Ländereien gesiedelt hatten, die im Register zur Ansiedlung und Bebauung ausgewiesen waren. Mit zehn Jahren Vergünstigung konnten Kolonisten rechnen, die sich in Gouvernement- oder kleineren Provinzstädten niederließen, zum Beispiel Handwerker. Fünf Jahre Steuer- und Abgabenfreiheit genossen Neubürger in Petersburg, Moskau, Livland, Estland und Finnland. Zinsfreie Kredite waren an den Hausbau sowie an den Erwerb von Gerätschaften, Arbeitstieren und Grundnahrungsmitteln gebunden. Die im Manifest zugesagte «Freyheit, Kirchen und Glocken-Türme zu bauen und dabey nöthige Anzahl Priester und Kirchendiener zu unterhalten», galt nur für das religiöse Leben in den Kolonien und nicht dort, wo die russisch-orthodoxe Bevölkerung lebte. Die Trennlinie zur Mehrheitsgesellschaft wurde auch auf weltlicher Ebene gezogen. Die Organe der Selbstverwaltung der Deutschen und der anderen Ausländer – die ersten Institutionen dieser Art in der russischen Geschichte – fixierten deren juristische Sonderstellung. Die Kolonien wurden von gewählten Vorstehern, Dorfschulzen und Beisitzern geleitet, die sich wiederum gegenüber den lokalen russischen Kommissaren verantworten mussten. Deren oberster Chef war der Generaladjutant, Kammerherr und zeitweilige Günstling der Zarin, Graf Grigorij Orlow. Die Situation der Kolonisten und neuen Einwanderer galt als Chefsache – Katharina führte persönlich die entsprechende Korrespondenz mit ihren Diplomaten und Agenten im Ausland.

Auf die erste Wolgakolonie, das 1765 von mehrheitlich hessischen Einwanderern gegründete Dorf Balzer (russ. Nishnaja Dobrinka), folgten bald weitere. In den Folgejahren ließen sich die Herrnhuter Brüder aus Böhmen, direkte Nachkommen der Hussiten, welche die Rückkehr zu den ursprünglichen Lehren Christi predigten, in Sarepta bei Zaryzin nieder. Württembergische Schwaben fanden ein neues Zuhause in der Nähe des Städtchens Tschernigow, und norddeutsche Bauern und Handwerker siedelten bei Cherson und Jekaterinoslaw (heute Dnjepropetrowsk). Zwischen 1786 und 1789 entstanden die preußischen und schwäbischen Kolonien Alt-Danzig, Fischerdorf und Josefstal in der Ukraine, und 1787 verschlug es westpreußische Mennoniten nach Wolhynien, wo sie schon bald am Ufer des Dnjepr die Ortschaft «Iltisbau» (Chortitza) gründeten. In St. Petersburg lebten zu dieser Zeit bereits 17 000 Deutsche. Im Herbst 1800 begannen die Mennoniten mit der Gründung von Kolonien in der Gegend von Odessa. Nach und nach entstanden die Konturen eines kleinen Deutschlands im großen Russischen Reich.

Was von den Versprechungen der Zarin am ehesten erfüllt werden konnte, war die Ausstattung der Ausländer mit Grund und Boden, diesem scheinbar unerschöpflichen Schatz Russlands. An jede Familie wurden, unabhängig von der Anzahl ihrer Mitglieder, rund 30, bei den Mennoniten sogar 60 Desjatinen Boden vergeben (eine Desjatine entspricht 1,1 Hektar). Häuser mit einer Seitenlänge von sechs bis zehn Metern wurden gebaut, dazu Höfe in einer Größe von 800 bis 900 Quadratmetern mit Scheune, Pferdestall und Speicher. Daraus ergab sich die Struktur des Kolonistendorfes, bestehend aus einer Hauptstraße und mehreren Nebengassen, mit Kirche und Schule im Zentrum. In diesen Dörfern wurde zunächst für den Eigenbedarf und zum Tilgen der Schulden Getreide produziert. Später forcierte man den Anbau von Hafer, Kartoffeln, Gerste und Erbsen. Mit jedem Jahr wuchs der Anteil des Ertrags, den man auf dem Markt verkaufen konnte. Man begann Pferde, Kühe und später auch Schweine zu züchten. In den Kolonien an der Wolga kam der Tabakanbau auf, es entstanden Molkereien, Ölmühlen, Betriebe für Lederverarbeitung, Kerzen- und Seifenfabriken.

In der Siedlung Sarepta bei Zaryzin widmeten sich die Herrnhuter Brüder weniger der Missionierung der heidnischen Kalmücken und begründeten bereits Ende des 18. Jahrhunderts eine Weberei, in der sie unter anderem mit der Herstellung des berühmt gewordenen Sarpinka-Stoffes[10] begannen, einem Mischgewebe aus Baumwolle und Seide. Rohstoffe und Technik importierten die Kolonisten teilweise aus dem Ausland – aus Sachsen, Schlesien und Italien. Sarepta war auch der Entstehungsort einer russlandweit beliebten, sehr scharfen Senfsorte. Insgesamt galt die kleine Siedlung mit ihren wenigen tausend Einwohnern und dem biblischen Namen[11] als Musterkolonie, die von jedem russischen Alleinherrscher, von Katharina II. bis zu Nikolai I., urkundliche Privilegien erhielt.[12] Heute ist sie Teil der Stadt Wolgograd.

Den Angaben der Saratower Vormundschaftskanzlei zufolge lag in dieser Gegend der jährliche Bevölkerungszuwachs der Kolonisten zwischen 1830 und 1850 bei fast drei Prozent – eine Zahl, mit der man sich rühmte. «Keines der deutschen Länder kann eine ähnlich schnelle Vermehrung der Bevölkerung aufweisen», kommentierten die Beamten. In der Tat wuchs die deutsche Bevölkerung Russlands während des gesamten 19. Jahrhunderts in atemberaubendem Tempo. 1788 lebten am linken Ufer der Wolga, im Saratower Gouvernement, 18 639 Deutsche, 1857 waren es durch Geburtenzuwachs und Zuwanderung bereits 112 845. Die Bevölkerung am rechten Ufer, im Gouvernement Samara, zählte 1788 noch 12 323 Kolonisten, 1857 bereits 85 758. Die ersten Familien bestanden aus durchschnittlich drei bis vier Personen, Mitte des 19. Jahrhunderts lag die Zahl der Familienmitglieder bei neun bis zehn. Um diese rasante Vermehrung zu erklären, kamen die Fachleute damals auf die folgenden Faktoren: «Weite der Ländereien, Freiheit bei der Ausübung verschiedener nützlicher Gewerbe, Fleiß, guter Zustand der Sittlichkeit, wohlsorgende Verwaltung und Ruhe eines friedlichen Lebens».[13] Angesichts der Tatsache, dass die russische, ukrainische oder asiatische Bevölkerung zur selben Zeit keine vergleichbaren demographischen Zuwächse verzeichnen konnte, erscheint es naheliegend, die Unterschiede in den Lebensbedingungen zwischen den Kolonisten und den «natürlichen Untertanen» näher zu betrachten.

Bereits einige Jahre vor der Zuwanderung der Kolonisten aus den deutschen Fürstentümern hatte das Russische Reich mit einer Ansiedlungsaktion für die staatlichen Leibeigenen begonnen. 24 000 Bauern wurden aus dem Gouvernement Kursk in die südlicher liegenden Regionen Neurussland und Asow umgesiedelt. Die Neuankömmlinge erhielten durchschnittlich 8 bis 15 Desjatinen Land pro Familie, also selbst im günstigen Fall nur die Hälfte des Kolonistenanteils. Ihr Startgeld für die Einrichtung der eigenen Wirtschaft lag bei 50 Rubeln, während die Deutschen mit 150 Rubeln die schweren Anfänge meisterten. Die Steuerfreiheit der Kolonisten währte auf den staatlichen Feldern 30 Jahre, bei den russischen Untertanen nur anderthalb Jahre.[14] Noch schwerer wog die Tatsache, dass die Ausländer bis zur Einführung der allgemeinen Wehrpflicht 1874 keine Rekruten stellen mussten, während die russischen Familien wegen der Einberufung ihrer Söhne männliche Arbeitskraft in ihrer Wirtschaft häufig nur begrenzt in Anspruch nehmen konnten. Insgesamt waren die russischen Bauern unterprivilegiert und befanden sich ebenso wie ihre Dorfgemeinschaften mehrheitlich am Rande der Verschuldung. Die Behandlung der Kolonisten wies dagegen eindeutig die Züge einer positiven Diskriminierung auf. Jedenfalls hatten selbst die Ärmeren unter ihnen mehr Chancen als die Russen, Überschüsse zu produzieren und diese auf dem freien Markt anzubieten.

Die Kolonisten der meisten Regionen übernahmen das russische System des Grundeigentums. Das heißt, dass sie den als Gemeinschaftsvermögen verwalteten Boden «jedes dritte, vierte oder sechste Jahr neu verteilen. Sie vermessen den ganzen Boden mit besonderen Schnüren von 10 Shaschen (ca. 20 Metern) Länge und teilen die Parzellen durch Losziehung auf.»[15] Dabei hatten die Deutschen sehr viel mehr Boden zum Aufteilen als ihre russischen Nachbarn. Auch hatten sie eine viel straffere Organisation, sowohl bei der Arbeit als auch bei der Verwertung der Erträge des nutzbar gemachten Bodens, der Gärten, Weiden und Fischgründe.

Neben dem, was das Russische Reich seinen Kolonisten bieten konnte, war ein sehr wichtiger Faktor, was die Deutschen selbst an Fertigkeiten in das neue Leben einbrachten: Was befähigte sie, das Neuland in Besitz zu nehmen? Auf welche Weise nutzten sie die Vorteile ihres Status – ihre zwar begrenzte, aber für die Zeit in Russland doch einzigartige Autonomie?

Vor allem aus diesem Blickwinkel soll das Statut über die «Kolonie der Ausländer im Reich» von 1857 betrachtet werden, das einerseits die Kompetenzen der zuständigen russischen Kontore, andererseits der deutschen Dorf- und Kreisämter festlegte. Erstere waren dem Ministerium für Staatliches Vermögen unterstellt und beschäftigten je einen Sekretär, Abteilungsleiter, Assessor, Archivar, Dolmetscher und Landvermesser, daneben Schreiber und Ärzte. In den Kolonien benannten die Kontore jeweils einen Aufseher, der für die Koordination mit den anderen staatlichen Organen zu sorgen hatte. Der deutsche Mikrokosmos bestand gemäß dem Statut aus Dorfgemeinschaften mit ihren turnusmäßig zu wählenden Ältesten, Vorstehern bzw. Schulzen sowie Beisitzern. Diese waren befugt, mit dem Geld der Gemeinschaft Lehrer, Schreiber und gelegentlich auch Hirten anzustellen. Entschieden wurde darüber, wie auch sonst über alle die Gemeinschaft betreffenden Fragen, auf den Dorf- oder Kreisamtsversammlungen, bei denen aus jedem Haus ein Bauer teilnehmen und abstimmen durfte.[16] Die Besitzverhältnisse auf den staatlichen Gütern waren streng geregelt, um eine Erbteilung des Bodens möglichst zu vermeiden. Erbberechtigt war zuerst der jüngste Sohn der Familie, und nur wenn er nicht imstande war, die Wirtschaft zu versehen, konnte sein älterer Bruder oder ein anderer Verwandter zum Familienoberhaupt gemacht und in die Erbfolge eingesetzt werden. Brüder durften weiterhin zusammen wohnen, aber nur einer von ihnen galt als Besitzer. Die anderen wurden zumeist im Handwerk oder Handel tätig. Eine eventuelle Teilung des Bodens, des Viehs, des Werkzeugs und der Ackergeräte durfte nur mit Einverständnis der Eltern oder Verwandten durchgeführt werden. Wenn der Kolonist eine Witwe oder Töchter hinterließ, besaßen diese den Boden nur bis zur Wiederverheiratung der Witwe oder der Hochzeit einer ihrer Töchter. Der Mann, der in diese Familie einheiratete, erbte das gesamte Vermögen, musste sich aber zunächst in Anwesenheit des Vorstehers und des Pastors schriftlich verpflichten, dass er sich um die Witwe bis zu deren Tod und um alle Töchter bis zu deren Eheschließung kümmern werde. Kinder von Kirchendienern konnten keinen Grund und Boden erben, weil dieser dem Nachfolger auf dem Posten des Seelsorgers zustand. Hatte der Kolonist Besitz eigenständig erworben, also nicht vom Staat zugeteilt bekommen, dann konnte er darüber selbst in seinem Vermächtnis verfügen. Hinterließ er kein Testament, dann erbten seine

Witwe und alle Töchter jeweils ein Viertel des Besitzes (entsprechend weniger, wenn es mehr als drei Töchter gab), während der verbleibende Rest unter den Söhnen gleichmäßig aufgeteilt wurde. Alle mit dem Nachlass verbundenen schriftlichen Transaktionen durften nur mit Genehmigung des Dorfvorstehers oder des Schulzen – die Bezeichnungen waren regional unterschiedlich – getätigt werden.

Der Vorsteher oder Schulze verkörperte die absolute Autorität. Er hatte dafür zu sorgen, dass die Dorfbewohner «sittsam und für die Gemeinschaft nützlich» lebten und die Jugendlichen sich respektvoll und folgsam gegenüber ihren Eltern und den Alten verhielten. Diese wiederum sollten sie mit ihrem Vorbild zu Fleiß, Anstand, Zurückhaltung und friedlichem Zusammenleben in der Siedlung erziehen. «Müßiggang, Sauferei, Verschwendung und Radau» sollten verhindert werden, ebenso wie jeglicher Luxus, zum Beispiel, «wenn jemand maßlose Ausgaben in seinem Hause hat, häufige Ansammlungen von Gästen, all das, was zur Vergeudung des Besitzes führt. Verschwendung sind Karten- und andere Spiele um Geld oder Wertsachen, Verkauf des eigenen Viehs oder anderen Besitzes ohne Wissen des Schulzen und ohne jede Notwendigkeit, Sauferei oder Befriedigung anderer Laster.» Jeder Kolonist, der sich diesen ehernen Regeln widersetzte, musste mit öffentlichen Rügen und Geldstrafen rechnen oder wurde zu unbezahlten gemeinnützigen Arbeiten verpflichtet. Schwierigere Fälle wurden vom Schulzen an die russische Obrigkeit weitergeleitet. Zu diesen gehörte unter anderem die Aufnahme von «unkeuschen Weibsbildern und Männern» in das eigene Haus oder von Fremden, seien es auch Tagelöhner, ohne die vorgeschriebenen Papiere. Da amtlicherseits niemand mit der Aufdeckung derartiger Regelverstöße beauftragt war, müssen wir davon ausgehen, dass jeder Kolonist gewissermaßen auch Polizist war und die biederen Bauern und Handwerker aufeinander ein wachsames Auge hatten.

Doch es gab nicht nur Schwierigkeiten für Fremde, sich im Dorf aufzuhalten – auch das Dorf zu verlassen war nicht ganz einfach. Wenn ein Kolonist in die nächstgelegene Gemeinde oder zum Gouvernementssitz fahren wollte, um seine Produkte zu verkaufen, musste er zuvor vom Vorsteher entlassen werden. Wer einen längeren Weg mit größerem Zeitaufwand oder einen längeren Aufenthalt außerhalb des Dorfes plante, sei es auch nur im Nachbardorf, musste beim Schulzen ein vom Ältesten unterzeichnetes Zeugnis einholen. Dieses sollte bestätigen, dass die Abwesenheit der betreffenden Person weder dem Ackerbau noch der Viehhaltung schadete. Wenn sie an ihrem Zielort ankamen, mussten die Kolonisten in den Kontoren eine Art internen Transit-Pass beantragen, in dem sie sich mit ihrer Unterschrift verpflichteten, rechtzeitig in ihre Gemeinde zurückzukehren.

Dieses rigorose System war auch darauf ausgelegt, für einen gewissen sozialen Ausgleich zu sorgen. Vorsteher und Schulzen waren dafür verantwortlich, «dass arme und besitzlose Kolonisten im Dorf nicht um Almosen bettelnd herumlungerten.» Die Gesunden sollten zur Arbeit gezwungen, die Kranken und Betagten von ihren Verwandten gepflegt werden. Für diejenigen, die nicht arbeiten konnten und auch keine Verwandten hatten, ließ man in der Nähe der Kirche Armenhäuser bauen, für Männer und Frauen getrennt, in denen die Bedürftigen «Essen, Wärme und Kleider zur Bedeckung ihrer Nacktheit» erhalten konnten. Die Kosten für diese sozialen Einrichtungen sollten durch Spendensammlungen in den Kirchen, aus Geldstrafen und notfalls aus den Mitteln der Kolonie gedeckt werden. Von allen Bewohnern wurde erwartet, für Sauberkeit und Ordnung in den Häusern, Gärten und Wirtschaftsgebäuden zu sorgen, ebenso an Sonntagen der Kirchgang und der Empfang der Sakramente, deren Verweigerung ebenfalls mit Geldstrafen oder Zwangsarbeit sanktioniert wurde. Im Extremfall konnte die Dorfgemeinschaft Kolonisten, die als unverbesserlich arbeitsscheu oder unsittlich galten, ausschließen und aus der Kolonie entfernen. Doch mussten mindestens zwei Drittel der Mitglieder der betroffenen Familien und auch der russische Staat der Maßnahme zustimmen. Die von der Gemeinschaft verstoßenen Kolonisten wurden mit Hilfe der Polizei des Landes verwiesen. Falls es Familienmitglieder gab, die dem Ausgestoßenen folgen wollten, hatten sie das Recht dazu. Wenn sie aber in der Kolonie bleiben wollten, mussten sie für sämtliche Privat- und Steuerschulden des Mitglieds aufkommen.

Diese drakonischen Bestimmungen, die das Zusammenleben der Kolonisten regelten, kann man nur vor dem Hintergrund der Zeit und der allgemeinen Lebenssituation begreifen. Die Kolonisten lebten in einer für sie immer noch fremden Welt. Sie waren den Naturgewalten ausgeliefert, Dürren, Überschwemmungen, katastrophalen Viehseuchen und nicht zuletzt Epidemien, die auch die Menschen dahinrafften. Um sich selbst und ihre Wirtschaft auch in den sieben mageren Jahren am Leben zu erhalten, benötigten sie ein Maß an Disziplin und Ausdauer, das nur Menschen aufzubringen imstande sind, die ein Bewusstsein für die Grenzen ihrer Freiheit haben. Die Bereitschaft, private Interessen denen der Gemeinschaft unterzuordnen, gehörte ebenso zur Moral der Kolonisten wie ihre tief verinnerlichte Religiosität oder das dörflich-christliche – also keineswegs nur protestantische – Arbeitsethos. Ihr ganzes Leben war vom saisonalen Rhythmus der Landwirtschaft und den wichtigsten Stationen des menschlichen Lebens – Geburt, Hochzeit und Tod – geprägt.

In der Mitte des 19. Jahrhunderts gab es in Russland rund fünfhundert deutsche Kolonien, die im offiziellen Register wie folgt aufgelistet wurden:[17] «1. Kolonien der südlichen Gebiete – die drei Neurussischen Gouvernements sowie Bessarabien,[18] 2. Die Saratower Kolonien, 3. Die nördlichen Kolonien als Teil des St. Petersburger Gouvernements, 4. Livländische (d. h. baltische) Kolonien, 5. Kolonien der Mitglieder der Evangelischen Brüdergemeinschaft zu Sarepta sowie in den baltischen Gouvernements, 6. Kolonie Beloweschje im Gouvernement Tschernigow, 7. Kolonie Riebendorf im Gouvernement Woronesch, 8. Kolonie der Württembergischen Ansiedler im transkaukasischen Landkreis, 9. Deutsche Kolonie im Gouvernement Stawropol, in der Nähe von Mineralnyje Wody, 10. Deutsche Kolonie in der Nähe der Stadt Svjatoj Krest,[19] 11. Kolonie Karras in der Nähe von Mineralnyje Wody, gegründet von schottischen Missionaren,[20] 12. Kolonie der Baseler Missionare in der Nähe der Schuscha,[21] 13. Deutsche Kolonie in der Nähe der Stadt Jejsk[22].»

Diese auf dem Gebiet des damaligen Zentralrusslands und des nördlichen Kaukasus siedelnden Deutschen vertraten fast sämtliche Regionen der verlassenen Heimat und boten ein Bild der konfessionellen und kulturellen Vielfalt. Ihre unterschiedlichen Mundarten ermöglichten dem Linguisten Wolfgang Dinges, in den zwanziger Jahren des 20. Jahrhunderts eine Sprach-Landkarte zusammenzustellen, auf der man mit großer Treffsicherheit feststellen konnte, ob die Einwohner bestimmter Siedlungen ursprünglich aus Hessen, Preußen, Sachsen, Württemberg oder der Pfalz kamen. Die meisten Kolonisten waren Protestanten

(85 Prozent), gehörten aber allen möglichen Strömungen an: Sie waren Lutheraner (76 Prozent), Reformierte (3,6 Prozent), Mennoniten (3,7 Prozent), und auch Pietisten waren zahlreich vertreten. Die Katholiken (13,5 Prozent)[23] stellten die zweitgrößte Gruppe. Die russischen Kontore waren bemüht, diesen Unterschieden bei der Entwicklung der Kolonien gerecht zu werden, indem sie zum Beispiel Menschen aus derselben deutschen Region gemeinsam siedeln ließen. Die Kolonisten selbst huldigten der Nostalgie und dem Heimweh, indem sie ihren Wohnorten deutsche Namen verliehen: Bouxthövden, Darmstadt, Johannesdorf, Mannheim, Saalfeld, Schaffhausen, Schönbrunn, Schönau oder gar Luxemburg.

Laut der ersten landesweiten Volkszählung von 1897 bildeten die Gouvernements Saratow und Samara das kompakteste deutsche Siedlungsgebiet, in dem 390 000 von insgesamt 1 790 000 Russlanddeutschen lebten. Die Wolga mit ihren 3530 Kilometern Länge nimmt zwar in der Hierarchie der Weltflüsse nur den sechsundzwanzigsten und in Russland den fünften Platz ein, stand jedoch als «Mütterchen Wolga» im Mittelpunkt der russischen Volksmythen. Offensichtlich wurde der Strom auch zum zentralen Bezugs- und Identitätsort für die Deutschen, die sich an seinen Ufern niederließen. Statt ihr Ehrenwort zu geben oder auf das Leben ihrer Mutter zu schwören, benutzten manche Wolgadeutsche die Schwurformel: «Do tät ich mich lieber im Mitte Winter in der groß Wolga bade!»[24] In der Gegend zwischen Saratow und Samara, wo die Breite des Flusses fünf Kilometer erreicht, erstreckten sich die Kolonien der Deutschen mit ihren Häusern, Gehöften, Gärten, Weiden und Wäldern. Hier lebten und arbeiteten sie, recht isoliert von ihren städtischen Landsleuten, die ihnen als Bürger, Beamte oder Militärs, teilweise sogar als Repräsentanten der russischen Obrigkeit klassenmäßig weit überlegen waren. Einblicke in ihr alltägliches Dasein in der Nachreformzeit, den Jahrzehnten nach der Abschaffung der Leibeigenschaft 1861, bieten die Dokumente der lokalen Institutionen sowie deren Schriftverkehr.

Das Laiengericht des Kreises Nischnij-Jeruslansk verhandelte im Frühjahr 1898 die Klage des Kolonisten Jakob Kempel gegen seine Schwester Maria. Das Gericht stellte fest, dass die Beklagte zwei Monate lang bei dem Kläger gewohnt hatte, ohne dass dieser Kostenerstattung gefordert hätte. Danach war Maria Kempel von ihrem Bruder fortgegangen, um sich als Haushilfe zu verdingen, was den Kläger nun veranlasste, von ihr acht Rubel Kostenausgleich sowie weitere drei Rubel für die Fahrt in die Siedlung Priwolnoje zu verlangen. Das Gericht wies die Forderung als unberechtigt zurück, weil es zwischen den Geschwistern zuvor keine Verabredung über die Zahlungen gegeben und die Beklagte für den Kläger außerdem kostenlos gearbeitet hätte. Ein Vergleich fand nicht statt, und die Klage des Kolonisten Kempel wurde abgewiesen.

In einem anderen Fall urteilte dasselbe Gericht einige Monate später ebenfalls über einen Zwist innerhalb der Familie. Die Kolonistin Ewa Jekaterina Klein aus Friedenfeld verklagte ihren Sohn Konrad Seltenreich aus Gnadenfeld wegen Aneignung verschiedener mobiler Güter. Die Klägerin forderte von dem Beklagten ein Gebetbuch, eine Truhe, eine Kuh und ein Bett. Der Beklagte erklärte zwar, das Buch, die Truhe und das Bett gehörten seiner Mutter, wollte ihr aber die Kuh nicht zurückgeben, weil ihre Forderung unbegründet sei. Der Zeuge Georg Hellwig wurde angehört, erklärte jedoch, dass er in der Sache nichts aussagen könne. Das Gericht entschied, das Gebetbuch, die Truhe und das Bett zugunsten der Klägerin einzufordern, im Übrigen jedoch die Klage der Frau Klein abzuweisen.

Beide Urteile wurden von den Richtern Bender und Becker unterzeichnet und zeugen davon, dass zu dieser Zeit zwischen engsten Familienmitgliedern wegen Bagatellbeträgen und einzelnen Gegenständen ein leidenschaftlicher Rechtsstreit entflammen konnte. Offensichtlich war die Dorfgemeinschaft nicht imstande, die bei der Teilung von Vermögenswerten entstehenden Konflikte unter Kontrolle zu halten. Alleinstehende und alte Frauen gerieten häufig an den Rand der Gesellschaft und konnten ihre Familie aus eigenen Mitteln nicht mehr ernähren. So wandte sich die Witwe Katharina Merk aus dem Dorf Tarinka im Januar 1881 an einen gewissen Sprung, seines Zeichens Direktor der Katharinenstädtischen Russischen Zentralschule, mit der Bitte, ihren Sohn Johann Peter Obendorfer mit einem staatlichen Stipendium dort aufzunehmen, da sie «unter den jetzigen Bedingungen» den Jungen ohne Hilfe nicht in die Schule schicken könne, und «auch die Vormunde sind arme Leute». Den Brief hatte statt der schreibunkundigen Antragstellerin ein Nachbar im Dorf verfasst. Beigelegt wurde eine amtlich gestempelte Bescheinigung, dass der Sohn ein Waisenkind sei.

Die Katharinenstädtische Russische Zentralschule war 1857 mit dem Ziel gegründet worden, die deutschen Kolonistenkinder dort gründlicher auszubilden als in den kirchlichen Dorfschulen und sie zudem auf die Sprache der Mehrheitsnation auszurichten. In den Kolonistenschulen ging es vor allem um die Vorbereitung zur Konfirmation. Vom Schulmeister wurden daher teilweise mit dem Gottesdienst verbundene Fertigkeiten erwartet: Er sollte möglichst als Kantor, Chorleiter und Orgelspieler einsetzbar sein, außerdem natürlich die biblischen Geschichten und den Katechismus kennen. Erst allmählich wurden diese Ausbildungsstätten durch modernere Einrichtungen verdrängt, wie zum Beispiel durch die kooperativ organisierten Gesellschaftsschulen und die von den Selbstverwaltungseinheiten der Kreise und Gouvernements, den Semstwos, gegründeten Volksschulen.

Die Russische Zentralschule, auf die Frau Katharina Merk ihren Johann Peter schicken wollte, war der Herausbildung einer Elite vorbehalten. Dort wurden Volksschullehrer für die Dörfer ausgebildet, die neben Glaubens- und Heiligenkunde, Kirchengeschichte, russischer und deutscher Sprache den ganzen Katalog der damaligen Disziplinen studieren mussten: universelle und russische Geschichte, Geographie, Naturkunde, Zeichnen, Rechtschreibung, Musik und Singen. Um armen Kindern aus benachbarten Kolonien den Zugang zu erleichtern, finanzierte das Gouvernement Stipendien, damit die Zöglinge sich Kost und Logis bei ortsansässigen Bürgern leisten konnten. Katharinenstadt hatte damals achttausend Einwohner, meist arme Leute, die durchaus auf solch kleine Summen angewiesen waren. Allerdings kamen die Überweisungen von der Volksschulverwaltung aus Samara häufig zu spät, und dies gefährdete den Verbleib der Schüler vor Ort.

Der uns bereits bekannte Direktor Sprung belagerte in solchen Krisensituationen die Obrigkeit mit höflichen, aber entschlossenen Rechenschaftsberichten: «In der Oberstufe fehlten am 14. Oktober (1882) sechs Stipendiatenschüler, am 15. Oktober in der zweiten Klasse zwölf Stipendiatenschüler, und viele von ihnen erklärten, dass ihre Gastgeber sie nicht unbezahlt verpflegen wollen, und die Bezahlung der Gelder fordern, weswegen sie entweder andere Wohnungen suchen oder nach Hause fahren müssen. (...) Ich persönlich versuche all diese Gastgeber (...) darum zu bitten, Quartier und Verpflegung diesen Schülern nicht zu kündigen, denn es bestehe kein Zweifel darüber, dass die Hohe

Schulverwaltung bald die Verfügung ausgebe, das Geld zur Aufrechterhaltung der Schule zu überweisen.»[25]

Solche Schwierigkeiten gab es zwar nicht in allen von den Deutschen bewohnten Regionen des Imperiums, und sie waren auch nicht immer so dramatisch. Dennoch ist der hohe Alphabetisierungsgrad der Wolgadeutschen besonders beeindruckend. 78,5 Prozent von ihnen waren laut Angaben der Volkszählung von 1897 schreib- und lesekundig. Allerdings gab es durchaus Unterschiede: In den Gouvernements Saratow und Samara, dem späteren Kerngebiet der Wolgadeutschen Republik, konnten nur ungefähr 68 Prozent der Protestanten und 42,8 Prozent der Katholiken lesen und schreiben, wobei die Differenzen zwischen Männern und Frauen geringfügig waren. Dieser Anteil war etwa derselbe wie bei der jüdischen Bevölkerung des Wolgagebiets. Jedenfalls kannten sich Katharinas Kolonisten mit Buchstaben besser aus als im selben Gebiet die orthodoxen Russen und Ukrainer (70 Prozent Analphabeten) oder die muslimischen Kalmücken und Kirgisen (77 Prozent). Nur wenige der Deutschen hatten allerdings Russischkenntnisse (18 Prozent),[26] was sie daran hinderte, die Höhen der russischsprachigen mittleren Schulbildung zu erklimmen.

Die Zehntausende von Menschen, die nach 1762 und 1763, Katharinas Ruf folgend, mit ihren Bibeln und Gesangbüchern von den Ufern des Rheins und Neckars an die Gefilde der Wolga zogen, begaben sich auf eine Zeitreise, und zwar nicht nur deshalb, weil sie den Geltungsbereich des gregorianischen Kalenders verließen. Sie kehrten ihrer Geschichte den Rücken und wurden nunmehr Teil eines völlig anderen historischen Prozesses. Alles, was nach dem Siebenjährigen Krieg in Deutschland und Europa geschah, verfolgten sie nur mehr aus der Ferne. Die Französische Revolution 1789, die Auflösung des Römischen Reiches deutscher Nation 1806, die Völkerschlacht bei Leipzig 1813, die Gründung des Deutschen Zollvereins 1829, die Eröffnung der Eisenbahnlinie Nürnberg-Fürth 1835, die Frankfurter Nationalversammlung 1848, die Schlacht bei Königgrätz 1866, das Eisenacher Programm der SPD 1869 – all dies gehörte nicht mehr zu ihrer Historie. Stattdessen wurden sie Zeugen und Teilnehmer von Ereignissen, die mit ihrer eigenen Vergangenheit wenig zu tun hatten: vier russische Feldzüge gegen die Türkei bis 1828, zwei Kriege mit Schweden 1788 und 1808, die Schlacht bei Borodino 1812, der russische Einzug in Paris 1814, der gescheiterte Aufstand der Dekabristen gegen die zaristische Macht 1825, die Eröffnung der ersten russischen Eisenbahnlinie 1837, der Krimkrieg 1853, die Reformen von Alexander II., vor allem die Befreiung der russischen Leibeigenen 1861.

Diese Ereignisse prägten das Schicksal der aus den deutschen Provinzen gekommenen Einwanderer in nicht geringem Maße. Zunehmend wurden die Deutschen in den Städten benötigt – als Generäle und Gouverneure, als Dirigenten und Chirurgen, als Fabrikdirektoren und Getreideproduzenten. In der Metropole Petersburg bewohnten sie einen Stadtbezirk in der Nähe des Winterpalais und betrieben eine Zeitlang ein Viertel aller Werkstätten. Lutherische, reformierte und katholische Kirchen und Schulen, daneben deutsche Klubs und Kulturvereine bereicherten Peters Stadt. Es gab ein Deutsches Hoftheater, ein nobles Verlagshaus in deutscher Hand und seit 1727 eine «Skt. Petersburger Zeitung». Deutsche Kultur, Mode und Sprache galten als das Allernatürlichste.[27]

Das deutsch-russische Idyll an Newa und Wolga hätte ungestört fortbestehen können, wenn dem Zarenreich auf Dauer ein Bündnis mit der ehrgeizigen Militärmacht Preußen möglich gewesen wäre. Diese war seit 1763 niemals in Kriegshandlungen mit St. Petersburg verwickelt gewesen und hatte sich im Gegenteil als Verbündete in verschiedenen Koalitionen empfohlen. Alles endete jedoch am 18. Januar 1871, als die deutschen Fürsten im Versailler Schloss die von Otto von Bismarck verlesene Kaiserproklamation annahmen. Die Reichsgründung, eigentlich als Schlussakt des Krieges gegen Frankreich gedacht, bedeutete in ihrer Konsequenz eine Herausforderung für das russische Imperium, das nun auf dem europäischen Kontinent einen potentiellen – und potenten – historischen Gegner hatte.

Genesis eines Konflikts

Otto von Bismarck war sich der Tatsache bewusst, dass seine Reichsgründung 1871 auf dem alten Kontinent keine allgemeine europäische Begeisterung auslöste – als Neuankömmling war das Deutsche Reich nicht willkommen im Club. Wichtigster potentieller Gegner blieb weiterhin das geschlagene und gedemütigte Frankreich, dem man Elsass-Lothringen geraubt hatte. Als hauptsächliches Hindernis jeder außereuropäischen Einflussnahme des Deutschen Reiches galt jedoch die koloniale Supermacht England. Um Deutschlands drohender Isolierung entgegenzuwirken, kamen zwei Bündnispartner in Frage – die in der Schlacht von Königgrätz durch Preußen strategisch geschwächte k. u. k Monarchie und das russische Imperium. Allerdings verfolgten beide Großmächte völlig unterschiedliche und einander widersprechende Interessen auf dem Balkan und in diesem Zusammenhang auch gegenüber dem Osmanischen Reich, das zum «kranken Mann am Bosporus» geworden war. Daher war das vom taktisch vorsichtigen Reichskanzler Bismarck betriebene Dreikaiserabkommen von 1873 zwischen Russland, Österreich-Ungarn und dem Deutschen Reich sowie dessen Verlängerung 1882 im Dreikaiserbund nicht viel mehr als ein instabiler Neutralitätspakt. Die neunziger Jahre des 19. Jahrhunderts standen bereits im Zeichen der Herausbildung der beiden großen Militärblöcke, die Europas Schicksal nachhaltig bestimmen sollten. Auf der Bühne probte man das Drama des Ersten Weltkriegs, in dem die schwächeren und kleineren Staaten die Neben- oder auch nur Statistenrollen zugeteilt bekamen.

Unabhängig von den realpolitischen Erwägungen hatte die kleindeutsche Lösung der Frankfurter Nationalversammlung von 1848 zu einer Renaissance der großdeutschen Idee geführt. Selbst ehemals kommunistisch angehauchte Barden wie Ferdinand Freiligrath schrieben Verszeilen wie «Hurra, Germania!» und reimten schäbig darauf: «Nun weh

Abb. 3: Die Cousins «Niki» (der Zar) und «Willi» (der Kaiser) auf dem Schlosshof in Berlin, 1913, kurz vor dem Ausbruch des Ersten Weltkriegs

dir, Gallia!»[1] In die euphorische Stimmung fügte sich die Alldeutsche Bewegung ein, die dem Reich eine grenzüberschreitende Rolle als Beschützer des weltweit verstreuten Deutschtums zuschreiben wollte. Obwohl dies keineswegs als offizieller Standpunkt Berlins galt, durfte St. Petersburg den wachsenden Einfluss des Pangermanismus nicht unterschätzen – dies umso weniger, weil die zaristische Außenpolitik bewusst mit dem Panslawismus agierte. Bei aller gebotenen diplomatischen Höflichkeit und trotz der engen Verwandtschaft zwischen dem Zaren und dem deutschen Kaiser, die sich gegenseitig mit «Niki» und «Willi» anredeten, mussten sich die beiden Staaten als zumindest potentielle Kriegsgegner betrachten. Auch die deutsche Abstammung der Zarin Alexandra Fjodorowna, geborene Fürstin Alix von Hessen-Darmstadt, änderte an dieser Konstellation wenig. Europas gekrönte Häupter und Thronfolger waren zu dieser Zeit nur noch formal Alleinherrscher. Tatsächlich waren sie Marionetten ihrer eigenen Bürokratie und Soldateska und wurden fast nur noch von terroristischen Attentätern ernst genommen.

In dieser Gemengelage rief die Erfolgsgeschichte der Russlanddeutschen angesichts des erwachenden Nationalbewusstseins im Gastland durchaus gemischte Gefühle hervor und aktualisierte in der Gesellschaft alte Ressentiments. Der Widerstand gegen die Deutschen war bereits für Peter den Großen zum Problem geworden. Als seine rebellierenden Wachttruppen unter anderem die Moskauer «Nemetskaja Sloboda», den reichen deutschen Stadtteil, plündern und in Brand stecken wollten, hatte der Zar mit öffentlichen Massenhinrichtungen reagiert. Seine Nachfolger protegierten nach wie vor das deutsche Element in Politik, Wirtschaft und Wissenschaft. Einer dieser Deutschen, Ernst Johann von Biron, beherrschte als Günstling der Zarin Anna das Riesenland, ohne dass er irgendein entsprechendes Amt bekleidet hätte. Seine erbarmungslose Regentschaft ging in die russische Geschichte mit dem Begriff «Bironowstschina» ein und wurde nach dem Tod der Zarin durch eine Palastrevolution gestürzt.[2]

Der Begriff «Deutsche» war in der öffentlichen Meinung im Russland des 19. Jahrhunderts vorwiegend negativ besetzt. Diese ablehnende Haltung wurde sogar durch deutschstämmige Autoren mitgeprägt. So verfasste Kondratij Rylejew, Adeliger deutscher Herkunft und eine der führenden Gestalten der 1825 vereitelten liberalen Offiziersverschwörung (deretwegen er hingerichtet wurde), noch auf den Zaren Alexander I. ein äußerst populäres Spottlied: «Unser Zar, ein deutscher Russe, / trägt die enge Uniform …». Der bedeutende Publizist Alexander Herzen, der ebenfalls durch seine Mutter deutsche Wurzeln hatte, spöttelte bereits im Londoner Exil 1859 über den deutschen Einfluss auf das Zarenregime besonders gallig und nicht einmal ganz unzutreffend: «Die schwerfälligen und unbeholfenen Bojaren und Fürsten wetteiferten in ihrem Bemühen, Korporälen und Rittmeistern gleich zu sein, der deutsche Bürokratismus hat sich um den byzantinischen Sklavensinn bereichert, die Tatarenpeitsche diente als hervorragende Ergänzung der Spießruten. Auf dem Thron waren Deutsche, um den Thron herum – Deutsche, die Truppenführer – Deutsche, die Minister für Auswärtige Angelegenheiten[3] – Deutsche, die Bäcker – Deutsche, die Apotheker – Deutsche, überall zum Trotze nichts als Deutsche».[4]

Dieser publizistische Rundumschlag verfügte wenigstens noch über einen rationalen Kern. Dostojewskij dagegen, den Nikolais späte Gnade 1849 vor dem Schafott rettete, äußert sich im Bericht über seine erste

Deutschlandreise rein klischeehaft: «Wenn sie gelehrt sind, so sind sie gleichwohl furchtbare Dummköpfe. Das ganze Volk hier versteht zwar zu lesen und zu schreiben, ist aber ganz unwahrscheinlich dumm und blöd, und es hegt die allerniedrigsten Interessen.» Möglicherweise war das Genie von seinen Rouletteverlusten im Spielcasino von Baden-Baden beeinflusst, die ihn um sein Vermögen gebracht hatten. Dabei wissen wir aus den Memoiren seiner Frau, dass Fjodor Michajlowitsch nicht nur schlechte Erfahrungen mit der solcherart verdammten Nation hatte. So waren die Heilkundigen, die seine zahlreichen Krankheiten behandelten, fast ausnahmslos deutsch: Konstantin Schenk, der Obermilitärarzt in St. Petersburg, Dr. Orth in Bad Ems mit seinen Trinkkuren sowie Jakob von Bretzel, sein letzter behandelnder Arzt.[5] Nebenbei gesagt, erwies sich die Stadt Baden-Baden gegenüber Dostojewskij posthum als geradezu edel, indem sie am dortigen Wohnhaus des berühmtesten Verlierers im Casino und Autors des burlesken Romans «Der Spieler» eine Gedenktafel anbringen ließ.

Großzügiger als manche seiner Zeitgenossen betrachtete Alexander Puschkin die in Russland lebenden Deutschen, die Petersburg zu seiner Zeit zahlreich bevölkerten. So schildert er den Alltag, den sein Held Jewgenij Onegin in der frühmorgendlichen Stadt erlebt:

> Was treibt Onegin? Halb schon träumend
> Fährt er zum Schlafen heim vom Ball:
> Doch Petersburg, stets lebensschäumend,
> Ist schon geweckt mit Trommelschall.
> Der Kaufmann kommt, Laufjungen preschen,
> Zur Börse streben die Kaleschen,
> Die Milchfrau schleppt die Kanne mit,
> Der Frühschnee knirscht, wohin sie tritt.
> Des Morgens trauter Lärm erwachte.
> Auf sind die Läden, und gemach
> Steigt blauer Rauch empor vom Dach,
> Der Bäcker, deutsch und pünktlich, machte
> Papierbemützt schon zum Verkauf
> Sein Wasistas ein paarmal auf.[6]

Das aus dem Französischen nach Russland exportierte «Wasistas» («Was ist das») für ein kleines Klappfenster, ursprünglich das der Portierslogen, kam möglicherweise aus Puschkins Versroman als Synonym für «fortotschka» in die russischen akademischen Wörterbücher und verhalf dem Image des deutschen Kleinhändlers zu einer positiven Konnotation. Viel repräsentativer erscheint mir jedoch das Bild des Deutschen und speziell des Russlanddeutschen, wie Iwan Gontscharow es in seinem Roman «Oblomow» zeichnet. Als Antipode zum sympathischen, aber kläglich versagenden Taugenichts Ilja Oblomow wird dessen Freund Andrej Stolz dargestellt:

«Stolz war nur zur Hälfte, dem Vater nach, ein Deutscher; seine Mutter war eine Russin; auch war er griechisch-katholischer Konfession; seine Muttersprache war Russisch; er hatte sie von der Mutter und aus Büchern, im Hörsaal der Universität und während der Spiele mit Dorfjungen, im Gespräche mit deren Vätern und auf den Moskauer Märkten gelernt. Die deutsche Sprache hatte er teilweise vom Vater geerbt und teilweise sich auch aus Büchern angeeignet. Stolz wuchs im Flecken Werchljowo auf, in dem sein Vater Verwalter war, und wurde dort erzogen. Mit acht Jahren saß er mit dem Vater über eine geographische Karte gebeugt, buchstabierte an Wieland, an Herder, an biblischen Versen herum und addierte die unorthographischen Rechnungen der Bauern, Kleinbürger und Fabrikarbeiter. Mit der Mutter las er die Heilige Schrift, lernte die Fabeln von Krilow (...). Wenn er vom Buche loskam, lief er mit Dorfjungen Vogelnester zerstören, und manchmal ertönte während des Unterrichts oder des Betens aus seiner Tasche das Piepsen von jungen Dohlen.» Als junger Erwachsener studiert Stolz an deutschen Universitäten, wandert durch die Schweiz und findet sich auch später zu jeder Geschäftsreise innerhalb und außerhalb Russlands bereit. Er ist ein vorbildlicher, lebensfroher Mensch, beinahe das, was man im späteren sowjetischen literarischen Kanon als «positiven Helden» bezeichnet.

Ebenso wie Stolz nicht zufällig diesen Namen trägt, so gehört auch «Oblomow» zu den zahlreichen sprechenden Namen in der russischen Literatur. «Oblom» bedeutet so viel wie Abbruch oder Trümmerhaufen, und Oblomow ist in der Tat eine lebende Ruine. Trotz seiner Herzensgüte und Ehrlichkeit ist er durch seine Trägheit zu Unglück und einem elenden Tod verurteilt. Er verkörpert die Trost- und Hoffnungslosigkeit der mittleren Provinzelite im damaligen Russland, während sein Freund, der ihm vergeblich zu helfen versucht, für den Aufbruch in die Zukunft steht. Da Stolz zur Hälfte Russe ist, scheint er den utopischen Wunsch des Autors zu verkörpern, man möge die Tugenden der beiden Nationen vereinen, um die Millionen des Imperiums aus der Armut zum Glück zu führen. Im Übrigen erschien Gontscharows Roman 1859, im selben Jahr also, als Alexander Herzen seine Hasstirade gegen die Deutschen veröffentlichte, die seinem glanzvollen Talent auch im Nachhinein nicht recht zu entsprechen scheint.

Obwohl im Zuge der Reformen durch Zar Alexander II. der privilegierte Sonderstatus der Kolonisten seit 1871 aufgehoben wurde, sollte sich ihr Leben erst durch die Einführung der allgemeinen Wehrpflicht am 1. Januar 1874 deutlich verändern. Die neue Verordnung begann mit der Feststellung, dass sich «die bisherige gesetzliche Regelung der Wehrpflicht lediglich auf die Schicht der Bürger und Bauern erstreckte, während ein bedeutender Teil russischer Untertanen von der Verpflichtung befreit wurde, welche für alle gleich heilig sein sollte. Eine solche Ordnung, die unter anderen Bedingungen entstand, kann, ohne den veränderten Voraussetzungen der staatlichen Existenz Rechnung zu tragen, den heutigen militärischen Ansprüchen nicht mehr Genüge tun.» Ohne dass die Deutschen als Adressaten ausdrücklich genannt wurden,[7] bedeutete das neue Gesetz für sie, dass Katharinas freundliche Geste endgültig der Vergangenheit angehörte.

Die drakonische Dienstzeit von fünfzehn Jahren – auch wenn de facto nur sechs abgedient werden mussten – gefährdete vor allem die ärmeren Bauern, die auf die Arbeitskraft der männlichen Familienmitglieder angewiesen waren. Die Einberufung eines oder mehrerer Söhne konnte unter Umständen den wirtschaftlichen Ruin nach sich ziehen. Ein Sonderfall waren zudem die etwa 50 000 Mennoniten, die dem weltlichen Gesetz des Zaren das Gesetz Gottes, der heiligen russischen Wehrpflicht die Heilige Schrift gegenüberstellten. Sie verweigerten grundsätzlich jeden Dienst an der Waffe unter Berufung auf die Bergpredigt, in der Jesus das mosaische Gebot «Du sollst nicht töten» um eine neue Maxime ergänzt hat: «Ihr sollt dem Bösen keinen Widerstand leisten» (Matthäus 5,39). Zumindest indirekt ließ sich daraus das Verbot von jeglichem Militärdienst ableiten. Auch der für das Militär obligatorische Eid auf den Zaren stieß auf biblische Hindernisse. Anders als Moses, der sein Volk nur vor dem Meineid warnte, hatte Jesus eindeutig erklärt: «Ihr sollt überhaupt nicht schwören, weder beim Himmel, denn er ist Gottes Thron, noch bei der Erde, denn sie ist der Schemel seiner Füße, noch bei Jerusalem, denn es ist die Stadt des großen Königs. Auch bei deinem Haupte sollst du nicht schwören, denn du vermagst kein einziges Haar weiß oder schwarz zu machen» (Matthäus 5,34–37). Konsequenterweise wollten die Anhänger des friesischen Theologen Menno Simons auch von den Vorteilen der zaristischen Reformen nicht profitieren und beteiligten sich zum Beispiel nicht an der Selbstverwaltung oder an Schöffengerichten. Auch dies hatte ihnen der Gekreuzigte untersagt, weil er sie davor warnte, «weltliche Herrscher» zu werden (Matthäus 20,25–27) sowie Urteil zu sprechen: «Verurteilt nicht, dann werdet ihr auch nicht verurteilt werden» (Lukas 6,37).

Diese Einstellung der vor Friedrichs Militärdienst nach Russland geflohenen sanften Kriegs- und Staatsgegner musste den St. Petersburger Bürokraten gut bekannt sein. Schließlich enthielt der Einwanderungsantrag der Danziger Mennoniten vom 5. Juli 1787 in Punkt 8 deren ausdrücklichen Wunsch, dass «sie und ihre Nachfahren von jeglichem Kriegsdienst auf ewige Zeiten befreit bleiben, da die Thesen ihres Glaubens ihnen in keiner Weise erlauben in Militärdienst zu treten.» So schrieb der Gouverneur der Krimregion, Fürst Potemkin, in einer kurzen Anmerkung am Rande der Bittschrift: «Sie haben die Freiheit, zu keinem Kriegsdienst gezwungen zu werden.»[8] An die Befreiung vom Militärdienst, die Zarin Katharina der Deputation der Mennoniten aus Deutschland und den Niederlanden zugesichert hatte, hielten sich sämtliche russischen Regierungen bis zu jenem 1. Januar 1874 – dem Datum, das den ersten bedeutenden Konflikt zwischen den Russlanddeutschen und der Obrigkeit in ihrer neuen Heimat markiert.

Tausende von Mennoniten, aber auch evangelische und katholische Deutsche beschlossen daraufhin, den «schönen Garten» Russland zu verlassen, um sich eine neue Heimat in Übersee zu suchen. Die Russlanddeutschen wurden damit Teil der riesigen Auswanderungswelle, die in den 1870er und 1880er Jahren in die neue Welt strömte. An der Wolga, am Don, im Kaukasus und auf der Krim erklangen Volkslieder wie dieses:

> Der Wagen steht schon vor der Tür,
> Mit Weib und Kindern ziehen wir,
> Wir ziehen ins gelobte Land,
> Dort findet man das Gold wie Sand.
> Trallala, Trallala,
> Bald sind wir in Brasilia.[9]

Authentisch wirkt das melancholische «Auswandererlied», in dem die lokalen Motive stärker zum Ausdruck kommen:

> Hier in Russland ist nicht leben,
> Weil wir müssen Soldaten geben.
> (...)
> In Saratow, deutsch' Kontor,
> bring uns lauter Deutsche vor
> Hin nach brasilianschem Ort.
> Keinen Winter gibt es dort.[10]

Die schwerfällige russische Bürokratie reagierte zu langsam auf den Exodus. Sie versicherte den Strenggläubigen schließlich, dass sie keine Waffen tragen müssten und lediglich als Handwerker oder bei den Waldtruppen in Anspruch genommen würden. Aber eine vollständige Befreiung vom Wehrdienst kam nicht in Frage.

Eine verzweifelte Mennonitengruppe appellierte daraufhin im September 1879 an den deutschstämmigen Generalgouverneur Turkestans, Konstantin von Kaufmann, und bat um die Erlaubnis, sich in der «autonomen» muslimischen Provinz niederlassen zu dürfen, in der es weder die russische Militärpflicht noch die lokalen Selbstverwaltungen (Semstwo) oder Schöffengerichte gab.

Im usbekischen Buchara hatten sie kein Glück, weil der dortige Emir sie mit der Begründung ablehnte, dass sie kein Turkmenisch verstünden und den dortigen Boden nicht bebauen könnten. Außerdem seien sie für die weibliche Bevölkerung ein schlechtes Vorbild, da ihre Frauen keinen Gesichtsschleier trugen. Schließlich erbarmte sich jedoch der usbekische Herrscher von Chiwa, Said Muhammed Rachim Khan, und schien bereit zu sein, die Mennoniten aufzunehmen und sie sogar ein Jahr lang von der Abgabe (Solgit) zu befreien. Im Gegenzug versprach die Deputation, sich freiwillig der islamischen Scharia zu unterwerfen. Und so bat der Khan seinen russischen Natschalnik, «diesen Deutschen zu erlauben, in mein Land überzusiedeln, meine Untertanen zu werden, und ich garantiere ihnen genügend Land und Wasser.»[11] Zur gleichen Zeit verstärkte sich die Tendenz bei den Russlanddeutschen, aus den zentralen Gebieten des Landes nach Sibirien, ins Altaigebiet und nach Mittelasien abzuwandern.

Die Versuche, die deutsche Bevölkerung des Imperiums in die russische Armee zu integrieren, zeigten jedoch trotz der mehrheitlich loyalen Haltung der Rekruten nur zweifelhaften Erfolg. Fast dreißig Jahre nach der Einführung der allgemeinen Wehrpflicht beschwerte sich Großfürst Sergej in seiner Eigenschaft als Kommandant des Moskauer Militärbezirks über ein vernachlässigtes Problem. In seinem Jahresbericht 1901 schrieb er: «Die in den Truppenteilen meines Militärbezirks einberufenen deutschen Kolonisten zeichnen sich durch völlige Unkenntnis der russischen Sprache aus, die sie auch während ihrer Dienstzeit sehr mäßig studieren. Dies wirkt schädigend auf die Ausbildung der jungen Soldaten. Selbst Tscheremissen[12] sprechen besser russisch als die deutschen Kolonisten. Es wäre recht wünschenswert, dass die lokale Verwaltung dem Studium der russischen Sprache in den deutschen Kolonien mehr Aufmerksamkeit schenkt. Viele von diesen bestehen seit mehr als hundert Jahren in Russland, aber die Kolonisten wollen sich keineswegs die Sprache unserer Heimat aneignen, die ihnen eine solch großartige Gastfreundschaft gewährt hat.» Dieser Vorwurf erreichte damals selbst den Zaren Nikolai II., der auf den Rand des Berichts die Anmerkung schrieb: «Dies verwundert mich sehr.»

Zwischen dem kaiserlichen Kopfschütteln und dem Zirkular, das der Gouverneur von Samara zu diesem Problem aufsetzte, vergingen fast zwei Jahre. Weitere drei Monate brauchte es, bis ein lokaler Semstwo-Chef in seinem Rapport eine Analyse der Missstände vorlegte und Vorschläge zu deren Korrektur entwickelte. Die Auflistung für die Ursachen der schlechten Kenntnisse der Landessprache unter den Kolonisten zeugte nicht nur von der beeindruckenden Langsamkeit der Bürokratie im Zarenreich, sondern auch von deren miserabler Effektivität. So stellte sich heraus, dass die 1859 gegründete Russische Zentralschule in Katharinenstadt, deren Ziel in der Ausbildung von Russischlehrern für die Deutschen bestand, noch Jahrzehnte später zu wenig geeignete Lehrkräfte für Volksschulen ausbildete, da viele Absolventen es vorzogen, sich lieber besser bezahlte Stellen als Schreiber oder als Privatlehrer zu suchen. Die Folge davon war, dass das Monopol der kirchlichen Schulen, deren Unterricht auf Deutsch abgehalten wurde, auf religiöse Inhalte beschränkt war und in denen auf einen Lehrer durchschnittlich 200 bis 400 Schüler entfielen, nicht gebrochen werden konnte.[13] Der Mangel an Sprachkenntnissen erschwerte den Schriftverkehr zwischen den Kolonisten und den russischen Behörden, nicht zuletzt auch die Arbeit der Gerichte. Viele Deutsche beschwerten sich darüber, dass die offiziellen Dolmetscher und Übersetzer ihre Anliegen ungenau formulierten. Aus purem Misstrauen nahmen sie Zuflucht zu «illegalen Advokaten, die mit allen Mitteln besonders den ärmsten Teil der Bevölkerung ausbeuteten.» Dieses Mitleid hinderte den Beamten keineswegs daran, den Kolonisten ihr eigenes Elend zum Vorwurf zu machen: «Nebenbei gesagt, zielte die Einladung der Kolonisten im 18. Jahrhundert darauf, dass durch sie die russischen Bauern die kultivierten Methoden der Bewirtschaftung praktisch kennenlernen sollten. Allerdings erfüllten die Kolonisten die ihnen aufgetragene Verpflichtung nicht, weil sich die Deutschen nebeneinander niederließen, sich mit den Russen nicht vermischen wollten, von ihnen abseits hielten.»[14] Mit dieser altbewährten bürokratischen Rabulistik schob der Natschalnik die Verantwortung von sich und seinem Staat auf die Leidtragenden ab – und das alles, damit die deutschen Untertanen auf den Truppenübungsplätzen und später eventuell auf den Schlachtfeldern die russischen Befehle besser verstehen konnten.

Im Grunde steckte hinter dem Konflikt um die Wehrpflicht und der Auseinandersetzung um die Landessprache das bis dahin selbst von den Betroffenen kaum wahrgenommene Integrationsproblem der Russlanddeutschen. Die städtische Bevölkerung integrierte sich reibungslos in den bürgerlichen Milieus. Die Dorfbevölkerung hingegen bildete weitgehend eine geschlossene, gar isolierte Gesellschaft, was freilich auch eine Folge der von den zaristischen Behörden verordneten Rahmenbedingungen ihrer Ansiedlung war. Diese Deutschen hatten keine Probleme mit ihrer Identität: Ihre Lebensweise war gemeinschaftlich, und sie organisierten sich konfessionell. Mit den Russen waren die Kolonisten sowohl auf offizieller Ebene als auch durch den Handel verbunden.

Auch die Verbindungen zu ihrer alten Heimat waren nicht zwangsweise zerrissen worden – davon zeugen heute noch die entsprechenden Stammbäume im Internet. Der Einbruch der Moderne in die postfeudale Gesellschaft beschleunigte diese Kontakte noch. Zu Zeiten Katharinas brauchte ein Brief oder eine Zeitungsnachricht mit der Postkutsche von St. Petersburg nach Frankfurt oder Wien zwei bis drei Wochen, und eine Reise ins Ausland war häufig ein einmaliges Ereignis. Die Technik des

19. und des beginnenden 20. Jahrhunderts verkürzte alle Wege der menschlichen Kommunikation erheblich. Die Zahl der in Russland insgesamt verschickten Briefe oder Pakete betrug im Jahre 1908 bereits 1 677 000, davon 216 000 ins Ausland. Die Anzahl der abgeschickten Telegramme umfasste zwei Millionen. Der vorläufige Höhepunkt dieser Revolution war die Einrichtung des Telefonnetzes. Zwar befand es sich mehrheitlich in der Hand staatlicher Institutionen und Privatunternehmer, doch vermittelten diese 1909 bereits fast sechs Millionen innerstädtische Telefongespräche und fast ebenso viele Ferngespräche in die Provinz.[15]

Trotz dieser sprunghaften Entwicklung blieb Russland in starkem Maße rückständig. Die Machtausübung wies bei aller entwickelten Selbstverwaltung nach wie vor despotische Züge auf. Die Regierung agierte mit einem offiziellen Antisemitismus, der die Juden zu Bürgern zweiter Klasse degradierte und damit auch Pogrome heraufbeschwor. Und bis zum Jahre 1904 war, wenn auch in gelockerter Form, die Macht der staatlichen Zensur ungebrochen. Auf den chronischen Reformstau, die staatliche Willkür und die Allmacht der Geheimpolizei «Ochranka» reagierte die junge Generation mit sozialistisch gefärbtem politischem Terror, was zu verstärkter Kriminalisierung der politischen – auch der liberalen und gemäßigten – Opposition führte. Keine der aufeinander folgenden Regierungen sah sich imstande, diesen Teufelskreis zu durchbrechen. Auf der anderen Seite entstanden ultramonarchistische, aggressiv nationalistische Strömungen, deren Schärfe sich früher oder später auch gegen die deutschen Kolonisten richten musste.

Diese waren andererseits – ohne deshalb ihre traditionelle Loyalität gegenüber dem Zaren aufzugeben – von dem europäisch-zivilisierten Land ihrer Vorfahren zunehmend fasziniert. In ihrem selbstbewussten Deutschtum wurden sie von Organisationen wie dem «Alldeutschen Verband», dem «Katholischen Verband des Heiligen Raphael zum Schutz deutscher Emigranten» und dem «Evangelischen Hauptverband zur Förderung deutscher Umsiedler» bestärkt. Besonders im Kaukasus-Gebiet mit seinen scharfen ethnischen Konflikten suchte die Zentralmacht nach einem Sündenbock für die soziale und nationale Misere. Diese äußerte sich über Jahrzehnte hinweg vor allem im chronischen Landhunger der aus der Leibeigenschaft entlassenen russischen Bauern sowie im Elend der Kosaken, die als Gegenleistung für den Militärdienst vom Staat Parzellen bekamen, die sie jedoch aufgrund ihrer Armut oft an Deutsche veräußerten. Das Gesetz von 1887 untersagte zwar ausländischen Staatsbürgern den Erwerb von Grund und Boden. Für die Kolonisten galt dieses Verbot jedoch nicht, und die Reicheren unter ihnen kauften wenig bewirtschaftete Felder in ihrer Nachbarschaft auf. Ihre moderne Technik und ihre rationale, auf den Familienbetrieb und auf Tagelöhner gegründete Arbeitsorganisation von Ackerbau und Viehzucht machte ihre Wirtschaft jedenfalls profitabler, als dies bei anderen Völkern des Imperiums der Fall war. Dieser deutlich wahrnehmbare Unterschied sorgte nach und nach für Spannungen, und in den Beschwerden von russischer Seite kam neben der Schilderung der realen Missstände immer häufiger ein ideologisches Moment auf.

1889 erbaten die deutschen Kolonisten im nördlichen Kaukasus bei den dortigen Behörden die Erlaubnis für eine Niederlassung ihrer Landsleute am Ufer des Flusses Terek. Die untertänigste Fürbitte wurde vom Kommandeur des Kaukasischen Militärkreises, Generaladjutant Fürst Dondukow-Korsakow, höchstpersönlich abgelehnt. Als sachliches Argument diente die wahrscheinlich zutreffende Tatsache, dass «1. nicht einmal für die russischen Umsiedler und die pensionierte, dennoch nicht eingerichtete niedere Beamtenschaft genügend freie Ländereien vorhanden» seien. Diese Erwägung ergänzte er jedoch mit zwei scheinbar untergeordneten Nebenbemerkungen: «2. Die Deutschstämmigen bestreben sich nicht zur Einigung mit der russischen Bevölkerung, sondern bleiben dieselben Deutschen.» Und außerdem: «Unter den Deutschstämmigen gibt es nicht wenig Stundisten,[16] die nur mit dem Ziel nach Russland kommen, ihre Sekte zu verbreiten und Profit zu ziehen.»[17] Die wichtigste Rechtfertigung für die Ablehnung der neuen Kolonisten bezog sich aber auf das strategische Interesse des Zarenreiches: «Das Militärministerium erachtet als unangebracht die Stärkung des deutschen Elements auf dem Kaukasus wie insgesamt in Grenzgebieten und besonders die Förderung der Separation der deutschen Kolonien.»

Es ist anzunehmen, dass der Versuch, neue Einwanderer in kriegswichtigen Gebieten anzusiedeln, die «deutsche Frage» insgesamt in neuem Lichte erscheinen ließ. So ist wenig erstaunlich, dass sich im Rahmen der Gegenreformwelle unter dem Zaren Alexander III. der von diesem ernannte Innenminister Iwan Durnowo 1890 in einem Bericht dazu veranlasst sah, praktisch die ganze deutsche Bevölkerung zu denunzieren.[18] Diese sei schon deshalb gefährlich, weil sie sich allzu sehr ihrer früheren Heimat verbunden fühle. «Der Deutsche» werfe «seinen Blick auf Germania (...), nur von dort erwartet er Kultur, Fortschritt und das Licht der geistigen Wahrheit», und deshalb könne «man ihn nicht als Mitbürger betrachten.» Hierzu wäre seitens der Deutschen «eine herzliche Vereinigung mit Russlands verwurzelten geistigen Grundlagen» erforderlich. Als Gegenmaßnahme zu diesem nebulös formulierten Kollektiv-Schuldspruch schlug er unter anderem vor, den Landkauf der Deutschen einzuschränken, die innere Selbstverwaltung der Kolonien aufzulösen und die russische Sprache in den deutschen Schulen als obligatorisch einzuführen. Vor diesen rabiaten Schritten rettete die Kolonisten wahrscheinlich nur die althergebrachte Schwerfälligkeit der zaristischen Bürokratie. Vier Jahre später ernannte der neue Zar einen eher gemäßigten Innenminister, und Durnowos Pläne wurden zunächst auf «bessere Zeiten» verschoben. Diese reiften bereits im Schoß der Weltgeschichte heran: 1904 entstand die «Entente cordiale», ein Machtbündnis zwischen Frankreich und Großbritannien, dem sich 1907 das Russische Reich anschloss. Gleichzeitig organisierten sich um das Deutsche Reich und die österreichisch-ungarische Doppelmonarchie herum die Mittelmächte, und Europas Rüstungsbetriebe liefen auf Hochtouren.

In Russland selbst verschärfte das Hungerjahr 1891, das wie jede Naturkatastrophe die Schwächen der Wirtschafts- und Sozialstruktur aufzeigte, die Konkurrenz um den Boden und dessen landwirtschaftliche Produktivität. Teile der wolgadeutschen Bevölkerung migrierten innerhalb Russlands in Gebiete, die weniger von den aktuellen Katastrophen heimgesucht wurden: in den Ural, nach Sibirien, in das Steppengebiet des Altai und nach Turkestan. Sie waren kapitalstark genug, um Ländereien der verarmten Kosaken aufzukaufen und effektiver zu bearbeiten. Die Zeitung «Orenburgskaja Gaseta» machte auf diese Erscheinung in ihrer Reportage «Der deutsche Reformer» vom 3. April 1894 aufmerksam: «In der Siedlung Dongus, 25 Werst von Orenburg entfernt, quartierte sich der Deutsche im Gasthof ein, um sich von der Besichtigung des gekauften Grundstücks zu erholen. Auf den ersten Blick ist der Deutsche wie jeder Muschik, nur sein breites Gesicht ist rasiert. Der Deutsche führte ein Gespräch mit anderen Gästen über das örtliche

Klima, über Schneefall und Hochwasser und anderes, was für ihn als Landwirt von Interesse war. (…) Daraufhin bemerkte man dem Deutschen gegenüber, dass an diesen Ländereien bereits viele reiche Geschäftsleute pleite gegangen seien. Der Deutsche antwortete darauf: ‹Wir werden auf gut Glück nicht pleite gehen. Eure Russen haben noch niemals richtig gearbeitet und können auch ihre Arbeiter nicht beaufsichtigen, während wir arbeiten, und zwar mit Maschinen. Unser Brot wird billig produziert, und wir verkaufen es billig. Die Russen werden bei uns lernen, wie man billig Broternte macht und möglichst mehr aus dem Boden herausholt.›»[19]

Es ist durchaus vorstellbar, dass der neue Kolonist die Muschiks tatsächlich so arrogant und oberlehrerhaft abkanzelte, aber auch die redundante und ressentimentbehaftete Wiederkehr des Wortes «der Deutsche» in der Reportage spricht für sich. Aus dem gesteigerten Selbstbewusstsein des einen und dem beleidigten Unterton des anderen entstand ein Narrativ, das die latenten Spannungen zwischen «Gästen» und «Gastgebern» immer manifester werden ließ. Rationale und nationale Argumentation vermischten sich auch im Bericht des Ministers für Landwirtschaft und Staatsvermögen, Alexei Jermolow, von einer Sibirienreise. Als gelehrter Agronom, selbst auch Landwirt, wusste er die Tatsache zu schätzen, dass die Umsiedler aus den deutschen Kolonien «in der Mehrheit gut ausgestattet ankommen, denn die Kolonien versorgen ihre Auswanderer mit Geldmitteln und helfen ihnen auch weiter». Als Staatsmann fand er es jedoch gefährlich, dass sich die Deutschen im Umfeld von Omsk gemeinsam niederlassen wollten und empfahl daher, diese «wenn schon nicht in einem Dorf, dann wenigstens in einem Amtsbezirk mit den Russen sesshaft zu machen.»[20]

Der sicher gut gemeinte Vorschlag des Ministers, Russen und Deutsche zusammenzubringen, bewährte sich nicht unbedingt: In der Siedlung Roschdestwenskij nahe Akmolinsk (heute Astana, Kasachstan) gerieten zwangsvereinigte russische und deutsche Umsiedler von der Wolga sogar handfest aneinander, wie der Historiker Pjotr Wiebe aus Omsk schildert: «Zwischen ihnen entstanden die feindseligsten Beziehungen. Es kam zu Prügeleien und gerichtlichen Untersuchungen. Beide Umsiedlergruppen verfügten über einen eigenen Dorfältesten und führten selbstständige Kostenrechnungen über ihre Naturalsteuer. Der Konflikt konnte erst liquidiert werden, als für die Russen eine eigene Parzelle abgegrenzt wurde, wo sie ihrerseits eine eigene Siedlung namens Roschdestwenskij gründen konnten.»[21] Insgesamt waren solche Konflikte eher selten. Außerdem müssen sie vor dem Hintergrund einer umfassenden binnenrussischen Völkerwanderung gesehen werden: Nach einer großen Dürre, nach Überschwemmungen und Missernten machten sich große Bevölkerungsgruppen auf den Weg und wanderten auf der Suche nach dem Glück von Bessarabien und der Krim bis zum Altai und nach Ostsibirien.

Spätestens hier muss die Frage gestellt werden, ob an den zunehmenden Spannungen in den Beziehungen zwischen Russen und Russlanddeutschen nicht auch die Kolonisten ihren Anteil hatten. Daraus soll keine These einer Kollektivschuld entwickelt, aber doch der Blick auf ein mögliches Fehlverhalten der gesellschaftlichen Führungsschicht unter den Kolonisten gelenkt werden. Verbunden damit ist die Frage, ob diese in einer sich in Auflösung befindenden Gesellschaft vielleicht die eigene Rolle und die eigenen Chancen überschätzte. Dabei darf allerdings nicht vergessen werden, dass die Elite von Geistlichen und Lehrern in den meisten Dörfern des 18. und 19. Jahrhunderts nur sehr klein war und außerdem bis 1905 nicht einmal die Möglichkeit hatte, sich in der russischen Öffentlichkeit in organisierter Form zu artikulieren. Dazu kommt, dass selbst in dem stürmischen Jahrzehnt ab 1900 bei der deutschen Bevölkerung das Gefühl einer Bedrohung fast völlig fehlte. In diesem Zeitraum wanderten 85 000 Deutsche aus Russland in die USA aus, was 8,5 Prozent aller Russlanddeutschen entsprach. Von den Juden wanderten weit mehr als vierzig Prozent aus, insgesamt 681 000, von den Polen 392 000 und von den Russen 61 800.[22]

Dabei erreichten die Konflikte besonders in den Jahren zwischen der Niederschlagung der bürgerlichen Revolution von 1905–1907 und dem Ausbruch des Ersten Weltkriegs ein bedrohliches Ausmaß. Die russischen patriotischen Zeitungen veröffentlichten seit 1910 reihenweise Aufsätze zum Thema der Ansiedlung in den Ostgebieten des Zarenreichs – in dieser Publizistik entstand der später berüchtigt gewordene Ausdruck «deutsche Übermacht» (nemetskoje sassilje). Der Wirkliche Geheimrat A. Papkow schrieb in einem Artikel mit dem bezeichnenden Titel «Deutsches Reich in Westsibirien auf den Trümmern des Kosaken-Grundbesitzes»: «Wir haben mitgeteilt, dass Ausländer unterschiedlicher Nationalitäten (sowie Deutsche, Engländer, Dänen u. a.) im Steppengebiet erschienen sind und in der Absicht, sich dort endgültig niederzulassen, ganz ruhig Parzellen als Eigentum zusammenkaufen oder mieten. (...) In der Nähe von Omsk finden sich Siedlungen deutscher Kolonisten (Mennoniten) auf dem Gelände früherer Kosakenparzellen. (...) Diese Informationen können russischen Menschen, die den staatlichen Interessen Russlands treu sind, nicht gleichgültig bleiben – umso weniger, weil allen die politischen Beziehungen bekannt sind, welche die deutschen Kolonisten mit Deutschland aufrechterhalten, sowie die Hilfe, die sie von ihren Stammesbrüdern über deren starke Organisationen bekommen.»[23]

Papkows Artikel sorgte selbst in den höchsten Kreisen der Macht für Aufregung, so auch bei Pjotr Stolypin, dem Innenminister und späteren Regierungschef. Nun wurde eine amtliche Untersuchung eingeleitet. Es stellte sich heraus, dass Russlanddeutsche von den Parzellen im Steppengebiet, ursprünglich Dienstland der Kosakenoffiziere, insgesamt 73 884 Desjatinen erworben hatten. Allerdings verfügten zur selben Zeit die sibirischen Kosaken über 4,7 Millionen Desjatinen Ackerland. Außerdem lag die Beobachtung nahe, dass viele Kosaken den ihnen zur Verfügung gestellten Boden nicht selbst bebauen wollten, sondern ihn für wenig Geld von Kirgisen bebauen ließen – oder aber sie überließen den Boden als Pachtland den Deutschen beziehungsweise ihren Strohmännern.[24] Zu diesen Ergebnissen äußerte sich der Generalgouverneur des Steppengebiets, Jewgenij Schmidt, in einem Brief an Stolypin: «Zur Zeit findet eine Ansiedlung der Deutschen vorwiegend in den südlichen Gebieten des Landkreises Akmolinsk statt. Das Gebiet zeichnet sich durch schwierigere Lebensbedingungen aus, und nur die bedeutend höhere Kultur kann mit diesen Parzellen fertig werden. Die besten Landkreise – Petropawlowsk, Koktschetaw, Omsk – sind für deutsche Kolonisten völlig gesperrt.» So schrieb ein zaristischer Beamter, dem Papkow sicherlich auch seine deutsche Abstammung angelastet hätte. Damit entpuppte sich die von mehreren patriotischen Zeitungen getragene Kampagne vorerst als reine Stimmungsmacherei.[25]

Allerdings waren die Tage der Ruhe für die Russlanddeutschen nunmehr gezählt.

Zwischen den Fronten 1914–1917

Berlin, 1. August 1914: «Als am Nachmittag schwere, graue Lastautos die Linden entlangkamen, als junge Leute, grau und schmutzig im Arbeitshemd, die Extraausgaben der Zeitungen nicht einzeln, sondern in ganzen Paketen auf die Straße warfen, schrien die Leute ihnen jubelnd zu, als wären es Siegesboten (...). Abends marschierten Zehntausende zum Schloss, sie wollten den Kaiser sehen. Er sprach vom Balkon: ‹Ich kenne keine Parteien mehr, ich kenne nur noch Deutsche.› Ein prachtvoller Gedanke, geboren zum geflügelten Wort, und damals noch mit einer Kraft begabt, dass die Menge daran glaubte. (...) Ja, alles schien ein Siegesfest.» St. Petersburg, 2. August 1914: «Der Zar tritt auf den Balkon. Hunderttausende sind auf beiden Seiten des Flusses versammelt, mit ihren heiligen Symbolen, Fahnen, Zarenbildern. In diesem Augenblick, als sie ihn wie eine Gottheit erkennen, sinken gleichzeitig hunderttausend Menschen auf ihre Knie. (...) Ja, dies ist der letzte Kaiser der Welt, denn die Menschen werfen sich vor ihm noch zu Boden, wie vor tausend Jahren. Er allein, über der Masse schwebend, scheint der wahrhafte Herrscher über Leben und Leib der Millionen, durch Gottes Gnade.»[1]

Diese zwei Momentaufnahmen zeigen manche Ähnlichkeiten, aber auch kulturell bedingte Eigenarten hinsichtlich der Art und Weise, wie das schicksalhafte Ereignis zelebriert wurde. In beiden scheint ein besonderes Phänomen auf: die spontane Kriegshysterie, eine «geistige Mobilmachung» aus freien Stücken auf beiden Seiten der Front, die später so unterschiedlichen Denkern wie Julien Benda, Elias Canetti und Sigmund Freud geistige Nahrung lieferte. Bei aller zur Schau gestellten besonderen Aggressivität des Deutschen Reichs wurde dieser Krieg am Anfang von fast allen Beteiligten gewollt. Nicht nur Herrscherdynastien und Generalstäbe, sondern weite Schichten der Gesell-

Abb. 4: Zar Nikolai II. auf dem Balkon des Winterpalais erklärt am 2. August 1914 den Krieg.

schaft, von der Bildungselite bis zum Proletariat, von den Kirchenfürsten bis zu ehemaligen Pazifisten, wurden von der Kriegseuphorie erfasst. Die größte Überraschung war zweifellos die Reaktion der Sozialistischen Internationale, die erst zwei Jahre zuvor auf ihrem Baseler Kongress für den Fall des als ungerecht erachteten Krieges mit einem allgemeinen Generalstreik gedroht hatte. Stattdessen wurden die Kriegskredite von den sozialdemokratischen Abgeordneten in beinahe sämtlichen Parlamenten des Kontinents bewilligt. Heroische Ausnahmen wie Karl Liebknechts «Nein» bestätigten nur die tragische Regel.

Eben diese Massenbegeisterung zu Beginn des Krieges – gespeist auch aus der naiven Annahme, dass dieser von kurzer Dauer sein und nicht allzu viele Opfern fordern werde – bestimmte die Atmosphäre der ersten Monate in allen großen Städten der beiden Reiche. Da sämtliche soziale Frustrationen erfolgreich in chauvinistischen Fremdenhass kanalisiert werden konnten, empfanden die Mächtigen in der gewaltigen Massenbewegung auf den Straßen, die ansonsten panische Ängste ausgelöst hätte, zunächst keine Bedrohung. So sah Nikolai II. in der Menschenmenge mit ihren Ikonen und Zarenportraits auch dann noch keine Gefahr, als diese vom Winterpalais über den Newski-Prospekt zum Isaakplatz zog. Hier war ein Jahr zuvor der im neoklassizistischen Stil erbaute neue Sitz der Kaiserlich-Deutschen Botschaft feierlich eröffnet worden. Gegen das Werk des Architekten Peter Behrens mit dem für Wilhelm II. eigens gebauten Thronsaal und der eindrucksvollen Quadriga an der Fassade richtete sich nun die Aggressivität der Volksmassen. Die Demonstranten drangen in das Gebäude ein, zerstörten alles, was ihnen in die Hände geriet, darunter auch wertvolle Kunstwerke, stießen die steinernen Pferde der Quadriga um, die als Symbol der verhassten siegreichen Teutonenmacht betrachtet wurden, und warfen sie in den Fluss Moika. Schließlich steckten sie den Palast in Brand. Die Ordnungshüter beobachteten die Geschehnisse und griffen nicht ein.

An turbulenten Szenen mangelte es auch in anderen europäischen Metropolen nicht, obwohl die direkte Zerstörungskraft nur selten solche Dimensionen erreichte. Auch symbolische Gesten sollten das Nationalbewusstsein der kämpfenden Truppe und des Hinterlands stärken. Am 31. August verfügte der russische Zar, dass die Reichshauptstadt ab jetzt nicht mehr den deutsch klingenden Namen St. Petersburg tragen, sondern Petrograd heißen solle – eine Entscheidung, die nur zehn Jahre lang gültig blieb, bis der Petrograder Sowjet den Namensgeber Peter den Großen durch Lenin, den Gründer der Sowjetmacht, ablöste und sie Leningrad nannte. Ihre traditionelle Bezeichnung bekam die Stadt an der Newa erst kurz vor dem Zusammenbruch der Sowjetunion zurück, im September 1991. Ähnliche, ebenfalls propagandistisch motivierte Namensänderungen gab es in mehreren kriegführenden Ländern, wenn auch in bescheidenerem Umfang – so wurde in Paris die Rue de Berlin Anfang August 1914 in Rue de Liège umbenannt, während die Rue d'Allemagne den Namen des kurz zuvor ermordeten Pazifisten Jaurès erhielt. Im operettenhaften Budapester Milieu wurde das Lokal Jardin d'Hiver im Herbst 1914 magyarisiert und fortan Télikert genannt, was ebenfalls einfach Wintergarten heißt, während der innerstädtische Váci-Ring zu Ehren des deutschen Verbündeten nunmehr Vilmos császár út, Kaiser-Wilhelm-Straße, hieß.

Symbolisch erscheint auch das Schicksal der Tschechow-Büste in Badenweiler. Dieses Werk des renommierten russlanddeutschen Bildhauers und russischen Vizekonsuls, des Hofkammerherrn und Geheimrats Nicolai von Schleifer[2] war 1908 zum Gedenken an den dort verstorbenen Schriftsteller aufgestellt worden. Noch Mitte Juli 1914 gedachten in Anwesenheit von Olga Knipper, Tschechows Witwe, Deutsche und Russen gemeinsam des zehn Jahre zuvor verstorbenen Autors.

Erstaunlicherweise fiel es den Militärbehörden erst in der letzten Phase des Krieges ein, die vierzig Kilogramm Bronze als «Kupfer für den Heeresbedarf» einschmelzen zu lassen. Sicherlich ist dies keinem Denkmal von Friedrich dem Großen widerfahren, und bestimmt blieben auch Goethe und Schiller verschont, aber der Klassiker aus dem Feindesland fand letztendlich keine Gnade.[3] Vermutlich aus einem weisen Impuls der Vorsorge heraus reagierte der Besitzer des Hotels «Sommer», als er die Gedenktafel auf dem Balkon des Zimmers, in dem der Schriftsteller gestorben war, entfernte, um sie gleich im November 1918 wieder dort anzubringen.[4]

Die offiziellen Vertreter der Russlanddeutschen machten im Verlauf des Krieges immer wieder deutlich, dass sie in der historischen Auseinandersetzung zwischen den beiden Imperien vollkommen auf russischer Seite standen oder, wie sie in einer prägnanten Erklärung verlauten ließen, «zu Kaiser Wilhelm das gleiche Verhältnis wie zum Kaiser von China und zum persischen Schah»[5] hätten. Professor Karl Lindemann, konservativer Duma-Abgeordneter und seinerzeit der tonangebende Anwalt russlanddeutscher Interessen, bezog sich bei öffentlichen Auftritten immer wieder auf «den patriotischen Aufschwung der Kolonisten und Deutschen Südrusslands, des Wolgagebiets, der Krim und des Kaukasus, die Deutschland vollkommen gleich mit allen anderen russischen Bürgern als ihren Feind betrachteten».[6] Protestantische, katholische und mennonitische Geistliche beteten ebenso für den Sieg der russischen Waffen wie die Orthodoxen. Sicherlich bedeutete eine solche Positionierung für zahlreiche Menschen einen Gewissenskonflikt. An der grundsätzlichen Loyalität der deutschen Untertanen gegenüber dem Zaren änderte dies jedoch nichts. Einzige Ausnahme waren die baltischen Deutschen, die aufgrund der direkten Nachbarschaft und unmittelbaren Frontnähe viel stärker den Einfluss des deutschen Kaiserreichs und der alldeutschen Bewegung zu spüren bekamen. Die Parteinahme der Zwei-Millionen-Minderheit für die russischen Interessen äußerte sich in einer großzügigen Spendenbereitschaft, im kirchlichen Beitrag zum Aufbau von Feldlazaretten und nicht zuletzt in der Bereitschaft zum Militärdienst. In dem 13,7 Millionen Mann starken russischen Heer kämpften zwischen 1914 und 1917 rund 300 000 Bürger deutscher Abstammung, unter ihnen mindestens 15 000 Mennoniten, die man als

Zivildienstleistende vor allem in den Krankenhäusern oder Baubataillonen der Armee beschäftigte.[7] Besonders kennzeichnend für die Beteiligung der Deutschen war jedoch ihr Anteil von 15 bis 20 Prozent im Generalstab und im höheren Offizierskorps[8] – eine Tradition der «internationalen» Zusammensetzung der russischen Armee, die seit Peter dem Großen bestand und sich in allen Kriegen, auch gegen die Preußen, bewährt hatte. Wer hätte im August 1914 den Mut gehabt, dem Helden von Mukden im russisch-japanischen Krieg, dem Bezwinger der Revolution von 1905, General Paul Rennenkampf, den die Russen «Pawel Karlowitsch» nannten, die Treue gegenüber seinem Herrscher abzusprechen? Vielmehr galt er in der Heimat seiner deutschen Vorfahren während der ersten Offensive in Ostpreußen als russischer Patriot, als «Deutschenfeind», und er blieb ein wichtiges Idol des russischen Patriotismus – bis zu seiner ersten Niederlage.

Der Zufall oder die Zahlenmystik der Geschichte wollte es, dass am Vorabend des Weltenbrands, der zugleich das Fanal für den Untergang des Russischen Reiches war, drei runde Jubiläen begangen wurden, die einen willkommenen Anlass zum Feiern boten: Im Februar 1911 beging Russland den 50. Jahrestag der Befreiung von der Leibeigenschaft, und die Russlanddeutschen feierten mit. In der Odessaer Zeitung, deren Rubrik «Koloniales» sich den Feierlichkeiten widmete, berichtete ein Augenzeuge über eine Veranstaltung in der Zentralschule Zürichthal auf der Krim: Man begann mit dem Singen der russischen Hymne, und der Schulleiter Tichonow würdigte in russischer Sprache die Reformen von Alexander II. Danach trugen die Schüler ein deutsches Lebensbild sowie eine Szene aus einer Komödie des russischen Klassikers Denis Fonvisin vor. Es folgte eine öffentliche Lesung «von Schülern, kostümiert», aus dem Manifest von 1861, «während in der Ferne aus einer Klasse hinter der Bühne» das Kosakenlied «Ach du Freiheit, meine Freiheit» ertönte, das eine Danksagung an den «Befreier-Zaren» enthielt. «Den Schluss machte wieder die Nationalhymne, welche dreimal wiederholt werden musste.»

In der bessarabischen Kolonie Glücksthal, so ein anderes Stimmungsbild, fand zur gleichen Zeit ein feierlicher Gottesdienst statt. Auf die Predigt des Pastors Julius Schilling und das «kräftige Gebet» folgte ein Festessen im Gerichtssaal des Kreisamtes. Hier brachte wiederum der

Pastor «ein Hoch auf seine Majestät, unsern Herrn und des Kaisers ganzes Haus aus, ein Hoch, das seitens der Anwesenden mit donnerndem Hurra und Absingen der Nationalhymne beantwortet wurde.» Auch teilt der Journalist mit: «Überhaupt war es ein recht geselliges Beisammensein, wo heitere Scherze das Mahl würzten, der Rahmen des Anstandes und der Bescheidenheit aber in keiner Weise überschritten wurde.» Vielleicht enthielt der letzte Satz eine feine Anspielung auf die damals viel diskutierten russischen Trinkgewohnheiten, die wiederum der Herrscher Nikolai II. gerade vor der Mobilisierung gegen Deutschland mit einem strengen Alkoholverbot zu zähmen versuchte. Erstaunlicherweise überlebte das «trockene Gesetz» die beiden Revolutionen des Jahres 1917, wurde von den Bolschewiki nach und nach gelockert und erst 1925 endgültig außer Kraft gesetzt.

Mit ähnlicher Gemütlichkeit beging man die anderen runden Jubiläen: 1812, das Zentenarium des Sieges über Napoleon,[9] und 1913, den 300. Jahrestag der Romanow-Dynastie. Außerdem feierten die Deutschen noch den 150. Jahrestag von Katharinas Manifest – der letzte Anlass, ihre Anwesenheit im Gastland zufrieden und entspannt zu feiern.

Die Akzeptanz der Russlanddeutschen in der russischen Gesellschaft blieb nur innerhalb einer kleinen liberalen Elite erhalten, die bereit war, zwischen «Germantsy» und «naschi nemtsy» (unseren Deutschen) zu differenzieren. Die auf die Kriegserklärung des Zaren folgenden ersten Ausschreitungen richteten sich nicht nur gegen die deutsche Botschaft, sondern der Zorn des Mobs zielte auf alles Deutsche, völlig egal, ob es sich dabei um einen Verkaufsstand für Wiener Würstchen oder um eine deutsche Bäckerei handelte. Dabei wurde nicht nur zerstört, sondern natürlich auch geplündert. Die beginnenden, im Vergleich zu ihrem späteren Ausmaß noch relativ begrenzten Pogrome verunsicherten hauptsächlich die deutschen Stadtbewohner, von denen es in St. Petersburg respektive Petrograd zwischen 50 000 und 70 000 gab. In der Provinz entfalteten eher die offiziellen Verordnungen der Zentralmacht ihre Wirkung, wie zum Beispiel das Verbot, die deutsche Sprache zu benutzen, das mit der für einfache Kolonisten schlicht unerfüllbaren Erwartung verbunden war, alle Korrespondenz nur noch auf Russisch zu führen. Die durch ein Zirkular des «Innenministers und Hofmeisters» Nikolaj Maklakow vom 28. Oktober 1914[10] eingeleitete Umbenennung der deutschen Ortschaften schlug besonders in kleinen Ansiedlungen mit deutscher Bevölkerungsmehrheit wie eine Bombe ein. Im nördlichen Kaukasus wurden diese Symbolhandlungen von den lokalen Bürokraten dahingehend spezifiziert, dass die neuen Ortsbezeichnungen auch noch den Ruhm der aktuellen Kriegshelden verewigen sollten. Allein im Kreis Medweschje[11] des Gouvernements Stawropol wurden Dutzende von Kolonien mit solchen Namen beehrt: Petersthal hieß nunmehr Seliwanowka, Liebenthal wurde zu Brussilowka, Ruhenthal zu Radjkowka, und Ebenthal wurde Russkowka genannt.[12] Im Wolgagebiet wurde aus Katharinenstadt nun Jekaterinograd, und die Kolonie Sichelberg hieß in direkter Übersetzung nun Serpogorje,[13] ebenso wie Blumenfeld mit Zwetotschnoje übersetzt wurde. In beiden Ortschaften wohnten jeweils etwa 1500–2000 Deutsche, von denen kaum jemand der russischen Sprache mächtig war.

Die ersten Kriegsverordnungen betrafen ausschließlich die sich in Russland aufhaltenden Bürgerinnen und Bürger der Feindesstaaten, also Deutschlands, der österreich-ungarischen Monarchie und wenig später des Osmanischen Reichs. Diese wurden aufgefordert, das Territorium des Zarenreichs möglichst unverzüglich zu verlassen. Viele der Betroffenen wollten allerdings lieber auf ihre Staatsbürgerschaft verzichten, und einige von ihnen waren sogar bereit, ihre katholische oder protestantische Konfession zugunsten des orthodoxen Glaubens aufzugeben. Kein Wunder: Die Mehrheit der zu Personae non gratae erklärten Bürger waren Gewerbetreibende und Händler, die sich seit Jahrzehnten in Russland aufhielten, sich dort eingerichtet hatten und über enge Kontakte zum heimischen Unternehmertum verfügten. Die Behörden von Petersburg und Moskau nahmen die um Verbleib im Lande ersuchenden Anträge entgegen und behandelten die ins Zwielicht geratenen Ausländer zunächst korrekt – dies bescheinigte ihnen sogar die Botschaft der USA, die seit dem Abbruch der russisch-deutschen diplomatischen Beziehungen die Interessen der deutschen Untertanen in Russland vertrat. Dieser zivilisierte Umgang mit unliebsamen Minderheiten war für die Zeit jedoch eher untypisch und erwies sich als recht kurzlebig.

Bereits in den Herbstmonaten 1914 verschärfte sich der Ton der rechten Boulevardpresse gegenüber realen oder vermeintlichen Agenten, die angeblich im Rücken des kämpfenden Heeres Spionage und Sabotage betrieben. Ähnlich hysterische Propaganda gab es ebenso in allen anderen Staaten. In Russland jedoch richtete sie sich gegen die Zwei-Millionen-Minderheit der Deutschen, und zwar pauschal und auf Verdacht, ohne jeglichen konkreten Beweis. Das chauvinistische Hetzblatt des Großunternehmers und konservativen Politikers Pawel Rjabuschinskij, «Utro Rossii» (Russischer Morgen), veröffentlichte einen Leitartikel des Schriftstellers Georgij Landau mit dem provokanten Titel «Der deutsche Bruder. Wort und Tat». In diesem tauchte zum ersten Mal der Ausdruck «der innere Deutsche» auf als Synonym für den Kollaborateur, der für das wilhelminische Reich arbeitete. Gegen diesen galt es Krieg zu führen. Die damit verbundenen Opfer waren in Kauf zu nehmen, denn: «Hier kann es keine unschuldig Leidtragenden geben, und wie viel sie dabei auch immer materiell oder geistig erdulden müssen, so werden die Ungerechtigkeiten und der Schaden immer noch unendlich kleiner sein, als wenn nur ein Russe, der dieses beispiellose Gemetzel überlebt, dazu gezwungen wird, seinen Kopf unter das Joch des Deutschen zu beugen, der in ihm nur ein Rindvieh, ein Schwein, einen Rohling sieht.» Jedem jüdischen Bürger, der in dem von Katharina der Großen ausgewiesenen «Ansiedlungsrayons» lebte, war diese Tonart nur allzu bekannt, und er musste sie als Aufforderung zum nächsten Pogrom verstehen. Die russische Tradition, die Juden als Prügelknaben zu betrachten, reichte achthundert Jahre zurück. Für die Deutschen jedoch war die Erfahrung, willkürlichen Anschuldigungen ausgesetzt zu sein, neu und schockierend.

Ein halbes Jahr später, im April und Mai 1915, widmete die Zeitung «Golos Moskwy» (Moskauer Stimme), die Alexander Gutschkow gehörte, einem konservativen Großunternehmer und Politiker, ihre Leitartikel wochenlang ausschließlich der «deutschen Frage», also dem inneren Feind. Die Titel lauteten unter anderem: «Kampf gegen den geheimen deutschen Einfluss», «Friedliche Eroberer», «Gegen die fiktiven Russen», «Deutsche Spionage in Russland», «Lehnt die Hilfe von Russlands Feinden ab» (gemeint waren Spenden vor allem der deutschen Kirchengemeinden), «Kampf gegen die Deutschen im Westen und bei uns». Schließlich ging es sogar gegen «deutsche Übermacht in der Musik» – eine Beschwerde darüber, dass 90 Prozent der Kapellmeister in der russischen Armee angeblich Deutsche seien, deren Musikverständnis «die Seele der Soldaten» vergifte. Die Aufheizung der Gemüter erreichte Ende April einen vorläufigen Höhepunkt, als in einer Sprengstofffabrik des Petrograder Bezirks Ochta durch die Explosion von TNT 41 Menschen zu Tode kamen. Obwohl ein direkter Beweis und auch jedes Indiz fehlte, war nichts leichter, als die durch die alltäglichen Entbehrungen gereizte Stimmung der Arbeiter gegen die Deutschen zu lenken, die – so «Golos Moskwy» vom 1. Mai 1915 – «bei uns leben, mit Waren, Gold und Tausenden von Menschenleben innerhalb des Landes Handel führen und mit dem würgenden Gas ihrer jesuitischen Natur auf die Psyche unseres Volkes einwirken. Es reicht. Wir sind dessen müde.»[14]

Die Aufgebrachtheit der Massen gegenüber dem «inneren Deutschen» hing auch mit den Wechselfällen des Kriegsglücks zusammen. Nach langer Belagerung war die galizische Festung Przemysl am 22. März 1915 eingenommen worden. Die österreichisch-ungarische Garnison in der Stadt, insgesamt neun Generäle, 2500 Offiziere und 110 000 Soldaten, gerieten in Kriegsgefangenschaft, und 900 Kanonen sowie Unmengen von Waffen und Kriegsmaterialien wurden erbeutet. Diese für den Gegner beinahe vernichtende Niederlage wurde von der russischen Öffentlichkeit fast als historisches Ereignis gefeiert. Allerdings war die eroberte Festung weit von den russischen Frontlinien entfernt, so dass sie im Falle eines Angriffs nicht effektiv geschützt werden konnte. Nach einem deutschen Luftangriff am 13. Mai beschloss die Heeresleitung, die Stadt zu evakuieren. Dies geschah gerade noch rechtzeitig, denn die vereinten Armeen der Mittelmächte begannen die Festung zu stürmen. Die Evakuierung in der Nacht vom 2. auf den 3. Juni musste der Öffentlichkeit jedoch mitgeteilt werden. Die Zeitung «Utro Rossii» kommentierte am Tag darauf spitzfindig: «Unsere Truppen haben sich von Przemysl zurückgezogen und die östlich der Stadt gelegene benachbarte Stellung eingenommen. Die russische Gesellschaft muss sich zu dieser Nachricht ruhig, kaltblütig und mit unzerstörbarem Glauben an das siegreiche Ende unseres Kampfes gegen Deutschland verhalten. Der Ausgang des bevorstehenden Vordringens der deutschen Truppen, diesmal auf unsere Front, darf keinesfalls davon abhängen, ob wir vor den Ruinen von Przemysl stehen oder diese ein paar Werst zurückgelassen haben.»[15] Zum ersten Mal schlug die künstliche Euphorie der Kriegsberichterstatter auf sie selbst zurück. Dabei stand die wirkliche Katastrophe, der Durchbruch der Armeen der Mittelmächte an der Westfront, unmittelbar bevor.[16]

Moskau litt zu dieser Zeit unter Versorgungsproblemen und einer nicht aufhaltbaren Teuerung, die besonders die Familienangehörigen der Frontsoldaten empörte. Ein Gerücht, dass bei der Bestellung von Fußlappen für die Soldaten eine deutsche Firma den Zuschlag bekommen sollte, sorgte für große Aufregung. Anderenorts munkelte man über eine angebliche Vergiftung des Trinkwassers durch Deutsche. Am 8. Juni forderte Gutschkows «Golos Moskwy» die in Moskau weilenden deutschen und österreichischen Unternehmen auf, die Stadt unverzüglich zu verlassen. Die Zeitung benannte vier große Firmen, die nach ihrer Auffassung von russischen Strohmännern geleitet wurden, eigentlich aber deutsche Eigentümer hatten. Dieser Leitartikel war der Startschuss: Alle Moskauer Blätter begannen damit, die Adressen deutscher Geschäfte abzudrucken.

In dieser Atmosphäre marschierten Anfang Juni mehrere tausend Menschen durch das Stadtzentrum, trugen Portraits von Nikolai II., sangen die Nationalhymne «Gott erhalte den Zaren» und stürmten dann die Geschäfte in der Innenstadt. Sie forderten die Ladenbesitzer auf sich auszuweisen, vor allem die mit fremd klingenden Namen. Zuerst blieben die Inhaber mit «sauberen» Dokumenten verschont, aber irgendwann zählte nichts mehr – es wurde nur noch geraubt, zerstört und schließlich auch gebrandschatzt. Die Ordnungskräfte waren viel zu schwach, um der tobenden Menge Einhalt zu gebieten, und sie hatten offensichtlich auch keinen Befehl, die Ordnung mit Gewalt durchzusetzen. Erst durch den Einsatz von Armeeeinheiten konnte am dritten Tag des Pogroms die Ruhe wiederhergestellt werden. Die traurige Bilanz: Auf Seiten der völlig unbeteiligten Bevölkerung gab es fünf Todesopfer, und zwölf Teilnehmer an den Ausschreitungen waren erschossen worden. 475 Handelsfirmen und 207 Privatwohnungen wurden beschädigt. Unter den Opfern, die im Verlauf des Pogroms verwundet wurden, waren 113 Untertanen aus Deutschland und Österreich-Ungarn, 489 russische Untertanen mit ausländischen Namen und 90 russische Untertanen mit russischen Namen. Während der drei Tage brachen 70 Brände aus, und der materielle Schaden erreichte den Wert von vierzig Millionen Rubeln. Ein Beamter des Innenministeriums fasste nach der Besich-

Abb. 5: Moskauer Pogrom

tigung des Stadtzentrums seine optischen Eindrücke wortkarg und bitter-ironisch zusammen: «Man könnte denken, die Stadt habe ein Bombardement der wilhelminischen Armeen erlitten.»[17]

Historiker diskutieren bis heute über die Hintergründe dieses Pogroms gegen die Deutschen, wobei in einer Frage Konsens herrscht: Der betrunkene, raubgierige Mob, der die alte Hauptstadt drei Tage lang in seinem Würgegriff hielt, war lediglich Statist auf der Bühne der Ereignisse. Als mögliche Anstifter wurden bereits damals hochrangige Militärs, unter ihnen der Oberkommandierende der Streitkräfte, Großfürst Nikolai Nikolajewitsch, sowie der neu ernannte Moskauer Stadtgouverneur Fürst Jussupow und der Stadtkommandant Generalmajor Adrianow genannt, die im vollen Bewusstsein der Tragweite der Ausschreitungen keinen Befehl gegeben hatten, diese zu unterbinden. Ihr Verhalten entsprach der Absicht, die Kriegshandlungen trotz des Verlustes von Polen, trotz mehrerer hunderttausend Todesopfer und einer Million russischer Kriegsgefangener weiterzuführen. Zu diesem Zweck sollte die antideutsche Stimmung wieder auf das Niveau vom August 1914 gebracht werden.

Eine besondere Rolle kam der bis dahin kaum bekannten patriotischen Bewegung «Für Russland» zu. Diese erhob die Forderung, die aus Hessen-Darmstadt stammende Zarin solle sich von der Politik fernhal-

Abb. 6: Zar Nikolai II. und seine Gemahlin Alexandra, eine deutsche Fürstin, anlässlich eines Kostümballs, 1903

ten. Gleichzeitig eröffnete man die Hetze gegen die ebenfalls in Russland lebende Schwester der Herrscherin. Jelisaweta Fjodorowna, Witwe des 1905 von einem Terroristen ermordeten Großfürsten Sergej, verwaltete ein Kloster der Barmherzigen Schwestern und besuchte neben verwundeten russischen Soldaten auch deutsche Kriegsgefangene in Lazaretten. Unterschwellig verbreitete, niemals bewiesene Gerüchte, denen zufolge die weiblichen Mitglieder der Romanow-Dynastie geheime Kontakte zu ihrer Sippschaft in Deutschland pflegten, machten die Runde. Sie drohten selbst die «Imperatriza» als «innere Deutsche», also als unzuverlässiges Element, zu kompromittieren. Obwohl die geradezu fanatische Russlandtreue der Kaiserin außer Zweifel stand, war sie an diesen Gerüchten nicht ganz unschuldig. Mit ihrem starken Einfluss auf den willensschwachen Monarchen mischte sie sich immer wieder in Ablösungen und Neuernennungen an der Spitze des Riesenreiches ein, während sie selbst nur auf einen einzigen Menschen in der Welt hörte: auf den machtbesessenen und intriganten Mönch Rasputin. Diese unheilige Allianz war in den Augen der politisierten Öffentlichkeit parteiübergreifend verhasst.

Die erste Geige im Orchester der Teutonenfresser spielte jedoch die liberal-konservative Opposition innerhalb der Staatsduma, in deren Händen sich die beiden großen Boulevardzeitungen befanden. Obwohl diese Koalition aufgrund des Burgfriedens seit Kriegsbeginn die jeweilige Regierung unterstützte, versuchte sie trotzdem ihren politischen Einfluss auszuweiten, um früher oder später selbst regierungsfähig zu werden. Als Störfaktor empfand sie dabei die «deutsche» Zarin und ihren hypnotischen Einflüsterer Rasputin samt dessen korrupter Klientel. Für Männer wie Gutschkow oder Rjabuschinskij war die antideutsche Propaganda nur ein Mittel, um die anachronistische Macht der Romanows zu schwächen, wenn nicht gar zu stürzen. Aber nur wenige Protagonisten ahnten, dass in dem Zorn, der den verachteten Pöbel auf die Straßen trieb, bereits die zerstörerische Energie der heranreifenden Revolution schlummerte.

Von seinem Zürcher Exil aus betrachtete Lenin das politische Leben Russlands mikroskopisch genau. Doch verlor er in seinem während der Sommermonate 1915 verfassten Aufsatz «Sozialismus und Krieg» zu den antideutschen Ausschreitungen insgesamt nur vier Sätze: «Die einzige Klasse in Russland, der man die chauvinistische Seuche nicht einzuimpfen vermochte, ist das Proletariat. Vereinzelte Exzesse zu Anfang des Krieges betrafen nur die aller-unaufgeklärtesten Arbeiterschichten. Die Beteiligung von Arbeitern an den deutschfeindlichen Krawallen in Moskau wurde stark übertrieben. Im Großen und Ganzen erwies sich die Arbeiterklasse Russlands als immun gegen den Chauvinismus.»[18] Einem Mann, der sich gerne als Führer der künftigen proletarischen Revolution imaginierte, kann man diese Ehrenrettung der Arbeiterklasse kaum übelnehmen. Allerdings beteiligten sich an dem Pogrom selbst nach der gewiss geschönten offiziellen Darstellung 50 000 Menschen, die in ihrer Mehrheit wohl kaum zu den wohlhabenden bürgerlichen Schichten gezählt haben dürften.

Im selben Kontext wie das Pogrom, wenn auch ohne direkte Verbindung, standen zwei militärische Maßnahmen der Heeresleitung in den Sommermonaten 1915. Zuerst wurden deutschstämmige Soldaten des russischen Heeres von der Westfront an die türkische Grenze versetzt. Diese Aktion sollte offensichtlich die Kampfesmoral der geschlagenen Streitkräfte stärken, indem man die Schuld am Desaster der Westfront den deutschen Soldaten und Offizieren zuschob, ohne das Misstrauen gegenüber den in den Kaukasus verlegten Soldaten offen und amtlich aussprechen zu müssen. Wegen der Niederlage an der Westfront war sogar der Oberkommandierende Nikolai Nikolajewitsch in Ungnade gefallen; er kommandierte jetzt nur noch die kaukasische Front. Die Ablösung dieses erklärten Germanophoben wurde freilich damit kaschiert, dass angesichts des Ernstes der Lage der Zar persönlich die Heeresleitung übernahm und seinen Aufenthaltsort von St. Petersburg ins Hauptquartier der Armee im weißrussischen Baranowitschi verlegte.

Ein weiterer wichtiger Schritt bestand in der Evakuierung der «Fremdstämmigen» aus dem zum Frontgebiet gewordenen Wolhynien, einem Gouvernement, das bereits Zigtausende polendeutscher und jüdischer Flüchtlinge aufgenommen hatte. Begründet wurde diese Maßnahme mit der strategischen Situation, aber der Aufruf an die Betroffenen, der Mitte Juni an den Hauswänden angeschlagen wurde, erweckt in Kenntnis des weiteren Schicksals der Russlanddeutschen höchst unangenehme Assoziationen:

«Alle Deutschen, Kolonisten, Nichtorthodoxen des Kreises Nowograd-Wolinsk, die nicht in geschlossenen Ortschaften leben, unterliegen der Aussiedlung. Sie haben bis zum 10. Juli des Jahres Zeit ihren Landbesitz aufzulösen. In den deutschen Siedlungen werden vorübergehend Flüchtlinge aus Galizien einquartiert, denen entsprechende Gebäude zur Verfügung gestellt werden. Sie werden auch mit dem Einbringen der Ernte beschäftigt (...). Zwecks Ausführung dieses Aussiedlungsbefehls (...) werden Bürgen für die Kolonisten einstehen. Die Bürgen werden für alle ordnungswidrigen Handlungen ihrer kolonistischen Glaubensgenossen bis hin zur Todesstrafe verantwortlich gemacht.»[19] Aufgrund dieses Befehls wurden 70 000 Deutsche aus Wolhynien ausgesiedelt, ihre Ländereien unter den Flüchtlingen und den örtlichen Muschiks aufgeteilt. Die Evakuierungswelle erreichte schon bald die Gouvernements Kiew, Podolien, Bessarabien und Tschernigow und folgte in ihrem

Tempo dem Vordringen des Deutschen Kaiserreichs auf russischem Gebiet.[20] Die Operation vollzog sich bei weitem nicht so brutal wie später die Realisierung des Ukas vom August 1941, und es wurde auch keine kollektive Anklage erhoben. Aber zum ersten Mal seit Katharinas Einladungsmanifest kam es zu einer gegen die Deutschen gerichteten ethnischen Säuberung in Kolonistengebieten. Für die jüdische Bevölkerung dagegen bedeutete der militärische Willkürakt ein Paradoxon, denn sie wurden aus einem Siedlungsrayon vertrieben, das sie ansonsten ohne Sondergenehmigung nicht verlassen durften – eine der vielen Merkwürdigkeiten, die das zaristische Regime selbst noch in der Zeit seiner relativen Modernisierung aufzuweisen hatte.

Auch die tragischen Konflikte mit Staatsmacht und Gesellschaft änderten nichts daran, dass die Deutschen des Russischen Reichs ihre militärischen und zivilen Pflichten stets erfüllten. Sich gegenüber dem kriegführenden Staat, dessen Bürger man ist, loyal zu verhalten, bedeutet jedoch nicht, dass man sich mit ihm und seinen Kriegszielen identifiziert. Wenn der russlanddeutsche Soldat auf der anderen Seite des Schützengrabens seine deutschen Brüder erblickte, konnte er unmöglich seine gespaltenen Gefühle verdrängen. Denn es ist durchaus vorstellbar, dass er in seinem früheren, glücklichen Kolonistenleben ein Verehrer von Bismarck, Moltke oder gar Wilhelm II. war, zu einer Zeit, als die beiden vielfach verschwägerten Dynastien – die Hohenzollern und die Romanows – noch miteinander befreundet waren. Die Enkel und Enkelinnen der britischen Königin Viktoria verkörperten für viele einfache Deutsche die heile Welt.

Der Tifliser Pastor und Schriftsteller Johannes Schleuning, der wegen der konsequenten Vertretung der Rechte seiner Gemeinde im Herbst 1914 nach Sibirien verbannt worden war, hatte tiefes Verständnis für seine eingezogenen Landsleute: «Dieser Krieg war eine ungeheure Gewissensbelastung für sie. (…) Schwer war es ihnen, gegen Deutsche zu kämpfen, umso schwerer, als sie ihres Deutschtums wegen immer wieder Verhöhnungen, Zurücksetzungen und Schikanen ausgesetzt waren. Sie durften keine deutschen Briefe nach Hause schreiben – was für die meisten ein Verbot des Briefeschreibens überhaupt bedeutete, da sie die russische Sprache nicht beherrschten. An die Front durfte kein evangelischer Geistlicher, der sie hätte trösten und aufrichten können. (…) Und doch siegte in diesem Gewissenskonflikt die Pflicht dem Staate gegenüber, dessen Untertanen sie waren.»[21]

Das schöne pastorale Pathos dieser Sätze wird nur durch die Tatsache geschmälert, dass die Fahnentreue der Russlanddeutschen in der russischen Öffentlichkeit auf fast kein Echo stieß. Ein anderer großer Advokat der Russlanddeutschen, der Gelehrte Karl Lindemann, archivierte in all den Jahren die Injurien der chauvinistischen Politiker und Pamphletschreiber, unter denen sich auch manche mit deutsch klingendem Familiennamen befanden – so zum Beispiel Alexander Trepow,[22] der einen Monat lang Russlands Ministerpräsident war. In seiner Regierungserklärung hieß es: «Erst jetzt haben wir mit großer Klarheit erfahren, unter wie schwerem Einflusse und Drucke seitens Deutschland alle Seiten des russischen Lebens gestanden haben. Die russische Industrie, Schule, Wissenschaft und Kunst, alles lag in den Händen deutscher Einwanderer. Es ist jetzt die dringlichste Aufgabe Russlands, sich von dieser deutschen Vormundschaft zu befreien und den Weg der Selbständigkeit zu betreten.»[23]

Der russische General Alexej Poliwanow, von 1915 bis 1916 stellvertretender Verteidigungsminister, versprach den «inneren Deutschen» in seinen Broschüren, die den Schulen seitens des Ministeriums für Volksbildung empfohlen wurden, ebenfalls wenig Gutes: «Nicht nur alle Reichsdeutschen, sondern auch alle russländischen Deutschen, deren Vorfahren aus Deutschland eingewandert sind, müssen sofort, ohne Zeitverlust und Schwanken, aus Russland ausgesiedelt, d. h. vertrieben werden. Es wird das vom Standpunkt der Staatserhaltung verlangt und muss geschehen im Interesse unseres Vaterlandes und unserer heroischen Krieger, welche furchtlos ihr Leben opfern für Glauben, Kaiser und Vaterland (…). Das große russische Volk versteht diese Schätze zu beschützen; es braucht keine deutschen Meister und Vormunde. Diese müssen alle vertrieben werden, ohne jede Rücksicht auf Alter, Geschlecht, eingebildete Nützlichkeit oder langjähriges Leben in Russland.»[24]

Nachdem Lindemann Dutzende dieser abschreckenden Beispiele des massiven Deutschenhasses zitiert hat, demonstriert er selbst überraschenderweise einen gebrochenen russisch-deutschen Patriotismus, der sicherlich für eine Vielzahl von Kolonisten typisch war, und fügt seinen Erinnerungen ein Gedicht des deutschen Lehrers Ketterlin aus der «Odessaer Zeitung» bei:

Die Hand ans Herz, ihr russisch-deutschen Brüder;
Bekennet frei, was Euer Heimatland,
Wo ist der Ort, wo Eure Wiege stand?
Nicht Deutschland ist's mit seinen Eichen-Wäldern,
Nein, Rußland ist's mit seinen Steppen-Feldern!
Du Heimatland, wo wir zur Welt geboren!
Du Rußland, bleibe unserem Herzen wert,
Denn Deutschland ist ja längst für uns verloren.
Drum lebe wohl, du alte deutsche Erd'!
Du Hermannsland mit deinen Runenzeichen,
Mit deinen stolzen tausendjährgen Eichen!

Wahrscheinlich liegt es an der verinnerlichten Opferrolle diskriminierter und verfolgter Völker, dass sie sich so schwer von der stiefmütterlichen Nation trennen können.[25]

Auf Schutz vor offener Diskriminierung und öffentlicher Verunglimpfung konnten die Russlanddeutschen in der Atmosphäre des militanten Chauvinismus kaum hoffen. Stimmen liberaler Duma-Abgeordneter, Geschäftsleute, einfacher Bürger oder gar rational denkender hoher Offiziere[26] wurden kaum gehört. Umso wichtiger waren die seltenen Ausnahmen von der Regel, so der von 52 Moskauer Bürgern unterzeichnete Brief an Fürst Jussupow mit einem Protest gegen das Pogrom, das «Moskau einen nie zu tilgenden Makel aufgeprägt hat».[27] Oder mehr noch die Worte des vom Zarenregime lange verfolgten Revolutionärs Wladimir Korolenko, der die massenhafte Degradierung und Entlassung von Deutschen aus der Armee infolge der Kampagne gegen «Fremdstämmige» scharf verurteilte. In einem für die liberale Moskauer Zeitung «Russkije Wedomosti» verfassten Artikel thematisiert Korolenko die Entlassung eines bei der Wolga-Schifffahrtsgesellschaft beschäftigten Kapitäns namens Kühnen. Der Publizist beschreibt den Einzelfall, zielt jedoch auf das ganze Phänomen der Germanophobie der Kriegsjahre:

«Das Schlimme ist, dass er, ein russischer Untertan, der seinen Dienst an unserer lieben Wolga tadellos versehen hat, dennoch für einen Mann deutscher Abstammung gehalten wird. Das kann aber irgendeiner nicht verwinden. (...) Er ist kein Untertan Deutschlands, sondern einfach ein Russlanddeutscher, ein angestammter Untertan des russischen Staates, der sein Leben lang am großen russischen Strom ehrlich gearbeitet hat. Nun ist er, vielleicht zusammen mit seiner Familie, von diesem Strom getrennt worden und muss neben Marktweibern mit Wassermelonen handeln. Auf diese Weise bekundet unsere liebe Wolga ihren Patriotismus. Nieder mit den Deutschen! Gemeint sind aber nicht die Deutschen, die unsere Gefechtsstellungen bei Dwinsk bestürmen oder an unsere südliche Tür über Rumänien hinweg klopfen. Gemeint ist unser Kapitän Kühnen, d. h. der Mann, der sich keiner Schuld bewusst ist und das verbriefte Recht hatte, sein Leben zu verteidigen. Darin kommen natürlich Hartherzigkeit und Ungerechtigkeit zum Ausdruck. Denken Sie, lieber Leser, darüber nach, wie viele solche Kühnens über das weite Russland verstreut sind. Wie viele müssen jetzt schuldlos und sogar im Besitz großer Verdienste um das Vaterland stranden. Wie viele Tränen müssen diese Tausende schuldloser Menschen vergießen, wie viele Beleidigungen unverdientermaßen über sich ergehen lassen, nur weil ihre Vorfahren Deutsche zu jener Zeit waren, als wir mit ihnen Freundschaft hielten. Das gutmütige Russland wird wohl Reue und Scham empfinden, wenn der trübe Schaum[28] zerronnen ist.»

«Nicht nur alle Reichsdeutschen, sondern auch alle russländischen Deutschen (…) müssen vertrieben werden, ohne jede Rücksicht auf Alter, Geschlecht, eingebildete Nützlichkeit oder langjähriges Leben in Russland» – General Poliwanows Forderung wäre im Falle ihrer Ausführung auf gewaltige Hindernisse gestoßen. Zwei Millionen Deutsche auf dem Weg der Deportation außer Landes zu schaffen – dazu hätte die durch den Zusammenbruch der Westfront und die Not im Hinterland überforderte Logistik des Imperiums kaum ausgereicht. Dennoch waren diese Sätze keine reinen Rhetorikübungen. Spätestens mit der Gründung der interfraktionellen Kommission der Staatsduma «zum Kampf gegen die deutsche Übermacht auf allen Gebieten des russischen Lebens» und, in deren Folge, des staatlichen «Sonderausschusses zum Kampf gegen die deutsche Übermacht» wurden alle bisherigen Einzelmaßnahmen dem zentralen Ziel unterstellt, die russlanddeutsche Präsenz weitgehend auszuschalten. In den offiziellen Dokumenten schwand die Differenzierung zwischen deutschen Untertanen («germanskije poddannyje») und russländischen Kolonisten («germanskije wychodtsy»).

Was Deportation unter Umständen bedeuten konnte, zeigte das traurige Beispiel der Armenier: Eine nationale und religiöse Minderheit von zwei bis drei Millionen Menschen, die eine herausragende Rolle sowohl im Handel als auch in der Kultur des Osmanischen Reiches spielte, geriet mit dessen Kriegseintritt auf der Seite der Mittelmächte zwischen die Fronten. Auf der türkischen Seite erklärten die Armenier ihre Loyalität gegenüber dem Sultan, und auf der russischen Seite schworen sie den Eid auf den Zaren. Das zerbrechliche Gleichgewicht löste sich auf, als die türkische Armee die ersten Niederlagen an der kaukasischen Front erlitt. Die Einzelheiten des folgenden Genozids an den Armeniern wurden in Russland nicht verheimlicht, denn schließlich handelte es sich um einen vom Feindesland organisierten Massenmord. Vermutlich spielte sogar die allgemeine Entrüstung darüber eine Rolle dabei, dass die Deportationspläne im Fall der Deutschen – bis auf die Massenevakuierungen im Frontgebiet – nicht zur Ausführung gelangten. Letztendlich brandmarkte am 21. Mai 1915 Russland gemeinsam mit Frankreich und Großbritannien die Massendeportation der Armenier als Verbrechen gegen die Menschlichkeit.

Zumindest auf der Ebene der staatlichen Phantasie verfuhren die Behörden in Angelegenheiten des Eigentums ziemlich radikal. Zur Frage der Konfiszierung deutschen Landbesitzes entstand eine Reihe von Gesetzen, Ukas, Verordnungen und Kommentaren, die selbst in Friedenszeiten jeder Regierung zur Ehre gereicht hätten. Die frühesten Regelungen stammen von Anfang Februar 1915, als gleich drei sogenannte Liquidationsgesetze erlassen wurden. Das erste – «Über Landbesitz und Landnutzung einiger Kategorien von russischen Untertanen österreichischer, ungarischer und deutscher Abstammung»[29] – untersagte den erwähnten Personengruppen jeglichen Erwerb oder die Nutzung von Landbesitz sowie eine Beteiligung an öffentlichen Versteigerungen von solchen Besitztümern. Das Verbot bezog sich auch auf deren Nachfahren, falls sie erst nach dem 1. Januar 1880 russische Untertanen geworden waren. Eine Ausnahme machte man für Bürger, die ihre Zugehörigkeit zum «slawischen Volkstum» nachweisen konnten und vor dem 1. Januar 1914 zur russisch-orthodoxen Konfession konvertiert waren. Verschont blieben auch solche Kolonisten, deren Vorfahren in väterlicher Linie als Offiziere oder Freiwillige an Kämpfen gegen den Feind beteiligt gewesen waren, für ihren Dienst in der Armee oder Flotte ausgezeichnet worden oder auf dem Schlachtfeld gefallen waren. Das zweite Gesetz untersagte Landbesitz und Landnutzung allen Personen deutscher, österreichischer oder ungarischer Herkunft («wychodtsy») in einer Zone von 150 Werst an den südlichen und westlichen Grenzen. Die Betroffenen wurden verpflichtet, sämtliche außerhalb der Städte befindlichen Immobilien durch «freiwillige» Verträge zu veräußern. Die Ausnahmen waren dieselben wie im ersten Gesetz. Das dritte Gesetz verfügte über den Landbesitz von jenen, die eindeutig als russische Untertanen galten. Aber auch hier gab es eine Ausnahme für jene Deutschen, die bereits vor dem 1. Januar 1880 die russische Staatsbürgerschaft angenommen hatten.

Der Stichtag[30] war eine der Achillesfersen der Liquidationsgesetze, denn er verhinderte die Umsetzung des politischen Ziels: der Zwangsenteignung der Ländereien der Kolonisten. Diese konnten, vor allem in den zusammenhängenden Siedlungsgebieten, ihre russische Staatsbürgerschaft einwandfrei nachweisen. Außerdem befanden sich viele Siedlungen in Gemeindebesitz, oder es gab ein gemeinsames Eigentums- oder Pachtverhältnis von aus- und inländischen Personen. Die in den einzelnen Gouvernements zur Erstellung der Listen eingeräumten Fristen von einem Monat, dazu ein weiterer Monat zum Einreichen von Beschwerden der Betroffenen, erwiesen sich als unrealistisch. Das Gleiche gilt für die Frist zur Veräußerung bzw. staatlichen Versteigerung der Besitztümer. Ein besonderes Problem verursachte die Tatsache, dass nach der Gesetzeslage nur der Landbesitz und nicht die auf dem Grundstück liegenden Immobilien, darunter auch Wirtschaftsbetriebe, der Veräußerung oblagen. Die ungeordneten Besitzverhältnisse bedeuteten angesichts der nahenden Frühjahrsbestellung eine zunehmende Gefährdung von Saat und Ernte, so dass die lokalen Behörden manchmal gezwungen waren, das Verfahren zu suspendieren.

Wie dies im Einzelnen vor sich ging, schildert die Historikerin Tatjana Plochotnjuk in ihrem Buch «Die Russlanddeutschen im Nordkaukasus».[31] Im Gouvernement Stawropol veröffentlichte man vor allem in den Amtsblättern die Liste der zu liquidierenden Besitztümer auf Grundlage der polizeilichen Unterlagen. Für die freiwillige Veräußerung gab man den Untertanen von Feindesstaaten sechs Monate, den «aus Feindesland stammenden» («neprijatelskije wychodtsy»), also den ethnischen Deutschen mit russischer Staatsbürgerschaft, zehn Monate. Falls innerhalb dieser Frist kein Geschäft zustande kam, übernahm die dem Finanzministerium unterstellte Bäuerliche Landesbank die Transaktion.

Allerdings musste man, bevor ein Landanteil oder Pachtland veräußert wurde, dieses inventarisieren und seinen Wert schätzen. Dabei war die Landesbank kein gewöhnliches Kreditinstitut, sondern eine staatliche Institution mit einem Monopol auf Erwerb und Weiterverkauf der von ihren ursprünglichen Besitzern enteigneten Grundstücke. Selbst wenn nur ein Drittel der im Nordkaukasus lebenden 120 000 Kolonisten von der Liquidationsgesetzgebung tangiert worden wäre, so hätte dies einen bürokratischen Aufwand mit sich gebracht, der die Kapazitäten der Behörden bei weitem überforderte. Bereits zur Bearbeitung der vorhandenen Verträge, Versteigerungsprotokolle und Beschwerden mussten russische Beamte aus den von den Deutschen okkupierten benachbarten Gouvernements, also aus der Ukraine oder der Bukowina, hinzugezogen und auch entsprechend bezahlt werden.

Manches Problem, das sich aus der Logik der Liquidierungsgesetze ergab, erschien schier unlösbar. So durften sich zum Beispiel die ihres Eigentums beraubten Kolonisten nicht mehr in ihren Siedlungen aufhalten. Der weitere Verbleib in der Region war ihnen ebenfalls untersagt, aber ein anderer Ort zur Ansiedlung wurde nicht zur Verfügung gestellt. Offen blieb auch die Frage, was mit Ackerland geschehen sollte, das weder durch freiwilligen Verkauf noch auf dem Wege der Versteigerung einen neuen Besitzer oder Pächter gefunden hatte. All diese Schwierigkeiten deuteten sich bereits zu Beginn der Kampagne an. Die Beamten nahmen bereitwillig kollektive und individuelle Beschwerden und Bittschriften der Kolonisten entgegen – einige der Eingaben waren direkt an den Zaren gerichtet. Sie verteilten begleitend einen offiziellen Fragebogen mit dem Titel «Informationen zur Person germanischer Abstammung»: «Ist er an die russischen Lebensbedingungen gewöhnt?» – «In welcher bevorzugten Sprache spricht er in dem Milieu, in dem er lebt, und in den Ortschaften mit russischer Bevölkerung?» Offensichtlich nahmen die Bürokraten, wie immer, wenn sie keine klaren Instruktionen bekamen, zu emsiger Scheintätigkeit Zuflucht.

Vielleicht kam jedoch die Frage nach dem Sprachgebrauch nicht von ungefähr. Denn neben dem Landbesitz erregte bei den großrussischen Chauvinisten auch das geistige Eigentum der Russlanddeutschen Anstoß, vor allem ihre Sprache. Auf diese zielte die Verordnung des Ministerrats «Über den Verbot des Unterrichts in deutscher Sprache», die vom Zaren am 18. August 1916 «allerhöchstens genehmigt» wurde. Laut dieser Verordnung sollte der Unterricht in deutscher Sprache «landesweit, beginnend mit dem Schuljahr 1916–1917 verboten werden, außer dem Unterricht der Glaubenskunde für Personen evangelisch-lutherischer Konfession, für welche die deutsche Sprache natürlich ist, sowie außer dem Unterricht in der deutschen Sprache selbst. (...) Der Minister für Volksbildung soll beauftragt werden mit der Einführung der russischen als Unterrichtssprache an der Kaiserlichen Universität von Jurjew.» Eine Stadt «Jurjew» existierte erst seit 1893 infolge der vom Zaren Alexander III. initiierten «Entdeutschung» des Baltikums. Vorher hieß die ehemalige Hansestadt Dorpat. Laut der ersten russischen Volkszählung von 1897 stellten im Jahr der Umbenennung die Deutschen 16,6 Prozent, die Russen 8,7 Prozent der Stadtbevölkerung. In der Mehrheit waren mit 68,6 Prozent eindeutig die Esten, die das Zentrum ihrer nationalen Tradition mit dem melodischen Wort «Tartu» bezeichneten. Allerdings mussten sie bis 1918 warten, ehe sich diese Stadtbezeichnung durchsetzen konnte – so viel über den großrussischen und großdeutschen Chauvinismus in der Namensgebung.

Unterdessen musste die Maschinerie weiterlaufen: Mit der Gründung des «Sonderausschusses zum Kampf gegen die deutsche Übermacht»[32] am 1. Juni 1916 verschärften sich die sinnlosen Maßnahmen gegen die Russlanddeutschen, und von Lokalpaschas wurden sie, wo irgend möglich, auch noch übererfüllt. Die Propagandisten versuchten den reinen Willkürakt als soziale Maßnahme zu verkaufen: Endlich konnte der Landhunger der russischen Kriegshelden gestillt werden. Vergeblich argumentierten nüchterne Duma-Abgeordnete wie Pawel Miljukow von der Partei der Konstitutionellen Demokraten: «Meine Herren, Sie täuschen sich selbst. Das Land der Kolonisten reicht nicht aus. Und wer immer mit deren Land beginnt, wird mit Ihrem Land aufhören!» Die Regierung kümmerte sich jedoch weder um Argumente noch um Formalitäten und erklärte sich am 19. Februar 1917 «mit allerhöchster Bestätigung» bereit, «den Anwendungsbereich der Gesetze zur Aufhebung von Landbesitz und Landpacht feindlicher Ausländer auf das Gesamtterritorium des Russischen Reichs auszudehnen».[33]

Die Tage des zaristischen Regimes allerdings waren gezählt: Es verblieben ihm nur noch acht Tage.

Deutsche in der Feuertaufe

Die erste russische Revolution von 1905 erreichte lediglich eine dünne Oberschicht der deutschen Minderheit und eher die Stadtbewohner als die Kolonisten.[1] Ihr wichtigstes Ergebnis bestand in einem von der Volksbewegung ertrotzten zaristischen Manifest vom 17. Oktober mit der Aussicht auf eine konstitutionelle Monarchie und speziell die Einberufung der Staatsduma. Zwar vermochte diese Institution weder die Rolle eines modernen Parlaments auszufüllen noch eine kontinuierliche Kontrolle der Exekutive zu gewährleisten – dennoch gelang ihr eine Strukturierung des politischen Lebens. Zwischen 1905 und 1914 entstand eine ganze Palette von Parteien in der klassischen Dreiteilung: Den konservativen rechten Flügel bildete der Bund des 17. Oktober (Oktobristen), die liberale Mitte verkörperten die Konstitutionellen Demokraten (Kadetten), die sich auch als «Partei der Volksfreiheit» bezeichneten, und den linken Flügel stellte die Arbeiterpartei (Trudowiki) gemeinsam mit den gemäßigten Sozialdemokraten (Menschewiki) und den Sozialrevolutionären (SR). Die extreme Linke wurde von den Sozialisten Leninscher Prägung gebildet (Bolschewiki), und am rechten Rand der Parteienlandschaft existierte der monarchistische, chauvinistische, offen antisemitische Bund des Russischen Volkes («Schwarze Hundertschaften»). Im Sommer 1915 vereinigten sich die Fraktionen der Konservativen und Liberalen zu einem staatstragenden «Progressiven Block» unter Führung des «Kadetten» Pawel Miljukow, der im Rahmen der Kriegskoalition modernisierende Reformen durchsetzen wollte.

Die politische Elite der Russlanddeutschen ging in ihren politischen Ambitionen zunächst nicht über Vereinsgründungen hinaus und versuchte ihren Einfluss über die neuen russischen Parteien geltend zu machen. Dennoch ließ sie sich zu verschiedenen Zeiten auch durch herausragende Persönlichkeiten repräsentieren, etwa durch den Baron von

Meyendorff oder den Grafen von Heyden, den Grundbesitzer Ludwig Lutz oder Intellektuelle aus dem Wolgagebiet wie den Verleger Heinrich Schellhorn oder den Rechtsanwalt und Historiker Jakob Dietz. Als unanfechtbare Autorität, vor allem auf agrarischem Gebiet, galt der berühmte Naturwissenschaftler Professor Karl Lindemann, einer der Gründer der Oktobristenpartei. All diese Akteure des öffentlichen Lebens vertraten, unterschiedlichen Parteirichtungen angehörend, auch Interessen ihrer deutschen Landsleute und gerieten dadurch keineswegs in Konflikt mit dem eigenen russischen Patriotismus. Zu ihrem Leidwesen mussten sie allerdings erleben, dass politische Weggefährten von gestern unter dem Eindruck der kollektiven Kriegspsychose ihre Loyalität nicht mehr zu schätzen wussten. Mit der Sondergesetzgebung der Jahre 1914 bis 1917, die zuerst den Besitz, dann den Gebrauch der Sprache und schließlich sogar das Versammlungsrecht der Deutschen einschränkte, war die heile Welt der Nachfahren von Katharinas Kolonisten zerstört. Von diesem tiefen Schock hatten sie sich noch nicht erholt, als die Monarchie im Frühjahr 1917 zusammenbrach.

«Die Willensäußerungen der deutschen Bevölkerung Russlands nach der erzwungenen Abdankung des Zaren Nikolai II. können nur auf dem Hintergrund der gegen die ‹inneren Deutschen› gerichteten Politik der russischen Regierung seit Ausbruch des Ersten Weltkrieges und im Kontext der revolutionären Umwälzungen des Jahres 1917 verstanden werden»,[2] stellt der Historiker Alfred Eisfeld fest. In der Tat feierten die zwei Millionen Deutschen gemeinsam mit ihren Mitbürgern aus allen Nationalitäten den Sturz des Absolutismus, und sie bejubelten das neue Gesetz vom 3. April 1917 über die Gleichheit aller Staatsbürger des Russischen Reiches.[3] Die neue Zeit hatte für sie bereits mit der am 24. März veröffentlichten Regierungsverordnung begonnen, durch die insgesamt fünfzehn Gesetze über die Einschränkung deutschen Eigentums in Landwirtschaft und Industrie «gestoppt» wurden. Dieses Dokument trug die Unterschrift von neun Mitgliedern der Regierung, unter ihnen solch herausragende Vertreter der «revolutionären Demokratie» wie der Außenminister Pawel Miljukow und der Justizminister Alexander Kerenski. Auffällig war neben dem Fehlen der Unterschrift von Verteidigungsminister Alexander Gutschkow auf diesem Dekret vor allem der Ausdruck «Stoppen». Das hieß, die Willkürakte wurden suspendiert bis zur entsprechenden Entscheidung der Verfassunggebenden

Versammlung, die jedoch erst nach den noch abzuhaltenden freien Wahlen zusammentreten sollte. Und noch ein weiterer Entwurf wartete auf den Segen dieser heiß ersehnten Institution: das Dekret zur Bodenreform. Offensichtlich sahen die Juristen ein, dass das eine Problem nur zusammen mit dem anderen gelöst werden konnte. Zunächst jedoch wirkte die zur Absichtserklärung abgestufte Verordnung rein psychologisch: Der Albtraum schien vorüber zu sein. Kolonisten aus den weit entfernten östlichen Gouvernements packten nach und nach ihre Habseligkeiten und begannen mit der Rücksiedlung in die Ukraine, nach Bessarabien und Wolhynien. Ebenso kehrten politisch Verfolgte, unter ihnen etliche wegen Unbotmäßigkeit nach Sibirien verbannte deutsche Pastoren, aufgrund einer allgemeinen Amnestie in ihre Kirchengemeinden an der Wolga und am Dnjepr zurück.

Wie auf Kommando entstanden plötzlich in sämtlichen mehr oder weniger kompakten deutschen Siedlungsgebieten politische Organisationen. Der Weg des «inneren Deutschen» vom Untertanen zum Citoyen verlief parallel zum Lernprozess der gesamten russischen Gesellschaft in einer einmaligen historischen Situation: «Russland ist *zur Zeit* das freieste von allen kriegführenden Ländern»,[4] resümierte Lenin in seinen «Aprilthesen», die Worte «zur Zeit» ahnungsvoll kursiv setzend. In der Tat: Die Zeit zwischen Anfang März und Ende Oktober 1917 war von einer beispiellosen Dynamik aller sozialen und nationalen Gruppen, auch der Russlanddeutschen, gekennzeichnet.

Als erste freie politische Vereinigung entstand noch vor der Revolution die Saratower Initiativgruppe, die später zu einem «Zeitweiligen Deutschen Komitee» umfunktioniert wurde. Bald darauf gründete man in Tiflis das «Komitee der Deutschen des Transkaukasus».[5] Am 18. März beschloss die Deutsche Versammlung von Odessa, die Bildung eines «Verbands aller russischen Untertanen deutscher Volkszugehörigkeit» voranzutreiben. Das Odessaer Komitee, das die erste deutsche Zeitung «Jeschenedelnik» (Wochenblatt) nach dem Verbot der deutschsprachigen Presse 1915 zunächst in russischer Sprache herausgab, beanspruchte für sich die Rolle, die einzelnen deutschen Vereinigungen in Südrussland, am Kaukasus und im Wolgagebiet zusammenzubringen. Das Projekt mit dem Namen «Allrussischer Verband russischer Deutscher» stieß jedoch bald auf starke Rivalitäten.

Mit einer gewissen Verspätung berief Professor Lindemann vom 20.

bis 22. April eine Konferenz deutscher Kolonisten in Moskau ein. Die 86 Teilnehmer repräsentierten nicht entfernt alle Gebiete. Das Deutschtum der Halbinsel Krim etwa wurde von drei Notabilitäten des Ancien Régime vertreten – Baron von Meyendorff, Ludwig Lutz und Peter Schröder, allesamt Duma-Abgeordnete der Vorkriegszeit, die dem Dunstkreis der «Oktobristen» angehörten. Vom Ufer der Wolga reiste als Vorsitzender des Saratower Provisorischen Komitees der Großunternehmer Friedrich Schmidt[6] an. Die öffentlich verkündeten Forderungen – Aufbau einer demokratischen russischen Republik, Agrarreform unter Beibehaltung des Privateigentums an Grund und Boden, ungehinderter Gebrauch der deutschen Sprache – ließen die Konturen einer liberal-konservativen Programmatik erkennen. Erst im Juni 1917 wurde in Slawgorod am Altaj ein Komitee «aller russischer Bürger deutscher Volkszugehörigkeit Westsibiriens» und in Omsk ein ähnlicher Verband aus der Taufe gehoben.

Die Neugründungen unterschieden sich vor allem in der Breite ihres beabsichtigten Wirkungskreises. Während das Komitee von Odessa und die Moskauer Versammlung eindeutig als eine Dachorganisation mit Führungsanspruch auftraten, beschränkten sich die Deutschen der südrussischen Gouvernements sowie des Wolgagebiets und Sibiriens auf die Vertretung ihrer regionalen Interessen und zeigten keinerlei Neigung, von einer Zentrale gelenkt zu werden, zumal weder Moskau noch Odessa ein kompakt von Deutschen bewohntes Gebiet darstellte. Als Fernziel schwebte den Russlanddeutschen eine kulturelle Autonomie vor. Nur am Rande der Sitzung des Zentralkomitees der Wolgakolonisten im April 1917 tauchte die Forderung nach einer von Russland getrennten föderativen Republik auf, die jedoch kein besonderes Echo fand.

Innerhalb des politischen Spektrums zeichnete sich die Moskauer Strömung um Karl Lindemann durch ihre Nähe zu den immer noch einflussreichen konservativen Regierungskreisen aus, während die Gruppen in Südrussland stärkere Affinitäten zu der liberalen Kadettenpartei zeigten. Im Wolgagebiet folgte die Mehrheit ebenfalls den Konstitutionellen Demokraten, obwohl hier aufgrund des größeren Landmangels auch die Sozialrevolutionäre und Sozialdemokraten Wurzeln schlagen konnten. An dem großen Fluss gestaltete sich das öffentliche Leben pluralistischer als anderswo. Allein in Saratow erschienen drei deutschsprachige Blätter: die konservativ-liberale «Saratower Deutsche Volkszeitung» (Auflage: 11 000), die sozialdemokratische Zeitung «Der Kolonist» und die katholische Gazette «Deutsche Stimmen aus dem Wolgagebiete». Die Nationalbewegung der sibirischen Kolonisten strukturierte sich weniger nach politischen als nach konfessionellen Gesichtspunkten – es ergab sich eine Art Koalition von katholischen, protestantischen und mennonitischen Strömungen.

Andererseits pochten Menno Simons Gefolgsleute auf ihren Kongressen in Halbstadt und Orlow bei aller politischen Vielfalt auf ihre Identität, indem sie sich nicht als Deutsche, sondern als Holländer definierten. Dementsprechend wünschten sie sich eine eigene Vertretung in der zukünftigen Verfassunggebenden Versammlung. Dieser gewiss irritierende Eigensinn wurde von den anderen Gruppen als «Holländerei»[7] verspottet. Er hing mit den traditionellen Privilegien der Mennoniten zusammen, vor allem der konsequenten Ablehnung des bewaffneten Militärdienstes. Und ihre straff familiär-kollektivistische Organisation machte die Gruppierung zu einem Faktor, mit dem jede weltliche Macht rechnen musste.

Zwei Tage nach der Moskauer Konferenz, am 24. April 1917, eröffnete Friedrich Schmidt um 12 Uhr 35 die Versammlung der Kreisbevollmächtigten der Wolgakolonien in Saratow unter Beteiligung des im Februar gegründeten Provisorischen Komitees.[8] Ort der Handlung war die Bühnenhalle des Restaurants «Priwolschskij Voksal», ein zweigeschossiges Holzhaus, früher ein Vergnügungsetablissement von mondänem Ruf mit Blick auf die Wolga, zu dieser Zeit aber bereits Club der Gutsverwalter. «Die ungefähr dreihundert Bevollmächtigten nahmen das Parterre des Zuschauerraums ein, während die Gäste in den sich an beiden Seiten in zwei Reihen hinziehenden Logen Platz fanden. Das Provisorische Komitee sowie der nach der Eröffnung der Versammlung gewählte Vorstand hatten ihren Sitz auf der Bühne.»

Das Grußwort im Namen der neuen Regierung sprach der Rechtsanwalt Alexander Tokarski, ein linker konstitutioneller Advokat, in seiner Jugend glühender Anhänger des nach Saratow verbannten revolutionären Demokraten Nikolaj Tschernyschewskij. Das von Studenten geführte Protokoll gibt einiges von der Atmosphäre der anfänglichen Euphorie des Völkerfrühlings wieder.

Abb. 7: Restaurant «Priwolschskij Voksal»

TOKARSKI: Bürger! (...) Ihr wart in großer Gefahr, etwas ganz Ungeheures, Unbegreifliches erwartete Euch. Jedoch die neue Staatsordnung hat diese Gefahr hinweggefegt! (Beifall). Eure Söhne kämpfen Schulter an Schulter mit allen unseren Soldaten und beschützen das teure Heimatland. Dieser gemeinsame Kampf um den heimischen Herd kittet sie zusammen. (Beifall). Jetzt ist eine neue Zeit für unser Land angebrochen, und sie gibt allen Bürgern des russischen Reiches die Möglichkeit frei zu leben. (Beifall). (...) Wir hoffen, dass auch die Deutschen, als vollberechtigte Bürger des Landes, nach wie vor durch Lieferung von Getreide und durch Geldbeiträge in Form von Zeichnung auf die Freiheitsanleihe[9] das Reich unterstützen werden. (Zustimmung und Beifall). Ich begrüße Euch noch einmal und wünsche Euren Arbeiten den besten Erfolg. (Stürmischer Beifall).

RECHTSANWALT K. JUSTUS: (...) Auf den Ruinen der alten ist eine neue Regierung erstanden, ein neues Leben bricht sich Bahn. Wir wollen hoffen, dass diese neue Regierung auch der deutschen Bevölkerung des Reiches wird Gerechtigkeit widerfahren lassen. Wir wollen hoffen, dass die Seiten der Geschichte des neuen Russlands nicht mehr beschmutzt sein werden durch Verfolgung und Vertreibung der im Reiche lebenden einzelnen Völkerschaften. (Beifall). Wir wollen hoffen, ja ich möchte mehr sagen, wir sind gewiss, dass man unsere Rechte, als die der freien Bürger des Landes, nicht mehr antasten wird. (Beifall). Wir danken Ihnen für Ihren freundlichen Gruß, und ich schlage vor, den Vertreter der neuen Staatsordnung durch Hurrarufe zu begrüßen. (Beifall, laute und andauernde Hurrarufe).

TOKARSKI: Es lebe die Gleichheit, die Freiheit und die Brüderlichkeit! (Stürmischer Beifall und Hurrarufe).

RUFE: Да здравствует Россия свободная! (Da sdrawstwujet Rossija swobodnaja! Es lebe das freie Russland!)

SCHMIDT: Es ist mir die Aufgabe geworden, die Vertreter der Kolonien mit einem deutschen Gruß zu begrüßen – das erste deutsche Wort nach langer Zeit, das wir offen aussprechen dürfen. (Beifall). Das ist durch die Revolution, durch die große Staatsumwälzung (...) möglich geworden. Die Revolution hat nun alle Schranken durchbrochen. Die Armee und die heldenmütigen Kämpfer für die Freiheit haben das vollbracht. (Beifall). Schon in den 20er Jahren des vorigen Jahrhunderts begann der Kampf mit der alten Staatsordnung. Der Freiheitsgedanke gewann immer mehr Anhänger. Nach vielen Jahren des Kampfes erfolgte die Aufhebung der Leibeigenschaft. Es gingen wieder viele Jahre dahin, bis wir in Russland eine Volksvertretung in der Gestalt der Reichsduma bekamen. Und diese Volksvertretung hat nun die Macht der Selbstherrschaft gebrochen und dem Lande die längst ersehnte Freiheit gegeben. Der Weg dieser Freiheitskämpfe ist mit Blut gezeichnet. Viele, sehr viele der tapferen Kämpfer büßten ihre Freiheit ein. Sie wurden nach dem kalten Sibirien verschickt und hinter Kerkermauern gesperrt.

An diesem Punkt forderte der Vorsitzende alle Delegierte und Gäste auf, das Andenken der Opfer der zaristischen Willkür durch Aufstehen zu ehren. «Alle erheben sich von ihren Sitzen und neigen ehrerbietig das Haupt», lesen wir im Protokoll. Ähnlich einmütig feierte die Versammlung den aus der sibirischen Verbannung zurückgekehrten Pastor Johannes Schleuning sowie die abwesenden Honoratioren Karl Lindemann und Ludwig Lutz, «diese unermüdlichen Kämpfer für die deutsche Sache». Auch die Beiträge der Vertreter der Studenten und der Frontsoldaten wurden mit Ovationen aufgenommen. Von einer gewissen Großmut der Teilnehmer zeugte die Erklärung, dass alle Delegierten und Gäste, die des hier mehrheitlich gesprochenen Deutsch nicht wirklich mächtig seien, ihre Redebeiträge auch auf Russisch halten dürften. Weniger galant geriet die Abstimmung über die Frage, ob auch Frauen in die führenden Gremien der zu gründenden Organisation gewählt werden konnten – sie wurde mit großer Mehrheit abgelehnt. Offensichtlich dachten die Kolonisten und auch ihre Frauen noch in der Dreieinigkeit von «Kinder, Küche, Kirche». Das Frauenwahlrecht für ganz Russland war erst am 15. April des Revolutionsjahres dekretiert worden.

Trotz der begeisterten und einvernehmlichen Grundstimmung verliefen die zwei Sitzungen nicht ohne Dissonanz. So wurde dem sozialistischen Lehrer Adam Emich, Redakteur der Zeitung «Der Kolonist», weder erlaubt, für sich selbst das Stimmrecht zu erwerben, noch eine Diskussion zu initiieren. Sein diesbezüglicher Versuch mündete in einem Eklat.

EMICH sagt, die Versammlung habe heute sehr viel Süßes zu hören bekommen, er könne nicht umhin, etwas Misston in diese friedliche Stimmung zu bringen, etwas Galle in den Honig zu träufeln, nach so vielem Süßen könne man auch etwas Bitteres vertragen (…). Das zeitweilige Komitee habe den Erwartungen nicht entsprochen: es hätte das Programm der Versammlung in den Flugblättern bekannt machen sollen, damit man die Möglichkeit gehabt hätte, sich auf die Verhandlungen vorzubereiten, so sei man ganz ohne Direktiven zur Versammlung gekommen (…).

STIMMEN laut: Es ist genug! Wir wollen nichts mehr hören!

SCHMIDT: Das Komitee wollte die Versammlung nicht an ein fertiges Programm binden, welches von der Versammlung hätte auch abgelehnt werden können. Die Versammlung sollte selbst über das Programm ihrer Tätigkeit entscheiden. (Beifall)

Es gab auch andere Stimmen, die von der aus Konservativen und Liberalen zusammengesetzten Führung der Versammlung nicht gerne gehört wurden. Als auf der Nachmittagssitzung der Politischen Sektion der Vorschlag ausgesprochen wurde, Lindemann und Lutz neben den bereits gewährten Ehrerbietungen jeweils ein Grußtelegramm zukommen zu lassen, riss dem Lehrer Jäger[10] aus Balzer der Geduldsfaden. Er protestierte gegen den Kotau per Fernschreiben gegenüber Leuten, «die seinerzeit zu einer Partei gehört haben, welche selbst die Freiheitskämpfer in die Kerker geworfen und nach Sibirien verschickt habe.» Angesichts der Proteste der Zuhörer verließ er schließlich das Rednerpult. Es war eindeutig, dass hier die engen Kontakte von Lindemann und Lutz zu den «Oktobristen» der Duma gemeint waren, konkret zu Alexander Gutschkow, dessen unrühmliche Rolle bei der «geistigen» Vorbereitung des Moskauer Pogroms hinlänglich bekannt war. Dass ausgerechnet dieser erklärtermaßen germanophobe Politiker und zynische Intrigant von den «Revolutionären» der Duma als Verteidigungsminister akzeptiert wurde, konnte mit nüchternem Menschenverstand nur als böses Omen betrachtet werden. Zudem hatte Gutschkow erklärt, er wolle Soldaten deutscher Abstammung die Beförderung in höhere Dienstränge verweigern. Auch diese als skandalös empfundene Erklärung brachte die Teilnehmer der Versammlung gegen den neuen Minister auf.

Was die Landfrage betraf, so bescheinigte sich die Versammlung eine «Zwischenstellung» zwischen den Positionen der Kadetten und der Sozialdemokraten. Dies sollte heißen, dass sie fest auf dem Boden des Privateigentums standen, aber dennoch Enteignungen zugunsten der russischen Bauern nicht kategorisch ablehnten. Dabei differenzierten sie zwischen unrechtmäßig und rechtmäßig erworbenen Landgütern. Die erstere Kategorie (Kronland, Domänen, Kabinetts-, Kirchen- und Klosterländereien) sollte ihrer Meinung nach ersatzlos konfisziert werden, während rechtmäßig erworbene Güter «gegen eine gerechte Entschädigung auf Grundlage einer entsprechenden Abschätzung» eingezogen werden sollten. Wichtig war für die meisten Kolonisten die Wiederherstellung oder Beibehaltung des Status quo ante des deutschen Landbesitzes vor den Kriegs- und zu Friedenszeiten.

Krieg und Frieden – zu diesem Fragenkomplex fiel der Politischen Sektion so gut wie nichts ein. Selbst der Vorsitzende Friedrich Schmidt formulierte in recht kryptischen Worten laut Protokoll: «Seines Erachtens werden die Deutschen am besten handeln, wenn sie nicht mit Worten, sondern mit der Tat zu dieser Angelegenheit Stellung nehmen, indem sie durch fleißige Lieferung von Getreide für die Armee und durch eine rege Teilnahme an der Zeichnung auf die Freiheitsanleihe ihre Vaterlandsliebe zu beweisen suchen. (Beifall).» Diese sicher edel gemeinte Haltung war gewiss nicht bis zu Ende gedacht. Denn schließlich diente die Freiheitsanleihe trotz des schön klingenden Namens dem Ziel, den «Krieg bis zum Sieg» fortzusetzen, ein Vorhaben, das im vierten Jahr des sinnlosen Schlachtens immer weniger Chancen in sich barg. Für die Russlanddeutschen bedeutete die Verlängerung des Krieges, selbst unter den Fahnen der triumphierenden Demokratie, dass Germania Hauptfeind bleiben und der Kolonist an der Front und im Hinterland nach wie vor als «innerer Deutscher» und potentieller Agent der Hohenzollern behandelt werden würde. Es würde also keiner großen propagandistischen Kunst bedürfen, die Pogromstimmung in der verzweifelten, verelendeten Gesellschaft jederzeit wieder hochkochen zu lassen.

Jede Revolution schöpft ihre Antriebskraft aus der radikalen Abkehr von der zu überwindenden Ära – jede Suche nach Kontinuitäten ist vor allem in der Anfangsphase ein eindeutiges Zeichen der Schwäche. So war die russische Demokratie von Beginn an mit zwei ungelösten Fragen belastet: mit dem Krieg und mit der Bodenreform. Der Sturz des autokratischen Regimes mit den feudalen Relikten seiner Agrarstruktur hätte eine rasche und radikale Umgestaltung der Besitzverhältnisse nach sich ziehen müssen. Stattdessen wurde eine Regelung durch die Verfassunggebende Versammlung in Aussicht gestellt. Auch hätte der Sturz des Regimes, das neun Millionen Soldaten in Waffen hielt, die Konsequenz haben müssen, mit der bisherigen Militärpolitik definitiv zu brechen. Dies hätte die Aufkündigung von Russlands Verpflichtungen gegenüber seinen militärischen Verbündeten nach sich gezogen. Stattdessen optierte die Regierung des Fürsten Lwow und später die von Alexander Kerenski für die Weiterführung der Offensive sowohl an der Nord- als auch an der Südwestfront.

Gleichzeitig jedoch ließ die Demokratie im kämpfenden Heer Komitees und Sowjets zu, die theoretisch in die bevorstehenden Entscheidungen eingreifen konnten. Geradezu aufrüttelnd wirkte die Forderung des Petrograder Sowjets, die Offiziere je nach Rang nicht mehr mit «Euer Wohlgeboren» oder «Eure Exzellenz» anzusprechen, während diese gleichzeitig die einfachen Frontkämpfer nicht mehr duzen sollten. Dies bedeutete in einer bis dahin in Stein gemeißelten autoritären Struktur den Todesstoß für die militärische Disziplin. Dabei ersehnten sich die Arbeiter und Bauern im Waffenrock im Grunde nichts anderes als die sofortige Einstellung der Kampfhandlungen.

Die lähmende Atmosphäre des zum Stillstand gekommenen Krieges hatte bereits im Vorjahr ein für sämtliche Heeresleitungen beunruhigendes Phänomen ausgelöst, das kurz nach der Februarrevolution an allen Frontlinien zu beobachten war: die Verbrüderung über die Schützengräben hinweg. Schließlich war die letzte Offensive der russischen Armee im Sommer 1917 durch die massenhafte Fahnenflucht so gut wie gelähmt. Natürlich konnte man behaupten – vielleicht nicht einmal zu Unrecht –, deutsche Agenten und bolschewistische Agitatoren hätten zur «Wehrkraftzersetzung» beigetragen. Dennoch war der Umschwung der Stimmung eine elementare Tatsache, die die Verteidigungsfähigkeit des Landes bedrohte. Und diesmal war es nicht mehr möglich, die akkumulierte Frustration zu kanalisieren, indem man einfach mit dem Finger auf die deutsche oder jüdische Minderheit zeigte.

Allenfalls sah sich das neue demokratische System gezwungen, die «deutsche Karte» noch einmal auszuspielen. Als die russischen Exilsozialisten aus der Schweiz in ihrem legendären plombierten Waggon durch Deutschland über Stockholm nach Petrograd fuhren, erwartete sie zu Hause eine breit angelegte Kampagne, deren hauptsächliche Zielscheibe Wladimir Iljitsch Lenin war. Vor allem ihm galt die Anklage, im Solde des deutschen Feindes gestanden zu haben. Manche Indizien, etwa für die Finanzierung der bolschewistischen Presse aus reichsdeutschen Quellen, ließen sich auch schwer von der Hand weisen. Aber die pauschale Diffamierung, Lenin sei ein deutscher Spion, schätzte die wirkliche Gefährlichkeit des Autors der «Aprilthesen» falsch ein. Auch das Einschleusen der radikalsten russischen Staatsfeinde in die Hauptstadt des Gegners, das eine Erfolgsgeschichte des Deutschen Reiches hätte werden sollen, ließ die Frage offen, wer eigentlich wen benutzt hatte. Am Ende wurde jedenfalls nicht Lenin gestürzt, sondern Wilhelm von Hohenzollern.

Die Position der Bolschewiki in der Kriegsfrage wurzelte in dem historischen Beschluss des Baseler Kongresses der Zweiten Internationale, nach dem die nächste Völkerschlacht durch einen allgemeinen politischen Streik abgewehrt werden sollte. Lenin hatte schon viel früher, bereits zur Zeit des Russisch-Japanischen Krieges 1904 bis 1905, die Ansicht vertreten, dass sich die Arbeiterklasse – was auch immer unter diesem recht abstrakten Begriff zu verstehen war – die Niederlage ihrer Regierung wünschen musste. Als dann die meisten sozialdemokratischen

Parteien gleich nach den ersten Ultimaten auf die patriotische Linie umgeschwenkt waren, verharrte die bolschewistische und linkssozialistische Minderheit auf ihrem absurd erscheinenden Ablehnungskurs – und die Geschichte gab ihnen recht. Jedenfalls wussten die Bolschewiken und ihre linkssozialistischen Verbündeten, dass die beiden Schlüsselworte «Frieden und Boden» hießen und dass jeder Politiker verloren war, der in der aktuellen Lage diese Worte ignorierte. So ging es nur noch darum, die beiden Hauptforderungen des Volkes um eine dritte zu ergänzen und sie als greifbare Perspektive glaubhaft zu machen: «Alle Macht den Sowjets!»

Im Sommer und Herbst 1917 mehrten sich die Zeichen der Auflösung der Rechtssicherheit. Die Doppelherrschaft der Provisorischen Regierung und der Sowjets der Arbeiter-, Bauern- und Soldatendeputierten machte weite Regionen des ehemaligen Russischen Reichs zum Niemands-, oder, besser gesagt, zum Jedermannsland: «So begannen wolhynische Kolonisten, die aus den Orten ihrer Evakuierung zurückkehrten und vergebens auf die Erlaubnis zur Wiederansiedlung auf ihrem alten Besitz warteten, diesen früheren Besitz eigenhändig zu räumen und zu bebauen. Die hier provisorisch Angesiedelten wurden von ihnen unter Androhung von Waffengewalt vertrieben.» Ähnliche Szenen spielten sich in der Ukraine, in Südrussland und auf der Halbinsel Krim ab. Dort gingen gar «die von der Liquidationsgesetzgebung betroffenen Landbesitzer mit Gewehren bewaffnet an die Bestellung ihrer früheren Felder».[11]

In dieser heißen Phase diskutierten die Russlanddeutschen hauptsächlich die Frage, ob sie bei den für November angesetzten Wahlen der Verfassunggebenden Versammlung eigene Listen aufstellen oder aber, wie gewohnt, unter der Ägide russischer Parteien in das erste wirklich demokratische russische Parlament einziehen wollten. Der Moskauer Delegiertenkongress des Allrussischen Verbands, der vom 10. bis 12. August tagte, vertrat die Meinung, ein Zusammengehen mit den russischen Parteien sei unzulässig, und forderte die Aufstellung eigener deutscher Kandidatenlisten. Das südrussische Bezirkskomitee verhielt sich zu dieser Frage etwas flexibler, stellte jedoch die Bedingung, etwaige Wahlbündnispläne mit nichtdeutschen Partnern bis zum 25. Oktober anzumelden.

Allerdings sollte der 25. Oktober 1917 einem ganz anderen Ereignis vorbehalten bleiben.

Die Geburtswehen einer Republik
1918–1924

Vom 25. bis 27. Oktober 1917[1] tagte der II. Deputiertenkongress der Arbeiter-, Bauern- und Soldatenräte in Petrograd, eröffnet mit dem Kanonendonner des Panzerkreuzers «Aurora», im Smolny-Institut, einer ehemaligen Erziehungsanstalt für höhere Töchter. Zwischen Mitternacht und zwei Uhr morgens am 26. Oktober wurden die von Lenin gezeichneten Dekrete «Über den Frieden» sowie «Über den Boden» unter dem stürmischen Applaus der etwa sechshundert Delegierten angenommen.[2] Eine Woche später veröffentlichte die offiziöse «Iswestija» das «Dekret über die Rechte der Völker Russlands». Diese ersten drei Gesetzesakte der neuen Macht betrafen die Interessen der deutschen Bevölkerung im ehemaligen Zarenreich in eminenter Weise.

Das «Dekret über den Frieden» schlug allen am Weltkrieg beteiligten Staaten eine sofortige Einstellung der Feindseligkeiten sowie Verhandlungen über einen Frieden «ohne Annexion und Kontribution» vor. Diese über Funkverbindung international ausgestrahlte Botschaft entsprach durchaus den tiefsitzenden Wünschen aller Völker im vierten Jahr des furchtbaren Gemetzels, stieß jedoch bei Russlands Verbündeten auf heftigen Protest. Von der deutschen Reichsregierung wurde sie dagegen als Angebot eines Separatfriedens aufgenommen. Angesichts der Lage an der Westfront wäre dieser Frieden beinahe einer russischen Kapitulation gleichgekommen. Für die Russlanddeutschen hätte allerdings schon ein Waffenstillstand mit «Germania» eine enorme Erleichterung, eine Erlösung von dem Makel des «inneren Deutschen» mit sich gebracht.

Das «Dekret über den Boden» enthielt die ausdrückliche Forderung, staatlichen, kirchlichen und privaten Grundbesitz unentgeltlich zu konfiszieren und unter der bäuerlichen Bevölkerung aufzuteilen. Verschont von dieser zentralen Maßnahme sollten nur die ärmeren Schichten bleiben. Die Radikalität dieser Zielsetzung wurde durch den Hinweis geschwächt, dass die endgültige Regelung der Bodenverhältnisse in der Zuständigkeit der noch zu wählenden Verfassunggebenden Versammlung liegen sollte – ein Zusatz, mit dem bereits die Provisorische Regierung um den heißen Brei der Agrarreform herumlaviert war. Lenins taktische Schläue bestand darin, dass er damit den linken Sozialrevolutionären, deren bäuerliche Anhängerschaft für den Sieg der Bolschewiki in den Dörfern unentbehrlich war, ein Zugeständnis machte. Gleichzeitig schob er die Entscheidung einer Institution zu, von deren Notwendigkeit er immer weniger überzeugt war.[3] Was die deutschen Kolonisten betraf, müssen wir annehmen, dass die radikale Redistribution des Bodens, besonders in der Form der Gleichmacherei, bei ihnen mehr Ängste als Hoffnungen auslöste.

Das dritte Dekret trug neben der Unterschrift des Regierungschefs Uljanow, besser bekannt unter seinem Kampfnamen Lenin, auch die des Volkskommissars für Nationalitätenfragen, Josef Dschugaschwili, der sich Stalin nannte. Es proklamierte die Rechtsgleichheit und Souveränität aller Völker des ehemaligen Zarenreiches sowie deren «freie Selbstbestimmung, inklusive des Rechts auf die Abtrennung und Bildung eines selbstständigen Staates».[4] Dieser dekorative Grundsatz behielt seine Gültigkeit kontinuierlich bis zum Beginn der neunziger Jahre, ohne dass je ein Volk innerhalb der Sowjetunion davon Gebrauch gemacht hätte. Trotzdem klang in der Atmosphäre der großen revolutionären Erwartungen dieses Versprechen glaubhaft, ebenso wie die Verurteilung des früheren Regimes, das «Russlands Völker systematisch aufeinandergehetzt» habe – eine Behauptung, der viele Opfer von Pogromen und Liquidationsgesetzen der Kriegsjahre vorbehaltlos zustimmen konnten.

Frieden, Boden und gleiche Rechte waren Bestandteil einer beinahe messianischen Vision vom Zukunftsstaat, wie er den Gründungsvätern der Lehre vorschwebte. Der von Karl Marx quasi zufällig formulierte und niemals näher erörterte Begriff der «Diktatur des Proletariats» wurde nun kanonisiert und, was noch schlimmer war, in die Verwirklichung überführt. Nur drei Jahre später charakterisierte Lenin selbst in einem Aufsatz für die Zeitschrift «Kommunistische Internationale» das auf diese Weise entstandene System als eine «durch keinerlei Gesetze eingeschränkte, durch keine absolute Regel beengte, unmittelbar auf Gewalt sich stützende Macht».[5] Die Zeitspanne zwischen den schöngeistig-euphorischen Deklarationen im Smolny-Institut und diesem düsteren Geständnis umfasste einen der blutigsten Bürgerkriege der Menschheitsgeschichte, der dreimal so viele Opfer an Toten, Verwundeten und Flüchtlingen forderte wie die vorherige russische Beteiligung am Weltkrieg. Dem von allen Seiten mit extremer Brutalität ausgefochtenen Kampf konnte sich keine soziale oder nationale Gruppe entziehen, auch nicht die auf dem Territorium des zaristischen Russlands verstreuten deutschen Untertanen.

Bürgerkrieg bedeutete für die Minderheiten, dass sie von allen Kriegsparteien bedroht werden konnten – von den «Weißen» ebenso wie von der Roten Armee, von den «grünen» Anarchisten um Nestor Machno wie von den ukrainischen Nationalisten, von den kaiserlichen, österreich-ungarischen, britischen, französischen, amerikanischen, japanischen und polnischen Armeeeinheiten, von ehemaligen tschechischen, deutschen, österreichischen und ungarischen Kriegsgefangenen sowie von zahllosen kriminellen Banden, die das Chaos des Bürgerkriegs auszunutzen trachteten. Die Kampfmethoden der häufig wechselnden Gegner waren völlig austauschbar: Freischärler und Partisaneneinheiten rannten die deutschen Dörfer nieder, verlangten von den Kolonisten «Kontribution»,[6] konfiszierten Lebensmittel, Zugtiere und Geld zu Kriegszwecken, nahmen Geiseln, raubten, vergewaltigten, mordeten und steckten ganze Siedlungen in Brand.

Gegen die barbarischen Feldzüge organisierten die deutschen Kolonisten vor allem in der Ukraine bereits in der ersten Hälfte des Jahres 1918 Selbstschutztruppen[7] aus den wehrtauglichen Männern jeder Gemeinde. Waffen und Ausbildung erhielten sie von den damals noch dort stationierten Einheiten der Reichswehr und der k. u. k. Armee. Dieser zivile Widerstand beschränkte sich auf die Verteidigung der Siedlungen gegen das «Räuber- und Bandenunwesen» und sollte nicht als Parteinahme für eine oder mehrere Seiten oder, wie es das Manifest des Verbands der Kolonisten zu Odessa ausdrückte, als «politisches Treiben» missverstanden werden. Sehr behutsam ging man mit der Ausrüstung um. So wurde im Statut des Selbstschutzes präzise festgelegt: «Durch den Kolonistenverband beschaffte Waffen (Gewehre, Handgranaten, Leuchtpistolen und Munition) werden gegen Quittung den deutschen Dorfschulzen übergeben, die für Verleihung an zuverlässige Männer sorgen und über den Bestand und Verbleib Buch führen.»[8]

Sogar diese begrenzte militärische Zielsetzung der Selbstschutztruppen bedeutete für die Mennoniten Südrusslands und der Ukraine ein kaum zu überwindendes Problem. Zum einen ging es der Glaubensgemeinschaft um das Grunddogma ihrer Konfession, nicht zu töten und dem Bösen keinen Widerstand zu leisten (Matth. 5,39). Zum anderen war die bibelfeste Gewaltlosigkeit ein integraler Teil ihrer Identität als Kolonisten. Schließlich hatten sie ihre Urheimat Westpreußen zu Beginn des 19. Jahrhunderts verlassen, weil König Friedrich Wilhelm III. ihren Landerwerb vom Militärdienst abhängig machen wollte, während der russische Alleinherrscher Zar Pawel sie «für alle Zeiten» davon befreite. Angesichts der akuten Gefahr durch die Banden Machnos riefen nun die Mennoniten Ende Juni 1918 im Bethaus Lichtenau, Gouvernement Zaporoschje, eine religiöse Bundeskonferenz zusammen.[9] Zwar bestätigte diese mit eindeutiger Mehrheit die theologischen Vorbehalte gegenüber dem Gebrauch von Waffen, überließ aber die Entscheidung darüber dem Gewissen der Einzelnen. Dennoch unterlagen die nunmehr wehrhaften Glaubensbrüder zuerst den Anarchisten und dann auch den vorrückenden Einheiten der Roten Armee.

Weniger blutig verlief, zumindest in den Anfängen, die Auseinandersetzung zwischen der alten und der neuen Welt an der Wolga. Von der Oktoberrevolution wurde dieses Gebiet erst mit einiger zeitlicher Verschiebung erreicht und vom Bürgerkrieg eher am Rande berührt. Zwar löste der Saratower Sowjet der Arbeiter-, Bauern- und Soldatendeputierten im Dezember 1917 das «bourgeoise» Zentralbüro der Deutschen im Wolgagebiet auf, schloss die Redaktionsräume der «Deutschen Volkszeitung» und requirierte den Papiervorrat des Blattes. Gleichzeitig aber reichte der Einfluss des Saratower Sowjets nicht aus, um die Kolonisten des benachbarten Samara-Gouvernements an ihrem Kongress Ende Februar 1918 in der Kolonie Warenburg zu hindern. Dieser Kongress verurteilte den Willkürakt gegen die von den Kolonien subventionierte Zeitung, besaß jedoch die taktische Klugheit, diesen als Übergriff der lokalen Behörden zu bezeichnen, der im eklatanten Widerspruch zu der «von der russischen Volksrepublik dargebotenen Freiheit und dem Selbstbestimmungsrecht» stehe. Gleichzeitig forderten die Delegierten unter Hinweis auf das «Dekret über die Rechte der Völker Russlands» die «nationale Vereinigung aller Deutschen des Wolgagebiets in einer autonomen deutschen Republik im Rahmen des russischen föderativen Staates». Mit diesem Autonomieprojekt brachten die eher dem Bauernstand und dem Rest des lokalen Beamtentums zugehörigen Delegierten ihre linken Rivalen in Verlegenheit.

Im Bund deutscher Sozialisten des Wolgagebiets betätigte sich zu dieser Zeit ein ehemaliger ungarischer Soldat der K.-u.-k.-Armee, Alexander (Sándor) Kellner,[10] der als gelehrter Drucker eine zweisprachige Zeitung herausgab, zu Deutsch «Vorwärts» und auf Ungarisch «Elöre». Sie richtete sich an seine Kameraden, von denen zwanzigtausend in einem Gefangenenlager bei Saratow lebten. Einer der Mitbegründer des Bundes war der aus St. Petersburg stammende Gustav Klinger, Mitarbeiter der Saratower Baufirma «Gringhof und Bruder», der ähnlich wie Kellner später zu einem überzeugten Bolschewiken wurde. Der «Dritte im Bunde» und dessen eigentlicher Gründer, der Volksschullehrer, Schriftsteller und Zeitungsredakteur Adam Emich, war hingegen ein geborener Wolgadeutscher, Absolvent der Russischen Zentralschule in Katharinenstadt, und hatte bereits an der Versammlung der Kreisbevollmächtigten der Wolgakolonien im Vorjahr teilgenommen. Die Sozialisten nahmen den Autonomiebeschluss des Kongresses von Warenburg zunächst skeptisch auf. Die Forderung einer territorialen Autonomie, die zu einer Trennung der Deutschen von den russischen «Klassenbrüdern» führen sollte, passte wenig in ihr internationalistisches Credo. Viele von ihnen hielten einen bäuerlichen, also nicht-proletarischen Kongress schlicht und einfach für «konterrevolutionär».

Allerdings beließen es die Teilnehmer des Kongresses nicht bei Worten, sondern wählten gleich eine provisorische Zentralverwaltung der deutschen Kolonien an der Wolga, deren führendes Gremium zwecks Verhandlungen mit der Sowjetregierung in das inzwischen zur russischen Hauptstadt avancierte Moskau reisen sollte. In die geplante Troika-Delegation wurde auch Emich kooptiert. Wer damals wen überzeugt hat, kann man heute nicht mehr klären – es ist aber eine Tatsache, dass sich die Wolgasozialisten plötzlich für die Beteiligung an der deutschen Autonomie entschieden, um «im Fall einer positiven Entscheidung über die Frage der Autonomie die ganze Arbeit von deren Bildung auf sich zu nehmen.»[11] Jedenfalls gehörten der letztendlich fünfköpfigen Abordnung, die Anfang April die Reise nach Moskau antrat, nur zwei Nichtsozialisten an: J. Gross aus Ober-Jeruslan und M. Kiesner[12] aus Seel-

Abb. 8: Deutsche Kolonistenfamilie an der Schwelle des neuen Zeitalters

mann, die ihre Kolonien ein Jahr zuvor auf der «bürgerlichen» Versammlung in Saratow vertreten hatten.

Die auf diese Weise «gesäuberte», also nun mehrheitlich aus Bolschewisten bestehende Delegation wurde im Kreml von einem äußerst freundlichen Stalin empfangen, der auf Gustav Klingers Frage, ob die Moskauer Führung eine deutsche Autonomie an der Wolga für möglich halte, die prompte Antwort gab: «Nicht bloß Autonomie, uns würde nicht einmal eine Republik erschrecken.» Die Großzügigkeit des Volkskommissars für Nationalitätenfragen war jedoch an die Bedingung geknüpft, dass die vorgesehene Selbstverwaltung «auf sowjetischer Grundlage» zustande kommen sollte, was per definitionem die Aufhebung der vorrevolutionären Strukturen bedeutete. Offensichtlich bezweifelte Moskau, dass ein solch radikaler Umbau des deutschen Kolonienwesens allein mit den lokalen Kadern möglich sei, und beauftragte gleich zwei Berufsrevolutionäre, den Deutschen Ernst Reuter und den Österreicher Karl Petin, beide ehemalige Kriegsgefangene, um die Vorarbeiten zur Verwirklichung der Autonomie zu begleiten. Den beiden wurde in einem von Lenin unterzeichneten speziellen Erlass des Rates der Volkskommissare attestiert, «sie gehören zu der Strömung der deutschen (germanski) Sozialdemokraten, an deren Spitze Karl Liebknecht steht».[13] Die Aufwertung des Spartakusbundes, dessen Führer zu dieser Zeit noch wegen seiner Antikriegshaltung im Gefängnis des Kaiserreichs saß, verriet bereits einiges über den Hintergrund der Moskauer Entscheidung.

In der linken Sozialdemokratie Deutschlands sahen die Bolschewiki ihren künftigen Verbündeten für den Fall, dass ein baldiger Zusammenbruch des wilhelminischen Reichs nach dem russischen Drehbuch verlaufen und letzten Endes die Zündschnur für die Revolution im Westen, ja einen weltweiten Umsturz sein würde. Die Theorie des aus dem heroischen Gesang der «Internationale» übernommenen «letzten Gefechts» stand vorerst im krassen Widerspruch zur Realität. Zu Beginn des Jahres 1918 befand sich Sowjetrussland vor einem militärischen Kollaps. Ludendorffs Truppen bedrohten St. Petersburg, und sogar die schwachen Armeen der K.-u.-k.-Monarchie und des Osmanischen Imperiums standen mit einem Bein auf russischem Territorium. Gleichzeitig waren die Ukraine, Polen, Finnland, die Völker des Baltikums und des Kaukasus im Begriff, von der «freien Selbstbestimmung, inklusive des Rechts auf die Abtrennung und Bildung eines selbstständigen Staates», Gebrauch zu machen. Unter diesen Bedingungen zeigte sich Lenin bereit, einen sofortigen Separatfrieden mit den Mittelmächten zu schließen. Diesen Frieden, den der Revolutionsführer als «schamlos» bezeichnete, unterschrieb die Sowjetregierung einzig und allein mit dem Ziel, der jungen, noch ungefestigten Diktatur eine Atempause zu verschaffen.

Ging es für Sowjetrussland bei den Verhandlungen in der Grenzstadt Brest-Litowsk im Frühjahr 1918 um Leben und Tod, so war das deutsche Kaiserreich auf eine Beruhigung an seinen Ostgrenzen nicht weniger angewiesen. Der Kriegseintritt der USA auf Seiten der Entente im April 1917 hatte die deutschen Träume auf einen siegreichen Ausgang des Kampfes zerschlagen: Realistisch war nun höchstens noch ein «erträglicher» Frieden, und auch dies nur bei einer erfolgreichen Offensive an der Westfront. Das drei Monate andauernde, mehrmals unterbrochene diplomatische Pokerspiel verlief aufgrund der vielen Teilnehmer – Russland contra Deutschland, Österreich-Ungarn, Bulgarien und das Osmanische Reich – recht kompliziert. Die Frage der Russlanddeutschen gehörte nicht zu den wichtigen Streitpunkten. Offensichtlich erreichte hier die deutsche Diplomatie weniger als sie sich vorgenommen hatte. Die von Trotzki geleitete sowjetische Seite wollte von einem Anspruch der

«Germanen» als Schutzmacht ihrer zwei Millionen Brüder und Schwestern nichts wissen. Erst in einem Zusatzvertrag einigte man sich über die Frage der Zivilisten, die «aus dem Gebiete des anderen Teiles stammen»:

«Die zur Rückwanderung berechtigten Personen», so hieß es in den Artikeln 21 und 22 des Vertrags, «sollen auf Antrag die Entlassung aus ihrem bisherigen Staatsverband erhalten. Auch soll ihr schriftlicher oder mündlicher Verkehr mit den diplomatischen und konsularischen Vertretern des Stammlandes in keiner Weise behindert oder erschwert werden.

(...) Die Rückwanderer (...) sollen durch Ausübung des Rückwanderungsrechts keinerlei vermögensrechtliche Nachteile erleiden. Sie sollen befugt sein, ihr Vermögen zu liquidieren und den Erlös sowie ihre sonstige bewegliche Habe mitzunehmen; ferner dürfen sie ihre Pachtverträge unter Einhaltung einer Frist von sechs Monaten kündigen, ohne dass der Verpächter wegen vorzeitiger Auflösung des Pachtvertrages Schadensersatzansprüche geltend machen kann.» Mit der Wiederherstellung der diplomatischen Beziehungen der früheren Kriegsgegner wurde gleichzeitig die Tätigkeit einer deutschen Kommission möglich gemacht, die sich der Rückwanderer annehmen durfte.

Es ist wichtig zu betonen, dass sich das Mandat der Kommission ausdrücklich auf Einzelpersonen oder Familien beschränkte, die das von der historischen Katastrophe heimgesuchte Land auf kürzestem Wege verlassen wollten. Das waren in erster Linie Menschen, die um ihr Vermögen bangten oder die Befürchtung hegten, von den neuen Machthabern als «Burschuj», als Angehörige der Bourgeoisie, abgestempelt und auch so behandelt zu werden. So war es kein Wunder, dass der Saratower Mühlenkönig Friedrich Schmidt sehr bald in Berlin eintraf, ähnlich wie Tausende weiterer Unternehmer samt ihrem Vermögen. Begründet war auch die Angst des Tifliser Pastors Johannes Schleuning, der wegen seines Auftritts gegen die antideutsche Kampagne bereits von der zaristischen Regierung nach Sibirien verbannt worden war und dessen «Volkszeitung» der Saratower Sowjet beschlagnahmt hatte. Aber selbst einfache Menschen fassten, angewidert von den Schikanen der Behörden oder den hässlichen Pogromszenen des Sommers 1915, den Entschluss, ihrer Wahlheimat für immer den Rücken zu kehren.[14] Auch die Tatsache, dass sie zu diesem Zweck von der Reichsregierung einen für zehn Jahre gültigen «Schutzbrief» erhielten, verlieh ihnen Zuversicht. In dem blutigen rechtsfreien Raum, dem sowjetischen Chaos zwischen weißen und roten Armeen, russischem und ukrainischem Nationalismus, wirtschaftlichem Ruin und Sittenverfall hatte nichts länger als für den Moment Gültigkeit.

So verwandelte sich das prächtige Palais «Rotes Gasthaus» im Moskauer Stadtzentrum, in dem man der reichsdeutschen Botschaft ihren Sitz zugewiesen hatte, zur ersten Adresse für gedemütigte und beleidigte Deutsche, und der Gesandte Graf von Mirbach wurde zu ihrem Hoffnungsträger. Dabei war sich der Berufsdiplomat der äußersten Brisanz der Situation in den wenigen Monaten zwischen seiner Ernennung und seiner Ermordung durchaus bewusst.[15] Einerseits bestand seine Aufgabe darin, Lenins Regierung als einzig möglichen Garanten des Friedens an der Ostfront mit massiven Finanzspritzen über Wasser zu halten, andererseits traf er Vorkehrungen zum Schutz der Zarenfamilie, insbesondere für Nikolais Gattin, eine deutsche Fürstin, und nicht zuletzt suchte er für den Fall des eventuellen Sturzes der Bolschewiki Partner unter deren Gegnern. Ebenso widersprüchlich geriet seine Agenda, was die deutsche Minderheit betraf. Das wilhelminische Reich förderte die Rückwanderung zum einen aus ideologischen Gründen – es hieß, man wolle das «unverdorbene, kinderreiche Deutschtum» unterstützen –, zum anderen aus rein ökonomischen Erwägungen, um den kriegsbedingten Mangel an Arbeitskräften zu beheben. Angesichts der zu erwartenden massenhaften Rückkehr der Frontsoldaten und des absehbaren Elends der Nachkriegszeit würde sich die Situation jedoch schnell ändern. Unter diesen Voraussetzungen war es für die Herrschenden an der Spree besser, wenn die Kolonisten an der Wolga, an Don und Dnjepr blieben.

An diesem Punkt trafen sich die Interessen des Reichs mit denen der Sowjets. Auch die Volkskommissare hatten triftige Gründe, die deutsche Minderheit in ihren traditionellen Siedlungsgebieten zu halten. Vordergründig wirkten ideologische und propagandistische Prämissen: Gegenüber dem «Völkergefängnis» des Zarenreichs präsentierte sich die neue Macht als Patronin aller Nationalitäten, die unter dem alten Regime zu leiden hatten. Rein materiell handelte es sich um die pragmatische Einsicht, dass ohne Brot selbst das vollkommenste Staatswesen dem Tode geweiht ist[16] und folglich alle, die zur landwirtschaftlichen Produktion beitragen konnten, unentbehrlich waren. Saat und Ernte waren seit dem alten Ägypten stets der Dreh- und Angelpunkt eines jeden sozialen Organismus, und nicht einmal die Bolschewiki konnten sich über diese Gegebenheit hinwegsetzen. Die in Aussicht gestellte «Autonomie auf sowjetischer Grundlage» sollte dazu dienen, die Russlanddeutschen für die eigenen Zwecke einzuspannen. Die beiden «Germanen», die Berufsrevolutionäre Reuter und Petin, sollten mit Hilfe eines Wolgagebietskommissariats für deutsche Angelegenheiten im Grunde eine kommunistische Version des «Kontors der Vormundschaft» in Saratow auf die Beine stellen. Das Kommissariat half in Zusammenarbeit mit dem Moskauer Volkskommissariat für Nationalitätenfragen sowohl dabei, den konstituierenden Kongress der Räte der Kolonisten zusammenzurufen, als auch bei der Gründung lokaler Exekutivkomitees auf Kreis- und Landkreisebene. Der nächste Schritt erfolgte am 19. Oktober 1918, als der Rat der Volkskommissare ein Dekret über den Landkreis (Oblast) der Deutschen des Wolgagebiets erließ, der nun «Deutsche Arbeitskommune» heißen sollte.

Die Kommune als Begriff war von der Pariser Kommune 1871 entliehen, die Lenin in seiner Streitschrift gegen Karl Kautsky als Modell für die proletarische Diktatur betrachtete, bezog sich aber im Kontext der noch unreifen föderativen Strukturen der frühen Sowjetmacht auf eine der autonomen Einheiten. Auf ähnlicher Stufe standen kurzlebige Gebilde wie die Estnische oder Karelische Arbeitskommune – beide sollten eine Alternative zum bürgerlichen estnischen bzw. finnischen Staat darstellen. Diese Musterrolle war ursprünglich auch für die Wolgaautonomie vorgesehen. Dahinter stand die konkrete Erwartung, dass der Sturz der wilhelminischen Monarchie die Gründung eines Sowjetdeutschlands nach sich ziehen würde – bei allem Zynismus und aller Rohheit der bolschewistischen Machtausübung lag in dieser Annahme ein Rest der idealistischen Träumerei vom Zukunftsstaat, der im Volk die Sehnsucht nach «der Internationale der guten Menschen» oder «der süßen Revolution» entsprach.[17]

Im Falle der Wolgadeutschen bedeutete das Wort «Kommune» jedenfalls eine nur bruchstückhafte Lösung. Administrativ gehörten die von dem Dekret erfassten 178 Kolonien an der Wolga zu den Gouvernements Saratow und Samara – eine territoriale Abgrenzung fehlte. Die russischen Sowjets waren auch nach mehrmaligen diesbezüglichen Instruktionen der Zentrale nicht bereit, die Autonomie zu akzeptieren. Es mag sein, dass dabei frühere Vorurteile gegenüber dem «inneren Deutschen» eine Rolle spielten, aber die hauptsächlichen Schwierigkeiten bestanden in der mangelnden ökonomischen Fundierung des Autonomieprojekts. Die rund 400 000 Deutschen bewohnten mehr oder weniger kompakt ein vorwiegend agrarisch geprägtes Gebiet von 30 000 Quadratkilometern,[18] bestehend aus Dörfern und Kleinstädten, ohne direkte Eisenbahn- und Schiffsverbindungen[19] in benachbarte Gebiete. Dazu gehörten auch viele Exklaven in den angrenzenden Regionen; außerdem war unklar, ob die Zugehörigkeit zur «Kommune» ethnisch oder territorial begründet sein sollte. Zwar versuchte man später diesem Mangel durch Grenzbegradigungen, Umverteilung von Land und die formale Verleihung des Autonomiestatus abzuhelfen. Trotzdem blieb die geographische, politische und sprachliche Isolation der deutschen Selbstverwaltung während des gesamten Zeitraums ihrer Existenz eine grundlegende Tatsache.

Gründung und Strukturierung der deutschen «Oblast» war und blieb Chefsache, um die sich ständig drei Volkskommissariate kümmerten: das für Nationalitätenfragen (in sowjetisch-orwellscher Abkürzung Narkomnats), das für Nahrungsmittel (Narkomprod) und das für Innere Angelegenheiten (NKWD). Letzteres entsandte im Frühjahr 1919 den «Instruktor und Revisor» G. Berg nach Saratow, damit er den Prozess der Sowjetisierung begleite. Der Abschlussbericht des Kommissars fiel niederschmetternd aus: «Die Oblast der Deutschen am Wolgagebiet riecht nach Konterrevolution, die Bevölkerung besteht mehrheitlich aus Kulaken, Tagelöhner gibt es wenig, fast keine, von Arbeitern gar nicht zu sprechen. Selbst wenn es doch einige Arbeiter gibt, so sind diese eingeschüchtert, von ihrem fanatischen katholischen Glauben verblendet. Sie mussten früher nicht die Belastungen und Unannehmlichkeiten wie der russische Bauer erleiden. Außerdem sitzen in allen Exekutivkomitees mehrheitlich Söhne von Kulaken, Lehrer, die es bereits fertigbrachten, Parteibücher zu erwerben. Ein Jahr zuvor dienten dieselben Personen in der Landverwaltung, agitierten gegen die Sowjetmacht und organisierten sogar Banden zum Sturz der Sowjetmacht.» Zudem wirft der Emissär den Deutschen das Bestreben vor, «ihre besondere, eigene Republik zu schaffen, auf niemanden und nichts Rücksicht nehmend.»[20]

Das von dem Moskauer Funktionär gemalte Zerrbild enthielt bereits alle klischeehaften Vorstellungen, die über die Wolgadeutschen im Umlauf waren. Der schwerwiegendste Vorwurf bestand darin, dass die Kolonisten für eine proletarische Diktatur, anders als die sprichwörtlich verelendeten russischen Muschiks, nicht arm genug waren. Der bolschewistische Armutskult betrachtete allein den besitzlosen Tagelöhner als revolutionäres Subjekt und organisierte seinetwegen die «Komitees der Armen» (Kombed). Der mittlere Bauer, der sein Land im Familienbetrieb bestellte, erschien in dieser Sicht bereits suspekt und jedenfalls für den Klassenkampf untauglich. Jeder, der ohne größere Probleme oder gar mit einigem Wohlstand von Ernte zu Ernte kam, zudem auch fremde Arbeitskraft in Anspruch nahm, galt als Großbauer, «Kulak» und mithin Konterrevolutionär – also als offener oder versteckter Gegner der Sowjetmacht. Diese Rechnung, die im russischen Dorf einigermaßen aufging, war in den deutschen Kolonien völlig unsinnig. Dabei war es nicht etwa so, dass es hier keine sozialen Spannungen, keine Ausbeutung und Demütigung von Mittellosen durch Wohlhabende gegeben hätte. Die konfessionell, sprachlich und kulturell begründeten Gemeinsamkeiten setzten jedoch den Konflikten eine Grenze und schmiedeten das Dorfkollektiv gegenüber äußeren Kräften zusammen.

Dieser Zusammenhalt zeigte auch seine Wirkung, als Moskau, fast zeitgleich mit der Anerkennung der Autonomie, das System des Kriegskommunismus einführte. Dieses mit den Notwendigkeiten des Bürgerkriegs begründete Paket von Maßnahmen enthielt neben der Verdrängung von Geldwirtschaft und Handel, der Einführung der Arbeitspflicht und der vorrangigen Befriedigung der Bedürfnisse der Roten Armee eine Neuerung, die das Dorf, in diesem Fall die Kolonie, besonders empfindlich traf: Es handelte sich um die Institution der «Ernährungstruppen» (prodotrjady), eines Kommandos aus Soldaten und Politkommissaren, die das Recht hatten, all das, was man als «Überschuss» qualifizierte, bei den Bauern zu requirieren und die staatlich eingeforderte Menge des landwirtschaftlichen Ertrags notfalls mit Gewalt und Terror einzutreiben. Diese auch als «Ernährungsdiktatur» bezeichnete Praxis ermöglichte Missbrauch und Willkür jeglicher Art. Dazu gehörte auch die

Zwangsstationierung von Armeeeinheiten in den Dörfern, die ihre Kosten durch die Verhängung von «Kontributionen», kollektiven Geldstrafen, deckten. Durch diese typische Erscheinungsform der von Lenin hoch gerühmten, «durch keinerlei Gesetze eingeschränkten Macht» gelang es, den Zorn der ansonsten eher kühlen Kolonisten bis aufs Äußerste zu erregen.

Als am 3. Januar 1919, nachdem eine Ernährungstruppe mit ihrer reichen Beute soeben die Siedlung Warenburg verlassen hatte, schon bald eine andere am Dorfrand auftauchte, riss den Bauern der Geduldsfaden. Sie rieben die nicht besonders große Truppe auf, warfen diejenigen, die ihnen in die Hände fielen, zusätzlich einige Kommunisten und deren Familienmitglieder, lebend in ein Eisloch und hielten einige Tage lang den Angriffen der Rotarmisten stand, indem sie die heranrückenden Kämpfer mit Heugabeln, Äxten, Brechstangen und Spaten abwehrten. Erst am 9. Januar gelang es den Einheiten der Roten Armee und der berittenen Truppe der Geheimpolizei Tscheka, den Aufstand niederzuwerfen. Ein Mitglied des Exekutivkomitees der Arbeitskommune, Heinrich Schaufler, telegrafierte daraufhin die Siegesmeldung nach Moskau: «Der Aufstand in Priwalnoje[21] liquidiert. Dreiundzwanzig Anführer erschossen, zwei haben sich versteckt. Bei der Bourgeoisie 780 000 Rubel Geldstrafe eingetrieben.» Einer der Flüchtigen, der Hafen- und Holzlagerbesitzer Wormsbecher, wurde später festgenommen und «zur Mahnung der Feinde» am Glockenturm der evangelisch-lutherischen Kirche gehenkt.[22] Unter Iwan dem Schrecklichen wäre der Vorgang ähnlich gewesen.

Der Aufstand in Warenburg zeigte nebenbei, wie wenig verankert die kommunistische Macht in der wolgadeutschen Gesellschaft war. Bei einer Einwohnerzahl von annähernd 400 000 Deutschen verfügte die Partei im Wolgagebiet nur über circa 500 Mitglieder. Alle wichtigen Entscheidungen wurden in Moskau getroffen und vom «internationalistischen» Kern der Kommune umgesetzt. Die beiden ehemaligen Kriegsgefangenen Reuter und Petin kehrten jedoch Ende 1918 bzw. Anfang 1919 in ihre Heimat zurück, um mit sowjetischer Hilfe in Deutschland die Sache der Weltrevolution voranzutreiben.[23] Im Vergleich zu diesen europäisch gebildeten Männern mit einflussreichen Kontakten in Moskau waren die lokalen Kader viel jünger, gar nicht weltgewandt und verfügten über keinerlei Erfahrungen in der Politik. Sie versuchten aus tiefster Überzeugung oder Loyalität jeden Ukas aus Moskau nach bestem Wissen und Gewissen zu erfüllen und unter den Kolonisten zu vertreten, die zu dieser Zeit bereits recht argwöhnisch, wenn nicht direkt ablehnend die Politik der Zentrale verfolgten.

Die «Ernährungsdiktatur» führte die Sowjetregierung im Sommer 1918 ein, als sich das Wolgagebiet einer ausgesprochen guten Ernte erfreuen konnte. Der offiziell auferlegte Plan der Getreidelieferung war erfüllt worden, und im Rahmen des im Kriegskommunismus praktizierten geldlosen Tauschhandels erhielten die Bauern Industriewaren, zum Beispiel landwirtschaftliche Geräte, Kleider, Schuhe und Kerosin. Der Konflikt mit den Ernährungstruppen war deshalb ausgebrochen, weil die Kolonie zu dieser Zeit ihr Soll als bereits erfüllt und die Requisition als Unrecht erachtete. Kaum hatten sich die Gemüter wieder beruhigt, als Moskau im Frühjahr 1919 neue Forderungen nach noch viel größeren Getreidemengen anmeldete, die in der gesamten Führung im Wolgagebiet großes Kopfzerbrechen und auch Meinungsverschiedenheiten untereinander verursachten.

Der Parteichef der Oblast, Pjotr Tschagin, ein studierter russischer Kader und ehemaliger Rotgardist, war der Meinung, man müsse den Befehl der Zentrale unter allen Bedingungen erfüllen. Ihm pflichtete der Militärkommissar Heinrich Schaufler bei, seines Zeichens Ingenieur und ebenfalls aus der Roten Garde kommend, ebenso der aus dem Arbeitermilieu stammende junge Alexander Dotz, der soeben zum Lokalchef der Geheimpolizei Tscheka avanciert war. Letztere hatten sich bereits früher durch ihr hartes, schonungsloses Durchgreifen gegenüber den aufrührerischen Bauern ausgezeichnet. Die Gegenposition vertrat Alexander Schneider, zuständiger Kommissar für Ernährung, Bauernsohn und früheres Mitglied der Partei der Sozialrevolutionäre, der als Kind in Warenburg die Schule besucht hatte. Er schlug vor, durch eine Bittschrift an das Volkskommissariat für Ernährung in Moskau die Verringerung der auferlegten Ablieferungsmenge zu erwirken. Für dieses gemäßigte Verfahren optierte auch der angesehene Altsozialist und Kommissar für Presse, Agitation und Propaganda, Adam Emich, ebenso der Volkswirt Wiktor Stromberger, Mitglied des Exekutivkomitees der Arbeitskommune, des Weiteren der Jurist und verantwortliche (also zweite) Sekretär der Parteiorganisation, Heinrich König, und schließlich Adam Reichert, Schriftsteller, Publizist und Kommissar für Landwirtschaft.

Die Gemäßigten setzten sich durch, und die Beschwerde landete im Mai auf dem Schreibtisch des Volkskommissars für Ernährung, Alexander Tsjurupa. Schneiders Versicherung, die Region habe mit der Ablieferung von 2,7 Millionen Pud Getreide (1 Pud = 16,38 Kilogramm) den Plan von 1918 und 1919 erfüllt und mehr sei auch gar nicht möglich, machte jedoch keinen Eindruck. Tsjurupa wusste bereits, dass Lenin eine viel höhere Zahl vorschwebte: Für 1919 erwartete der Kreml von dieser vermeintlichen Kornkammer das Einbringen und Abliefern von 8,5 Millionen Pud Getreide – und dies, ohne zu ahnen, wie die Erntechancen aussahen. Nur die Abnehmer standen bereits fest: Ernährungskommissariat Moskau, Sondergruppe der Südfront, die 10. Armee, die 2. Armee und der Rat zur Ernährung des sowjetischen Lettlands. Der gelernte Statistiker und Agronom Tsjurupa hat mit Sicherheit gewusst, dass solche Mengen an Getreide gar nicht vorhanden waren – selbst ein Teil des Brennstoffs für diesen Bürgerkrieg musste aus der Bauernschaft regelrecht «herausgepumpt» werden. Die Sowjetmacht befand sich in einer verzweifelten Situation: Die weißen Armeen bedrohten unmittelbar Moskau und Petrograd, die Intervention der Entente den russischen Süden. Auch um die Weltrevolution war es nicht viel besser bestellt: In Ungarn hatte sich die Rätemacht nur einige Monate halten können, in München genau zwei Wochen und in Bremen ein paar Tage lang. Dieses innere und äußere Fiasko musste nun der deutsche Bauer an der Wolga ausbaden.

Je näher die Ernte kam, desto hysterischer wurden Lenins und Tsjurupas Depeschen, in denen sie «die energischsten Maßnahmen» verlangten. Als Druckmittel setzte man sogar den nominellen Staatschef Michail Kalinin ein, den relativ populären «Dorfrichter der Union». Mitte Juli besuchte er die gemeinsame Sitzung des Staats- und Parteiaktivs der Arbeitskommune im Marxstädter Volkshaus und hielt dort eine Brandrede:[24] «Ich wende mich an euch mit der ehrlichen Bitte um Hilfe. Ich muss darauf hinweisen, dass die Gouvernements Saratow und Samara ihre Pflicht nicht einmal zum hundertsten Teil erfüllt haben. Die Arbeiter im Norden und in Pitjer[25] schuften in ihren Betrieben, sie hungern furchtbar, erhalten ein Achtel Brot täglich,[26] manchmal überhaupt nichts, und trotz alledem verteidigen diese Arbeiter die Revolution und die Republik mit allen Kräften. Ich bin hierhergekommen und sah die Sattheit und muss sagen: Wären die nördlichen Gouvernements, wären Pitjer und Moskau im Winter so gut genährt, hätten wir Hunderte Kubikmeter Holz für den Schiffbau, den Eisenbahnbau, für Fabriken und deren verschiedene Produkte.» Der Altbolschewik ging sogar so weit, selbstkritisch über die Politik der Sowjetregierung zu sagen: «Wir haben viele Fehler gemacht, Verbrechen und Dummheiten begangen, aber dies war auch in Frankreich während der Revolution nicht anders.» Zu Ehren des hohen Gastes verpflichteten sich die führenden Organe der Kommune, die Lebensmittelrationen des Apparats und der städtischen Angestellten zu kürzen und der Zentrale über den Plan hinaus 50 000 Pud Brotgetreide zukommen zu lassen.

An gutem Willen mangelte es nicht, und es schien zunächst so, dass die Natur mitspielte. Die Ernte des Jahres 1919 fiel reich aus, und es bestand die Möglichkeit, dass die Region ihren von Moskau immer wieder gesteigerten Verpflichtungen zumindest teilweise nachkommen konnte. Allerdings erschienen mitten in der Erntezeit die Vortruppen des Generals der weißen «Freiwilligen Armee», Anton Denikin, an der Wolga und besetzten zeitweilig das Gebiet südlich der Kolonie Balzer. Die eigentliche Gefahr waren jedoch nicht sie, sondern die vor ihnen flüchtenden Truppen der Roten, genauer gesagt der 10. Armee, für welche die Wolgadeutschen 80 000 Pud Getreide auf Schleppkähnen bereithielten. Während ihrer panischen Flucht gelang es den marodierenden Rotarmisten, den Kreis gründlich auszurauben. Unter anderem konfiszierte Budjonnyjs vielgerühmte Reiterarmee 10 000 Pferde, von denen man viele direkt vom Fuhrwerk abspannte. Auch 12 000 Stück Vieh fielen dem Raubzug zum Opfer. Damit war in Balzer und Umgebung die Ernte so gut wie unmöglich.

In einem Brief an Lenin, Trotzki, Tsjurupa und den Chef des Revolutionären Kriegsrats der Südfront, Alexej Okulow, schilderte die Führung der Arbeitskommune die Folgen der Ereignisse eingehend: «Das Verprügeln der Bauern und die Gewalt gegen Bauern verwandelten sich in ein gewöhnliches Phänomen. Es gab Fälle der Vergewaltigung von Frauen. Die Bauern werden vollständig terrorisiert. Dies schafft eine Atmosphäre, in der jede Arbeit unmöglich wird. Ungefähr fünf Millionen Pud[27] Getreide stehen unabgemäht, fallen aus den Ähren, wir bräuchten lediglich ein paar Tage, um wenigstens das Brotgetreide abzumähen, aber die Bauern trauen sich nicht auf das Feld, sie wagen sich nicht einmal auf die Straße. Unsere Maßnahmen zum dringenden Einbringen des Getreides werden nicht nur durch Deserteure und Marodeure, sondern auch durch das kommandierende Personal der Rotarmisten-Einheiten paralysiert.»[28]

Dieses traurige Dokument unterzeichneten der hartgesottene Tscheka-Chef Alexander Dotz und der weichherzige Intellektuelle Emich noch gemeinsam. Die weiteren Ereignisse entzweiten jedoch die radikale und die gemäßigte Fraktion an der Spitze der Wolgaautonomie. Am 30. September forderte Lenin Strafverfahren gegen jene Bauern, die eine Kooperation mit den Ernährungstruppen oder die Abgabe des «Überschusses» verweigerten. Die «Lebensmittelverstecker» sollten nach Moskau gebracht werden, wo man sie in Sammellager verbringen wollte. Anfang November verlangte er in einem ultimativen Ukas die Verdoppelung der Brotgetreide-Lieferungen sowie den Abtransport eines Teils des Viehbestandes. Außerdem machte er die Forderung nach einem im Vorjahr angeblich nicht geleisteten Getreidetransport von 1,5 Millionen Pud geltend. Dotz reiste daraufhin zusammen mit dem neuen Ernährungskommissar, der den als «Opportunisten» abgelösten Schneider ersetzen sollte, nach Moskau, fand jedoch mit seiner Bitte um Gnade kein Gehör im Kreml. Es war klar, dass die Region den Plan nicht erfüllen konnte, aber die Requisitionen der in jedem Kreis eingesetzten «prodotrjaden» (Ernährungstruppen) gefährdeten bereits das Saatgut des nächsten Jahres. Die Apathie der Bauernschaft schlug Anfang 1920 in Wut um: Die Berichte der Geheimpolizei signalisierten einen neuen Aufstand.

In dieser zugespitzten Situation tagte die Parteikonferenz in Marxstadt, auf der die Gemäßigten und ihre Anhänger, die mehr als ein Drittel der Delegierten ausmachten, gegen die Politik des Parteivorstands protestierten. Daraufhin ließ Dotz fünf Repräsentanten dieser Fraktion, Emich, Reichert, König, Schneider und Stromberger, unter dem Verdacht der «Sabotage der Ernährungsarbeit» und des «Schutzes der Kulakeninteressen» verhaften. Dies war in einem Land, in dem die Revolutionstribunale nur ihrem eigenen revolutionären Gewissen verpflichtet waren.[29] Allerdings gerieten die Verdikte einige Monate später erstaunlich milde – so wurde Emich zu einem Jahr Lager mit Bewährung und einem Arbeitsverbot in der Kommune verurteilt, und auch die anderen kamen relativ glimpflich davon. Dies hing offenbar damit zusammen, dass die neue Mannschaft, der radikale Flügel der Kommunisten, der nach der Verhaftung der Gemäßigten an die Macht gekommen war, gegenüber der Zentrale keine durchschlagenden Erfolge aufweisen konnte. Die Ausrufung des Ausnahmezustands und die Ausstattung eines ad hoc geschaffenen «Revolutionskomitees» mit allen Vollmachten half bei der Lösung des hauptsächlichen Problems ebenso wenig wie Lenins donnerndes Fernschreiben vom Mai 1920, in dem der Revolutionsführer eine «hundertprozentige Erfüllung» der Verpflichtungen verlangte. Daraufhin teilte man die Oblast in 39 Rayons auf und ernannte jeweils einen Verantwortlichen für die Ernährungspolitik («prodpolitruk»). Dieser besaß das Recht, praktisch alle «versteckten Lebensmittel» zu konfiszieren, und zwar unabhängig davon, ob der Betreffende seine Abgabepflicht erfüllt hatte oder nicht. Jedes Haus, jedes Gehöft musste peinlich genau untersucht werden. «Prodnaschim», Ernährungsdruck – so hieß die Kampagne.

Die Bauern reagierten mit Widerstand, verhielten sich aber friedfertig. Die Dörfer Strassburg (3500 Einwohner) und Morgentau (500 Einwohner) verweigerten die Ablieferung pauschal, und als in Morgentau die Erfassungstruppe erschien, ging die ganze Bevölkerung auf die Straße und skandierte: «Schießt doch!» Ende Juni entschlossen sich mehrere Kolonien des Kreises Seelmann (Rownoje) zu einem geistreichen Akt des Widerstands: Sie erbaten plötzlich ihren Anschluss an das russische Gouvernement Samara, in dem die Ablieferungsnormen erträglicher waren. Dies war sicher eine originelle Auslegung des Rechts auf Selbstbestimmung, in diesem Fall als Recht auf die Abtrennung auch von der eigenen nationalen Staatlichkeit. Als Antwort auf die Frage nach ihren Motiven sagten sie: «Wir möchten gerne die Möglichkeit haben, die russische Sprache zu studieren.»[30]

Das Scheitern der Hardliner, des radikalen Flügels unter der Führung von Dotz, hing jedoch mit einem unvorhersehbaren Ereignis zusammen: Die Dürre des Sommers 1920 durchkreuzte die eitlen Pläne der «Ernährungsdiktatur». Es blieb nun so gut wie nichts mehr übrig, was man hätte beschlagnahmen können. Bei der Zentrale kam zunächst nur die Botschaft an, dass ihre Kornkammer unregierbar geworden sei, und sie suchte den Fehler bei der lokalen Führung. Zu Anfang setzte sie zur Beschwichtigung der Gemüter die am meisten verhassten Kader im Wolgagebiet ab. Um das eigene Gesicht zu wahren, wurde dies als «planmäßige Verlegung der Parteiarbeiter» deklariert, die immerhin der «Entspannung» der Lage an der Wolga dienen sollte. Die verbleibenden «Gemäßigten» wurden jedoch niemals in die nun vakanten Funktionen eingesetzt, sondern in anderen Bereichen beschäftigt. Man bevorzugte eine Politik der Stellenbesetzung, die «salomonisch» gemeint war: Die neue Garnitur bestand fast ausnahmslos aus Russen, die nicht aus der Region waren und kein Deutsch verstanden. Und der Vorsitzende des Rats der Volkskommissare unterbreitete, als sei nichts geschehen, am 16. Oktober einen neuen Sonderwunsch nach 35 Waggons Brotgetreide.

Der einundzwanzigjährige Kommunist Jakow Suppes, von Beruf Elektrotechniker, zu dieser Zeit aber Mitglied des Exekutivkomitees des Sowjets, der keiner der beiden Fraktionen angehörte, versuchte in der zweiten Oktoberhälfte 1920 den Machthabern in Moskau die Augen zu öffnen. In seinem an das ZK der russischen KP gerichteten Brief «mit Kopien für Genossen Lenin und Tsjurupa» schilderte er ungeschminkt die Lage in der von den Ernährungstruppen heimgesuchten Arbeitskommune. Zunächst wies er auf die himmelschreiende Ungerechtigkeit hin, dass ein deutsches Dorf mit 5200 Seelen und 5500 Desjatinen Ackerfläche 93 000 Pud Getreide liefern musste, während in einer benachbarten russischen Gemeinde, in der 3500 Bauern mit einer entsprechend großen Saatfläche wohnen, lediglich 3000 Pud eingefordert wurden. «Soll etwa diese offene Diskriminierung eine indirekte Anerkennung der hohen landwirtschaftlichen Kultur der Kolonisten sein?», fragte Suppes mit beißender Ironie. Dann kritisierte er die zu niedrige Brotnorm für die Deutschen und einige Absurditäten bei der Ablieferung des Futters. So zum Beispiel war das alte Stroh wegen Mangel an Holz verheizt worden, und die Bauern warteten dringend auf neues Stroh. Die neue Stroh- und Heuernte war miserabel geraten, und die Bauern fragten: «Hat mein Pferd kein Recht auf eine kleine Heuration?» Schließlich waren sie gezwungen, das Futter bei Spekulanten zu erwerben, was übrigens verboten war, und ruinierten damit ihre eigene Wirtschaft.

Diese Missstände, betonte Suppes, träfen keineswegs den Kulaken, der noch Vorräte besaß, sondern den armen und mittleren Bauern, unter anderem Familien, deren männliche Angehörige in der Roten Armee dienten. «Die Requisitionen werden ausschließlich mit Hilfe von Verhaftungen, durch Drohen mit Maschinengewehren und unter dem Druck außerordentlicher kriegswirtschaftlicher Regeln durchgeführt. Der Teil der Bauernschaft und überhaupt unsere Freunde, die von den ersten Tagen der Revolution an mit uns waren, uns verteidigten, verlassen uns enttäuscht und sind uns gegenüber nun feindselig gestimmt.» Abschließend forderte er das Zentralkomitee auf, dieser «sinnlosen Tragödie» möglichst rasch ein Ende zu setzen.[31] Nur ergänzend sei hier bemerkt, dass Suppes 1931 wegen «Kapitulation vor dem Klassenfeind» von allen Parteifunktionen entbunden wurde und 1954 in Tscheljabinsk, wohin man ihn verbannt hatte, starb.

Die letzte große Requisition an der Wolga fand im Dezember 1920 statt, als 500 bewaffnete Arbeiter der Tulaer «Ernährungstruppe» im Auftrag des Volkskommissariats erschienen und die Dörfer okkupierten. Sie wollten «die Sache der Getreideablieferung vom toten Punkt bewegen» bzw. die Bauernwirtschaften «durchrütteln». Doch einige Monate später ergab der Bericht des von der Regierung eingesetzten Untersuchungsausschusses, dass der «eiserne Besen» nicht einmal im Sinne der Zielsetzung gut gekehrt hatte. Lieferten etwa die Bauern von Balzer vor dem Erscheinen der «Tulaer» 40 000 Pud Getreide, so gelang es den Requisiteuren, gerade einmal weitere 150 Pud an versteckten Vorräten zu finden – ein mehr als bescheidenes Resultat, das in anderen Kolonien noch viel geringer war. Was die Methoden anbelangt, so gab der Leiter des Kommandos, «Gen. Popow», reinen Herzens zu: «Wir haben wenig konfisziert, setzten eher Verhaftungen ein, denn wir waren der Meinung, dass es ungünstig wäre, die bäuerlichen Wirtschaften zu ruinieren. Und wir erreichten durch Verhaftungen mehr als durch Konfiszierungen.» In einem Dorf inszenierte man zwecks Abschreckung fiktive Erschießungen: Man stellte die verhafteten Kolonisten mit verbundenen Augen an die Wand und eröffnete das Feuer über ihren Kopf hinweg. Popow hierzu: «Die Maßnahme erzielte einen gewissen Erfolg.» Große Gespräche konnten wahrscheinlich nicht geführt werden: Die Ernährungstruppe sprach kein Deutsch, und die Kolonisten konnten sich nur mühsam auf Russisch verständigen.

Der Untersuchungsausschuss konnte bei dieser Gelegenheit im Übrigen feststellen, dass die Ablieferungspflicht die reale Ernte um das Achtfache überstieg. Zu dieser Zeit blieben in Ermangelung von Saatgut 90 Prozent der Saatfläche unbebaut, und es begann eine massenhafte Abschlachtung des Viehs. Dies war kein rein wolgadeutsches Phänomen, denn die von der Requisition eher verschonten russischen Dörfer waren von der Dürre ebenso fatal betroffen. Als direkte Folge versammelten sich die Unzufriedenen im Umfeld der Arbeitskommune unter der Führung eines ehemaligen Kreiskommandeurs der Ernährungstruppe. In ihren Manifesten bezeichneten sie sich als «Armee der aufständischen, hungernden, unterdrückten Bauern». Es begann eine wahre «Pugatschowschina», ein Bauernaufstand, der halb Aufruhr und halb Bandenkrieg war. Die Beteiligung der deutschen Bevölkerung an diesem blutrünstigen Aufstand, aber auch an dessen nicht weniger barbarischer Unterdrückung blieb relativ bescheiden. Vielleicht wussten die Kolonisten schon, dass nun auf alle ein gemeinsamer Feind lauerte, der stärker war als Rote und Weiße zusammen: der Hunger. Ende 1920 befand sich das gesamte Wolgagebiet am Rande der humanitären Katastrophe.

Elementarschläge wie Hunger und Pandemien sind vom Ursprung her Naturerscheinungen, zeigen jedoch alle Schwächen des sozialen Organismus. So entpuppte sich während der Hungerjahre 1891/92 die ganze Schwerfälligkeit der zaristischen Bürokratie, die auf die immer schrecklicheren Nachrichten aus Südrussland und dem Wolgagebiet anfangs skeptisch und passiv reagierte, die Einbeziehung der Gesellschaft in die Hilfsmaßnahmen zunächst verhindern wollte und den Zeitungen die Ersetzung des Unwortes «Hunger» durch den milderen Begriff «Missernte» befahl. Die chronische Verspätung der Hilfslieferungen der Zentrale, das Versagen des Eisenbahntransports, die Unfähigkeit der lokalen Verteiler, das absurde Umsiedlungsverbot – all diese Faktoren trugen mit zum Tod von rund 400 000 Menschen bei, wobei die meisten Opfer nicht direkt verhungerten, sondern an Typhus und Cholera starben. Trotzdem war es damals der entstehenden Zivilgesellschaft, nicht zuletzt gewissenhaften Beamten der Selbstverwaltung «Semstwo» sowie altruistischen Intellektuellen gelungen, den enormen Schaden zu begrenzen und die zerrüttete bäuerliche Wirtschaft wieder in Gang zu bringen. Immerhin verfügte die Regierung in St. Petersburg über die notwendigen Finanzmittel zur Lösung des Problems.

Der Rat der Volkskommissare hingegen agierte in einem von Weltkrieg und Bürgerkrieg zu Tode erschöpften Land und jagte einer weltrevolutionären Fata Morgana nach – mal wollten die Genossen den Sturm auf das Winterpalais nach Warschau exportieren (August 1920), mal zettelten sie unter direkter Beteiligung von Weltrevolutionären wie Karl Radek, Béla Kun und Grigorij Sinowjew den Sturz der Weimarer Republik an (März 1921). Selbst wenn sie den Verzweiflungsschrei der Arbeitskommune an der Wolga gehört hätten, wären sie nicht imstande gewesen, aus eigener Kraft Abhilfe zu leisten. Unterdessen kamen von der Wolga bereits im Oktober 1920 Meldungen über verelendete Bauern, die Gras, Katzen und Hunde aßen.[32] Ein Bericht der lokalen Behörden ergänzte die Speisekarte um Unkraut, Ratten, Frösche, Igel und Ziesel. Zugegebenermaßen waren das noch Einzelfälle, aber der Hunger erreichte bis Juli 1921 schon 75 Prozent der Bevölkerung, und der Sommer brachte nur eine erneute Dürre. Erst jetzt fand es die Zentralmacht opportun, die Öffentlichkeit über die «Missernte» in Kenntnis zu setzen – betroffen war nicht nur das Wolgagebiet, sondern, wenn auch weniger dramatisch, ebenso der Ural, Kasachstan und Westsibirien.

Bevor jedoch die Sowjetführung die ganze Tragweite des Geschehens kannte, war sie bereits zu der Einsicht gelangt, dass sich das System der Zwangsablieferungen und Requisitionen, ja der ganze Kriegskommunismus auf die ursprüngliche Zielsetzung, die Versorgung der Front, höchst kontraproduktiv auswirkte. Der bewaffnete Terror trieb die Bauern in die Verzweiflung, spornte sie jedoch mitnichten zu höheren Produktionsleistungen an, und die Requirierung großer Getreidemengen, sogar noch des Saatguts, setzte endgültig einen Teufelskreis in Gang. Aus dem unbearbeiteten Boden kam kein Brot. Außerdem ließ die Krise der Landwirtschaft auch Handwerk und Industrie zum Stillstand kommen, während die Abschaffung des Handels zunehmend die Finanzwirtschaft lähmte. Der einzige Ausweg bestand in der Rückkehr zu marktwirtschaftlichen Methoden bzw. im Übergang zur Besteuerung der Bauern per Naturalabgabe statt der Konfiszierung ihres «Überschusses». So kam es zu der ersten umfangreichen Korrektur der politischen Linie, natürlich unter Beibehaltung des Machtmonopols der Kommunistischen Partei.[33]

Die auf dem X. Parteitag der KP Russlands im Frühjahr 1921 verkündete «Neue Ökonomische Politik» (NÖP) erlaubte die Gründung privater Firmen in der Versorgungsbranche und örtlichen Industrie und ermöglichte sogar Konzessionen für ausländische Firmen sowie Transaktionen mit ausländischen Geldinstituten. Die einschneidenden Reformen stießen zunächst auf den erbitterten Widerstand der orthodoxen Apparatschiks, die in den Kriegskommunismus bereits die Morgenröte des wahren Kommunismus hineingeträumt hatten. Die Partei musste diese Getreuen im Rahmen der damals noch zugelassenen parteiinternen Diskussion beruhigen, indem sie betonte, dass es um zeitweilige und begrenzte Zugeständnisse gehe und das Machtmonopol der Bolschewiki mitsamt der Kontrolle über die «Kommandohöhe» der Ökonomie nicht gefährdet sei. Vielmehr sprach man von einem «Rückzug», einem Militärmanöver, einer Art innenpolitischem Frieden à la Brest-Litowsk – es gehe um eine Atempause, diesmal nicht nur für die Sowjetmacht, sondern auch für die Gesellschaft.

Mitten in dieser Aufbruchsstimmung schlug die Nachricht über die Katastrophe an der Wolga ein. Lenin bekam bereits Anfang des Sommers Informationen über die ungefähren Zahlen der Hungernden, Verhungerten und vor dem Hunger Fliehenden und fühlte sich zu raschem Handeln gezwungen. Während der Vorbereitung einer Politbürositzung am 9. Juli 1921 skizzierte er in umsichtiger Frageform den eventuellen Lösungsweg: «Da der von Missernte und Hunger betroffene Rayon ein Territorium mit 25 Millionen umfasst – sollten wir da nicht neben revolutionärsten Maßnahmen [eine Umschreibung für die Ausübung von Terror] eben aus diesem Rayon die Jugend in die Armee einberufen, in einer Menge von 500 000 Soldaten oder vielleicht sogar einer Million? Das Ziel: Einigermaßen der Bevölkerung zu helfen, denn wir ernähren dann einen Teil der Hungernden, und über die Entsendung des Brotes nach Hause können sie einigermaßen den Hunger lindern.»[34] Dieses wenig realistische Projekt wich sehr schnell einem anderen, nüchternen: Das Sowjetland bat Regierungen der bourgeoisen Welt um Hilfe, appellierte mithin direkt oder indirekt an den Klassenfeind.

Diese Aktion wurde von Maxim Gorki eingeleitet. Der Schriftsteller befand sich zu dieser Zeit aufgrund seines Weltruhms, der langjähri-

Abb. 9: Käthe Kollwitz, Hilferuf für die Hungernden Russlands, Plakat 1921

gen Zusammenarbeit mit den Bolschewiki und seiner persönlichen Freundschaft mit Lenin in einer privilegierten Position. Gorki nutzte seine Kontakte zu den Repräsentanten des Regimes zu ehrenwerten Zwecken: Er trat für zahllose verfolgte oder verelendete Künstler und Wissenschaftler ein. Nun schickte er, sicherlich nicht ohne Einverständnis der Staatsführung, am 10. Juli einen Appell «An ehrliche Menschen» per Rundfunk in alle Welt, vor allem an berühmte Kollegen wie H. G. Wells, Upton Sinclair, Anatole France und Gerhart Hauptmann. Der deutsche Literaturnobelpreisträger, dem es bestimmt nicht egal war, dass sich unter den zehn Millionen vom Hunger Bedrohten auch einige hunderttausend Landsleute befanden, antwortete prompt und empathisch: «Die ganze zivilisierte Welt erhörte Ihren erschütternden Aufruf, erhörte ihn mit dem Herzen und wird ihn nicht unbeantwortet lassen.»[35]

Um die westliche Öffentlichkeit und die einflussreichen Kreise des russischen Exils besser zu erreichen, genehmigte das Zentrale Exekutivkomitee der Sowjets – formell das höchste Machtorgan des Landes – die Gründung eines «Allrussischen Gesellschaftlichen Komitees zur Hilfe für die Hungernden» (Pomgol). Zu deren Ehrenpräsident wurde der in Poltawa lebende Schriftsteller und Altrevolutionär Wladimir Korolenko erkoren, ein scharfer Kritiker sowohl der zaristischen als auch der Sowjetregierung. Ungewöhnlich für die Zeit war auch, dass sich unter den Mitgliedern des Komitees neben Vertretern des Rates der Volkskommissare auch bürgerliche Wissenschaftler und Politiker der Vorrevolutionszeit und sogar ein ehemaliger Minister der zaristischen Regierung befanden. Schon nach kurzer Zeit fanden die Behörden die Tätigkeit dieser zivilen Initiative, insbesondere ihre geplante Reise in den Westen, allerdings zu riskant: Bereits am 27. August verhaftete die Tscheka während einer Sitzung die bürgerlichen Mitglieder des Komitees, unter ihnen die Seele des ganzen Projekts, die Publizistin Jekaterina Kuskowa. Ihnen allen warf man umstürzlerische Absichten und Spionagehandlungen vor und stellte ihnen Todesurteile in Aussicht. Zwar wurden diese aus Angst vor Protesten der ausländischen Öffentlichkeit nicht vollstreckt, dennoch verwies man fast alle Präsidiumsmitglieder des Pomgol im darauffolgenden Jahr gemeinsam mit Hunderten von anderen Intellektuellen des Landes. Das Komitee wurde durch ein Dekret des Obersten Sowjets aufgelöst, also desselben Sowjetorgans, das es fünf Wochen zuvor ins Leben gerufen hatte. Natürlich wurde das Verbot von Lenin persönlich abgesegnet. Offenbar beschritt man zu dieser Zeit bereits den diplomatischen Weg, der weniger gefährlich schien als das öffentliche Betteln bei den Kapitalisten.

Wolfshunger – dieses Wort hatte im Frühjahr 1921 an der Wolga mehr als symbolische Bedeutung. Rudel von hungrigen Wölfen tauchten immer häufiger in den Dörfern auf, rissen das Vieh und griffen auch Menschen an. Die Führung der Arbeitskommune informierte Moskau, wegen der umherstreunenden Wölfe seien die Dörfer voneinander abgeschnitten. «Eine Menge Vieh fiel ihnen zum Opfer. Ergreift man keine Maßnahmen, schlägt die Sache auf die Saat zurück, denn die Wölfe hindern die

Bauern daran, auf das Feld zu gehen, sie sind nicht imstande, die Herden hinauszutreiben, man muss buchstäblich mit der Waffe in der Hand arbeiten.»[36] Ein Abschlussbericht vom Mai für das Zentralkomitee in Moskau fasste die Situation in düsteren Sätzen zusammen: «Die Bevölkerung des Oblast erlebt eine furchtbare Hungersnot. Wir brauchen außergewöhnliche, dringende und umfassende Hilfe, ansonsten wird der Oblast dermaßen zugrunde gerichtet, dass er sich einige Jahrzehnte lang nicht erholen kann.»[37] Zwei Monate später, mitten in der Dürre, als der Hunger bereits 75 Prozent der Bevölkerung erreicht hatte, fand das Parteikomitee des Oblast es wichtig, auch die mentalhygienische Seite zu beleuchten: «Die Stimmung der Bevölkerung ist bedrückt, alles wird mit irgendeinem religiösen Fatalismus und mit Apathie aufgenommen. In der Revolution sehen alle das höchste Urteil Gottes, der angeblich die Menschen für ihre Sünden bestraft.»[38]

Lange, allzu lange dauerte die Bearbeitung der Anträge der Selbstverwaltung. Das Volkskommissariat für Ernährung, das Volkskommissariat für Nationalitätenfragen, die Vertretung der Kommune in Moskau, das Exekutivkomitee der Sowjets, die deutsche Sektion der Kommunistischen Internationale – alle beschäftigten sich mit der Situation, ein wahres Labyrinth der Bürokratie. Der Vorsitzende des lokalen Sowjets musste mehrmals nach Moskau pilgern, und Untersuchungsausschüsse der Zentrale gaben sich in Marxstadt, ehemals Katharinenstadt, gegenseitig die Klinke in die Hand, bevor die Zuständigen für eine Lösung gefunden waren. Am 19. August stattete Michail Kalinin seine zweite Visite innerhalb eines Jahres ab, diesmal nicht als Bittsteller, sondern als jemand, der die Beschwerden wenigstens anhören wollte. Und ein Wunder geschah: Mitte September trafen über Saratow 600 Waggons mit insgesamt 546 000 Pud Saatkorn ein. Das war weniger als ein Zehntel der im «Hungerbudget» der Oblast vorgesehenen 7,5 Millionen Pud – ohnehin eine rein statistische Größe. Aber allein die Tatsache, dass Moskau diesmal nicht ab-, sondern anliefern ließ, beeindruckte die Bauern. Sie verwendeten das Getreide fast vollständig für die Wintersaat und begannen wieder mit der Bebauung brachliegender Äcker – die Anbaufläche war viermal größer als im Vorjahr. Kalinin genehmigte auch die Gründung einer regionalen Sektion des Pomgol unter der Leitung von Alexander Moor. Anders jedoch als in Moskau ließ man es hier zu, dass die neue Institution zur Hälfte aus Repräsentanten der vorrevolutionären Elite bestand. Als Mitglied des Präsidiums konnte auf diesem Wege sogar der zuvor in Ungnade gefallene und eingekerkerte Adam Emich in die Öffentlichkeit zurückkehren.

Die Hungerzone in Russland erstreckte sich auf 35 Gouvernements mit insgesamt 90 Millionen Einwohnern. Direkt betroffen waren etwa 40 Millionen Menschen, und die Zahl der an Hunger oder Epidemien Gestorbenen erreichte nach einigen Schätzungen 5 Millionen. Während jedoch in den meisten Regionen höchstens 20 bis 40 Prozent der Einwohner hungerten, waren im Wolgagebiet, dem Epizentrum der Katastrophe, im Januar 1922 tatsächlich 100 Prozent der Bevölkerung potentiell vom Hungertod bedroht. Nach mehr oder weniger exakten statistischen Messungen starben in der von Deutschen bewohnten Region im Laufe der beiden Jahre 107 000 Menschen.[39] Die Zahl derjenigen, die aus dem Gebiet flohen oder es auf dem Wege der Evakuierung verließen, wird auf 40 000 geschätzt. Gehen wir für 1920 von einer Bevölkerungszahl von rund 432 000 Menschen aus, dann bedeuten allein die 107 000 Toten den Verlust eines Viertels der Einwohnerschaft. Die Fortsetzung des großen Sterbens und die Massenflucht hätten die Existenz der wolgadeutschen Population in Frage stellen können. Wie wir wissen, war die Sowjetregierung unter den gegebenen Umständen völlig außerstande, die fatale Entwicklung aufzuhalten. Das Ausbleiben der finalen nationalen Tragödie war eindeutig internationaler Hilfe zu verdanken.

Kurz bevor die Sowjetregierung das «Allrussische Gesellschaftliche Komitee zur Hilfe für die Hungernden» gewaltsam auflöste, unterzeichnete der stellvertretende Außenkommissar Maxim Litwinow in Riga einen Vertrag mit der Delegation der American Relief Administration (ARA) über die Lieferung einer umfangreichen Lebensmittelhilfe für die Hungerregionen Russlands. Die Regierungsorganisation sollte laut den Vorstellungen des amerikanischen Präsidenten Woodrow Wilson dazu beitragen, den kriegsgeschädigten europäischen Staaten wieder auf die Beine zu helfen. Die Gründung der ARA war eine Idee des früheren Direktors der Food Administration der US-Regierung, Herbert Hoover. Der als Nachfahre deutscher Einwanderer aus einer Quäkerfamilie stammende Politiker profilierte sich als Anhänger der rationalen Militärwirtschaft, deren Prinzipien er in dem Spruch zusammenfasste: «Kriege werden mit Lebensmitteln gewonnen», das heißt, mit sparsamer Verteilung der Ressourcen. Nach 1918 organisierte er Lebensmittelprojekte sowohl in Sieger- als auch in Verliererstaaten: Der Staat zahlte Geld an Unternehmer für abgelieferte Überschüsse. Diese wurden nach Europa gebracht – was nicht zuletzt zum Image der USA als stabilisierender Faktor der Weltpolitik beitrug.

Unterdessen verhandelte mit dem sowjetischen Außenkommissar Georgij Tschitscherin ein anderer von Maxim Gorkis Rundfunkbotschaft aufgerüttelter Mann: der weltberühmte Polarforscher Fridtjof Nansen, dessen Ehrgeiz darin bestand, den Genfer Völkerbund für seine humanitären Aktionen zu gewinnen. Das von ihm aufgebaute International Committee for Russian Relief (ICRR) und der Save the Children Fund waren NGOs, die bestenfalls mit privaten Spenden rechnen konnten. Sowohl Hoover als auch Nansen stießen bei ihrem Handeln auf den scheinbar unüberwindlichen Widerspruch zwischen dem Humanitären und dem Politischen: Sowjetrussland unterhielt weder diplomatische Beziehungen zu den USA, noch war es Mitglied im Völkerbund. Trotzdem gelang es den beiden Protagonisten, innerhalb von einigen Monaten vor Ort eine Infrastruktur zu schaffen, die eine weitere Verbreitung der Hungersnot zu stoppen vermochte. Bereits Ende 1921 ernährten die ausländischen Organisationen 110 000 Kinder, und im April 1922, auf dem Höhepunkt der Hungersnot, 158 000. Nach und nach bezogen sie die erwachsene Bevölkerung in ihr System der Suppenküchen mit ein. Im Juli 1922 versorgten sie bereits 339 000 deutsche und russische Einwohner des Wolgagebiets mit Lebensmitteln. In der zweiten Hälfte des Jahres schloss sich der Initiative das von russlanddeutschen Exilanten in Chicago und Berlin gegründete Wolgadeutsche Hilfswerk an.

Obwohl das Damoklesschwert des Hungers noch lange über der Region schwebte, kehrte in den Kolonien allmählich eine gewisse Normalität ein. Aber die Hungersnot als Grunderfahrung blieb unauslöschlich im Gedächtnis von mehreren Generationen haften. Noch in den frühen achtziger Jahren sangen die Nachfahren der Kolonisten das triste Lied ad notam der Stenka-Rasin-Romanze «Wolga, Wolga, Mutter Wolga»:[40]

Neunzehnhunderteinundzwanzig
war für uns ein schweres Jahr,
Viele Menschen sind verhungert
Und verfroren – das ist wahr.

Das Getreide auf dem Felde
War verbrannt schon vor der Zeit
Und es waren ohne Hoffnung
Ringsum alle Bauersleut.

Im Hintergrund dieser tragischen Ereignisse verlief ein positiver Prozess: Die offenen Territorialfragen mit den Gouvernements Saratow und Samara konnten allmählich geklärt werden. Durch die Einbeziehung wirtschaftlich wichtiger Gebiete in die Arbeitskommune bildete diese nun ein Territorium von 25 500 Quadratkilometern mit 527 000 Einwohnern, die zu 67,5 Prozent Deutsche waren. Die in vierzehn Kantone[41] aufgeteilte autonome Region erlangte durch einen Beschluss des Zentralkomitees der Kommunistischen Partei den von ihren Führern längst erwarteten neuen Status: Ende Dezember 1923 entstand nach einer Geheimsitzung aller Machtstrukturen der betroffenen Oblast die Sozialistische Autonome Sowjetrepublik der Deutschen im Wolgagebiet mit einer eigenen Regierung (Rat der Volkskommissare) und der Hauptstadt Pokrowsk (ab 1931 Engels), in der zu jener Zeit 34 500 Einwohner lebten. Die offizielle Sprache der neugegründeten Republik war Deutsch.

Das Erscheinen der Wolgadeutschen Republik auf der Landkarte der im Dezember 1922 gegründeten UdSSR hing mit ähnlichen außenpolitischen Erwägungen zusammen, wie sie bereits an der Wiege der Arbeitskommune Pate gestanden hatten. Mit dem kleinen «sozialistischen Deutschland» an der Wolga wollte man den deutschen Zukunftsstaat am Rhein und an der Spree antizipieren. Doch auch im Jahre der «revolutionären Nachkriegskrise» 1923 konnte das deutsche Proletariat sich nicht zur Nachahmung des russischen Beispiels durchringen. So oder so bedeutete die Zulassung eines noch so ephemeren Staates im Zeichen der Neuen Ökonomischen Politik für die Russlanddeutschen zumindest eine Hoffnung auf bessere Zeiten.

Jahre mit Januskopf
1924–1928

Noch war der Hunger in der Region nicht überwunden. Das Wolgadeutsche Hilfswerk verteilte seine Güter. Aber auch die Verwandten aus dem deutschen oder amerikanischen Exil schickten Pakete mit Lebensmitteln, Schuhen, gebrauchten Kleidern, Seife und sogar Streichhölzern an die Wolga – und die sowjetischen Behörden rochen bereits Lunte: In einer Instruktion des regionalen Sowjets hieß es klipp und klar, dass Sendungen an Privatpersonen «nur zeitweilig und in zweiter Linie» erwünscht seien, also nur dann, wenn es keinen behördlichen Adressaten gab, und dass «die Spenden keinesfalls Literatur enthalten dürfen».[1] Zur gleichen Zeit verstärkte man die Observierung der Mitarbeiter der Hilfsorganisationen durch den Geheimdienst. Gossudarstwennoje Polititscheskoje Uprawlenije, GPU, zu Deutsch Staatliche Politische Verwaltung – so hieß seit dem Frühjahr 1922 der Geheimdienst, ehemals Tscheka.

Dass außer den überlebenswichtigen Spenden mitunter auch geistige Nahrung in die Dörfer durchsickern könnte, war eine Befürchtung, die auch die höchsten Parteikreise beschäftigte. Edgar Groß, der Agitprop-Chef des Parteikomitees der Arbeitskommune, warnte in einem Rundschreiben vom November 1923 die Parteigliederungen der Oblast vor diesem Phänomen. Konkret erwähnte er die in Berlin erhältlichen Zeitschriften «Wolgadeutsche Monatshefte» und «Der Wolgadeutsche», außerdem die in Kanada seit 1874 erscheinende «Dakota Freie Presse». Zudem machte er seine Genossen darauf aufmerksam, dass diese Druckwerke, ebenso wie zahlreiche Briefe und andere Arten von Literatur, «unter Umgehung von Saratow und Pokrowsk in die Oblast» kamen, eine Information, die er nur über die Briefzensur oder direkt von der GPU erhalten haben konnte. Nun bat Groß die Getreuen vor Ort festzustellen, welche Kantone mit welcher Exilgruppe Kontakte pflegten und über welche Kanäle Zeitschriften und Bücher ins Land kamen. «So viel wie möglich von dieser Literatur sollte abgefangen werden», instruierte der Apparatschik, fügte jedoch vorsichtig hinzu: «In keinem Fall durch Zwang, sondern ausschließlich durch Bitten.»[2] Offensichtlich nahm man damals noch Rücksicht auf die Beziehungen zu den Exildeutschen.

Selbst wenn, was wahrscheinlich ist, die allermeisten Postsendungen aus Deutschland keine antisowjetischen Hetzartikel transportierten, so war ihr Inhalt nicht gerade harmlos. Jede gedruckte Botschaft aus dem Ausland zeugte davon, dass es den Brüdern und Schwestern, die ihren geliebten Kolonien im Laufe der Revolution und des Bürgerkriegs den Rücken gekehrt hatten, unvergleichlich besser ging als den Adressaten. Im Lichte dieser Erkenntnis wirkte auf die Normalbürger des Wolgagebiets die offensive Propaganda gegen die Weimarer Demokratie gewiss befremdlich. Als Schuss ins Blaue erwies sich unter anderem die im September/Oktober 1923 vom Moskauer Zentralkomitee verfasste geheime Direktive, im Falle eines «gerechten Krieges zur Unterstützung des deutschen Proletariats» Freiwillige aus dem wolgadeutschen Gebiet zu entsenden. Es sprach für die nüchterne Vernunft der Parteiorganisation der Oblast, dass sie diese Idee auf ihrer Sitzung vom 16. November 1923 höflich, aber bestimmt zurückwies.[3] Allerdings hatte zu dieser Zeit der Aufruf bereits seine Aktualität eingebüßt: Der von der KPD provozierte Hamburger Aufstand vom 23. Oktober war bereits am Folgetag blutig gescheitert.

Abgesehen von der fatalen Revolutionsrhetorik gestalteten sich die realen deutsch-russischen Beziehungen in den frühen zwanziger Jahren ausnehmend günstig, was gerade der Wolgaautonomie in ihrer verzweifelten Lage sehr zugute kam. Im Juli 1922 reiste Alexander Schneider nach Berlin, um wirtschaftliche Kontakte zu knüpfen. In der Reichshauptstadt traf er auf Friedrich Schmidt, den vorrevolutionären «Mühlenkönig» von Saratow. Dieser verhielt sich zunächst ablehnend und verlangte die Wiederherstellung seiner durch die Sozialisierung verloren gegangenen Eigentumsrechte, zumindest aber eine Beteiligung an den Geschäften. Schließlich konnte Schneider Positives nach Moskau melden: «Durch Rekurs auf das Nationalgefühl und die Notwendigkeit, den Hungernden zu helfen, ist es mir gelungen, Verhandlungen mit der

Raiffeisen-Genossenschaft aufzunehmen. Es stellte sich heraus, dass es möglich wäre, eine Gemischte Gesellschaft ‹Wirtschaftsstelle der Wolgadeutschen› zu gründen auf folgender Grundlage: Die Raiffeisen-Genossenschaft eröffnet einen Kredit von 10 000 RM mit der Bürgschaft der Union der Russischen Sowjetrepubliken; diese Summe könnte im Verlauf eines Jahres sieben bis acht Mal zurückfließen; die Deckung wäre durch Export-Rohstoffproduktion gegeben.»

So entstand nach Vertragsabschluss durch die Vermittlung der sowjetischen Handelsvertretung in Berlin eine russisch-deutsche Gesellschaft zur Versorgung der Deutschen des Wolgagebiets mit landwirtschaftlicher Technik. Das Grundkapital bestand aus einem sowjetischen Kredit von 10 000 Reichsmark, und die Arbeitskommune hatte im Gegenzug Rohstoffe wie Leder oder Felle zu liefern. Um die Einfuhr der Agrartechnik zu erleichtern, verringerte die Sowjetregierung den zu entrichtenden Zoll um 50 Prozent. Im selben Jahr gelang es, ebenfalls mit Hilfe von Exildeutschen, aus den USA eine große Anzahl von Traktoren, Saatmaschinen und Pflügen zu importieren.[4] Auf dem Höhepunkt der Verhandlungen gründete man die Deutsche Wolgabank für Handel und landwirtschaftliche Kredite (Nemwolbank). Das Geldinstitut mit teils deutschen und amerikanischen, teils sowjetischen Einlagen verfügte außer dem Hauptsitz im Wolgagebiet über Filialen in Berlin und Chicago. Die Moskauer Regierung überließ dem Unternehmen als Konzession und Garantie 100 000 Desjatinen Land in der Wolgarepublik. Obwohl die Bank später infolge der isolationistischen Tendenzen des Sowjetstaates niemals die ihr zugedachte Rolle spielen konnte, galt das Projekt damals doch als Zeichen einer weitgehenden Liberalisierung. Diese Perspektive erschien 500 in die USA emigrierten Kolonisten so rosig, dass sie bereit waren, umgehend in die alte Heimat zurückzukehren. Allerdings versanken ihre Anträge in der Schublade des stellvertretenden Volkskommissars für Landwirtschaft, Walerian Ossinskij.[5]

Lenin war offenbar tatsächlich der Auffassung, dass seine Neue Ökonomische Politik (NÖP) mit der beschleunigten technischen Modernisierung des Landes und «der richtigen Beziehung zum Bauerntum» mindestens zehn oder zwanzig Jahre Bestand haben könnte. Ihr Ziel sollte es sein, den Kapitalismus im wirtschaftlichen Kampf zu überwinden, sogar für den Fall, dass der erwartete Beginn der Weltrevolution ausbleiben sollte. Lenins Nachfolger waren jedoch ausgerechnet in der Frage der optimalen Zeitdauer der NÖP geteilter Meinung. Für «Linksabweichler» wie Leo Trotzki war jeder Tag der Toleranz gegenüber den Bauern ein Tag zu viel, «Rechtsabweichler» wie Nikolaj Bucharin hingegen hätten den dörflichen Wohlstand und das damit zusammenhängende stabile Warenangebot in den Großstädten am liebsten für ganze Generationen erhalten. Die bolschewistische Mehrheitsfraktion um Stalin favorisierte laut Annahme vieler Historiker[6] seit dem Beginn der Reformen deren möglichst rasche Beendigung zugunsten der Kollektivierung, obwohl sie dies den direkt Betroffenen nicht auf die Nase binden wollte.

Vielmehr versicherte die Moskauer Zentrale der Führungsriege der Autonomen Sozialistischen Sowjetrepublik der Wolgadeutschen (ASSRdW), sie habe die feste Absicht, das neue Staatsgebilde einerseits als Vorbild für das deutsche Proletariat und andererseits als Handelspartner für die deutsche Bourgeoisie aufrechtzuerhalten. Allerdings ließ die propagandistische Überzeugungskraft der ärmlichen Landschaften an der Wolga einiges zu wünschen übrig, so dass der von der Kommunistischen Internationale geförderte «Revolutionstourismus» nicht zum positiven Image der Wolgarepublik beitrug. Über den Besuch einer deutschen Arbeiterdelegation 1925 in Pokrowsk beschwerte sich der Erste Sekretär der Parteiorganisation, Christian Horst, wie folgt: Obwohl das Gesehene «auf die Deutschen (germantsy) bis auf einige Ausnahmen einen positiven Eindruck gemacht hat», habe dennoch ein Sozialdemokrat, ein «sogenannter Genosse», nach seiner Rückkehr einen öffentlichen Bericht geschrieben «mit einer Reihe falscher Behauptungen über seinen Aufenthalt und insgesamt einer unzutreffenden Bewertung unserer Lage».[7]

Dabei war dieser mit seinen 25 Jahren erstaunlich junge, aus dem Arbeitermilieu stammende Führungskader nicht kritiklos gegenüber der tatsächlichen Lage in seinem Zuständigkeitsbereich. So rügte er in demselben Bericht die «Verschwendung» durch Amtspersonen, unter ihnen ein hoher Kommandeur der Geheimpolizei GPU und ein Leiter des regionalen Parteikomitees – der eine wurde daraufhin verhaftet, der andere seines Amtes enthoben. Freimütig berichtete er über die Folgen der Aufhebung des von Nikolai II. bereits 1914 eingeführten und von Lenin übernommenen Alkoholverbots: «Fälle der Betrunkenheit sind häufiger geworden, es gibt auch Parteiausschlüsse wegen Trunksucht. Angesichts des Verkaufs des 40-prozentigen ‹Russischen Bitteren› Wodkas erwiesen sich manche Parteizellen als hilflos. Nicht nur den parteilosen Arbeitern, sondern auch sich selbst können sie überhaupt nicht erklären, wozu der Staat mit alkoholischen Getränken handelt. Angeheitert schimpfen die Arbeiter auf Partei und Sowjetmacht, weil man die Kasjonkas[8] neu eröffnet hat, weshalb ‹wieder unser Geldbeutelchen weint›.» Offenbar bedauerten die Arbeiter die mit der Trunksucht verbundenen Kosten.

Ebenso wenig erfolgreich waren die Versuche, offizielle deutsche Stellen für die prosperierende Wirtschaft an der Wolga zu begeistern. Zwar zeigte sich der Attaché der Deutschen Botschaft in Moskau, Otto Auhagen, im September 1927 in einem Gespräch mit Wilhelm Kurz, dem Regierungschef der Autonomen Wolgarepublik, tief beeindruckt: «Ich bin fasziniert von den Erfolgen der bäuerlichen Wirtschaften. (...) Ich als alter Kenner der russischen Landwirtschaft kann sagen, dass hier ein enormer Fortschritt stattfindet.» Dennoch galten solche Sätze eher der lokalen Presse.[9] Ansonsten blieb der Agrarfachmann eher skeptisch, vor allem was die Beständigkeit der positiven Entwicklung betraf. Den Funktionären der Republik dienten jedoch solche Berichte in ihren Rapporten nach Moskau als Argument für die Aufwertung und großzügigere Behandlung ihrer Region.

Die Führungsschicht, die Partei-, Regierungs- und Sowjetelite der Wolgarepublik bestand in ihrer absoluten Mehrheit aus Deutschen und stammte bis auf wenige Ausnahmen aus dem Wolgagebiet. Das war kein Zufall, sondern Ergebnis der bewussten Förderung der nationalen Kader, der sogenannten Korenisazija[10] («Verwurzelung») des Apparats. Der ideologische Aspekt dieser Praxis lag in der Anwendung des kommunistischen Gleichheitsprinzips auf der nationalen Ebene, der pragmatische in der Stabilisierung der Machtausübung. Bildeten die Deutschen in einer geographischen Einheit (Gemeinde, Stadt, Kreis, Landkreis, Gebiet) die Majorität, so musste diese Situation in der Nomenklatur der leitenden Funktionäre adäquat widergespiegelt werden. Diese sozialen Aufsteiger aus der lokalen Intelligenzija, der mittleren Bauernschaft oder den pauperisierten Schichten aus den Dörfern gerieten in eine

Abb. 10: Die erste Regierung der Wolgadeutschen Republik, 1928

Doppelrolle. Einerseits war es ihre Aufgabe, die Interessen der Zentralgewalt vor Ort durchzusetzen und dieser gegenüber unbedingte Loyalität zu zeigen. Andererseits konnten sie immer wieder versuchen, bei der Zentrale bestimmte Zugeständnisse für die Bevölkerung zu erwirken.

«Korenisazija» bedeutete auch den Übergang zum Deutschen als Amtssprache in allen mehrheitlich von Deutschen bewohnten Gemeinden. Dies bezog sich sowohl auf den Schriftverkehr der Behörden untereinander als auch auf deren Kommunikation mit der Bevölkerung. Die russischen Kader, deutlich in der Minderheit, wurden sogar ultimativ aufgefordert, Deutsch zu lernen. Rein theoretisch gesehen – und viele idealistische Kommunisten haben eben das geglaubt – triumphierte hier Herders Prinzip, wie er es in seinen «Briefen zur Beförderung der Humanität» formulierte: «Die beste Kultur eines Volkes ist nicht schnell; sie lässt sich durch eine fremde Sprache nicht erzwingen, am schönsten, und ich möchte sagen, einzig, gedeiht sie auf dem eigenen Boden der Nation, in ihrer erlebten und sich forterbenden Mundart. Mit der Sprache erbeutet man das Herz des Volkes.»[11] Die Realität sah anders aus:

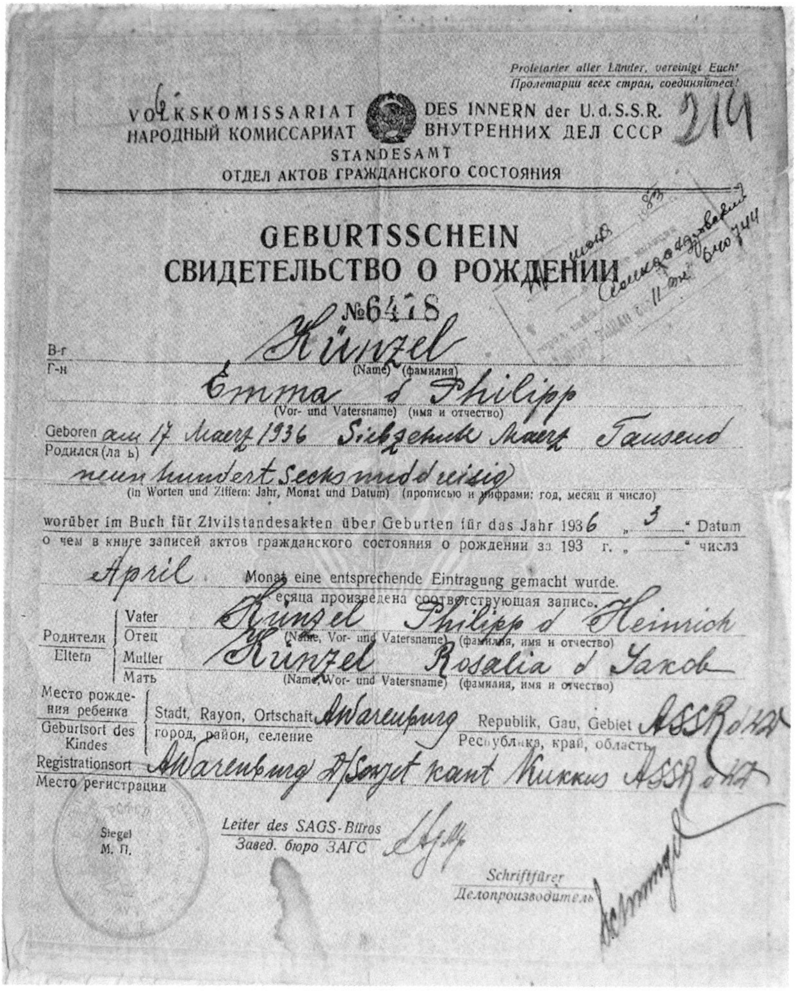

Proletarier aller Länder, vereinigt Euch!
Пролетарии всех стран, соединяйтесь!

VOLKSKOMISSARIAT DES INNERN der U.d.S.S.R.
НАРОДНЫЙ КОМИССАРИАТ ВНУТРЕННИХ ДЕЛ СССР
STANDESAMT
ОТДЕЛ АКТОВ ГРАЖДАНСКОГО СОСТОЯНИЯ

GEBURTSSCHEIN
СВИДЕТЕЛЬСТВО О РОЖДЕНИИ
№ 6478

B-r / Г-н Künzel (Name) (фамилия)
Emma d Philipp (Vor- und Vatersname) (имя и отчество)
Geboren / Родился (ла ь) am 17 Maerz 1936 Siebzehnte Maerz Tausend neun hundert sechs und dreißig
(in Worten und Ziffern: Jahr, Monat und Datum) (прописью и цифрами: год, месяц и число)

worüber im Buch für Zivilstandesakten über Geburten für das Jahr 1936 „3" Datum
о чем в книге записей актов гражданского состояния о рождении за 193 г. „ " число
April Monat eine entsprechende Eintragung gemacht wurde.
месяца произведена соответствующая запись.

Родители / Eltern
Vater / Отец: Künzel Philipp d Heinrich (Name, Vor- und Vatersname) (фамилия, имя и отчество)
Mutter / Мать: Künzel Rosalia d Jakob (Name, Vor- und Vatersname) (фамилия, имя и отчество)

Место рождения ребенка / Geburtsort des Kindes: Stadt, Rayon, Ortschaft / город, район, селение: Awarenburg; Republik, Gau, Gebiet / Республика, край, область: ASSRdNP
Registrationsort / Место регистрации: Awarenburg D/Sowjet kant Kukkus ASSRdNP

Siegel / М. П.
Leiter des SAGS-Büros / Завед. бюро ЗАГС
Schriftführer / Делопроизводитель

Abb. 11: Zweisprachiger Geburtsschein aus der Mitte der dreißiger Jahre

Weder erlernten die Deutschen die russische Sprache, noch eigneten sich die Russen die Mehrheitssprache an. Selbst wenn sie die Bereitschaft dazu hatten, gab es kaum eine Möglichkeit dazu: Die kleine, sich soeben von der Hungerkatastrophe erholende Republik verfügte nicht über entsprechende Lehrkräfte und Strukturen der Erwachsenenbildung. Ganz andere bildungspolitische Probleme standen auf der Tagesordnung: 1928 konnten 38,6 Prozent der deutschen Schulkinder an der

Abb. 12: Ablieferung von Getreide an der Sammelstelle, 1924

Wolga nicht lesen und schreiben.[12] Das hatte unter anderem zur Folge, dass die zur Zarenzeit hinreichend alphabetisierten Kolonisten sich nun bei jedem Kontakt mit der russischen Bürokratie im Zustand der Unmündigkeit befanden.

Als die Missernte des Jahres 1924 die Gefahr einer erneuten Hungersnot heraufbeschwor,[13] hofften die in Panik geratenen Kolonisten nur noch auf Lebensmittelpakete aus Deutschland und den USA. Diese jedoch lagen im Saratower Postamt, weil die Adressaten die Zollgebühren sowie den ständig anwachsenden Lagerzins unmöglich aufbringen konnten. In diesem Fall setzten sich die ortsansässigen kommunistischen Kader für die Belange ihrer Landsleute ein, wandten sich direkt an den Rat der Volkskommissare in Moskau und baten ihn, die Sendungen als zollfrei zu deklarieren. Obwohl der konkrete Vorstoß Erfolg hatte, zeigte auch dieses Beispiel, wie eng bemessen der Spielraum der Autonomen Republik war. Auch wurden die wichtigsten, den Alltag der Menschen betreffenden Entscheidungen bei aller «Korenisazija» konsequent in russischer Sprache getroffen.

Als Kornkammer taugte das kleine Wolgadeutschland auch im Jahre 1925 nicht – der recht ansehnliche Ertrag konnte wegen ständiger Regenfälle lediglich zu zwei Dritteln eingebracht werden. Moskau lieferte wie schon im Vorjahr das fehlende Saatgut und lockerte gleichzeitig den Steuerdruck. An einem Kollaps der Wolgarepublik war die Zentrale nicht interessiert, denn sie brauchte sie als Trumpf für die Beziehungen zu Deutschland, das sich inzwischen mit Hilfe des Dawes-Plans allmählich stabilisierte und an der wirtschaftlichen Sonderbeziehung mit der Sowjetunion festhielt. Zwischen März und Mai 1925 hielt sich Wilhelm Kurz, der Regierungschef der Wolgadeutschen Republik, in Berlin auf. Während seiner inoffiziellen Visite als Vorsitzender der Nemwolbank verhandelte er mit Regierungsvertretern,[14] industriellen Kreisen und Exilgruppen der Wolgadeutschen über ökonomische und kulturelle Kontakte sowie Rückwanderungsfragen. Sein Reisebericht wurde vom Moskauer Politbüro angehört.

Der daraufhin gefasste Beschluss sprach sich vor allem für den Ausbau der kulturellen Beziehungen zu Deutschland aus: «Es ist notwendig, Deutschland eine breitere Information über die kulturellen Errungenschaften der Deutschrepublik [Nemrespublika] zukommen zu lassen. Diese Information sollte über die Gesellschaft für kulturelle Beziehungen mit Westeuropa laufen (…). Als zweckmäßig wird erachtet die Ausreise verantwortlicher Mitarbeiter der Deutschrepublik nach Deutschland zum Kennenlernen des dortigen Lebens, der Kultur und sonstiger Errungenschaften.»[15] Im März 1926 reiste eine fünfköpfige Lehrerdelegation mit Joseph Schönfeld, dem Volkskommissar für Kultur, nach Deutschland. Leider konnten sie sich selbst kaum mit großen kulturellen Errungenschaften rühmen: Bibliotheken, Museen und Klubs führten in diesen Jahren eine Schattenexistenz, und der Zustand der Schulen sowie der Lehrerbildung gehörte zu den allseits bekannten Missständen in der Republik. Wahrscheinlich aber trug die Bekanntschaft der Delegation mit den modernen Schulen der Weimarer Republik dazu bei, Schönfelds Projekt der Gründung einer Deutschen Pädagogischen Hochschule in Pokrowsk zu beschleunigen.

Auch in anderen Entscheidungen folgte das Politbüro dem Bericht von Wilhelm Kurz. Die wirtschaftlichen Aktivitäten der Republik im Rahmen der sowjetischen Handelsvertretung in Berlin wurden ebenso gebilligt wie die Zusammenarbeit der Nemwolbank mit deutschen Geldinstituten. Weil der Besuch der Arbeiterdelegation in Pokrowsk alles andere als ein Erfolg gewesen war, wurde beschlossen, die Entwicklungsbedingungen von Landwirtschaft und Industrie zu verbessern – die Pokrowsker dachten dabei sicherlich auch an die längst fällige Verschönerung ihrer ungepflasterten Hauptstadt.[16] Außerdem stellte das Polit-

Abb. 13: Die Wolgarepublik feiert den zehnten Jahrestag der Oktoberrevolution.

büro die beschleunigte Annahme der Verfassung der «Deutschrepublik» in Aussicht, versprach eine Amnestie für die emigrierten Einwohner des Gebietes, die zurückkehren wollten, und schließlich die Entsendung deutscher Kader zur Parteiarbeit auf die Dörfer.

Um einen dieser Deutschen ging es auch in dem frühen sowjetischen Stummfilm «Stenka Rasins Teppich», der 1927 anlässlich des zehnjährigen Jubiläums der Oktoberrevolution in der Stadt Marx im Kino «Echo» gezeigt wurde. Die nach einer Erzählung des ungarischen Exilkommunisten und proletarischen Schriftstellers Béla Illés[17] auf die Leinwand gebrachte Geschichte war eine Agitationsparabel: Der junge Wolgadeutsche Martin Wagner kehrt im Auftrag der Partei nach jahrelangem Kampf im Bürgerkrieg auf Seiten der Roten Armee an die Wolga zurück, um in seinem Geburtsdorf Neuthal die Bauern am Glück der Kollektivwirtschaft teilhaben zu lassen. Auf Anraten bolschewistischer Freunde nimmt er einen Kredit bei der Nemwolbank auf und kauft damit Arbeitstiere und Geräte für die geplante Kooperative. Er stößt zunächst auf den erbitterten Widerstand der Kulaken, des Pastors und der örtlichen Spekulanten, den er jedoch mit Hilfe der armen Bauern bricht. Gleichzeitig gewinnt er die Hand von Maria, der schönen und revolutionär gesinnten Tochter des Dorfschmieds. Trotz der schlichten Handlung ist der Film als historisches Dokument sehenswert.[18] Man verfolgt den Weg des Helden, der mit der Prahmfähre aus Saratow ankommt und dort über den Marktplatz, den «Platz der Kommunarden», schreitet. An den beiden Massenszenen waren im Sommer 1926 dreitausend Statisten vor Ort beteiligt. Filmhistoriker schätzen auch die Szenen aus dem Dorfleben – arme Bauern, die sich in Ermangelung von Zugtieren selbst vor den Pflug spannen, die Einrichtung der Schmiede, auch die Spuren der Überschwemmung sind zu sehen. Hier wurde ein Stück authentischer wolgadeutscher Geschichte auf Zelluloid gebannt.

Der Sommer 1926 brachte eine reiche Ernte – beinahe 500 000 Tonnen Getreide wurden eingefahren, der Bruttoertrag überstieg das Niveau des Jahres 1914. Neben der günstigen Wetterlage und der diesmal nicht so hysterischen Erntekampagne spielte bei diesem Erfolg die moderne Agrartechnik eine Rolle, die mit Hilfe der nach Deutschland und USA emigrierten Landsleute gekauft worden war. Angesichts des chronischen Mangels an Arbeitstieren hatte dies für die Landwirtschaft eine völlig neue Perspektive eröffnet. Das Wort Traktor war in aller Munde, nach ihm wurden sogar Neugeborene benannt – die weibliche Form hieß Traktorina.[19] So berichtete man aus der Kolonie Kukkus an der Wolga über die Premiere von Henry Fords Spitzenprodukt:

«Der Traktor Fordson hat sich bei unseren Bauern in kurzer Zeit das Bürgerrecht erworben. (...) Er blieb zwar einige Male ohne sichtbare Ursache stehen, bis eine Weile an ihm herumgedoktert worden war. Man schrieb den Stillstand schon bald dem Traktorführer zu, und zu Recht. Als es ans Fruchtdreschen ging und der Traktor auch hier gut arbeitete, waren alle des Lobes voll, und fast jeder hätte gleich einen solchen Traktor haben mögen, wenn er nur ohne weiteres zu haben gewesen wäre. Besonders drückten diesen Wunsch viele der Viehlosen und Vieharmen aus. (...) Sie wissen ja, dass man bei Anzahlung eines Teiles des Kaufpreises einen Traktor auf Kredit erhalten kann. Jedoch sind viele so arm, dass sie auch die kleine Anzahlung nicht leisten können.»[20]
Die Reportage zeigte sowohl die materiellen Unterschiede innerhalb der dörflichen Bevölkerung als auch die durch eine geregelte Geldwirtschaft

Abb. 14: Der Traktor Karlik, Stolz der Wolgarepublik

wiederhergestellte Normalität nach den Jahren des Hungers und des Terrors.

Auch die Zeitschrift «Unsere Wirtschaft», aus der das obige Zitat stammt, stellte ein für die kurzlebige Ära der NÖP typisches Phänomen dar. Sie trug den Untertitel «Illustrierte Halbmonatsschrift zur Aufklärung der Landbevölkerung in Land- und Wirtschaftsfragen sowie in Wissenschaft, Kultur und Technik», und obwohl sie unter der Aufsicht des Gebietskomitees der Partei stand, stach sie aus dem öden propagandistischen Blätterwald der «Deutschrepublik» positiv heraus. Offensichtlich war das in höchstens 1000 Exemplaren gedruckte Journal nicht nur für die einheimischen Intellektuellen, sondern auch für das deutschsprachige Ausland bestimmt, denn es konnte für drei Dollar im Halbjahr abonniert werden. Es war das einzige Presseprodukt der Wolgadeutschen ohne das obligatorische Motto «Proletarier aller Länder – vereinigt euch!» Obwohl der Hauptteil mit seinen Leitartikeln und auch Teile der internationalen Rubrik recht offiziös wirkten, enthielt «Unsere Wirtschaft» spannende Berichte aus den Kantonen mit ungeschminkten Angaben zur landwirtschaftlichen Entwicklung. Wissenswertes über die Bekämpfung des Unkrauts auf den Getreidefeldern gehörte ebenso dazu wie der ausführliche Tätigkeitsbericht einer landwirtschaftlichen Versuchsstation. Historische Aufsätze über die vorrevolutionäre Zentralschule und die ersten Wolgakolonien sowie über die volkstümlichen Osterbräuche waren in einem streng objektiven Stil gehalten.

Der Literaturteil wurde im Sinne der Selbstzensur mit mehr Vorsicht redigiert: Gedichte von Autoren zum Beispiel aus dem alten amerikanischen Auswanderermilieu, die als fortschrittlich galten, wechselten mit Schriftstellern aus Deutschland und Österreich, die mit der Sowjetunion sympathisierten. Ein teilweise in wolgadeutscher Mundart geschriebener Fortsetzungsroman mit dem vielsagenden Titel «Sodom und Gomorra» verdammte den Sittenverfall und die kulturelle Gleichgültigkeit der reichen Bauern, und eine Novelle würdigte das Heldentum der Rotarmisten während des misslungenen Polenfeldzugs der Roten Armee 1920. Jede Nummer der Zeitschrift enthielt außerdem eine «Rätselecke» sowie eine «Lustige Ecke». In letzterer fand man harmlose Anekdoten wie die folgende: «*Handwerksbursche*: Gelernter Schlosser, seit einem halben Jahre ohne Arbeit, bittet um Unterstützung. *Schlossermeister*: Bei mir ist grade eine Gehilfenstelle frei, da können Sie gleich Arbeit finden. *Handwerksbursche*: Na, Meister, es könnt mir einer kommen, der noch länger ohne Arbeit ist als wie ich, und dem möcht ich diese Stelle doch nicht wegnehmen.»

Ein wahres Labsal für die Leser sollte die Rubrik «Naturbilder aus unserem Gebiet» werden, die wie eine Neuauflage der «Gartenlaube» wirkt, deren vergilbte Jahrgänge gewiss auf manchen Dachböden der Kolonistenhäuser aufbewahrt wurden. Der österreichische Botaniker Raoul Francé brachte einen Essay über «Das Sinnesleben der Pflanzen», ein anderer Autor sinnierte über die von Menschen nicht wahrnehmbaren «Stimmen der Natur», während ein Landschaftslyriker den Lesern melancholisch von der heilen Welt vorschwärmte:

Gleichwie nach des Winters Wende
Die Natur zu Glanz erwacht,
Blühen wir am Lebensende
Auf in unsrer Kinder Pracht.
Und in ihrem neuen Streben –
Unsrem Grabstein schreibt drum ein:
«An der Wolga war gut leben,
Gut an ihr begraben sein.»

Offensichtlich empfanden die Zensoren selbst diese bescheidenen Ausflüge in das Unpolitische als schier unerträglich, obwohl die Zeitschrift «Unsere Wirtschaft» ursprünglich in der Moskauer Zentrale als Beispiel der erfolgreichen Popularisierung «Sowjetdeutschlands» galt. Auf einer Plenarsitzung des Gebietskomitees der Wolgadeutschen KP im Dezember 1926 wurde der verantwortliche Redakteur, der Journalist und Historiker Johann Schmidt, aufgefordert, der aktuellen Politik der Partei mehr Aufmerksamkeit zu widmen und die Veröffentlichung von «unzulässigen und für die Partei schädlichen» Texten künftig zu vermeiden. Insbesondere verbot man ihm «die Unterbringung von Aphorismen» im Journal.[21] Bevor jedoch die Schere der Bürokraten alles Lesenswerte hätte herausschneiden können, wurde das Erscheinen der Zeitschrift im Oktober 1927 auf einen Ukas von oben hin eingestellt.

So inkonsequent wie die Neue Ökonomische Politik konzipiert war, so halbherzig geriet auch ihre Durchführung. Die Kurswechsel der Zentrale bereiteten den lokalen Funktionären immer wieder Kopfzerbrechen, entweder weil sie bei allem kommunistischen Engagement nicht unempfindlich für die nationalen Belange waren, oder aber weil sie durch wirtschaftliche und kulturelle Fortschritte und das internationale Ansehen der deutschen Autonomie den von ihnen ernst genommenen Prinzipien der Leninschen Nationalitätenpolitik zum Erfolg verhelfen wollten. Eine Zeitlang schien es so, als sei die Führung der Wolgarepublik wegen deren spezieller, hauptsächlich propagandistischer Bedeutung in einer vorteilhaften Verhandlungsposition gegenüber Moskau. Als die 1924 verkündete Amnestie für Deutsche, die seit 1917 aus Russland geflohen waren, von den sowjetischen Außenvertretungen praktisch verschwiegen wurde, intervenierte Wilhelm Kurz direkt im Präsidium des Exekutivkomitees, und seine Argumentation klang recht selbstbewusst: «Es handelt sich [bei den eventuellen Rückwanderern] keineswegs um Weißgardisten, sondern um Bauern der Deutschrepublik, die hauptsächlich im Hungerjahr 1921 emigriert sind.»[22]

Das andere heikle Thema war die Erarbeitung einer Verfassung für die Republik – ein langwieriger Prozess, in dessen Verlauf sich vor allem Edgar Groß, Vertreter der Autonomen Republik im Moskauer Rat der Nationalitäten, sowie der aus Moskau nach Pokrowsk abkommandierte ungarische Funktionär der Kommunistischen Internationale, Franz Gusti

(Ferenc Huszti), hervortaten. Beide Parteiführer versuchten in scharfen Diskussionen mit der Moskauer Zentrale ein Maximum an Freiraum für die regionale Entscheidungsebene zu erwirken und beriefen sich dabei «auf die wichtige politische Bedeutung der Deutschrepublik»[23] für die außenpolitischen Pläne des Sowjetstaates. Diese «politische Bedeutung» sollte auch die Westreisen von Alexander Schneider als Geschäftsführer der Wirtschaftsstelle der Wolgadeutschen legitimieren. Durch Schneiders Kontakte würden beträchtliche Valutaeinnahmen in die Safes der Nemwolbank fließen, was angesichts des strengen Außenhandelsmonopols des Staates eindeutig als Privileg galt.

Allerdings sollte sich der schwer erkämpfte Spielraum der deutschen Führungsriege als unbeständig erweisen. Nach langem Tauziehen um das ursprünglich in Pokrowsk erarbeitete Grundgesetz wurde die Republik nicht als «Staat», sondern lediglich als «föderativer Teil»[24] der Russischen Föderation definiert, was eine Einschränkung der gesetzgeberischen Kompetenzen nach sich zog. Dementsprechend blieben die Volkskommissariate für Finanzen, Arbeit, Binnenhandel, das Statistische Zentralamt und selbstverständlich die Geheimpolizei GPU direkt den Moskauer Behörden unterstellt. Ordnungspolizei und Justiz, Bildung und Gesundheitswesen, Landwirtschaft und Soziales konnten dagegen, zumindest formell, ihre Selbstständigkeit behaupten.[25] Angesichts der Tatsache, dass keine relevanten Beschlüsse ohne Billigung der geballten Parteimacht gefasst werden konnten, blieben diese Zugeständnisse allerdings bedeutungslos.

Noch rabiater setzte Moskau seinen Willen in der Frage der Rückwanderung durch. Zuerst zwang man die wolgadeutsche Regierung im April 1925 zu einem Geheimbeschluss, der zum Inhalt hatte, «aus ideologischen Gründen auf die Forcierung der Rückwanderung von Emigranten» aus den USA zu verzichten. Dann konterkarierten sowjetische Diplomaten in Berlin die Hilfsbereitschaft der deutschen Regierung bei der Repatriierung von Russlanddeutschen und brachten damit Johann Schwab in Berlin während seiner Verhandlungen mit dem Auswärtigen Amt in eine recht peinliche Situation.[26] Schließlich überhäufte das Sekretariat des ZK in Moskau den Regierungschef der Autonomen Republik, Wilhelm Kurz, mit Vorwürfen wegen mangelnder Profitabilität der ausländischen Ableger der Nemwolbank[27] und verlangte gleichzeitig die Verstärkung des «Klassencharakters» der Kreditpolitik – eine

Forderung, die bisher kaum gegenüber einem kapitalistischen Geldinstitut gestellt worden war. Offensichtlich war die Zentrale bereits in dieser frühen Phase darum bemüht, dass sich die «Deutschrepublik» nicht allzu weit von der ihr zugedachten Rolle als Potemkinsches Dorf für die Außendarstellung der Sowjetmacht entfernte.

Damit die relative Freizügigkeit im wirtschaftlichen Bereich nicht als allgemeine Liberalisierung missverstanden werden konnte, schränkten die Behörden der Autonomen Republik am 5. November 1924 per Beschluss die Freiheit von Veranstaltungen ein: «Die Durchführung von Spektakeln, Konzerten und Vorträgen in staatlichen und privaten Theatern, Klubs und anderen Unterhaltungsstätten (…) ist ausschließlich aufgrund der Bestätigung seitens der Organe des Volkskommissariats für Bildung und der Genehmigung seitens des Volkskommissariats für Inneres erlaubt.» Dieser Punkt des Beschlusses «erstreckt sich auf alle Spektakel, Konzerte und Tanzabende sowohl in öffentlichen als auch in privaten Gebäuden mit Ausnahme von durch Privatbürger in ihren eigenen Häusern zu veranstaltenden Familienfestlichkeiten und Hochzeiten.»[28]

Als im Herbst desselben Jahres wegen der schlechten Ernte der Hunger wieder an die Tür klopfte, machte sich die regionale Parteiführung Sorgen um die Verteilung der aus Deutschland und Amerika kommenden humanitären Hilfe. Sie trat dabei ähnlich doppelzüngig auf wie in allen Angelegenheiten, die mit den Beziehungen zu den Auslanddeutschen zu tun hatten. In erster Linie ging es nicht um eine gerechte Verteilung unter den notleidenden Dörflern, sondern darum, «sich an den Klassenstandpunkt zu halten (…) und nicht einmal vor dem vollständigen Ausschluss der Kulaken zurückzuschrecken». Doch angesichts der Gefahr, dass die Spender diesbezüglich Verdacht schöpfen könnten, riet man den lokalen Behörden, vorsichtig zu verfahren: Bei der Verteilung der Hilfsgüter sollte man sich vordergründig an die Entscheidungen der Dorfversammlung halten.[29]

Offener angewendet wurde das Klassenprinzip bei den Wahlen der Sowjets, die zwar offiziell die Macht ausübten, inzwischen aber zu einfachen Anhängseln der Partei geworden waren. Die schwer erkämpfte Verfassung der Wolgarepublik enthielt in ihrem Artikel 166 eine schier endlose Auflistung der Personengruppen, die weder wählen noch gewählt werden durften, unter ihnen «Personen, die Lohnarbeit zu Profitzwecken verwenden», «Personen, die aus mühelosem Einkommen[30] leben», «Privathändler und kommerzielle Vermittler», «Mönche, Bedienstete der Kirchen und religiöser Kulte». Erst nach der Aufzählung dieser Unpersonen folgten die «Agenten der früheren Polizei», des zaristischen Geheimdienstes Ochranka sowie die Mitglieder des früheren Herrscherhauses, schließlich die «seelisch Kranken und Schwachsinnigen».[31] Dass sich unter diesen Parias der Sowjetgesellschaft in erster Linie die Oberschicht der Kolonistendörfer sowie ihre Geistlichen befanden, musste von den Betroffenen als böses Omen gedeutet werden.

Gerade in diesen noch relativ ruhigen Jahren erschien am Horizont der sowjetischen Propaganda neben dem Erzfeind «Kulak» dessen ideologisches Pendant – der Geistliche. Dieser war für das atheistische Regime gewissermaßen die Essenz des eigentlichen Hauptgegners, des nicht existierenden, aber umso gefährlicheren christlichen, jüdischen oder islamischen Gottes. Mitten in der Epoche der ideologisch gemäßigten Neuen Ökonomischen Politik ließ die Partei in Moskau eine monströse Massenorganisation, den «Bund der militanten Gottlosen» gründen, die schon bald über sechs Millionen Mitglieder und die Massenzeitung «Der Gottlose» verfügte. Das Ziel bestand eindeutig in einem Kulturkampf gegen alle Konfessionen des ehemaligen Zarenreiches. Da die kirchlichen Strukturen das Dorf am meisten geprägt hatten, war diese Botschaft auch für die deutschen Kolonisten von großer Tragweite.

Erstaunlicherweise berichtete der Korrespondent der noch nicht gemaßregelten Zeitschrift «Unsere Wirtschaft» aus Balzer über den Jahrestag der Gründung des dortigen Gottlosenzirkels wie beiläufig, fast im Plauderton. Die auf Sonntagabend anberaumte Veranstaltung im Klub «W. I. Lenin» begann mit einem wissenschaftlichen Vortrag, «der die allmähliche Entwicklung der Religion als eine Waffe zur Verdummung der Massen schilderte. So manchem der anwesenden Gäste, die nicht zum Zirkel gehörten, gingen die Augen auf; so mancher Gedanke wurde dahin gelenkt, sich von dem Einfluss dieses Opiums zu befreien.» Auf die Festrede folgte der unterhaltende Teil des Programms. «Es gelangten zwei Stücke zur Aufführung. Das erste (...) behandelte den Aberglauben und wie das Volk durch ihn von allerlei Schmarotzern und Kartenlegerinnen und anderen unlauteren Elementen ausgebeutet wird. Das Stück erregte große Heiterkeit. Das zweite (...) ironisierte die Bibelstellen von der Erschaffung der Welt, der ersten Menschen, Adam und Eva, ihre Vertreibung aus dem Paradies sowie die Geschichten von Abraham, von Lot und seinen Töchtern. Beide Stücke haben (…) ihren Zweck nicht verfehlt.»

Diese relativ heitere Demonstration des kämpferischen Atheismus hing ebenso wie manche «menschliche Erleichterungen» mit der Funktion der Wolgarepublik als Schaufenster für das demokratische «Germania» zusammen. Unter den Delegationen, die damals Pokrowsk besuchten, befand sich auch eine Abordnung des Bundes proletarischer Freidenker aus Deutschland, denen man einen etwas toleranteren Umgang mit den Gläubigen demonstrieren wollte.[32] In anderen, für das Ausland eher unzugänglichen Regionen hingegen agierte die Sowjetmacht ohne solche Rücksichtnahme. So bestätigte die KP der Autonomen Sowjetrepublik Turkestan einen früheren Erlass im Juni 1924 wie folgt: «Nach wie vor ist es allen deutschen Sektenmitgliedern[33] verboten, sowohl Geistlichen als auch Lehrern, Jugendliche unter 18 Jahren zu versammeln und sie das sogenannte ‹Gottesgesetz› zu lehren. Personen, die dies nicht befolgen, müssen vor Gericht gestellt werden.»[34]

In der Summe gesehen hatte die NÖP viele Gesichter. Im Wolgagebiet ging es vor allem um den Ausweg aus einer Hungersnot. Anderswo führten die Zugeständnisse der Zentralmacht zu einer neuen Blüte der landwirtschaftlichen Produktion und erlaubten sogar früher unbekannte autonome Organisationsformen. So entstand noch vor Lenins berühmter Parteitagsrede über den Abschluss der Phase des Kriegskommunismus in der Stadt Taganrog der «Bund Südrussischer Kolonisten und Bürger Germanischer Rasse» (Sojurger). Das Ziel dieser Genossenschaft bestand in der Konsolidierung der von Krieg und Bürgerkrieg zerrütteten Landwirtschaft. Der Verein präsentierte sich in seinem bei den Behörden eingereichten Statut als Formation, der «jede politische und religiöse Tendenz fremd» sei, und zeigte sich bereit zur Aufnahme sowohl inländischer als auch reichsdeutscher Bürger und Immigranten. Es bestand durchaus die Möglichkeit, dass aus der Initiative von Taganrog eine landesweite Agrarbewegung entstehen könnte. Bald darauf wurde die Allrussische Mennonitische Landwirtschaftliche Gesellschaft (Menobschestwo) gegründet. Im Unterschied zu Sojurger bestand Menobschestwo auf der ausschließlichen Mitgliedschaft von Glaubensgenossen. Die Idee der Kooperativen erwies sich als zündend: In Südrussland traten ganze Kolonien dem Sojurger bei, in Baschkirien gehörten 22 Dörfer zum Menobschestwo.

Neben deutschen Arbeitstugenden hatten die beiden Vereinigungen besonders Kontakte ins Ausland zu bieten: Ausländische Organisationen und Kirchengemeinden lieferten über sie Lebensmittel und gewährten Kredite zum Kauf von Agrartechnik, während die Moskauer Regierung wegen der ökonomischen Blockade und den fehlenden diplomatischen Beziehungen nicht über derartige Möglichkeiten verfügte. Die Beziehungen zu Deutschland hatten besonders nach dem im April 1922 geschlossenen Vertrag von Rapallo, von dem sich die Moskauer Regierung ein Ende ihrer internationalen Isolation versprach, politische Priorität. Damit erklärte sich die anfängliche Toleranz der Zentrale gegenüber dem Vorstoß der Oberschicht der Kolonisten, bürgerlich anmutende Institutionen zu schaffen mit dem Ziel, von westlichen Partnern akzeptiert zu werden – obwohl diese gleichzeitig als «Kulaken» verdammt wurden und ihre Partnerorganisationen in Deutschland nicht ganz unbegründet als antisowjetisch galten. Die Mennoniten wurden sogar, besonders von den lokalen Funktionären, als «konterrevolutionäres Element» eingestuft, dessen Hauptanliegen die Begründung einer massenhaften Emigrationsbewegung sei. Dennoch wurden sowohl Sojurger als auch Menobschestwo zunächst als zugelassene Organisationen registriert.[35] Im Gegenzug übernahmen sie die Verantwortung für die Erhebung der landwirtschaftlichen Einheitssteuer, die das System der Zwangsrequisitionen ablösen sollte.

Noch südlicher, in den ethnisch sehr gemischten Regionen des Kaukasus, entstand fast schon ein Paradies des Kleinkapitalismus – jedenfalls schilderte der «rasende Reporter» Egon Erwin Kisch anlässlich einer Reise in die Region 1925 die dortigen Zustände in rosigen Farben: «Im Jahre 1921 schlossen sich die deutschen Siedlungen in Aserbaidschan zu dem Winzerverband (...) Konkordia zusammen, einer Kooperative, der die Weinbauern von Helenendorf, Georgsfeld, Annenfeld, Traubenfeld, Grünfeld und Alexejewka ausnahmslos angehören (...). Die georgischen Dörfer Traubenberg, Marienfeld-Rosenfeld, Alexandersdorf-Liebknechtsdorf, Georgstal und Marxheim bilden Milchgenossenschaften, die geben ihre Milch an das Lager in Tiflis ab (...). Rosenberg

(Alexanderhilf), das 1400 Meter hoch im Gebirge liegt, und Waldheim erzeugen Schweizerkäse, gleichfalls kollektiv, und liefern an die Zentralkooperative aller Genossenschaften Grusiniens.»[36]

Kisch war ein engagierter Linker und trat am Vorabend seiner Reise nach Sowjetrussland der Kommunistischen Partei bei. Dennoch enthielt sein Bericht nicht die üblichen propagandistischen Klischees, sondern ausgewogene, präzise Beobachtungen. Bei einem Dorfschullehrer entdeckte er Reliquien aus dessen Studentenzeit wie «das eichenlaubbestickte Zerevis, die gekreuzten Schläger und das grün-silber-rote Mensurband, ‹Rhenania seis Panier›!» Auch die tiefe Religiosität der Deutschen reflektiert er als grundlegende kulturelle Tatsache: «Die einzige Kollektivarbeit, die man in einem der ärmeren Kolonistendörfer sehen kann, ist die Aufrichtung eines neuen Zauns um die Kirche, bei dem alt und jung Hand anlegt. Anhänglichkeit an die Religionsgebräuche ist das Gemeinsame der sonst sehr verschiedenen Kolonien. Zur Synodaltagung wandern aus jedem noch so entlegenen Ort Kaukasiens je zwei Vertreter nach Tiflis, um wegen der Berufung eines Wanderpastors stundenlang Rats zu pflegen, und da kein Bewerber für dieses Amt vorhanden, interpellieren einige Kirchenälteste den Gast aus Berlin, mit dem sie den Abend verbringen, wie er ihnen einen zum Nomadisieren bereiten Seelenhirten verschaffen könnte.»[37]

Kischs Momentaufnahme zeugt von der letzten Ruhepause, die den Deutschen des Sowjetstaates beschieden war. Obwohl die ökonomischen Zugeständnisse und die parallel dazu betriebene Mäßigung des ideologischen Drucks von zahlreichen rational denkenden Funktionären auch auf hoher Ebene begrüßt wurden, hatte diese «neue Generallinie» weitaus mehr erbitterte Gegner im Apparat. Diese sahen die Diktatur des Proletariats und die Reinheit der kommunistischen Lehre durch die wachsende und von keinem Zentralkomitee kontrollierte Selbsttätigkeit der Kolonisten gefährdet. Speziell im südrussischen Raum behinderten die Apparatschiks die Ausweitung der Kooperationsbewegung durch Verschiebung, dann durch direktes Verbot ihrer Versammlungen und Kongresse. Später gingen sie zur Organisierung von Gegenprojekten mit Hilfe ärmerer Bauern über, was einer Verschärfung der sozialen Konflikte im Dorf, einem inszenierten Klassenkampf gleichkam.

Die Sowjetisierung

Die Industrialisierung, die Kollektivierung der Landwirtschaft und der Sieg über Hitlerdeutschland im Großen Vaterländischen Krieg – diese drei Faktoren bewertete der britische Historiker Eric Hobsbawm als die wichtigsten Errungenschaften der Oktoberrevolution. In der Tat gab es zwischen diesen historischen Erfolgen einen untrennbaren Zusammenhang. Ohne industrielle Basis wäre die UdSSR außerstande gewesen, jene militärische Kraft aufzubringen, die zur Verteidigung des Landes gegen Hitlerdeutschland erforderlich war. Und ohne die Kollektivierung, d. h. die praktische Verstaatlichung der Landwirtschaft wäre es undenkbar gewesen, die materielle Grundlage für die beschleunigte, geradezu sprunghafte technische und ökonomische Entwicklung zu schaffen. Diese großen Anstrengungen verwandelten das ehemalige Zarenreich in eine nukleare Supermacht, neben den USA der zweitstärkste Staat der internationalen Gemeinschaft.

Die Bedeutung der Kollektivierung liegt also auf der Hand. Doch selbst wenn man von den enormen Opfern dieses Prozesses abstrahiert, was die Apologeten gerne tun, ist auf längere Sicht das ökonomische Scheitern des Kolchosmodells nicht zu übersehen. War das zaristische Reich zu Beginn des 20. Jahrhunderts auf dem Weltmarkt noch der Getreideexporteur Nr. 1, so kam der UdSSR in den achtziger Jahren der zweifelhafte Ruhm zu, der bedeutendste Importeur von Brotgetreide zu sein. Die Unbilden des Wetters und die großen Verluste beim Einbringen der Ernte aufgrund von Desorganisation und maroden Maschinenparks ließen ihr keine andere Wahl. Die Supermacht musste für die Importe regelmäßig mit Gold oder Westwährung zahlen.[1]

Die am Ende der zwanziger Jahre durchgesetzte «vollständige Kollektivierung» bedeutete eine eindeutige Rücknahme des «Dekrets über den Boden» vom Oktober 1917, und folglich hegten die russlanddeutschen Bauern den begründeten Verdacht, dass andere Verheißungen der

Lenin'schen Revolution ebenso ephemer bleiben würden. Dieser Verdacht bezog sich unter anderem auf den im Grunde bürgerlich-demokratischen Passus der Sowjetverfassung von 1918 über die Trennung von Kirche und Staat sowie die «völlige Freiheit sowohl religiöser als auch antireligiöser Propaganda». Letztere entfaltete sich immer mehr, unter anderem durch die Bewegung der «Militanten Gottlosen», und gleichzeitig wurde die Einschränkung kirchlicher Aktivitäten immer offensichtlicher. Für die deutschen Kolonisten berührte die sich ausweitende «gottlose» Kampagne einen wichtigen Teil ihrer nationalen Identität und ging in Richtung einer bewussten Zerstörung der traditionellen Dorfgemeinschaft. Noch bevor die Herrschenden im Kreml und ihre lokalen Vertreter den Menschen ihren Grund und Boden wegnahmen, kassierten sie ihren Himmel.

Krieg gegen Gott

Der Altenburger Sozialist Erich Mäder, der im Herbst 1926 mit einer Delegation des «Verbands proletarischer Freidenker» die Sowjetunion bereiste, geriet sehr bald in Konflikt mit der KPD-dominierten Mehrheit der Reisegruppe. Obwohl er dem Sowjetregime eindeutig wohlwollend gegenüberstand, lehnte Mäder die Unterzeichnung einer damals üblichen gemeinsamen Deklaration der Revolutionstouristen ab, weil er die Verlautbarung als zu überschwänglich empfand. Seine Vorbehalte gegenüber dem «Arbeiterstaat» resümierte er in einem kurzen Reisebericht.

Die Partnerorganisation «Verband der Gottlosen» führte die deutschen Genossen unter anderem auch nach Marxstadt, wo die Delegierten Kinderheime, Schulen und die Traktorenfabrik besuchten. Obwohl die Gastgeber sich alle Mühe gaben, die Besucher zu indoktrinieren, gelang es dem guten Beobachter Mäder, hinter die Kulissen zu schauen. Er sah die vollen Kirchen mit den andächtigen Gläubigen und war davon überzeugt, dass die Aufhebung der Religiosität in der UdSSR, «einem Land, das viel religiöser ist als Bayern», noch lange Jahrzehnte in Anspruch nehmen würde.

Der deutsche Atheist wurde mit vielerlei Widersprüchen konfrontiert. Kurz vor seiner Reise war in Moskau das erste Krematorium gebaut worden. Die staatliche Förderung der Feuerbestattung sollte den

Glauben an die körperliche Auferstehung und damit an das Leben nach dem Tod zerstören – ein Anliegen, das auch den Freidenkern vom Rhein nicht fern lag. Zur gleichen Zeit erbaute man aber für Lenins einbalsamierten Leichnam das Mausoleum auf dem Roten Platz, das nunmehr den halbgottähnlichen Status des Führers des Weltproletariats symbolisierte. Diese Diskrepanz wurde dem Reisenden deutlich, als ein deutscher Lehrer aus Tiflis ihm klipp und klar erklärte: «Wir haben vor einigen Jahren den blinden Kirchenglauben, den Götzendienst aus der Schule vertrieben, und nun ist er im Begriffe, in neuer Auflage wieder einzuziehen. Der Leninkult wird übertrieben. Der große Revolutionär erfährt schon jetzt beinahe göttliche Verehrung und wird in absehbarer Zeit wahrscheinlich überhaupt heiliggesprochen.»[2] Alle, die in vergleichbarer Offenheit mit dem Gast aus dem Westen sprachen, fügten gewöhnlich hinzu: «Aber verraten Sie mich bitte nicht, sonst verliere ich meine Stellung.» Und Mäder versicherte in seinem Reisebericht: «Ich werde mich hüten, einen ihrer Namen öffentlich zu nennen, denn ich bin fest überzeugt davon, dass es auf solche Offenheit hin bestimmt den Abschied geben würde.»

Mäder zollte der spektakulären Arbeit der «Gottlosen» einen gewissen Respekt, aber er sah auch die begrenzten Möglichkeiten des staatlich geförderten Atheismus: «In den Städten ist die Tätigkeit der Freidenker nicht allzu schwer (...). Auf dem Lande aber ist ihre Agitation und Bildungsarbeit viel mühevoller. Trotzdem versucht man auch das Dorf vom Aberglauben zu erlösen.» Dieses Phänomen hing seiner Meinung nach damit zusammen, dass die dörflichen Geistlichen «gegenwärtig noch vorwiegend mit Naturalleistungen der Bauern abgegolten sind und (...) sich dabei sehr wohl» fühlen.[3] Offensichtlich schöpfte Mäder diese Information über die rosige Lage der Pfarrer aus offizieller Quelle. Speziell im Wolgagebiet ergaben sich für die «Gottlosen» paradoxe Situationen. «In Marxstadt», so Mäder, «fragte ich einen Deutschen nach der religiösen Einstellung der politisch organisierten, d. h. der kommunistischen Parteimitglieder. Es wurde mir gesagt, sie seien größtenteils aus der Kirche ausgeschieden, es gebe aber auch Kirchenmitglieder unter ihnen. Viele ihrer Frauen seien noch sehr häufig im Gottesdienste anzutreffen.»[4]

Für den wachsenden Einfluss der Religion nach den Jahren des Hungers und dem Beginn der NÖP sprach die Tatsache, dass Adam Emich, ein namhafter Mitbegründer der Arbeitskommune, in den zwanziger Jahren Mitglied der katholischen Kirche wurde und trotzdem eine Zeitlang noch als Redakteur des Fachjournals «Wolgadeutsches Schulblatt» arbeiten durfte.[5]

Leute wie er waren Aushängeschilder der autonomen Republik und konnten vielleicht ausländische Beobachter täuschen. Aber Fälle wie dieser waren eine Ausnahme. Die Feindschaft der Herrschenden gegenüber jeder Weltanschauung, die der offiziellen Ideologie fremd war, wuchs von Tag zu Tag. Je weiter man von den großen, sichtbaren Zentren entfernt war, desto hemmungsloser entfaltete sich die Hetze gegen jeglichen Glauben und gegen religiöse Minderheiten. Zur wichtigsten Zielscheibe wurden zunächst die straff organisierten Mennoniten, deren Religiosität eine besonders starke innere Kohärenz schuf. «Der Druck der Mennonitengesellschaft», beschwerte sich die Orenburger kommunistische Zeitung im August 1926, «erreicht jeden Mennoniten, einschließlich der Vorsitzenden der Dorfsowjets. (...) Wenn einem Mitglied etwas vorgeworfen wird, ruft man den ‹Schuldigen› am nächsten Sonntag ins Gebetshaus, wo ihm der ‹Prediger› und die ‹frommen Brüder› eine Abfuhr zuteilwerden lassen, dass der Betroffene noch ganze Monate davor zittert, aus der Gemeinschaft ausgeschlossen zu werden.»[6] Fast zeitgleich traf der Geheimbericht der Orenburger Abteilung der Geheimpolizei GPU in der Moskauer Zentrale ein, wo man die Mennoniten als Haupthindernis auf dem Wege der «Sowjetisierung der deutschen Bevölkerung» betrachtete. Mit Unwillen wurde konstatiert, dass der kommunistische Jugendverband, der Komsomol, auf deutsche Jugendliche, sofern sie keine russische Schule besuchten, keinerlei Einfluss ausübe: «Diese verfügen über einen eigenen, im Wesentlichen komsomolfeindlichen Zirkel und führen eine kulturelle und aufklärende Arbeit im ganzen Kreis an (...). Der Zirkel organisiert systematisch Theateraufführungen, wobei die Stücke von den Führern des Zirkels verfasst werden.» So wurde die traditionelle Laienkunst der deutschen Minderheit als illegale konterrevolutionäre Zusammenrottung verunglimpft.[7]

Besondere Sorge bereiteten den Behörden die zahlreichen Sekten. Allein in Kirgisien wurden acht Freikirchen registriert, unter ihnen Baptisten, Adventisten, evangelische Christen, Zeugen Jehovas, Tolstojaner und

Molokanen («Milchtrinker»), eine Religionsgemeinschaft in der Tradition des Urchristentums. Obwohl all diese Glaubensgemeinschaften bei der Registrierung den Militärdienst in der Roten Armee akzeptierten, verhielten sie sich in anderen Fragen ziemlich eigenwillig: So ignorierten die deutschen Sekten das Verbot einer kirchlichen Zugehörigkeit unter 18 Jahren, indem sie Sonntagsschulen für Kinder abhielten oder den Versuch unternahmen, Bibel und Gesangbücher, die aus der Zeit vor der Revolution stammten oder aus dem Ausland eingeschmuggelt wurden, in kirgisischer und usbekischer Sprache zu verbreiten.[8] Starke Aktivitäten im Wolgagebiet und im Kaukasus entwickelten die sogenannten «Tanz- und Betbrüder» mit ihren ekstatischen Gottesdiensten – allesamt von den großen Kirchen abgespaltene, informelle und damit relativ schwer kontrollierbare Gruppen, bei denen häufig auch katholische, protestantische und orthodoxe Bauern Zuflucht fanden.

Atheistische Funktionäre sahen in den Kirchen und Sekten eine immense Bedrohung und überschätzten deren Möglichkeiten. Diese Ängste resümierte der von der Kommunistischen Internationale an die Wolga delegierte ungarische Berufsrevolutionär Franz Huszti: «Wissen wir, weiß überhaupt das Gebietsparteikomitee, die Sowjetbehörden, die Gottlosen und alle zusammen, aus welchen Quellen die religiöse Bewegung unserer Deutschen Republik schöpft? (...) Die Kosten für die einzelnen Kirchen deckt die Bevölkerung, und diese übersteigen bedeutend das gesamte Budget der Partei und der Gewerkschaften. (...) Wir wissen nicht einmal, wer die Führer dieser kirchlichen Bewegungen sind.»[9]

Die von langer Hand geplante «Sowjetisierung der deutschen Bevölkerung», also ihre Umerziehung im Sinne der Normen und der Ideologie der neuen Zeit, konnte nur Schritt für Schritt durchgesetzt werden. Dabei erscheint Erich Mäders Auskunft, dass 1926 lediglich fünf Prozent der Kirchengebäude «in Ermangelung an Gläubigen» geschlossen worden waren, stark untertrieben. Gotteshäuser aller Konfessionen wurden bereits zu Beginn der zwanziger Jahre geschlossen, unter anderem als Kulturhäuser oder Lagerräume zweckentfremdet und in einzelnen Fällen sogar gesprengt.

Die berüchtigte Kampagne unter der Bezeichnung «Angriff auf die Religion» startete man jedoch während des ersten Kongresses der sowjetischen Kolchosen Anfang Dezember 1929. Sie erreichte die Wolgarepublik zwei Wochen später. Als erstes wurden die Glocken der lutherischen Kirche Marxstadt (ehemals Katharinenstadt), gespendet von dem ehemaligen Fabrikanten Peter Lippert, «auf Bitte der Werktätigen» hin entfernt und der Traktorenfabrik «Wiedergeburt» als Gussmaterial übergeben. Diesem Beispiel folgte man bald auch anderenorts. Ausgerechnet am Heiligen Abend eröffneten die städtischen Partei- und Sowjetbehörden in eben dieser lutherischen Kirche einen «Kulturpalast» mit dem Namen «Karl Marx». «Im Palast», so die begeisterte Reportage der deutschsprachigen offiziellen Zeitung «Nachrichten», «war anstelle des Altars, von welchem bisher das ‹Opium der Religion› an die werktätigen Massen verabreicht wurde (...), eine Tribüne aufgebaut worden, in deren Mitte eine große Erdkugel stand mit den im Lichtbilde ausgeschnittenen Worten: ‹Proletarier aller Länder, vereinigt euch!› Links und rechts davon prangten die Embleme der Arbeiter- und Bauernmacht und der Roten Armee – Hammer, Sichel und Roter Stern.» Unter den zahlreichen Festrednern verkündete ein «Gen. Kamphausen» als Vorsitzender des Kantonrates der Gottlosen: «Marxstadt hat den Weg des Atheismus der Gottlosen gefunden. Das Sowjetschiff, gesteuert von der Kommunistischen Partei, fährt auf den Wellen der Revolution dem Sozialismus entgegen!» Nach dem offiziellen Teil wurden kirchenfeindliche Gedichte vorgetragen, unter anderem aus der Feder des Vormärzlyrikers Georg Herwegh. Ein 200-köpfiger Chor sang Revolutionslieder, und das lokale Symphonieorchester gab ein Konzert mit Werken Paganinis.[10]

Der von der Zeitung anerkennend zitierte «Gen. Kamphausen», der KPD-Funktionär Lorenz Kamphausen, begnügte sich nicht mit der «Sozialisierung» der lutherischen Kirche, sondern zwang bald darauf mit der Pistole in der Hand auch den Priester der katholischen Kirche, sein Gotteshaus «zu kulturellen Zwecken» dem Staat zu überlassen. Arkadij German berichtet, dass Kamphausen wegen dieser selbst nach sowjetischen Normen gesetzeswidrigen Handlung in Marxstadt vor Gericht gestellt und zu zweieinhalb Jahren Haft verurteilt wurde. Dies hing wahrscheinlich mit der öffentlichen Protestversammlung der Bevölkerung im Mai 1930 zusammen, bei der Kamphausen laut Wiktor Diesendorf von den Bauern beinahe gelyncht wurde. Jedenfalls setzte das Oberste Gericht der Russischen Sowjetrepublik die Strafe zur Bewährung aus. Das weitere Schicksal des Marxstädter Gottlosenführers ist mehr als kurios. Gegenüber Wiktor Diesendorfs Annahme, dass Kamphausen wahrscheinlich, ähnlich wie viele fanatische Organisatoren des Kulturkampfes, in Stalins Gulag endete, lässt sich eindeutig feststellen, dass der übereifrige «Internationalist» 1934 mit seinem gültigen reichsdeutschen Pass unbeschadet in das Dritte Reich heimkehren durfte. 1938 veröffentlichte er dort ein vollkommen im Geiste des Nationalsozialismus verfasstes Pamphlet, in dem er alles Böse, so auch die Glaubensverfolgung in der UdSSR, als Beweis der dortigen «Judenherrschaft» anprangerte.[11] Die Episode in Marxstadt blieb natürlich unerwähnt.

Der Feldzug gegen Gott an der Wolga gipfelte in einem Massenprozess. Angeklagt wurden rund 200 Priester und katholische Laien. Vorgeworfen wurde ihnen Verschwörung, konspirative Zusammenarbeit mit ausländischen kirchlichen Stellen und Spionage für Deutschland und den Vatikan – als «Beweis» galten auch Akte der Kooperation mit internationalen Hilfsorganisationen während der Hungerjahre. Zunächst gab es nur wenige Todesurteile, und diese wurden durch Begnadigung zu Haftstrafen abgemildert. Aber auf der langen Liste der Opfer liest man fast ausnahmslos die düstere Anmerkung: «Weiteres Schicksal unbekannt». Angesichts des Protestes versuchten die Parteiinstanzen dennoch die Gemüter zu beruhigen und stellten dem Rest der Gläubigen Räumlichkeiten für ihre Gottesdienste zur Verfügung. Doch letztendlich wurden alle christlichen Konfessionen zunehmend als halblegale Institutionen betrachtet.[12]

Feindbild Kulak

Der russische Begriff «Kulak» bedeutet «Faust», bezeichnet also nach einer der zahlreichen etymologischen Deutungen jemanden, der alles, der das ganze Dorf fest im Griff hat. In der Vorrevolutionszeit bezeichnete das Wort Personen, die selbst nicht arbeiteten und durch die Arbeit anderer Menschen reich wurden. Den eindeutig pejorativen Beiklang übernahmen auch die deutschen Dorfbewohner des Zarenreichs. Davon zeugen Sprichworte wie: «Der Kulak lebt wie die Made im Speck» oder «Der ist so geizig und habgierig wie ein Kulak»[13] – eine Haltung zwischen Abneigung und Neid.

Für die Sowjetführer war der Kulak, der wohlhabende Bauer, ein

Synonym für die «dörfliche Bourgeoisie» und «Kulak» ein politisches Schimpfwort. Genauere Definitionen sprachen von Bauern, die fremde Arbeitskraft in ihrer Wirtschaft verwendeten, jährlich 900 Rubel Nettoeinkommen pro Familienmitglied hatten, mehr als vier Pferde besaßen, in der Erntezeit einen Traktor der Kreditgenossenschaft ausleihen konnten oder außer ihrem eigenen Ackerland weitere Desjatinen pachteten und von Tagelöhnern bearbeiten ließen. Kurzum – Kulaken waren all diejenigen, denen es «gut ging».

Alle Versuche, diese Kriterien festzulegen, waren jedoch von Anfang an ephemer und offenbar nur dazu da, den Begriff nach Belieben ausdehnen zu können. Jedenfalls verlangte die Moskauer Regierung im Sommer 1929 von der Führung der «Deutschrepublik» die «Aufdeckung der kulakischen Wirtschaften» und schätzte deren Anteil auf 2,5 Prozent. Zu ihrem Leidwesen kamen die lokalen Funktionäre bei allem Eifer jedoch nur auf 1,3 Prozent, womit sie den Zorn der Zentrale auf sich zogen. Dieser ging es, abgesehen von der ewig aktuellen Sorge um die Lieferungen aus landwirtschaftlicher Produktion, nun um etwas Grundsätzliches: Sie wollte die dörfliche Oberschicht verdrängen, in der sie das hauptsächliche Hemmnis der in Angriff genommenen vollständigen Kollektivierung sah. Für diese wiederum diktierten sie – so die offizielle Wortwahl – ein «rasendes Tempo».

Lenins ursprüngliche Agrarpolitik in der Phase der NÖP hatte sich darauf gerichtet, die Kulaken mit ökonomischen Methoden – vor allem Besteuerung – zu bekämpfen, die anderen Bauern als potentielle Verbündete frei wirtschaften zu lassen und die Armen und Landlosen durch Ausbau der Kooperation zu fördern. So waren die Kolchosen anfangs Sammelpunkte der Ärmsten und umfassten noch im Frühjahr 1929 nur sieben Prozent aller Bauernwirtschaften. Die plötzliche Radikalisierung begann damit, dass die als «kulakisch» eingestuften Wirtschaften mit bis zu 75 Prozent ihres Einkommens besteuert wurden. Die Vermögen der «Kulaken» wurden teilweise konfisziert, und viele wurden verhaftet. Für den Fall einer Nichteinhaltung der Ablieferungsquote drohte die Zentrale mit «Boykott», der Einstellung aller Warenlieferungen – eine Drohung, die auch die Interessen breiter Schichten der Bauern und sogar die der «individuellen» Dorfarmut empfindlich berührte.

Zur gleichen Zeit wuchs der Druck auf die Bauern, mitsamt ihrem Eigentum den Kolchosen beizutreten – im Weigerungsfall würden sie «über die Berge in das Weiße Meer getrieben werden».[14] Ein Teil der Bauern reagierte mit spontanem Aufruhr: Im Dorf Marienfeld forderte die Versammlung die Freilassung der Verhafteten und die Rückgabe des konfiszierten Besitzes der Kulaken. In Semjonowka ließen Demonstranten die von den Behörden geschlossene Kirche wieder öffnen, denn, so ihr Argument, «ohne Pater gibt es für uns kein Leben». Der Widerstand der Bauern wurde jedes Mal mithilfe der Sondertruppen der GPU oder der Roten Armee unterdrückt. Die lokalen Kader versuchten die Gemüter durch Überzeugungsarbeit vor Ort zu beschwichtigen – für sie ging es um Kopf und Kragen, denn sie gerieten angesichts der Widersprüche zwischen den Erwartungen der eigenen Landsleute und den lebensfernen, unerfüllbaren Befehlen aus Moskau immer wieder zwischen die Fronten.

Offensichtlich war es diesem Druck geschuldet, dass Wilhelm Wegner, der Parteichef des Gebiets, im Dezember 1929 ein geheimes Telegramm nach Moskau schickte, in dem er behauptete, die Kollektivierung in der deutschen Autonomie habe nunmehr 50 Prozent erreicht, und die Partei- und Staatsführung darum bat, sie daher zum «Musterrayon» der UdSSR zu ernennen. Die Zentrale wies das Ansinnen prompt zurück, und diese Abfuhr kostete Wegner postwendend seine Position: Auf dem Plenum des Gebietskomitees wurde er abgelöst, und sein Nachfolger Christian Horst wusste bereits, dass Moskau sich nicht durch irgendwelche lumpigen 50 Prozent beeindrucken ließ. So berichtete er Ende Januar 1930 von der Kollektivierung von 73 000 Wirtschaften, was 68 Prozent entsprach, und verhieß weitere Siege der Kolchosbewegung an der Wolga.

Die Jagd nach Zahlen und Prozenten ging einher mit der Hatz auf Menschen. Die «Vertreibung über die Berge in das Weiße Meer» war keine leere Drohung: Der erste Transport von sogenannten «Kulaken», bestehend aus 267 Familien und insgesamt 1757 Personen, führte in die Siedlung Solwitschegodsk im Fernen Norden. Ihm folgten zwei ähnlich große Deportationszüge nach Sibirien und Kasachstan. Insgesamt 25 000 deutsche Bauern wurden – nach Konfiszierung des Vermögens bis auf 500 Rubel Startgeld pro Familie – gezwungen, ihr Leben fern von der Heimat, unter völlig fremden klimatischen Verhältnissen neu anzufangen. Alte und Kinder waren die häufigsten Todesopfer der Verbannungskampagne, die unter der Losung «Liquidierung des Kulakentums als Klasse» stand.[15] In der gesamten Sowjetunion waren allein in den Jahren 1930 und 1931 etwa 1,8 Millionen Menschen bzw. 380 000 Familien betroffen – ehemals reiche oder auch nur wohlhabende Bauern, die zu der damals noch neuen Kategorie der «Sondersiedler» (spezposelentsy) gehörten.

Die «Liquidierung» wurde jedoch auch nach der massenhaften Verbannung nicht gestoppt. Es entstand eine groteske Situation: Je mehr Kulaken aus den Dörfern verschwanden, desto rabiater wurde das Feindbild Kulak bekämpft. Er wurde mehr und mehr zu einem Phantom. Jede Missernte wurde seiner «Schädlingsarbeit» und Sabotage zugeschrieben, jede Abweichung des lokalen Parteifunktionärs als Kulaken-Einfluss bewertet. Gleichzeitig wurde das Thema unter strengster Kontrolle gehalten, wie etwa aus der Instruktion der Zensurbehörde Glavlit hervorgeht, die im Herbst 1930 allen Zeitungen und Zeitschriften des Landes befahl: «In der Presse darf man alle Zeichnungen und Fotos veröffentlichen, welche die Nutzung der ehemaligen Produktionsmittel der Kulaken durch die Kolchosen abbilden (zum Beispiel: Eröffnung der Schule in einem ehemaligen Kulakenhaus, Inventar eines Kulaken, wie es in der Kolchose benutzt wird usw.). In der Presse sind verboten: Zeichnungen und Fotos, die den eigentlichen Prozess der Entkulakisierung bebildern (zum Beispiel: der Kulak mit den Kindern verlässt sein konfisziertes Haus, oder der Kulak wird mit Konvoi aus dem Dorf entfernt usw.).»[16]

Die Mystifizierung des Kulaken sollte einerseits eine der Hauptthesen Stalins untermauern: dass der Klassenkampf beim Voranschreiten der sozialistischen Entwicklung immer schärfer würde und der geschlagene Klassenfeind alle Mittel nutze – vom Terror bis zum hinterhältigen Einschleusen seiner Agenten in die Kollektivwirtschaft –, um seine Position gegenüber der Sowjetmacht zu verteidigen. Andererseits galt die Kampfansage nicht so sehr den bereits Verbannten, sondern vor allem den Daheimgebliebenen, den privaten Mittelbauern und den Dorfarmen. Sie mussten dem «rasenden Tempo» der Kolchosbewegung folgen und standen unter einem enormen Druck, sich den neu entstandenen Kolchosen anzuschließen. So erreichte die Wolgarepublik bereits im April 1930 ein Kollektivierungsniveau von 85,5 und zwei Monate später von 95 Prozent. Was dem in Ungnade gefallenen Wegner misslungen war, das erreichte sein ehrgeiziger Nachfolger Christian Horst: Die Deutsche

Abb. 15: Deutsche «Stoßbrigadler» auf dem Feld, 1934

Abb. 16: Versammlung eines Bauernkollektivs in Engels, 1931

Autonomie wurde in der Moskauer Presse als Musterrayon der sozialistischen Umgestaltung der Landwirtschaft gerühmt. Mit nur noch 3,7 Prozent verbliebenem Kulakenbesitz, der den Kolchosen schließlich einverleibt wurde, war jedenfalls der Reichtum der Dörfer «liquidiert».

Nun musste «nur» noch die Armut beseitigt werden. Der Staat hoffte darauf, dass das ewige Problem mit der Lieferung von Agrarprodukten nun leichter gelöst werden könne – als Partner standen ihm nicht mehr Hunderttausende privater Bauern, sondern die völlig ausgelieferten Kolchosniki gegenüber. Allerdings erweckte die Neuauflage des Kriegskommunismus auch das alte, fürchterliche Gespenst des Hungers zu neuem Leben.

Auch diesmal betraf die Katastrophe nicht allein das Wolgagebiet, sondern ebenso die Ukraine (der «Holodomor» mit geschätzten dreieinhalb Millionen Todesopfern) und Südrussland. Das Szenario des Jahres 1933 ähnelte der schrecklichen Hungersnot von 1922 und bestand aus mehreren Phasen: Es begann mit der chronisch werdenden Unterernährung, ging weiter mit einem langsamen Sterben und gipfelte in Einzelfällen gar in Kannibalismus und dem Verzehr von Kadavern. Dennoch gab es wesentliche Unterschiede im Verlauf der beiden Tragödien. Während unter Lenin der Terror der «Requirierungstruppen» vor allem der Versorgung der beiden Hauptstädte und der kämpfenden Roten Armee diente, verkaufte der Stalinsche Staat das in den hungernden Dörfern produzierte Getreide zu Dumpingpreisen im Westen und finanzierte aus dem Gewinn teilweise die Industrialisierung. Und während die sowjetrussische Regierung 1922 nach einigem Zögern die internationale Gemeinschaft von der Lage unterrichtet und ausländische Hilfe in Anspruch genommen hatte, verheimlichte Stalins Mannschaft 1933 den Hunger vor der eigenen Öffentlichkeit, und als Gerüchte die westliche Welt erreichten, reagierte sie mit erbosten Dementis.

Auch die Geheimberichte waren zu Anfang vorsichtig formuliert. So sprach die Depesche des Gebietskomitees an die Zentrale im Januar 1932 lediglich von «unerwünschter politischer Stimmung auf Basis der Schwierigkeiten bei der Versorgung, die im gegenwärtigen Moment schärfer als je erscheinen». Auch der offene Protest artikulierte sich in keinem direkten Aufruhr. Die Demonstration von einigen Hundert Bauern aus Semjonowka vor dem Gebäude des Dorfsowjets verlief unter roten Fahnen und mit dem Transparent: «Wir grüßen die Sowjetmacht und bitten, der hungernden Bevölkerung das Brot nicht zu verweigern.» Das waren keine Kulaken mehr, sondern einfache Mitglieder der Kolchosen. Wenn sie Getreidespeicher stürmten, wie im Kanton Seelmann, oder wenn sie streikten, wie im Dorf Sichelberg, so geschah dies nicht

Abb. 17: Wohlstandspropaganda zur Zeit der Hungersnot

aus politischen, sondern aus rein materiellen Gründen. Die Sowjetmacht antwortete jedoch diesmal mit Drohungen für Leib und Leben. Ein Gesetz vom August 1932 sah für den Diebstahl von Getreide drakonische Strafen vor, unter anderem Erschießungen. Solche Todesurteile wurden bis Dezember 1932 an 32 von 474 Angeklagten vollstreckt, darunter Frauen, die ein paar Weizenähren vom Feld gesammelt hatten, um ihre Kinder ernähren zu können.

«Vor allem sterben Kinder und Alte», berichtete am 27. Mai 1933 der Staatsanwalt der Autonomen Sozialistischen Sowjetrepublik der Deutschen im Wolgagebiet, Arwed Skudra, an seinen Moskauer Vorgesetzten: «Unter den verstorbenen Kolchosbauern sind Faulenzer und Spekulanten gewesen, die im vorigen Jahr eine miserable Menge von Arbeitseinheiten erbracht hatten. Aber in der letzten Zeit gab es auch Todesfälle unter den Stoßarbeitern. (…) In der Siedlung Jagodnaja Poljana musste man zwei Stoßarbeiter direkt vom Pflug ins Spital bringen, wo einer starb, und der andere war dermaßen angeschwollen, dass er kaum die Finger zusammendrücken konnte. (…) Inzwischen hat der Hunger auch die Kleinstädte der Republik erreicht: Allein in Balzer starben im März 194, im April 272 Hungernde, ein Drittel von ihnen Kinder, das zweite Drittel – Arbeiter.» Hier schlug die knochentrockene

Beschreibung des Funktionärs plötzlich in den gewöhnlichen Lobgesang über die Produktionsleistungen um: «Man muss anmerken, dass im Allgemeinen, ungeachtet der schwierigen Situation, die Kolchosbauern in ihrer Masse gut arbeiten. (...) Wir haben viele Tatsachen und heroische Beispiele seitens der Stoßarbeiter der Kolchosen und unseres Aktivs, welche ungeachtet der Unterernährung die übrige Masse nach sich ziehen und die Normen der Herstellung erfüllen und übererfüllen.»[17]

In der Tat lieferte der hungernde Musterrayon in dieser Zeit immense Mengen von Agrarprodukten für den Export: 29 Tonnen Schinkenspeck, 40 Tonnen Butter, 2,7 Waggons geschlachtete Hühner und 71 Tonnen Johannisbeeren.[18] Inzwischen waren bereits mehr als 50 000 Einwohner der Republik verhungert. In der Sterblichkeitsstatistik der ASSR wurde die Todesursache als «sonstige» angegeben. Landesweit erreichte die Zahl dieser «sonstigen» Sterbefälle ein Niveau, das der Sowjetstaat vor der internationalen Öffentlichkeit nicht eingestehen konnte – eine der möglichen Ursachen, weshalb die Volkszählung 1937 vorzeitig abgebrochen wurde.

Die stürmischen Ereignisse zwischen 1929 und 1933 – die antireligiöse Kampagne, die Zwangskollektivierung, die Vertreibung der Kulaken und die Fortsetzung des «Klassenkampfes» im Dorf – bildeten einen komplexen Prozess, der in den verschiedenen Gebieten des Landes ungleichmäßig verlief. Als erste reagierten auf den Schock der beschleunigten Kollektivierung die deutschen Bauern aus Sibirien und dem Altai mit ihren starken religiösen – katholischen, protestantischen, mennonitischen – Gemeinschaften. Im November 1929 hielten sich 12 500 Russlanddeutsche in Moskau auf, belagerten förmlich die deutsche Botschaft und flehten um Einreisevisa für das Deutsche Reich. 5600 von ihnen erhielten die entsprechende Genehmigung und damit auch den sowjetischen Reisepass. Die anderen wurden von der GPU gewaltsam in Waggons geschleppt und in ihre früheren Wohnorte zurückgebracht.[19]

Diese organisierte Aktion löste bei den Funktionären keinen geringen Schrecken aus, und das aus gutem Grund. Die Nachricht über den halben Erfolg der Massenflucht verbreitete sich durch die Briefe und Besuche der Landsleute wie ein Lauffeuer und bereitete vor allem den örtlichen Kadern Kopfzerbrechen. Besonders enttäuscht gaben sie sich darüber, dass das Reisefieber nicht nur Kulaken, sondern auch, wie sich ein Parteisekretär aus der kasachischen Stadt Semipalatinsk ausdrückte, «die uns nahestehenden Schichten»[20] erfasst hatte, also auch landlose und arme Bauern sowie Mittelbauern. Viele von diesen verkauften bereits ihr Hab und Gut und erwarben Bahnfahrkarten nach Moskau, um dort ihre Ausreise nach Deutschland, den USA, Südamerika oder Kanada durchzusetzen. Dieses im offiziellen Jargon als «Emigrationsstimmung» bezeichnete Phänomen stützte sich auf die Erwartung, in den betreffenden Staaten rasche Aufnahme und gute Integrationschancen zu finden – was sich jedoch in der Folge der Weltwirtschaftskrise schon bald als Illusion entpuppte.

Offensichtlich fühlten sich die Behörden durch den Andrang der Ausreisewilligen überfordert, und ihre erste Reaktion war durchaus offensiv. So erklärte ein russischer Kader auf einer Versammlung der deutschen Sowjetbürger des Gebiets Kustanai: «Die Sowjetmacht wird mit den Deutschen nicht viel Umstände machen, sie eröffnet einfach den Deutschen den Weg zur Ausreise nach Germania. Wenn es euch hier drückt, reist nach eurem Hindenburgschen Germania!»[21] Die Verwaltung der Stadt Slawgorod in Westsibirien stellte den emigrierenden katholischen und mennonitischen Familien sogar neun Waggons zur Verfügung.[22] Nach dem Rücktransport der abgewiesenen Ausreisewilligen durch die GPU mussten diese völlig besitzlos gewordenen Bauern von den Lokalverwaltungen oder den Kolchosen versorgt werden. Nun führten selbst die sehr bescheidenen sozialen Maßnahmen wie Unterbringung, billiges Mittagessen und kostenloses Brot zu Irritationen unter den Mitbürgern, weil das Kreiskomitee der Partei in Pawlodar es für notwendig erachtete, die Bevölkerung der benachbarten russischen Dörfer über die Gründe der Emigrationsbewegung aufzuklären.

Ausgerechnet über diese Gründe – die Kollektivierung und die Glaubensverfolgung – herrschte jedoch keine Klarheit bei den lokalen Beamten, oder sie hüteten sich davor, diese gegenüber ihrer Obrigkeit zu benennen. Außer der obligatorischen Bezugnahme auf die Wühlarbeit der Kulaken und der Geistlichen argumentierten sie mit dem «tief verwurzelten Besitz-Konservatismus» und der «nationalen Beschränktheit»[23] der deutschen Bauern. Manche Berichterstatter machten jedoch auf Fehler der nationalen Politik aufmerksam, vor allem auf die Vernachlässigung der deutschen Minderheit, die in Kasachstan über keine Schulen, Bibliotheken und Zeitungen verfügte. Ein deutsches Parteimitglied des Kreiskomitees reflektierte diesen Mangel mit dem Stoßseufzer: «Hätten wir politisch entwickelte Mitarbeiter, die der deutschen Sprache mächtig wären oder sich wenigstens in den Bedingungen des deutschen Dorfes auskennen würden, dann hätten wir überhaupt keine Emigrationsbewegung, oder wenn ja, dann könnten wir diese schnell liquidieren.»[24] Als bevorzugtes Kampfmittel gegen die Auswanderung blieb bei dieser Sichtweise nur noch Gewalt. Die GPU tat das Ihrige: Der Verkauf von Fahrkarten wurde eingestellt, die Züge kontrolliert, und Bauern mit erkennbaren Emigrationsabsichten wurden aufgehalten.

Schließlich ebbte die Fluchtwelle ab, als die bösen Nachrichten aus Moskau in Kasachstan eintrafen. Der gemeinsame Bericht eines deutschen und eines russischen hochrangigen Mitarbeiters der GPU zitiert Sätze der Enttäuschung aus geöffneten Briefen. So schrieb der Bürger Krebs an den Bürger Friesen nach Pawlodar: «Du hast gut getan, dass du nicht nach Moskau gereist bist. Dort befinden sich 13 000 Menschen, und sie wissen nicht, was sie tun sollen. Kanada und Brasilien nehmen keinen bis zum Frühjahr, vielleicht will Germania sie nehmen zur Besiedelung der Ostgebiete.» Ein zurücktransportierter deutscher Bauer schrieb an seinen Bruder nach Pawlodar: «Liebes Brüderchen, ich teile mit, dass wir, als wir nach Amerika auswandern wollten, unser ganzes Brot verkauften, und jetzt sitzen wir ohne Brot, man kann es auch nirgends kaufen, und das Geld fehlt auch, und das alles wegen diesem verdammten Amerika.»[25]

Im Nordkaukasus scheinen die ausreisewilligen deutschen Bauern schlauer gewesen zu sein. Sie warteten nicht auf die Genehmigung aus Moskau, und als ihre Pässe von der Behörde eingezogen wurden, nahmen die Mutigen unter ihnen bereits 1928 einen anderen Weg. Wie ein Rapport des lokalen Parteikomitees an das ZK in Moskau berichtet, überschritten etwa 70 deutsche Familien, «unter ihnen Arme und Mittelbauern», die grüne Grenze zum Iran.[26]

Diejenigen, die zurückblieben, Baptisten und Mennoniten, folgten nicht dem unruhigen Geist ihrer Landsleute von der Wolga, sondern handelten entsprechend dem Gebot Jesu, «Ihr sollt dem Bösen keinen Widerstand leisten» (Matthäus 5,39). Die Muster-Landwirte von einst traten Kolchosen mit den deutschen Namen Rot Front, Rote Fahne,

Karl Marx, Engels, Liebknecht und Thälmann bei und ließen die Demütigung über sich ergehen, ihre als Hungerhilfe gemeinte Tagesration von 600 Gramm Brot vollständig durch Lohnarbeit verdienen zu müssen. Nach dem Katastrophenjahr 1933[27] gelang es ihnen, in der Kollektivwirtschaft höhere Produktionsleistungen zu erzielen als ihre russischen oder kaukasischen Schicksalsgefährten.

Die Tragik der Ereignisse um die Russlanddeutschen gegen Ende der zwanziger, Anfang der dreißiger Jahre spitzte sich angesichts der internationalen Lage weiter zu. Dies betraf vor allem die «Deutschrepublik», die als staatsähnliches Gebilde in der Propaganda als eine Art Vorwegnahme des sozialistischen Deutschlands oder, wie es Clara Zetkin in ihrer Rede als Alterspräsidentin des Reichstags 1932 nannte, des künftigen Sowjetdeutschlands gegolten hatte. Die Gegenüberstellung des riesengroßen, hochmodernen Deutschen Reichs und der winzigen, provinziellen Autonomen Republik führte mit dazu, dass deren Schicksal eng mit dem der Weimarer Republik verbunden war. Und diese erste deutsche Demokratie kam infolge der Weltwirtschaftskrise von Tag zu Tag ihrem unaufhaltsamen Untergang näher. Der zeitliche Zusammenfall der Hungerkatastrophe an der Wolga mit Hitlers «Machtergreifung» löste einen Loyalitätskonflikt zwischen der deutschen Minderheit und der Zentralmacht aus – den größten seit dem Ausbruch des Ersten Weltkriegs.

Das nationalsozialistische Regime verbot bereits 1933 die Parteien und Gewerkschaften oder zwang sie zur Selbstauflösung, es verbannte die politischen Gegner in Zuchthäuser und Konzentrationslager, die ersten Bücherverbrennungen fanden statt, die Judenverfolgung begann, und die geistige Elite flüchtete aus dem Land in alle Welt. Ende März erschien in dem damals noch nicht gleichgeschalteten «Berliner Tageblatt» die erste Berichterstattung über die Hungersnot an der Wolga – aus britischer Quelle.[28] Zuerst versuchte Deutschland diplomatischen Druck auf Moskau auszuüben, dann entfaltete es eine großangelegte öffentliche Kampagne unter Einbeziehung des Deutschen Roten Kreuzes, der Evangelischen Kirche und des Bunds der Auslanddeutschen. Auf mehreren Ausstellungen wurden Briefe von Russlanddeutschen an ihre in Deutschland lebenden Verwandten gezeigt und lösten allgemeine Entrüstung aus. Aus Mitleid mit den hungernden Deutschen an Dnjepr und Wolga wurde das Bankkonto «Brüder in Not» eingerichtet, wobei die beiden Erstspender mit je 1000 Reichsmark fatalerweise den Namen Hindenburg und Hitler trugen.[29] Bald darauf schlug die Reichsregierung vor, der UdSSR 27 Millionen Reichsmark als Hungerhilfe zur Verfügung zu stellen.

Zweifellos handelten viele Spender aus humanitären oder patriotischen Erwägungen. Dabei erreichten sie jedoch das Gegenteil von dem, was sie eigentlich wollten. Denn den kaltblütigen Propagandisten von Dr. Goebbels ging es ausschließlich darum, die erste große Propagandaschlacht mit dem Erzfeind UdSSR zu entfalten. Folglich reagierten die Sowjetbehörden mit einer Reihe von Versammlungen in Kolchosen, Schulen und Betrieben des Wolgagebiets, auf denen die «Werktätigen» den Vorschlag des Reichs in heller Empörung zurückwiesen. Die Protestresolutionen betonten, dass eine solche Unterstützung überhaupt nicht notwendig sei, denn sie lebten im Wohlstand, während die deutschen Arbeiter und Bauern im Elend vegetierten. Trotzdem mischte sich die Partei zunächst nicht in den Postverkehr ein, zumal die Reichsmark- und Dollarüberweisungen aus Deutschland und Kanada nicht nur die lebenswichtigen Bedürfnisse der Menschen, sondern auch den Valutahunger des Staates befriedigten. Für seinen Devisenscheck erhielt der Empfänger kein Bargeld, sondern eine sogenannte «Rubelorder», mit der er in den Geschäften der seit 1931 bestehenden Handelskette Torgsin («torgovij sindikat» = Handelssyndikat) das Allernotwendigste erwerben konnte. So entstand die absurde Situation, dass der Kolchosbauer aus dem Kanton Kamenskoje oder Balzer in dem Saratower oder Engelsschen Torgsin-Laden dank seinen Angehörigen aus Stuttgart oder Dresden Mehl, Zucker, Wurst, Kartoffeln und Fleischkonserven einkaufen konnte – Waren, die er vielleicht selbst produziert hatte, jedoch in keinem Lebensmittelladen der «Deutschrepublik» vorfand. Den Verlockungen der harten Währung erlagen alle, inklusive der Parteimitglieder mit verwandtschaftlichen Beziehungen im Ausland, die jedoch eher über Vermittler die Waren bezogen.

Mit der relativen Stabilisierung der Versorgung schrumpften die Gewinne des Torgsin, und die Partei ging dazu über, die «faschistische Hilfe» abzustellen – schon der Ausdruck sollte die Empfänger von vornherein abschrecken. Viele arme Leute fühlten sich gezwungen, die Pakete zurückzuschicken, und die Überweisungen – oft ging es um Beträge wie 10 Reichsmark oder 20 Dollar – spendeten sie der Internationalen Roten Hilfe. Welches demütigende Verfahren dabei zur Anwendung kam, zeigt die Erklärung der Bäuerin Christina Schleicht aus der Kolchose «Landmann» in Kasachstan, Gebiet Koktschetau:

«Hiermit bestätige ich gegenüber dem Postamt (...) den Erhalt eines Paketes aus Deutschland auf meinen Namen. Auf die Übernahme verzichte ich und füge ergänzend hinzu: Wenn weitere solche Pakete kommen, bitte ich diese an die Adresse der Absender zurückzuschicken, dies angesichts der Tatsache, dass ich nicht auf deren Hilfe angewiesen bin. (...) Eine derartige Hilfe konnte man in der Zarenzeit annehmen, aber heute kann man in unserem Staat leben und sogar dem Proletariat in den kapitalistischen Staaten helfen.»[30]

Kampagne gegen die Intellektuellen

Die Erschwerung der Auslandskontakte belastete bereits vor 1933 die wissenschaftliche Zusammenarbeit mit deutschen akademischen Kreisen. In den Jahren der NÖP durften noch ab und zu namhafte Intellektuelle, wenn auch nicht ohne bürokratisches Tauziehen, zu Konferenzen oder Forschungszwecken ins Ausland reisen, und es gehörte zu ihrem natürlichen Recht, literarische oder wissenschaftliche Arbeiten in westlichen Journalen (so zum Beispiel in den «Wolgadeutschen Monatsheften») zu publizieren. Diese relativ liberale Kulturpolitik hing mit der Person des Volkskommissars Anatolij Lunatscharskij zusammen und änderte sich nach dessen Ablösung im September 1929 ziemlich abrupt. Im Oktober 1929 begann eine hemmungslose Hetze gegen Boris Pilnjak (Wogau) wegen der Veröffentlichung seiner Erzählung «Mahagoni» bei einem russischen Verlag in Berlin – die unerlaubte Versendung von Manuskripten ins Ausland galt von da an und bis zum Ende der achtziger Jahre politisch als Klassenverrat und juristisch als strafbare Handlung.

Das Jahr 1930 begann für die wolgadeutsche Intelligenz mit einem Großereignis: der offiziellen Eröffnung des bereits seit einem Jahr arbeitenden Pädagogischen Instituts oder, wie dieses von der Zeitung «Nachrichten» gerühmt wurde, der «Waffenschmiede für die sowjetdeutschen Kulturkader».

Die Festrede hielt Johannes Schwab, Vorsitzender des zentralen Exekutivkomitees der Wolgarepublik, also formaler Staatschef und zugleich

Rektor des Instituts. Er sprach zuerst Deutsch, dann Russisch und betonte vor allem die immense politische Bedeutung der Neugründung im Rahmen der «Kulturrevolution», die er wiederum als festen Bestandteil des Projekts Industrialisierung und Kollektivierung betrachtete. Nach ihm trat Professor Dr. Georg Dinges als Prorektor mit einem Vortrag über die Kulturmorphologie der Wolgadeutschen auf. Unter den Gästen begrüßte man auch Walter Ziesemer, Professor der Universität Königsberg, der eine großzügige Bücherspende überbrachte.

Die Veranstaltung verlief selbstverständlich gemäß dem sowjetischen Zeremoniell mit langen, politischen Redebeiträgen und dem Verlesen von Grußtelegrammen der Partei- und Staatsführung. Aber sie war zweifellos auch ein Fest der reinen Wissenschaft, deren hohe Repräsentanten hier am Wolgaufer der Ethnologe und Linguist Dinges, der Philosoph Anatolij Synopalow und der Archäologe und Folklorist Paul Rau waren. Zu ihrem Kreis gehörte auch der Germanist und Historiker Peter Sinner, der 1914 eine heute als klassisch geltende Ausgabe der wolgadeutschen Volkslieder in Saratow veröffentlicht hatte. Seiner Feder entstammte eine Übersetzung der berühmten Ballade «Stenka Rasin» mit der Zeile: «Wolga, Wolga, traute Mutter ...» Die vier Gelehrten, allesamt Kinder des ausgehenden 19. Jahrhunderts, gehörten zur Kategorie der Menschen aus der alten bürgerlichen Welt, die immer weniger in das neue System passte.

Für Georg Dinges, der die exakte Sprachkarte der Siedlungen des Wolgagebiets erstellte und die unterschiedlichen Dialekte der Kolonisten entsprechenden Ursprungsgegenden zuordnete, war es vor allem eine stilistische Frage, seinen Abstand zur offiziellen Sprachregelung und Ideologie zu wahren. Dies tat er mit Distanz, Ironie und gelegentlich auch Sarkasmus. Während er die Mundart als eigentliches Hochdeutsch in Schutz nahm, spottete Dinges über diejenigen, die in ihrer Rede unentwegt russische Wörter benutzten und dabei mit dem sowjetischen Umfeld argumentierten:

«Ja, und auch der Vorsteher, wollte sagen, der Vorsitzende im Sowet [phonetische Umschreibung des mit wolgadeutschem Akzent ausgesprochenen Worts «Sowjet»], und der ist doch auch kein dummer Mann, der probiert auf allerhand Art, russische Wörter in seine Rede einzuflicken: ‹Stratje! [Sdrawstwujte] Baschalesta [Poschalujsta], Feedr Iwantsch, setzt aich›, sagt er jetzt, wenn man Abends auf ein Stündchen zu ihm auf die Torbank kommt und ihm ‹gudnoowent› sagt, – und nicht so einfach, wie früher: ‹Schendank, Vetter Fritz, setzt aich.› (…) So wissen wir auch schon, warum unsere Bauern auch dann russische Wörter gebrauchen, wenn gute und passende deutsche Wörter da sind, mit denen man seine Gedanken ganz vortrefflich ausdrücken kann: unser Mann, der Vorsitzende im Sowet, (…) und mit ihnen viele andere glauben, es sei schön, wenn man in seine deutsche Rede russische Wörter hineinmische. Aber ist es denn auch wirklich so schön, wie die Leute glauben? Ich glaube, es ist ganz unschön, wenn man russische Wörter in die deutsche Sprache ohne Not hineinmischt. Nun, die russische Sprache ist wohl nicht schön? Das behaupte ich ja gar nicht, dass die russische Sprache schlecht ist. Sie ist gut und schön gebaut, ebenso, wie auch die deutsche Sprache und auch unsere Mundarten gut und schön gebaut sind. Aber dass etwas Schönes herauskommt, wenn man die russische und die deutsche Sprache wie Kraut und Erbsen durcheinander mengt, das glaube ich nicht.»[31]

Dieses Plädoyer für die Muttersprache anno 1923, zwischen Predigt und Linguistik mit einem Schuss harmlosen, altmodischen Kulturnationalismus, enthielt all das, was Georg Dinges ungewollt für die «Sowets» unerträglich machte: seinen Hang zur Tradition und Individualität, mit dem er der Nivellierung, die wie eine Dampfwalze über die mehr als einhundert Nationalitäten des ehemaligen Zarenreiches hinwegging, widerstehen wollte.

Noch nicht ganz ein Monat war seit den Feierlichkeiten des Pädagogischen Instituts vergangen, als Dinges von der GPU festgenommen wurde. Vorerst verbannte man den Verdächtigen in das Dorf Kolpaschewo, Gebiet Tomsk. Seine Stelle als Prorektor der «Kaderschmiede» übernahm die 1902 geborene Komsomol-Funktionärin Anna Paul, die mit siebzehn Jahren der KP beigetreten war und bereits über Erfahrungen im Kampf gegen die aufständischen Bauern verfügte. Eine wissenschaftliche Befähigung, Dinges' Nachfolge anzutreten, fehlte ihr allerdings völlig – von Beruf war sie Kindergärtnerin. Die junge Frau verfasste dann, im Auftrag oder in fanatischer Freiwilligkeit, am 2. August 1930 einen Artikel für die Gebietszeitung «Nachrichten», in dem sie die oben genannten Professoren als ideologische Scharlatane, Verräter und Gegner des Sowjetsystems darstellte. Unter anderem warf sie ihnen vor, bei Dienstreisen nach Deutschland für 20 000 konvertierbare Rubel Bücher beschafft zu haben, was nur dazu gut gewesen sei, dass «die überfüllten antiquarischen Lager der deutschen bourgeoisen Bibliothek (...) entlastet wurden.» So unterscheide sich die Bibliothek des Pädagogischen Instituts «in nichts von einer gewöhnlichen Hochschulbibliothek Deutschlands, (...) wo die bourgeoisen Söhnchen für die bourgeoisen Schulen erzogen werden.» Dreimal in einem Absatz kam das adjektivische Unwort «bourgeoise» vor, eine eindeutige Denunziation der Professoren, von denen sich noch drei – Rau, Sinner und Synopalow – auf freiem Fuß befanden. Dieser Zustand sollte jedoch nicht mehr lange währen. Rau flüchtete vor der zu erwartenden Verhaftung am 10. August in den Selbstmord, Sinner wurde auf der Datscha seiner Frau in Leningrad am 14. August festgenommen, und Synopalow holte die GPU am 30. Dezember 1930 ab.

Nach langen und qualvollen Verhören fand der erste große Schauprozess in der Stadt Saratow statt. Die Angeklagten – bis auf Professor Synopalow – gestanden unter physischem und psychischem Druck alles, was ihnen nahegelegt wurde: Sie seien von Anfang an Feinde des Sowjetregimes gewesen, zudem Agenten des großdeutschen Nationalismus und des Pangermanismus. Alle ihre Kontakte zu Deutschen – von Professor Ziesemer in Königsberg über die Diplomaten des Reichs, die bei der wissenschaftlichen Zusammenarbeit halfen, bis hin zum ehemaligen Reichspräsidenten Friedrich Ebert, der 1924 Dinges angeblich empfangen hatte – sollten sie zur Zersetzung der «Deutschrepublik» missbraucht und den konterrevolutionären deutschen Institutionen Informationen über die Lage in der Wolgarepublik geliefert haben. So endete der Prozess mit je drei Jahren Freiheitsentzug für alle Angeklagten, von denen zwei – Dinges und Sinner – das Gefängnis nicht überlebten, während Synopalow nur wegen seiner schweren Tuberkulose entlassen wurde. Eine Rehabilitierung erfolgte erst im Jahre 1964.

Die Denunziantin Anna Paul wurde zur neuen Direktorin des Pädagogischen Instituts Pokrowsk (ab 1931 Engels) ernannt und konnte sehr bald ihre erste Dienstreise nach Deutschland antreten. Deren Ziel bestand nicht zuletzt darin, die Bibliothek mit neuer wissenschaftlicher Literatur anzureichern, was sie sicherlich nach bestem Wissen und Gewissen tat. Ihre Hochschulkarriere dauerte jedoch nicht lange. Jedenfalls arbeitete sie bereits bei der lokalen Zeitschrift «Kommunistische

Erziehung», als ihr 1936 der damalige Parteichef der «Deutschrepublik», Adam Welsch, eine seiner zahlreichen Denunziationen widmete – mit denen er womöglich der eigenen Verhaftung vorbeugen wollte. «A. Paul», so hieß es in dem Brief nach Moskau, «fuhr als Direktorin des Deutschen Pädagogischen Instituts 1932 nach Deutschland, angeblich zwecks wissenschaftlicher Dienstreise, und brachte von dort konterrevolutionäre Literatur mit sowie faschistische Studenten und Lehrer, die bald darauf verhaftet wurden.» Diesmal mahlten die Mühlen der sowjetischen Justiz langsam, denn Anna Paul arbeitete längst wieder im Kindergarten, als sie im September 1939 nach achtmonatiger Untersuchungshaft wegen «antisowjetischer Agitation» zu acht Jahren Freiheitsentzug verurteilt wurde. Ihre Rehabilitierung erfolgte 1955, neun Jahre früher als die ihrer Opfer Dinges, Synopalow und Sinner. Zehn Jahre später befand sie sich unter den Delegierten der Sowjetdeutschen, die im Kreml die Wiederherstellung der inzwischen zerstörten Wolgarepublik forderten. Anna Paul starb 1984 im Pflegeheim der alten Kommunisten in Peredelkino bei Moskau.

Industrialisierung und Autonomie

Im April 1928 entschied das Politbüro eine weitgehende Verwaltungsreform. Vorgesehen war die Ersetzung der früheren Gouvernements durch Gebiete/Landkreise (Oblast) und Regionen (Kraj) sowie die Aufteilung des Landes in ökonomisch-territoriale Einheiten, die sogenannte Rayonisierung. Im Einzelnen bedeutete dies die Schaffung einer Region des Unteren Wolgagebiets, die die früheren Gebiete Astrachan, Stalingrad, Saratow, Samara sowie zwei nationale Autonomien einschloss – das Kalmückische Gebiet (ab 1935 ASSR) und die ASSR der Deutschen im Wolgagebiet. Diese Entscheidung, gegen die im Grunde kein Einspruch möglich war, löste in der Republik Unruhe und zum Teil auch Protestaktionen aus. Die Angst vor dem Verlust des autonomen Status durch die administrative Zuteilung zu dem ökonomisch unvergleichlich stärkeren russischen Nachbarn wurde auch von der Führungsschicht des Wolgagebiets geteilt – Huszti, Schwab, Kurz und König, allesamt Bolschewiki der ersten Stunde. Mit harter Lobbyarbeit schafften sie es im Mai 1928, von Stalin empfangen zu werden – ein Treffen, bei dem die deutsche Delegation einige Zugeständnisse gegenüber der Zentralmacht durchsetzen konnte. Eher formal einigte man sich darauf, dass die Initiative zum Beitritt zur neuen Region von der Autonomen Republik ausgehen würde und dass dieser auch das Recht eingeräumt werden sollte, unter gewissen Umständen aus der Region wieder auszutreten. Etwas seriöser war die Zusicherung, dass die ASSR der Wolgadeutschen ihre Budgethoheit behalten könne.

Allerdings rechnete damals noch niemand mit dem atemberaubenden Tempo und der Tragweite der sozialistischen Umgestaltung der Wirtschaft, welche die Kluft zwischen der Wolgarepublik und dem übrigen Teil des Rayons (bis auf die winzige kalmückische Autonomie) nur noch steigerte. Zwar gab es in den Kantonen einige Betriebe wie die Motorenfabrik «Kommunist» in Engels oder die Textilfabriken in Marxstadt und Balzer, doch sie konnten ähnlichen Betrieben in Astrachan, Samara, Saratow oder Stalingrad nicht das Wasser reichen – weder was die Mechanisierung der Produktion noch das berufliche Niveau der Beschäftigten betraf. Der Versuch der lokalen Parteiführer, größere Investitionen in die Gegend zu locken, war ziemlich rasch gescheitert. Das grandiose Projekt des ersten Fünfjahrplans, der Bau einer großen Traktorenfabrik mit der dazugehörigen Infrastruktur, wurde trotz diesbezüglicher Erwartungen nicht in Pokrowsk (Engels) errichtet, sondern in Stalingrad, womöglich weil die Stadt an der unteren Wolga mit ihrem Namen an die Bürgerkriegslegende des Diktators erinnerte.[32] Vereitelt wurde auch der Bau einer Spinnerei in Balzer und einer Ziegelfabrik in Pokrowsk.

So behielt die «Deutschrepublik» während der ersten Fünfjahrpläne (1929–1932 und 1933–1937) ihren vorwiegend agrarischen Charakter, während gleichzeitig die lokalen Industrien trotz aller Förderung an den chronischen Krankheiten litten, die selbst für die Riesen der Sowjetindustrie typisch waren: schwache und unregelmäßige Finanzierung, Mangel an technischen Kadern, schlechte Arbeitsorganisation, hohe Betriebskosten und massenhafte Produktion von Ausschuss. Letzteres betraf allein in der Textilindustrie fast die Hälfte der Fertigung. Hinzu kam die hohe Fluktuation der Arbeitskräfte. Die Nichterfüllung der Pläne und die massiven Zeitverzögerungen hingen mit der stockenden Energie- und Rohstoffversorgung zusammen, die Produktion von Ausschuss eher mit dem subjektiven Faktor. Dieselmotoren, die das Unternehmen «Kommunist» für Auftraggeber vom Polarkreis, aus Zentralasien und Sibirien nach immer dem gleichen Muster herstellte, fielen an ihrem Bestimmungsort sofort aus. Mitunter kam es sogar zu Explosionen mit mehreren Todesopfern, einfach weil die veränderten klimatischen Bedingungen bei der Massenherstellung nicht berücksichtigt worden waren.[33] Die hohe Fluktuation der Arbeitskräfte wiederum hing mit der kaum existenten Infrastruktur der neuen oder der erweiterten alten Betriebe zusammen: Man baute ein Kombinat für Tausende von Arbeitern, aber es gab keine Wohnhäuser oder sonstigen beheizbaren Gebäude, keine Kantinen, Lebensmittelläden und Kindergärten. Die Wohnungslage besonders in der Hauptstadt Engels, deren Bevölkerung in den dreißiger Jahren von 36 000 auf 67 000 angewachsen war, bezeichnete ein staatlicher Untersuchungsausschuss als äußerst miserabel: Ein Ziegeleiarbeiter besaß als «Haupt einer achtköpfigen Familie ein Zimmer von zehn Quadratmeter Fläche, in dem die Familie nicht nur wohnt, sondern auch wäscht und die Wäsche trocknet.»[34]

Produktionsausfälle und Ausschuss wurden nach dem landesweiten Muster reflexartig als Ergebnis von «Schädlingsarbeit» oder «Sabotage» betrachtet, hinter der die Behörden jedoch nicht mehr Kulaken, sondern stattdessen «Trotzkisten», «Rechtsabweichler» und ab 1933 zunehmend «Faschisten» vermuteten. Die Verantwortlichen für den Skandal mit den explodierten Dieselmotoren, der Direktor und der Chefingenieur des Betriebs «Kommunist» und ihre engsten Mitarbeiter, wurden 1937 nach ihrem Parteiausschluss als «faschistisch-trotzkistische Gruppierung» vor Gericht gestellt. Hart traf es auch die Textilindustrie: Der Direktor der Spinnerei «Karl Liebknecht» in Balzer und der Leiter der Textilfabrik «Clara Zetkin» in Marxstadt wurden ebenfalls aus der Partei ausgeschlossen und von ihren Posten entlassen. Einfache Werktätige, die in den Verdacht der «Schädlingsarbeit» gerieten, kamen mit Lohnkürzungen und öffentlicher Denunzierung davon: Sogenannte Fabrikgerichte verurteilten sie, und ihre Namen wurden auf der «Tafel des Ausschusses» veröffentlicht.

Befördern ließ sich das Ansehen des Betriebs nur durch Beteiligung an der Stachanow-Bewegung, benannt nach dem berühmt gewordenen Bergmann aus Donezk, Held der Arbeit Nr. 1, dem es angeblich gelungen war, in einer Schicht mit dem Presslufthammer 102 Tonnen Kohle abzubauen. Diesem Vorbild folgten nun deutsche Arbeiter in den Fabriken des Wolgagebiets. Im Betrieb «Kommunist» hießen die besonders

Eifrigen Bienemann, Günther und Schaufler, und in den Spinnereien taten sich unter anderem Gramsick, Gerlach und Schwabau besonders hervor. Eine herausragende Heldin war die Weberin Loos aus der Produktionsanlage «Karl Liebknecht», die 15 Maschinen gleichzeitig bedienen konnte, und in der Tabakfabrik glänzten die Arbeiter Dortmann, Reiss und Karlin mit einer Übererfüllung des Plans um 240 Prozent. All diese Stars, eine Art proletarische Aristokratie, wurden sogar gut bezahlt, weil das System nun offen gegen die erzkommunistische «Gleichmacherei» Stellung bezog.[35] Sicherlich waren diese Söhne und Töchter der Kolonisten sehr fleißig, erfüllt von echt protestantischer oder gar mennonitischer Arbeitsmoral, aber die wirklichen Probleme ihrer Betriebe konnten sie nicht lösen. Die so oft erwähnte «Fluktuation der Arbeitskraft» zeigte, dass viele Werktätige einfach keine Lust hatten, dauerhaft im Betrieb zu bleiben. So wurden im Jahre 1939 aus dem Werk «Kommunist» mehr als die Hälfte der Arbeiterinnen und Arbeiter entlassen, fast alle wegen «Arbeitsversäumnis», was auch immer darunter zu verstehen war. Dieses Problem wurde 1940 durch einen Ukas des Obersten Sowjets radikal gelöst. Nun war «das eigenwillige Verlassen der Betriebe und Institutionen durch Arbeiter und Angestellte» strikt verboten – bei Missachtung drohten zwei bis vier Monate Gefängnisstrafe. Allein binnen eines Jahres wurden in der «Deutschrepublik» etwa 8000 entsprechende Gerichtsurteile gefällt, viele gegen Frauen.[36]

Aber trotz aller Missstände begann die Industrialisierung auch in der Deutschen Autonomie Früchte zu tragen. In der immer noch dorfähnlichen Hauptstadt Engels gab es als Neuerung den öffentlichen Nahverkehr – zunächst fünf, später zehn Autobusse. 1935 eröffnete die Regierung der Autonomen Republik die Wolga-Brücke, die Engels und die umliegenden Kantone mit Saratow und so auch mit den wichtigsten Eisenbahnlinien des Landes verband. In den späten dreißiger Jahren entstanden in allen Kantonzentralen Postämter, in jedem Dorf hatte man die Möglichkeit, in öffentlichen Gebäuden wie zum Beispiel Kulturhäusern Rundfunksendungen zu hören, und die besser gestellten Arbeiter und Bauern verdienten nun mit ihrer harten Arbeit etwas mehr als nur das tägliche Brot. In der hoffnungslosen Eintönigkeit der zahlreichen lokalen Zeitungen, die so klangvolle Namen trugen wie «Kollektivist» (Seelmann), «Lenins Weg» (Balzer), «Rote Sturmfahne» (Marxstadt), «Stalinist» (Gnadenflur) oder «Stoßbrigade» (Mariental), fand man ab und zu kleine Anzeigen, die von erhöhten Konsumbedürfnissen und auch Konsummöglichkeiten zeugten. So bot das Seelmanner Bierlager «Schiguli» allen Handelsorganisationen seine Lieferungen an, und es wurde auch für das neu eröffnete Badehaus geworben. Ein gewisser Artel Uloserjo handelte mit Matratzen, gepolsterten Stühlen, Sofas und Fußlappen, und «Der Konditer» aus Engels versprach, Restaurants und Buffets mit Süßwaren zu versorgen, darunter auch mit sächsischem Lebkuchen. Die Kamyschiner Branntweinbrennerei ersuchte alle Bürger, leere Flaschen in Läden abzuliefern, die mit Branntweinerzeugnissen handelten. Und schließlich informierte im Jahr der Rekordernte 1937 der Hussenbacher Dorfsowjet über etwas in der Tat Erfreuliches: «Ab 25. November werden Aufträge zur Einführung der elektrischen Beleuchtung in den Wohnungen der Arbeiter, Kollektivisten und Angestellten entgegengenommen. Die Kollektivisten zahlen für die erste Lampe 37 Rbl. 50 kop., Arbeiter und Angestellte 39 Rbl. 50 kop. Und für jede weitere 12 Rbl. 50 kop.»

Mit diesen zarten Blüten des neuen Konsumgeistes prahlte auch Stalin auf dem I. Kongress der Stachanow-Arbeiter im November 1935. «Wir leben besser, Genossen, wir leben fröhlicher!», hieß der berühmte Satz, den man auch als Ermunterung zur allgemeinen Lebensfreude begreifen konnte. Allerdings lösten die eindrucksvollen Lohnerhöhungen der späten dreißiger Jahre eine chronische Knappheit an Lebensmitteln und Waren des täglichen Bedarfs aus, die praktisch die ganze Geschichte der Sowjetunion begleitete. In der «Deutschrepublik» mangelte es an Zucker, Süßwaren, Fischkonserven und Textilien, und Brotlieferungen blieben aus. Außerdem fehlte es, wie einer der rasch einander ablösenden Parteichefs in einem Telefongespräch mit der Zentrale eigens betonte, an Wodka und Wein, «obwohl in der letzten Zeit irgendeine Raserei um sich greift, der Bedarf ist außerordentlich hoch».[37]

Die Halbherzigkeit der Industrialisierung in der Wolgaautonomie und nicht zuletzt der unpopuläre Anschluss an die Region des Unteren Wolgagebiets (und bei einer späteren Umstrukturierung an die Region Saratow) wirkte sich letzten Endes auch auf ideologischer und kultureller Ebene aus. Da die KP der UdSSR sich vor allem als Repräsentantin der an die Macht gekommenen Arbeiterklasse definierte, forderte sie, dass dies auch in der sozialen Zusammensetzung ihrer Mitglieder sichtbar werde. Ausgerechnet dieses Ansinnen wollte aber am Wolgaufer mit der deutschen Minderheit nicht gelingen – ebenso wenig wie vermutlich auch landesweit.[38] Die Russlanddeutschen mit ihrem bäuerlich-religiösen Hintergrund sahen sich nicht in der Rolle der gottlosen Kämpfer für die Weltrevolution. Vor allem die ältere Generation leistete jedem Versuch der Umerziehung zähen, wenn auch passiven Widerstand. Fast alle führenden Kader der Republik gehörten der Generation an, die durch den Ersten Weltkrieg sowie die Februar- und die Oktoberrevolution radikalisiert worden war. Die Kommunistische Partei war hier später entstanden als in Zentralrussland oder gar im Kaukasus. Das Jahr 1931 fiel durch eine deutliche Steigerung der Mitgliederzahlen der Partei im Wolgagebiet auf. Im Januar bestand die Organisation aus 4300 Mitgliedern, unter ihnen 1500 Deutsche, im Oktober – sicherlich nach einer intensiven Propagandakampagne – gab es schon 8300 Kommunisten, von denen 3700 Deutsche waren. Das Regionskomitee Unteres Wolgagebiet hätte eigentlich mit diesem Zuwachs zufrieden sein können. Stattdessen forderte es einen Arbeiteranteil von 75 Prozent. Die lokalen Funktionäre hielten dem entgegen, dass in dem gesamten Gebiet nur 20 000 deutsche Arbeiter, aber 220 000 Kolchosbauern lebten.[39] Der Versuch, die von oben vorgegebene Quote zu erfüllen, hätte daher zur Konsequenz, dass man die Aufnahme der Kandidaten aus dem Bauerntum ausbremsen müsste. Dabei könne man ausgerechnet auf dem Dorf dringend mehr Genossen gebrauchen.

Die primitiv-statistische Sichtweise der Saratower Kader geriet außerdem in Konflikt mit noch einem anderen, nicht weniger einfältigen Dogma, dem der «Verwurzelung». Dieses verlangte, dass die Zahl der deutschen Parteimitglieder ihrem Anteil an der Gesamtbevölkerung entsprechen sollte. Bei der Volkszählung von 1926 stellten die Deutschen 66 Prozent der Bevölkerung, 1939 nur noch 60 Prozent, was teils mit der Dezimierung der deutschen Bevölkerung zu tun hatte, teils durch verstärkte russische Ansiedlung zustande kam. So oder so: Der Anteil der deutschen Kommunisten an der Wolga überschritt während des gesamten Bestehens der Autonomie niemals 50,9 Prozent der gesamten Parteimitgliedschaft und blieb tendenziell deutlich unterhalb dieser Quote. Direkte Ursache dieses Rückgangs waren die regelmäßigen «Säuberungen», die sich vor allem gegen einfache Kommunisten und lokale Funktionäre richteten. Der Parteiausschluss verlief in Form einer «Prüfung der Mitgliedsausweise» – das Parteibuch galt als heilige Kuh, und schon sein Verlust oder eine Beschädigung zog automatisch den Parteiausschluss nach sich.

Die Gründe für den Rauswurf waren vielfältig. Sehr häufig lautete der Vorwurf «Beziehung zu klassenfremden Elementen». Damit konnte zum Beispiel gemeint sein, dass man Tochter oder Sohn eines Pastors war, einen ehemaligen, womöglich nicht einmal mehr lebenden Weißgardisten gut gekannt hatte oder mit einem der längst verbannten Kulaken verwandt war. Fast selbstverständlich gerieten Kommunisten ins Fangnetz, die selbst oder deren Familienmitglieder Geldüberweisungen aus Deutschland erhielten, selbst wenn die Beträge nicht höher als fünf oder zehn Reichsmark waren. Als Vorwand diente das fehlerhafte Ausfüllen irgendwelcher Formulare oder eine nur schwache Kenntnis der Parteistatuten – bei den oftmals halb analphabetischen Arbeitern und Arbeiterinnen keine Seltenheit. Den Löwenanteil des kompromittierenden Materials für Untersuchungen erbrachten dabei die gegenseitigen Denunziationen der Parteimitglieder. In manchen Kantonen, so in Unterwalden und Frank, umfasste 1936 die Zahl der Ausgeschlossenen ein Viertel der Mitgliedschaft.[40]

Dieser bewusste, von der Zentrale regelmäßig angeordnete Aderlass hing mit einer fatalen Ergänzung der ohnehin absurden Stalinschen These über die Verschärfung des Klassenkampfes zusammen. Gemäß dieser neuen Doktrin schmuggelte sich der besonders schlaue, teuflische Klassenfeind in die Reihen der Partei ein, um diese führende Kraft der sozialistischen Gesellschaft von innen zu zersetzen, und zwar mit Hilfe der opportunistischen und «gaffenden» Elemente. Dieses spekulative Konstrukt war die ideologische Grundlage für den Großen Terror und die massenhafte physische Vernichtung von hochrangigen Funktionären der Partei, des Staates und der Roten Armee. Speziell in der Wolgarepublik ging jedoch diesem Drama die allmähliche Aushöhlung der nationalen Substanz voraus, vor allem auf dem Gebiet der Erziehung und Kultur.

Die Kulturrevolution und die Sprachenfrage

Unter den berüchtigten Abkürzungen der «klassischen» kommunistischen Ära, die George Orwell in seinem berühmten Roman «Neunzehnhundertvierundachtzig» parodierte, gab es zwei wichtige Kunstworte.

Der Begriff «Likbes» stand für die Liquidation des Analphabetentums und «Wsewobutsch» für die Einführung der allgemeinen Schulpflicht. Diese doppelte Agenda wurde, rein quantitativ betrachtet, planmäßig übererfüllt. Obwohl es misslungen war, den Analphabeten der älteren Generation die Kunst des Lesens und Schreibens beizubringen, gelang bei den Kindern doch der Durchbruch. Waren 1929 in der Region noch 34 000 Deutsche und 16 000 Russen Analphabeten, so waren es zwei Jahre später nur noch 15 000 Deutsche und 11 000 Russen.[41] Die deutsche Bevölkerung hatte also ihren Rückstand schnell aufgeholt, obwohl die Voraussetzungen, was Schulbücher und Lehrmaterialien betraf, sehr schlecht waren: Man arbeitete mit losen Heften, stabile Schulbücher gab es zunächst beim «Nemgosisdat» gar nicht. Dieser nicht allzu große Buch- und Zeitungsverlag mit Druckerei und Buchhandlung in Engels, der unionsweit den Bedarf der deutschen Bezirke abdecken sollte, brachte allein zwischen 1933 und 1935 immerhin 555 Titel auf den Markt.

Auf diese Leistung waren die Bürger der ehemaligen Wolgaautonomie selbst noch nach dreißig Jahren zu Recht stolz, als sie im Kreml die Wiederherstellung ihrer Republik forderten. Ebenso beriefen sie sich mit gutem Grund auf die fast vollständige Alphabetisierung der Bevölkerung – auf die 171 deutschen Hauptschulen, 11 technischen Fachhochschulen, 5 Hochschulen, 20 Kulturhäuser, 2 Theater, 21 Zeitungen und Zeitschriften.[42] Zur ganzen Wahrheit gehört jedoch auch, dass hinter diesen beeindruckenden Zahlen ein recht komplizierter und widerspruchsvoller Prozess der kulturellen Entwicklung steckte, bei dem die messbaren quantitativen Erfolge mit enormen qualitativen Verlusten verbunden waren. Obwohl dies für alle Bereiche der sowjetischen Produktion, und so auch die kulturellen, galt, erwies sich dieser Sachverhalt im Fall der deutschen Nationalität als besonders traurig.

Das Pädagogische Institut, das für die Ausbildung der Lehrer verantwortlich war, verlor zunächst 1930 durch ideologisch motivierte Säuberungen seine besten Fachkräfte, und 1933 flüchteten wegen der Hungersnot die Studenten massenhaft aus der «Kaderschmiede». Die wenigen noch verbliebenen «bourgeoisen» Dozenten wurden durch Denunziationen der übereifrigen Komsomolzen entlassen und eingesperrt, so zum Beispiel der Dozent Kwasny, der in einer Vorlesung behauptet haben sollte: «Die Wirtschaftsgeographie ist kein politischer Gegenstand – nur der Beschluss des ZK machte sie dazu.»[43] Der Alltag der Studierenden war alles andere als beneidenswert. Sie wurden in kaum beheizbaren Räumlichkeiten unterrichtet, in denen es kein fließendes Wasser gab und aufgrund der häufigen Stromausfälle das Licht des Öfteren ausging. Sie wohnten in Baracken hinter dem städtischen Friedhof, und die berufliche Perspektive, die sie erwartete, war eine schlecht bezahlte Anstellung in einer deutschen Dorf- oder Kleinstadtschule. Dort waren sie gesucht, denn das Pädagogische Institut hatte im Sommer 1934 höchstens 40 neue Lehrer bereitstellen können. Die neue Volkskommissarin für Erziehung, Jekaterina Funk,[44] die sicherlich eine wohlmeinende Funktionärin war, allerdings selbst wenig Bildung erfahren hatte, förderte daraufhin Schnellkurse für Lehrer und Lehrerinnen, die in landwirtschaftlichen Fachschulen unterrichten sollten. Fatalerweise trieb es aber in der «Deutschrepublik» fast niemanden zum Lehrberuf, nicht einmal die jungen Kommunisten, die mit Parteibefehl abkommandiert worden waren. Zwar schaffte es die Republik gerade eben so, deutsche Lehrer auszubilden, mit deren wachsender Zahl sie sich dann rühmte. Doch gab es nie genug von ihnen, und ihre Qualität ließ ebenfalls zu wünschen übrig.

Eben da lag der springende Punkt: Die Sowjetunion der dreißiger Jahre war bei allem Terror und aller Unterdrückung ein Land der außergewöhnlichen Mobilität und Durchlässigkeit von unten nach oben. Soziale Grenzen für Aufstiegsmöglichkeiten gab es nicht, «im Prinzip» auch keine nationale Ausgrenzung – wenn auch die Aufnahme an einer Universität mit Rang und Niveau, nicht nur in Moskau oder Leningrad, sondern auch schon in Saratow, eindeutig von den Russischkenntnissen der Studierwilligen abhing. Der andere Weg zu einer sicheren Karriere lag im beruflichen Armeedienst und war mit Deutsch als einziger Sprache ebenfalls undenkbar. Zudem galt Russisch als «Sprache des Sozialismus», so der Poet und Volkstribun Wladimir Majakowskij in seinem Gedicht «An unsere Jugend»:

> Und wär ich ein Neger und wär ich ein Greis,
> und wär meine Kraft schon gebrochen,
> die russische Sprache erlernt' ich mit Fleiß,
> weil Lenin einst russisch gesprochen.[45]

Es mag sein, dass für einen deutschen Kolonisten, der im 19. Jahrhundert geboren worden war, diese Zeilen unangenehme Assoziationen zur Russifizierungskampagne der Zarenzeit hervorriefen. Jungen Leuten dagegen, die leicht für alles Neue, Moderne zu begeistern waren, erschien die russische Sprache als verlockendes Vehikel für Aufstieg und Befreiung vom Provinzmief an der Wolga. Dabei hatte der Durchschnitt der deutschen Schüler in den Schulen der Autonomen Republik Schwierigkeiten sowohl in der Muttersprache als auch im Russischen. So lag der Prüfungserfolg des Schuljahrs 1936/37 im Fach Deutsch bei 80, im Fach Russisch bei 72 Prozent.

Trotz der offiziellen Politik der «Korenisatija», der künstlichen «Verwurzelung», womit die Durchsetzung der Sprache der «Titularnation» gemeint war, redeten in der Wolgarepublik die Deutschen Deutsch und die Russen Russisch. Abend- und Sommerschnellkurse erbrachten keinen überzeugenden Fortschritt bei den Erwachsenen. Wenn Russen in der Verwaltung eines Kantons oder der Führung eines Betriebs die Mehrheit bildeten, dann verständigten sie sich mit den mehrheitlich deutschen Werktätigen mit Hilfe von Dolmetschern. Zwar wurden die russischen Kader aufgefordert, im Zeichen des proletarischen Internationalismus Deutsch zu lernen, doch die meisten ignorierten oder sabotierten in aller Stille den diesbezüglichen Ukas. Die Deutschen hatten bei Problemen mit der Obrigkeit, vor Gericht oder während der Verhöre durch die Geheimpolizei, enorme Verständigungsschwierigkeiten. Die Sprache der Kommunikation mit Saratow und Moskau war ebenfalls nicht Deutsch, sondern Russisch, und auch Parteikonferenzen wurden in der Sprache Moskaus abgehalten. Die kommunistische Newspeak der Deutschen kam nicht aus der Weimarer Republik, sondern musste aus dem Russischen interlinear übersetzt werden. Als Kostprobe zitieren wir aus dem Leserbrief von Dorothea Attenhof, Schülerin der 4. Klasse, an die Zeitung «Junger Stürmer»: «Wenn wir für den Kolchos arbeiten, bekommen wir auch Arbeitseinheiten. Auch bei der Jätekampagne und auf der Kolchosplantage haben wir tüchtig mitgeholfen.»[46] Unter diesen Bedingungen konnten selbst idealistisch denkende Kommunisten kaum nach Herders Maxime handeln, dass man mit der Sprache das Herz eines Volkes erbeutet.

Stattdessen kam der Blitz aus heiterem Himmel: Der gemeinsame Beschluss des Rates der Volkskommissare und des ZK der KP vom 15. April 1938 über die Einführung des «Obligatorischen Studiums der russischen Sprache in nichtrussischen Schulen» zum Studienjahr 1938. Der Moskauer Ukas galt als Staatsgeheimnis, nach Ansicht der Historikerin Tschebotarewa deshalb, weil Stalin nicht den Eindruck erwecken wollte, er treibe Spott mit Lenin.[47] In der Tat war der Führer der Bolschewiki ein entschiedener Gegner der gewaltsamen Einführung der Staatssprache gewesen. Doch der Diktator Stalin ließ sich niemals wirklich von den kanonisierten Texten seines Lehrmeisters stören. Es reichte doch, den Schein zu wahren: Man tat so, als sei die Idee zum «Obligatorischen Studium» der russischen Sprache im Hirn der Spitzenkader der «Deutschrepublik» entstanden. Dort und auch anderenorts war man geschockt über das Pflichtfach Russisch. In der Ukraine wurden sämtliche Schulen der nationalen Minderheiten geschlossen – das betraf Polen, Tschechen, Griechen, Tataren und Bulgaren –, und 95 000 Schüler begannen ihr Schuljahr am 1. September 1938 in russischen Klassen.

Trotzdem lebte die Sprache als «Hort der Tradition» (Herder) noch lange weiter, und zwar nicht nur im Alltag, sondern auch in der volkstümlichen Kultur. Darüber hinaus gab es eine eigenständige Kunst. Einer der 180 Laienschauspiel-Zirkel der Republik, das Ensemble aus dem Dorf Boaro im Kanton Marxstadt, inszenierte Schillers «Kabale und Liebe». Im Dorf Brockhaus gründete der Kolchosbauer Solomon Schwenk ein Streichorchester, das durch seine Gastspiele ebenso landesweit populär wurde wie die von A. Balzer geleitete Männertanzgruppe – 60- bis 73-jährige Tänzer aus der Siedlung Paul. Auch gab es nach wie vor die Tradition des Musizierens in der Familie sowie die karnevalsartigen Dorffeiern zu Ostern und zu Weihnachten. Die Laienkunst bedeutete für viele Bauern aus der älteren Generation eine Art Rückzug, Erholung oder war, wie Arkadij German meint, sogar ein Ersatz für religiöse Riten.

Selbst in diesen Jahren der allmählichen Sowjetisierung musste die Republik noch als Aushängeschild der Leninschen Nationalitätenpolitik herhalten. Das Symphonieorchester, die Philharmonie, der Staatschor und das Deutsche Staatstheater waren Institutionen, die in der Mitte der dreißiger Jahren zum Markenzeichen der Stadt Engels wurden. Hierher pilgerten die durch das NS-Regime ins Exil gezwungenen namhaften Autoren Willi Bredel, Johannes R. Becher, Erich Weinert,

Theodor Plievier, Friedrich Wolf und Heinrich Mann,[48] daneben auch Schauspieler wie Ernst Busch und Carola Neher und Regisseure wie Bernhard Reich und Erwin Piscator. Besonders der letztere ließ sich durch seine oberflächlichen Eindrücke zu einem höchst abenteuerlichen Projekt hinreißen: Er empfahl der Parteiführung der ASSR, mit Hilfe namhafter deutscher Künstler ein Kulturkombinat mitsamt Filmstudio und modernem Theater aufzubauen, worauf diese sich wiederum in der Hoffnung einließ, die Republik gegenüber Moskau auf diese Weise aufwerten zu können. Die Planung der Wintersaison 1937 begann, und der Regisseur gedachte, mit Lessings «Nathan der Weise» den Anfang zu machen und mit Brechts «Dreigroschenoper» fortzufahren. Doch in den besten Rollen wollte er eindeutig die bedeutenden Exilschauspieler sehen. Außerdem ließ er die Interessen der lokalen Truppe ebenso außer Acht wie die Kluft zwischen dem avantgardistischen Theater der Weimarer Republik und der geschmacklich eher konservativen Bühne der kleinen Wolgastadt, in der noch nicht einmal alle Straßen gepflastert waren. Die ortsansässige Truppe rebellierte, und das örtliche NKWD erhielt eine Anzeige gegen den westlich-modernen Regisseur.

Zu seinem Glück hielt sich Piscator im Herbst 1936 in Paris auf und erhielt noch rechtzeitig den taktvollen, aber eindeutigen Brief des KPD-Chefs Wilhelm Pieck, in dem er dem Regisseur «in Übereinstimmung mit den zuständigen Instanzen» mitteilte, er solle «zum Teil wegen nicht durchgeführter Renovierungsarbeiten» des Deutschen Staatstheaters, aber auch wegen sonst noch fehlender Voraussetzungen auf keinen Fall an die Wolga zurückkehren.[49] Als ganz «persönlichen Rat» fügte er noch hinzu: «Aber jetzt wäre es wirklich eine unverantwortliche Vergeudung Deiner Zeit und Deiner Fähigkeiten, wenn Du diese Arbeit leisten solltest.»[50] Die Theatersaison in Engels leitete nun Bernhard Reich mit Friedrich Wolfs Volksfrontstück «Das trojanische Pferd» und Shakespeares «Sommernachtstraum» ein, und ihm gelang es auch, die erhitzten Gemüter wieder zu beruhigen.

Pieck wusste wohl recht gut, wovor er gewarnt hatte: Er selbst saß auf dem Schleudersitz, und das deutsche Exil in Moskau tanzte auf dem Gipfel des Vulkans. Die Geheimpolizei begann Ende 1936 mit der «deutschen Operation»,[51] um die deutschen Exilkommunisten zu dezimieren. Parallel dazu kam es zu einer Massenliquidation der deutschen

Funktionäre und Kulturschaffenden in der Wolgarepublik, deren Höhepunkt mit dem Schauprozess «Gegen die illegale nationalistisch-faschistische Organisation» erreicht wurde.

Die Ereignisse entfalteten sich blitzschnell. Am 1. Mai 1937 dirigierte der aus Düsseldorf emigrierte deutsch-jüdische Komponist Hans Walter David den Staatlichen Chor der Republik. Es war nicht nur der Tag der Arbeit, sondern es wurde auch die Annahme der neuen Verfassung der ASSR durch den Sowjetkongress gefeiert, einer getreuen Kopie des Stalinschen Grundgesetzes. Zu diesem Anlass hatte David ein Stalinlied komponiert. Im November desselben Jahres wurde er verhaftet und wegen «Spionage» für das Dritte Reich zu fünf Jahren Lagerhaft verurteilt. 1940, kurz nach dem Abschluss des Molotow-Ribbentrop-Pakts, lieferte ihn das NKWD an die Gestapo aus, und damit war sein Schicksal besiegelt. Als Jude kam er ins Lubliner Ghetto und von dort in das KZ Majdanek, wo er 1942 in der Gaskammer starb.

David hatte zahlreiche Lieder anderer Komponisten in seinem Chorwerk verarbeitet, was der wachsamen Zensur nicht entgangen war. Durch den Befehl Nr. 48 wurden alle Vokalstücke strikt verboten, die mit seinem Namen gezeichnet waren, selbst wenn er sie nicht selbst komponiert, sondern lediglich orchestriert hatte. Ein Blick auf die Tabuliste:

Viele Flüsse, klare Wasser (das Stalinlied)
Kuckuck
Kartoffelpolka
Die Loreley (Heine)
Die Moorsoldaten
Die Wanderratten (Heine)
Florian Geyer
Die schlesischen Weber (Heine)
Leise zieht durch mein Gemüt (Goethe)

Der verhängnisvolle Zusammenhang zwischen dem Schicksal der «Deutschrepublik» und dem Aufstieg des Dritten Reichs manifestierte sich in der zunehmenden Identifizierung aller deutschstämmigen Klassengegner nicht als Kulaken oder Trotzkisten, sondern direkt als «Faschisten», als Agenten des Nationalsozialismus. Vielleicht war diese

Haltung eine unbewusste Reaktion auf die Enttäuschung Stalins und seines Umfelds über die Niederlage und Vernichtung der stolzen KPD, an der immerhin der Kreml einen Teil der Verantwortung trug.

Unterdessen war das bittere Los der deutschen Brüder in der Sowjetunion ein bevorzugtes Thema der Goebbels'schen Propaganda. 1935 drehte die UFA in der Lüneburger Heide den Spielfilm «Friesennot», der vom Leben in einem kleinen Mennonitendorf unter der Herrschaft der Bolschewiki handelte. Der technisch aufwendige und mit Starbesetzung gedrehte, aber klischeehafte, kitschige Streifen erhielt das Prädikat «staatspolitisch und künstlerisch besonders wertvoll» und erzielte einen breiten Publikumserfolg. Nach der Unterzeichnung des Nichtangriffspakts im August 1939 wurde «Friesennot» verboten und erst nach dem Ausbruch des deutsch-sowjetischen Kriegs wieder zugelassen, diesmal jedoch unter dem propagandistisch wirksameren Titel «Dorf im roten Sturm». An dieser Geschichte zeigt sich symbolhaft, wie zynisch das Reich mit dem Leid und Elend der Russlanddeutschen Politik machte.

Die knapp zwei Jahre andauernde Verbesserung der deutsch-sowjetischen Beziehungen brachte den Deutschen in der Wolgarepublik keinerlei Vorteile. Anders als die Deutschen aus Bessarabien oder dem Baltikum wurden sie nicht in das «Heim-ins-Reich»-Projekt miteinbezogen. Wahrscheinlich kursierten schon damals Gerüchte, dass Hitler eine Russlandreise plane und dabei auch die Wolgarepublik besuchen wolle. Zu diesem Anlass sollten sogar bereits «Hakenkreuzfahnen als Banner und Wimpel in den Haushalten verteilt» worden sein – Gerüchte, denen auch seriöse Historiker Glauben schenkten,[52] die jedoch in das Reich der vielen Legenden gehören, die das Wolgaland und seine kurzlebige Autonome Republik umgaben.

Der große Terror im kleinen Land

Arkadij German weist in seinem Werk darauf hin, dass von 1929 bis 1937 auf dem Posten des Parteichefs ein sechsmaliger Wechsel erfolgte. Ebenso häufig wurden Personen an der Spitze des Rates der Volkskommissare und noch häufiger Partei- und Staatsfunktionäre in den Kantonen ausgetauscht. Kein hoher Kader hatte die Chance, in seinem Amt warm zu werden. Dieses Phänomen war durchaus nicht auf die Wolgaautonomie beschränkt, sondern in vielen anderen Regionen verliefen diese Vorgänge gespenstisch ähnlich. Auf der Insel Sachalin mit ihren 100 000 Einwohnern zum Beispiel wurden zwischen 1925 und 1940 nacheinander vierzehn Vorsteher der Verwaltung benötigt, und nur ganz wenigen von ihnen war es vom Schicksal vergönnt, zu Hause und im eigenen Bett zu sterben. In blutigen Terrorwellen wurde auch die kasachische Oberschicht fast zu hundert Prozent ausgetauscht. Anders konnte es auch nicht sein in einem Land, dessen halbgottähnlicher Führer angeblich den Spruch geprägt hatte: «Bei uns gibt es keine nicht austauschbaren Menschen.»

Der Große Terror an der Wolga verlief nach demselben Muster wie anderswo: Auf einer ZK-Sitzung wurde der aktuell amtierende Parteichef als Kulakenknecht, Trotzkist oder Faschist angeklagt, dies immer in Anwesenheit eines hohen Funktionärs aus der Zentrale. Er übte daraufhin heftige Selbstkritik, wurde aber samt seiner Anhängerschaft aus der Partei ausgeschlossen und verhaftet. Dasselbe geschah mit seinem Nachfolger und dessen Nachfolger, und die Säuberungen im Rahmen der hysterischen Wachsamkeitskampagnen zogen immer weitere Kreise. Verschont blieben selbst die vollstreckenden Organe nicht: 1938 wurde Stalins rechte Hand Jeschow abgelöst und das NKWD «gesäubert». Angesichts der vielen Millionen Opfer fielen die Toten und Leidtragenden unter den deutschen Kadern nicht besonders ins Gewicht – ihren Anteil schätzt der Historiker mit 1,5 Prozent des Apparates als hoch ein, da er weit über dem Landesdurchschnitt von einem Prozent lag.

Außer den Prozessen gegen die Funktionäre fanden öffentliche Verfahren statt, die die Bevölkerung besonders beeindrucken sollten. So verhandelte eine «auswärtige Gerichtssitzung» des Speziellen Ausschusses der Staatsanwaltschaft der ASSR im Kanton Dobrinka die Sache des lokalen Parteichefs und dreier führender Mitarbeiter der Maschinen- und Traktorenstation. Die Lokalzeitung «Roter Stürmer» brachte dazu eine Reportage: «Hunderte von Werktätigen warteten bis zur späten Nacht auf das Urteil über eine Bande trotzkistisch-bucharinistischer Schädlinge. Nach 15-stündiger Verhandlung wurde das Urteil gesprochen.» Drei von den Angeklagten wurden zum Tode verurteilt, der vierte «Trotzkist-Bucharinist» kam mit acht Jahren Gefängnisstrafe davon. «Die Kolchosbauern und Werktätigen des Kantons nahmen das Urteil des Gerichts mit einstimmiger Bejahung auf.» Erst nach dem dritten Durchlesen des Textes wird einem bewusst, dass die Zeitung mit keiner Silbe erwähnte, für welches Verbrechen, unter welchem Paragraphen die vier Unglücklichen angeklagt worden waren.

Es kam immer wieder zu Strafanzeigen, offenbar wegen jeder Bagatelle. Ein gewisser Willy Baumler ging in die Redaktion der Kolchoszeitung der ehemaligen Tochterkolonie Wiesenmüller und hörte, wie der Chefredakteur Iwan Root dem dort anwesenden Heinrich Bach politische Witze erzählte, darunter den folgenden:

In einem Kurort auf der Krim befinden sich einige Kolchosbauern. Während sie im Meer baden, erblicken sie einen Unbekannten, der zu ertrinken droht. Ein Kolchosbauer eilt zur Hilfe und rettet den Mann. Danach fragt er ihn: «Wer sind Sie?» Der Unbekannte antwortet: «Ich bin Stalin.» Darauf sagt der Kolchosbauer: «Genosse Stalin, freuen Sie sich, dass ich Sie gerettet habe. Aber bitte sagen Sie es niemandem, denn wenn das die anderen erfahren, bringen sie mich um.»[53]

Die «konterrevolutionären Anekdoten» wurden aus dem Deutschen übersetzt, die Kopie weitergeleitet. Weder der Weg des Witzeerzählers noch der seines Zuhörers und des Denunzianten lässt sich weiter verfolgen.

Doch die Erosion der Elite der wolgadeutschen Republik war keinesfalls ein Witz. Der NKWD-Chef Wladimir Dalinger schrieb einen zusammenfassenden Bericht «über die Zahl der verhafteten ehemaligen führenden Mitarbeiter, der ASSR in den Jahren 1936–37. Die insgesamt 146 (teilweise sicher nicht mehr lebenden) Personen decken alle Bereiche des Ministaates ab: Parteiapparat – 52, Sowjetapparat – 36, Landwirtschaft – 23, Industrie und Transport – 15, Volkskommissariat für Bildung – 9, Kooperativen und Handel – 6, Gewerkschaften – 2, übrige führende Mitarbeiter – 2.»[54] So wurde ein System durch sich selbst aufgerieben.

Nach vielen Verhaftungen wurde auf der Plenarsitzung des ZK Ende Juni 1937 auf Empfehlung der Zentrale der aus Turkmenistan abgeordnete Altbolschewik und Spitzenfunktionär Jakob Popok zum Leiter der wolgadeutschen Parteiorganisation ernannt. Auch er hielt sich nicht lange auf seinem Stuhl – eine Denunziation von der früheren zentralasiatischen Dienststelle holte ihn schon bald ein. Das einzig wirklich Neue an seiner Person war die Tatsache, dass zum ersten Mal nach langen

Jahren ein Nichtdeutscher zur Nr. 1 in der Republik wurde. Die «Titularnation» geriet zugleich auch im Büro des Gebietskomitees der Partei in die Minderheit, und unter den 270 Delegierten der 20. Gebietsparteikonferenz befanden sich nur noch 69 wolgadeutsche Kommunisten.[55]

Dem scharfen Beobachter Stalin war der Zustand der deutschen Minderheit in der mehrheitlich deutschen Republik schon früher aufgefallen. Bereits auf dem Plenum des ZK der Allunionspartei im Februar und März 1937, das den Großen Terror vorbereitete, gab der Chef der wolgadeutschen Delegation zu, dass in den Kantonkomitees zu wenig Deutsche seien. Daraufhin sagte der Diktator nur den sarkastisch klingenden Satz: «Irgendwie sind die Deutschen weniger geworden ...»

Deportation und Trudarmee

Am Donnerstag, dem 28. August 1941, standen die Vorposten der Wehrmacht 550 Kilometer vor Moskau. Damit hatten sie etwa zwei Drittel der Entfernung zwischen Berlin und der sowjetischen Hauptstadt zurückgelegt. Der italienische Diktator Benito Mussolini war gerade zu Gast in Adolf Hitlers geliebter Wolfsschanze in Masuren und flog von dort gemeinsam mit seinem Gastgeber in die ukrainische Stadt Uman, um die in der Nähe stationierten Einheiten des italienischen Expeditionskorps zu inspizieren – ein Propagandabesuch, der auch in der Deutschen Wochenschau präsentiert wurde. Offensichtlich wollte der Führer seinen engsten Verbündeten auch persönlich mit den deutschen Kriegserfolgen mitten im Feindesland beeindrucken. Während die beiden unterwegs aus dem Autofenster die Landschaft betrachteten, soll Hitler, auf das umliegende Grasland deutend, gesagt haben: «Schauen Sie, Duce, hier ist der fruchtbarste Boden der Welt. Ihre Italiener müssen sich drängen und steinigen Boden bearbeiten, hier aber liegen gewaltige Räume mit dieser reichen Erde. Das wird die Kornkammer des neuen Europa.»[1]

Während Hitler so das Loblied auf die ukrainische Schwarzerde sang, arbeitete Goebbels' Propaganda-Maschinerie auf vollen Touren. Am 28. August brachte sie mit Hilfe sowjetrussischer Kollaborateure eine dem Original gespenstisch ähnlich sehende gefälschte «Prawda» in Umlauf, die den Bewohnern des okkupierten Gebiets die Unbesiegbarkeit des Dritten Reiches suggerieren sollte. Das Machwerk erschien in einer Auflage von 270 000 Exemplaren. Triumphnachrichten füllten auch die deutschen Zeitungen, obwohl gerade am 28. August der Euphemismus «rückläufige Bewegung» in den Frontberichten zum ersten Mal erschien,[2] was bereits ahnen ließ, dass der Ostfeldzug womöglich kein Spaziergang werden würde.

Am 28. August hatte die bisher größte militärische Konfrontation der Weltgeschichte gerade erst begonnen und beschränkte sich zunächst auf den alten Kontinent. In Japan wurde bereits der Angriffsplan auf Pearl Harbor ausgearbeitet, aber am 28. August schlug der japanische Premierminister Fürst Konoe Fumimaro dem US-Präsidenten Franklin D. Roosevelt noch ein Friedenstreffen vor – ein Ansinnen, das dieser wiederum als üblen Trick ablehnte. Auch die Achsenmächte hatten es nicht eilig mit der Kriegserklärung an die USA, obwohl sie sich durchaus über die amerikanische Unterstützung der von der Wehrmacht angegriffenen Länder im Klaren waren. Die zahlreichen kriegerischen Auseinandersetzungen sollten erst noch zu einem wirklichen Weltkrieg anwachsen, der schließlich alle Erdteile in Mitleidenschaft zog.

Bereits im Juli 1941 ließen die ungarischen Behörden mit Zustimmung des Staatschefs Horthy 20 000 so genannte «staatenlosen» Juden aus der Karpatho-Ukraine und dem Norden Siebenbürgens, deren Staatsbürgerschaft als «strittig» galt, nach Galizien deportieren, das damals von ungarischen Truppen besetzt war. Offiziell hieß die Aktion «fremdenpolizeiliche Massnahme», und den Betroffenen versprach man Wohnmöglichkeiten in den leer gewordenen Häusern der vor der Wehrmacht geflohenen sowjetischen Juden. Stattdessen wurden sie in die Stadt Kamenez-Podolskij getrieben, die unter deutscher Militärhoheit stand. Die Okkupationsbehörden weigerten sich, die ausgemergelten und verzweifelten Menschen aufzunehmen, und beschlossen ihre Liquidierung. Zwischen dem 26. und 29. August organisierte die SS in der Nähe der Stadt die Erschießung von 16–18 000 Menschen – das erste Massaker an europäischen Juden mit einer fünfstelligen Opferzahl, die makabre Ouvertüre des Holocaust.[3]

Am 28. August berichtete die offizielle sowjetische Nachrichtenagentur, das «Sowinformbjuro», über einen deutschen Angriff auf das Hospitalschiff «Sibir», das verwundete Soldaten und Zivilisten aus Tallinn nach Leningrad evakuieren sollte. In der Tat besetzten die deutschen Truppen an diesem Tag die estnische Hauptstadt. Man erfuhr auch, dass der Gegner erfolglos versucht habe, über den See «L» (Ladoga) mittels Fischerbooten eine deutsche Militäreinheit auf sowjetischem Territorium abzusetzen. Dieses Manöver war bereits Teil der militärischen Umzingelung und späteren Belagerung von Leningrad, was man jedoch zunächst verschwieg. Am selben Tag hatte das Sowinformbjuro in seinem Abendbericht auch Beunruhigendes vom südlichen Kriegsschauplatz zu verkünden: «Nach erbitterten Kämpfen verließen unsere Truppen die Stadt Dnjepropetrowsk.» Die Information war formal korrekt, aber die Hauptsache wurde nicht benannt: Zur Zeit der Veröffentlichung, und zwar schon seit dem 25. August, befand sich die von Zarin Katharina II. gegründete und ursprünglich nach ihr benannte Stadt am Dnjeprufer (Jekaterinoslaw) in deutscher Hand und gehörte nun zu dem von Alfred Rosenberg gebildeten Reichskommissariat Ukraine.

Neben Halbwahrheiten und Anspielungen, mit denen die Öffentlichkeit schonend auf die Verschlechterung der Lage vorbereitet werden sollte, brachte das Sowinformbjuro am 28. August auch Nachrichten aus dem Hinterland, gewöhnliche Produktionsberichte, wie sie zur Sommerszeit jeden Tag auf der ersten Seite der «Prawda» in der Sparte «Auf den Feldern des Landes» zu lesen waren. So erfuhren die Leser, dass kasachische Kolchosbauern ihren individuellen Plan während der Baumwollernte um das Zweifache übererfüllt hätten: Statt der Norm von 35 Kilo hätten sie 61 Kilo pro Tag geerntet. Noch lobenswerterer Leistungen konnte sich das benachbarte Turkmenistan rühmen, wo eine Bäuerin der Genossenschaft «Lenin», Aksultan Kurban, an einem Tag 150 Kilo Baumwolle erntete, während ihre Kollegin Mascha Tiki die Rekordzahl von 110 Kilogramm erreichte.

An diesem Tag gab es nur ein Ereignis von Bedeutung, das hartnäckig unerwähnt blieb. In seinem vollen Inhalt sollte es der Mehrheit der Sowjetbürger noch fast vierzig Jahre lang vorenthalten bleiben.

Gute tausend Kilometer entfernt von Dnjepropetrowsk, am Wolgaufer, lag die Kleinstadt Marx, zu Deutsch Marxstadt. Sie hatte mit der Metropole Jekaterinoslaw am Dnjepr nur die Gemeinsamkeit, dass sie bis 1920 den Namen Katharinenstadt getragen hatte, da sie ebenfalls nach der großen Zarin benannt worden war.

Marxstadt hatte im Jahre 1926 12 457 Einwohner, davon 11 260 Deutsche, und zwei größere Betriebe – beide waren verstaatlichte Betriebe der Vorrevolutionszeit. Der eine hieß zunächst «Wiedergeburt», später dann «Kommunist», produzierte unter anderem den Traktor «Karlik»

(= Zwerg) und gab etwa 2000 Werktätigen Arbeit. Der andere war sowohl Sägewerk als auch Tabakfabrik, hieß «Karl Marx» und beschäftigte 250 Arbeiter. In der Zarenzeit war Katharinenstadt das Herz der deutschen Kolonistenwelt an der Wolga gewesen. In den dreißiger Jahren war sie jedoch nur noch eine relativ unbedeutende Ortschaft, während die fünfzig Kilometer weiter flussabwärts gelegene Stadt Engels – vormals Pokrowsk – im Jahre 1931 mit ihren 34 000 Einwohnern zur Hauptstadt der Autonomen Wolgadeutschen Republik wurde, die seinerzeit Lenins internationalistischer Phantasie entsprungen war. Marx, Engels und Lenin waren also gewissermaßen Taufpaten und Ikonen dieses aus fünfzehn Kantonen bestehenden Ministaates. Für seine Gründung, sein weiteres Schicksal und auch seinen Niedergang war jedoch der Vierte im kanonisierten Bunde der kommunistischen Gründerväter verantwortlich, der allmächtige Diktator Josef Stalin.

Ein Stimmungsbild über den ersten Kriegssommer, kurz vor Schulbeginn, vermittelt uns der damals dreizehnjährige Johannes Herber:[4] «Ich persönlich war damit beschäftigt, Lehrbücher für die 7. Klasse zu beschaffen, deutsche natürlich, denn ich hatte in jenem Sommer die 6. Klasse der deutschen Mittelschule beendet. Russisch verstand und sprach ich nur sehr wenig, wie auch die meisten anderen deutschen Einwohner der Stadt. Die wenigen Russen des Ortes sprachen alle nicht schlecht deutsch. (...) Die Rundfunksendungen wurden auch meistens in deutscher Sprache übertragen. (...) Die Filme im Lichtspieltheater (der ehemaligen katholischen Kirche) waren meistens Stummfilme. Wir lasen auch meistens nur deutsche Zeitungen. ‹Junger Stürmer› (Pionierzeitung), ‹Rote Sturmfahne› (Kantonzeitung), ‹Nachrichten› (Republikzeitung). (...) Die Fenster der Häuser wurden verdunkelt. Auf den Straßen konnte man Plakate sehen: ‹Unsere Sache ist gerecht! Der Feind wird geschlagen! Der Sieg wird unser sein›. Dann hörte man immer beharrlichere Gerüchte, dass die Deutschen ausgesiedelt werden sollten.»

Die Lehrerin Amalie Rau aus der Kantonstadt Hussenbach (8000 Einwohner) erzählte später, dass in jenem Sommer alle Lehrkräfte ihren Urlaub abbrechen und sich beim Dorfsowjet melden mussten. Ihre Aufgabe bestand darin, alle deutschen Einwohner des Dorfes in einer Kartei zu erfassen. «Danach wurden sie auf die Felder geschickt, um bei der Ernte mitzuhelfen. In den letzten Augusttagen waren sie damit beschäftigt, sämtliches Inventar aus der Schule in die Kirche zu räumen, um dort Klassenzimmer einzurichten. Die Schule wurde als Hospital gebraucht.» Am nächsten Tag – es kann nur Montag, der 1. September, gewesen sein – war Frau Rau soeben dabei, den Unterricht des Schuljahres 1941/1942 zu eröffnen, als ihre Nachbarin in die Schule kam. Die Frau war Russin und beaufsichtigte Amalie Raus kleine Kinder, wenn diese in der Schule war. «Was machst du hier, Maljuscha? Weißt du denn nicht, dass ihr ausgesiedelt werdet? Geh schnell nach Hause und packe!»

Ein anderer junger Lehrer, Artur Stab, erlebte die dramatischen Ereignisse in dem deutschen Dorf Seelmann (7000 Einwohner): «Am 28. August kam ein Militärtrupp ins Dorf und wurde im Lehrgebäude des landwirtschaftlichen Technikums einquartiert. (...) Wenn ich abends auf dem Weg ins Kino oder in den Tanzsaal an den Soldaten vorbeiging, bedauerte ich die armen Jungen, die nicht freigelassen wurden, sondern unter Wacht standen. Ich dankte der Zeit, dass ich noch ein freier Mensch war. Am Sonntagabend, am 1. September[5] war ich zum letzten Mal im Tanzsaal, es war ein schöner Tanzabend. Am Montagmorgen (...) begegnete ich meinen Schülern und Kollegen, und als ich schon von der zweiten Stunde zur Pause ins Lehrerzimmer kam, saßen alle Lehrer und schwiegen, als ob jemand gestorben wäre. Auf meine Frage, was denn passiert sei, übergaben sie mir eine Zeitung, in der der Erlass über die Deportation aller Deutschen im europäischen Teil Russlands nach Sibirien und Kasachstan war.[6] (...) Das war mein letzter Arbeitstag in meiner Heimat. Als ich nach Hause ging, standen schon an allen Kreuzungen der Straßen Soldaten mit Gewehren.»

Die meisten Deutschen erreichte jedoch die Schreckensnachricht am Samstag, dem 30. oder erst am 31. August. Auf den Hauptplätzen waren Lautsprecher aufgestellt, die mittels einer Sendung des lokalen Radios den Erlass verkündeten. Auch die deutschsprachige Zeitung «Nachrichten» (Auflage 5000) und das russische Tageblatt «Bolschewik» (Auflage 20 000) druckten sie ab:

Erlass des Präsidiums des Obersten Sowjets der Union der SSSR über die Übersiedlung der Deutschen, die in den Wolgarayons wohnen

Laut genauen Angaben, die die Militärbehörden erhalten haben, befinden sich unter der in den Wolgarayons wohnenden deutschen Bevölkerung Tausende und aber Tausende Diversanten und Spione, die nach dem aus Deutschland gegebenen Signal Explosionen in den von den Wolgadeutschen besiedelten Rayons hervorrufen sollen. Über das Vorhandensein einer solch großen Anzahl von Diversanten und Spionen unter den Wolgadeutschen hat keiner der Deutschen, die in den Wolgarayons wohnen, die Sowjetbehörden in Kenntnis gesetzt, folglich verheimlicht die deutsche Bevölkerung der Wolgarayons die Anwesenheit der Feinde des Sowjetvolkes und der Sowjetmacht in ihrer Mitte.

Falls aber auf Anweisung aus Deutschland die deutschen Diversanten und Spione in der Republik der Wolgadeutschen oder in den angrenzenden Rayons Diversionsakte ausführen und Blut vergossen wird, sieht sich die Sowjetregierung laut den Gesetzen der Kriegszeit vor die Notwendigkeit gestellt, Strafmaßnahmen gegenüber der gesamten deutschen Wolgabevölkerung zu ergreifen.

Zwecks Vorbeugung dieser unerwünschten Erscheinungen und um kein ernstes Blutvergießen zuzulassen, hat das Präsidium des Obersten Sowjets der UdSSR es für notwendig gefunden, die gesamte deutsche in den Wolgarayons wohnende Bevölkerung in andere Rayons überzusiedeln, wobei den Überzusiedelnden Land zuzuteilen und eine staatliche Hilfe für die Einrichtung in den neuen Rayons zu erweisen ist. Zwecks Ansiedlung sind die an Ackerland reichen Rayons des Nowosibirsker und Omsker Gebiets, des Altaigaus, Kasachstans und anderer benachbarter Örtlichkeiten bestimmt. In Übereinstimmung mit diesem Beschluss wurde dem Staatlichen Komitee für Landesverteidigung vorgeschlagen, die Übersiedlung der gesamten Wolgadeutschen unverzüglich auszuführen und die [Versorgung] der überzusiedelnden Wolgadeutschen mit Land und Nutzländereien in den neuen Rayons sicherzustellen.

Vorsitzender des Präsidiums des Obersten Sowjets der UdSSR,
M. Kalinin

Sekretär des Präsidiums des Obersten Sowjets der UdSSR,
A. Gorkin

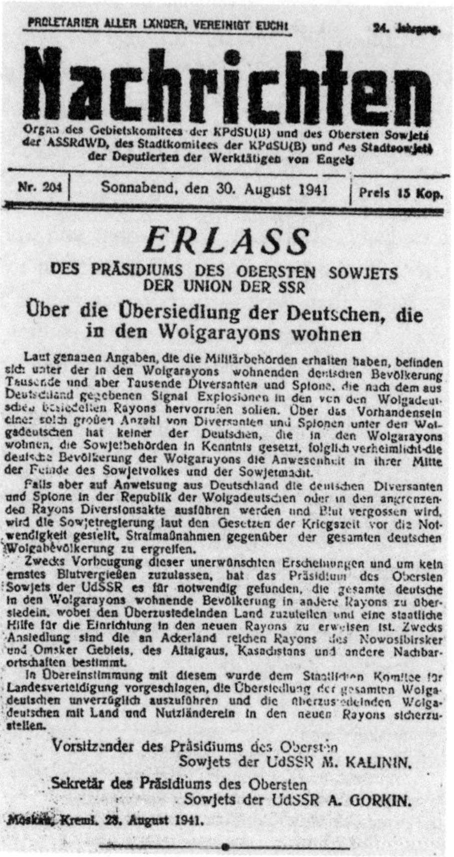

PROLETARIER ALLER LÄNDER, VEREINIGT EUCH! 24. Jahrgang

Nachrichten

Organ des Gebietskomitees der KPdSU(B) und des Obersten Sowjets der ASSRdWD, des Stadtkomitees der KPdSU(B) und des Stadtsowjets der Deputierten der Werktätigen von Engels

Nr. 204 | Sonnabend, den 30. August 1941 | Preis 15 Kop.

ERLASS

DES PRÄSIDIUMS DES OBERSTEN SOWJETS DER UNION DER SSR

Über die Übersiedlung der Deutschen, die in den Wolgarayons wohnen

Laut genauen Angaben, die die Militärbehörden erhalten haben, befinden sich unter der in den Wolgarayons wohnenden deutschen Bevölkerung Tausende und aber Tausende Diversanten und Spione, die nach dem aus Deutschland gegebenen Signal Explosionen in den von den Wolgadeutschen besiedelten Rayons hervorrufen sollen. Über das Vorhandensein einer solch großen Anzahl von Diversanten und Spionen unter den Wolgadeutschen hat keiner der Deutschen, die in den Wolgarayons wohnen, die Sowjetbehörden in Kenntnis gesetzt, folglich verheimlicht die deutsche Bevölkerung der Wolgarayons die Anwesenheit in ihrer Mitte der Feinde des Sowjetvolkes und der Sowjetmacht.

Falls aber auf Anweisung aus Deutschland die deutschen Diversanten und Spione in der Republik der Wolgadeutschen oder in den angrenzenden Rayons Diversionsakte ausführen werden und Blut vergossen wird, wird die Sowjetregierung laut den Gesetzen der Kriegszeit vor die Notwendigkeit gestellt, Strafmaßnahmen gegenüber der gesamten deutschen Wolgabevölkerung zu ergreifen.

Zwecks Vorbeugung dieser unerwünschten Erscheinungen und um kein ernstes Blutvergießen zuzulassen, hat das Präsidium des Obersten Sowjets der UdSSR es für notwendig gefunden, die gesamte deutsche in den Wolgarayons wohnende Bevölkerung in andere Rayons zu übersiedeln, wobei den Überzusiedelnden Land zuzuteilen und eine staatliche Hilfe für die Einrichtung in den neuen Rayons zu erweisen ist. Zwecks Ansiedlung sind die an Ackerland reichen Rayons des Nowosibirsker und Omsker Gebiets, des Altaigaus, Kasachstans und andere Nachbarortschaften bestimmt.

In Übereinstimmung mit diesem wurde dem Staatlichen Komitee für Landesverteidigung vorgeschlagen, die Übersiedlung der gesamten Wolgadeutschen unverzüglich auszuführen und die überzusiedelnden Wolgadeutschen mit Land und Nutzländerein in den neuen Rayons sicherzustellen.

Vorsitzender des Präsidiums des Obersten
Sowjets der UdSSR M. KALININ.

Sekretär des Präsidiums des Obersten
Sowjets der UdSSR A. GORKIN.

Moskau, Kreml, 28. August 1941.

Abb. 18: Der berüchtigte Ukas des Obersten Sowjets in der Engelser Zeitung «Nachrichten»

Man kann im Nachhinein kaum feststellen, was die Betroffenen an diesem Dokument mehr schockierte: die ungeheuerliche Anklage der Kollaboration mit dem Dritten Reich oder die fast unvorstellbar erscheinende Umsiedlung aller 360 000 Deutschen aus ihrer angestammten Heimat in mehrere tausend Kilometer entfernte Gebiete mit völlig anderen klimatischen Bedingungen. Den grauen Bürokraten Gorkin, der jahrzehntelang jeden Ukas des Obersten Sowjets als Zweiter mit seiner Unterschrift versah, kannte wohl niemand, aber der Name Michail Kalinin, nomineller Staatschef der UdSSR, war in aller Munde. Er hatte den schmeichelhaften Ruf des «Dorfrichters der Union», da er, selbst

Abb. 19: Kalinin, nomineller Staatschef der Sowjetunion. Seine Unterschrift stand unter dem Deportationserlass der Sowjetdeutschen.

bäuerlicher Herkunft, im Kreml mit armen Muschiks Tee trank und deren Beschwerden gegen Entkulakisierung und Verhaftungen entgegennahm. Sein Amt galt als letzte Instanz, bei der man Schutz finden konnte. Dass ausgerechnet der bebrillte Altbolschewik mit dem freundlichen Spitzbart zumindest formal dem von Stalin geleiteten Staatlichen Komitee für Landesverteidigung diesen Vorschlag unterbreitete, ließ jede Hoffnung auf Gnade schwinden. Zu dem Zeitpunkt, als die Mehrheit der Wolgadeutschen den Ukas zu Gesicht bekam, waren ihre Siedlungen bereits militärisch abgeriegelt, und die Operation ihres Abtransports war eingeleitet.

«In der Stadt [Marxstadt] herrschte ein unbeschreibliches Chaos», lesen wir bei Johannes Herber, «auf den Straßen liefen Schweine, Schafe, Ziegen, Hühner gackerten, die Hunde heulten (sie spürten am stärksten, dass etwas Ungewöhnliches in der Luft lag).» Ähnliche Bilder bewahrte in ihren Erinnerungen die Russin Jelena Michajlowa: «Ich lebte damals zur Miete bei einer Witwe mit drei Kindern in einem Häuschen in der Karl-Marx-Straße, unweit des Maschinenbauwerks. Nach der Deportierung der Hauswirte zog mein Bruder zu mir und wohnte jetzt bei mir. Zuvor wohnte er in einem Wohnheim der Berufsschule, wo er damals lernte. Wir waren jetzt die einzigen Einwohner in der ganzen Straße. Es war sehr schaurig. Einige Tage lang zeigte sich niemand. (...) Auf den Straßen lief das herrenlose Vieh umher, die ungemolkenen Kühe brüllten, die hungrigen Hunde heulten.»

Das verzweifelte Heulen der Hunde in den von den Deutschen verlassenen Städten und Dörfern wurde noch dreißig Jahre später von dem Lyriker Friedrich Bolger festgehalten, der als junger Autor in jenen Tagen aus Engels ausgesiedelt worden war:

Weißt du, mein Freund,
wie Hunde weinen?
Nicht, wie sie winseln,
nein, wie sie bei Nacht
bekümmert sitzen
auf den Hinterbeinen
und trostlos weinen,
bis der Tag erwacht.

Du meinst vielleicht,
das wären leere Fragen?
Was wüsste schon ein Hund
von Gram und Leid.
O, schrecklich ist's,
wenn kummervoll sie klagen!
Ich hab's erlebt
in einer bösen Zeit.

Noch lauter weinten
die verwaisten Hunde,
als ich, um dem Verderben zu entgehn,
im Dämmerschein
der ersten Morgenstunde
das Dorf verließ
auf Nimmerwiedersehn.

Da schlug mein Herz,
als wollt's in Stücke gehen.
Ich schrie vor Schmerz.
Doch niemand hörte mich ...

O Menschen, sagt,
wie konnte es geschehen,
dass unsre Hunde
ließen wir im Stich?[7]

Nach der Aussiedlung der Einwohner, deren Häuser nach und nach von Evakuierten aus der Ukraine sowie von den in schlechteren Wohnverhältnissen lebenden russischen Nachbarn in Besitz genommen wurden, blieb in Marxstadt als einzige Spur deutscher Präsenz das bronzene Denkmal der Kaiserin Katharina II., geborene Prinzessin Sophie Auguste Friederike von Anhalt-Zerbst. Das Werk des Petersburger Bildhauers Baron von Klodt war, nachdem man öffentlich dafür Geld gesammelt hatte, 1851 im damaligen Katharinenstadt aufgestellt worden. Die Kaiserin, so lesen wir in heutigen Beschreibungen, «war sitzend auf dem Thron dargestellt. In der herabhängenden rechten Hand hielt sie das Manifest, das sie 1763 den Kolonien geschenkt hat, (...) und stand auf einem hohen marmornen Postament, auf dessen zwei Seiten in russischer und deutscher Sprache die Inschrift eingemeißelt war: ‹Der Kaiserin Katharina II. aus Dankbarkeit von den ausländischen Ansiedlern des Saratower Gouvernements.›» Ursprünglich stand das Monument auf dem Hauptplatz von Marxstadt, wurde jedoch Anfang der dreißiger Jahre entfernt und landete zunächst auf dem Hof des Heimatmuseums. Von dort aus konnte die bronzene Zarin noch einige Jahre lang Freud und Leid der Nachkommen ihrer Untertanen beobachten – bis zu jenem Tag, als ihre Statue, ausgerechnet in der Fabrik «Wiedergeburt» alias «Kommunist», zu Kriegszwecken eingeschmolzen wurde.[8]

Wann, warum und wie?

Die Deportation der Wolga- und insgesamt der Russlanddeutschen aus ihren ursprünglichen Siedlungsgebieten gehört zu den meisterforschten Themen der postsowjetischen Geschichtsschreibung. Dennoch weist die Schilderung der tragischen Ereignisse erhebliche Lücken und schwer interpretierbare Widersprüche auf. Insbesondere erscheint die chronologische Zuordnung der Entscheidungen über das Schicksal der deutschen Minderheit problematisch.

Der Historiker Arkadij German führt den grundsätzlichen Beschluss über die Aussiedlung der Deutschen auf ein Telegramm vom 3. August

1941 des Oberkommandos der Südfront an Stalin und Marschall Budjonnyi, den Oberkommandierenden des Frontbereichs, zurück. In diesem Kurzbericht wird auf Einzelfälle von Kollaboration der deutschen Bevölkerung mit der angreifenden Wehrmacht hingewiesen: «Kampfhandlungen am Dnjestr haben gezeigt, dass die deutsche Bevölkerung aus Fenstern und Gärten auf unsere abziehenden Streitkräfte schießt. Es konnte festgestellt werden, dass die vorrückenden deutschen faschistischen Truppen in einem deutschen Dorf am 1. August 1941 mit Brot und Salz begrüßt wurden. Im Einzugsbereich der Südfront gibt es eine Menge Dörfer mit deutscher Bevölkerung (...). Wir bitten darum, den örtlichen Behörden Weisung zu erteilen, die unzuverlässigen Elemente umgehend auszusiedeln.»[9] Daraufhin übermittelte Stalin den Geheimbericht von der Südfront mit folgender Randbemerkung an seinen Volkskommissar für Innere Angelegenheiten: «An den Genossen Berija. Fortjagen muss man sie. J. St.» Dieser knappe Text setzte den verhängnisvollen Mechanismus in Gang, der zur Deportation von mehr als einer Million Deutschen führte.

Was den Inhalt der chiffrierten Depesche anbelangt, so fällt vor allem der Mangel an Informationswert auf. Ungenannt bleibt das sowjetdeutsche Dorf, dessen Bevölkerung angeblich auf die Einheiten der sich auf dem Rückzug befindenden Roten Armee das Feuer eröffnet haben soll – was angesichts der äußerst restriktiven Regelungen zum Waffenbesitz in der UdSSR auch eher zweifelhaft erscheint. Ebenso wenig werden die anderen Dörfer genannt, von denen die Einheiten der Wehrmacht offen begrüßt worden sein sollen – was theoretisch durchaus vorstellbar ist. Man kann sich des Eindrucks kaum erwehren, dass die pauschale Verdächtigung der Deutschen und die Empfehlung, sie auszusiedeln, vor allem dazu diente, von den schweren Niederlagen am Dnjestr abzulenken. Als Oberkommandierender der sowjetischen Streitkräfte griff Stalin den im Telegramm enthaltenen Vorschlag auf – dies jedoch mit einer erstaunlichen Verzögerung von zweiundzwanzig Tagen. Stalins Randbemerkung auf der dechiffrierten Depesche trug das Datum «25. August» und wurde noch am selben Tag an Berija weitergeleitet. Allerdings standen zu diesem Zeitpunkt die Dörfer, aus denen die «unzuverlässigen Elemente» entfernt werden sollten, bereits unter faschistischer Besatzung und waren damit für die Sowjetbehörden unerreichbar. So konnte sich die Anweisung des Sowjetführers – «Fortjagen muss man sie» – keineswegs auf die Deutschen in der Südukraine beziehen. Ebenso wenig konnte Stalin die 50 000 Deutschen von der Krim meinen, die bereits ab Mitte August in den Nordkaukasus evakuiert worden waren. Parallel dazu verlief die Aussiedlung der Deutschen aus den noch nicht okkupierten Teilen der Ukraine, und am 21. August begann «die Ausweisung gemeingefährlicher Personen aus Leningrad und dem Gebiet Leningrad», die Deportation von 96 000 Deutschen und Finnen. Höchstwahrscheinlich plante Stalin auch die Evakuierung der deutschen Bevölkerung aus den potenziell gefährdeten Gebieten Stalingrad und Saratow, die an die deutsche Autonomie grenzten – kein militärisch denkender Mensch hätte ihm aus einer solchen Maßnahme einen Vorwurf machen können.

Nun gehörte aber die Wolgaautonomie in administrativer Hinsicht zum Gebiet Saratow, und das machte die Angelegenheit komplizierter. Rein formal bedeutete eine massenhafte Aussiedlung der Bevölkerungsmehrheit der «Deutschrepublik» die Auflösung dieses Staatsgebildes. Dies hätte einen offenen Verstoß gegen Stalins Verfassung von 1936, ebenso gegen das 1937 angenommene Grundgesetz der Russischen Sozialistischen Föderativen Republik sowie der Wolgarepublik bedeutet. In den ersten Dokumenten wird die Republik der Wolgadeutschen als Bestandteil der Russischen Föderation erwähnt, und es wird die Möglichkeit betont, neue Autonomien zu bilden. Ein rechtliches Verfahren zu deren Auflösung war dagegen in keinem der Dokumente vorgesehen. Gleichzeitig formulierte die am 1. Mai 1937 angenommene neue Verfassung der Wolgadeutschen unmissverständlich: «Die Veränderung der Grenzen der Autonomen Sozialistischen Republik der Deutschen im Wolgagebiet kann nur mit deren Zustimmung erfolgen.»[10]

Juristische Skrupel waren für die Kremlherren alles andere als typisch – in späteren Auflagen des heiligen Textes der Sowjetverfassung haben sie die «Deutschrepublik», ebenso wie alle anderen infolge der Deportationen aufgelösten Autonomien, einfach wegretuschiert.[11] Hier hatten sie wohl andere Bedenken: Indem sie Lenins Traum von der deutschen Arbeitskommune aufgaben, verzichteten sie darauf, dem Hitlerschen Rassenwahn einen «internationalistischen Klassenstandpunkt» gegenüberzustellen. Angesichts der jetzigen äußeren Bedrohung half dem Sowjetstaat die proletarische Verbrüderungsidee nur wenig. Nicht von ungefähr verordnete Lew Mejlis, der Propagandachef der Roten

Armee, im Dezember 1941 allen Frontzeitungen, das obligatorische Motto «Proletarier aller Länder, vereinigt euch!» durch ein neues zu ersetzen: «Tod den deutschen Okkupanten!»[12] In den Städten erschienen Plakate mit dem Aufruf: «Tötet den Deutschen!» Dass es hier nicht hieß «Tötet den deutschen Faschisten!», kann durch die aufgeheizte Stimmung und die Verbitterung über die anfänglichen Niederlagen halbwegs erklärt werden – schließlich handelte es sich um einen Verteidigungskrieg. Für die Sowjetdeutschen jedoch, in ihren nach Marx, Engels, Liebknecht, Luxemburg, Zetkin und Thälmann benannten Dörfern, Kleinstädten und Kolchosen, verhieß die neue Kampagne nichts Gutes. Die alte Generation erinnerte sich gewiss an den Feldzug zwischen 1914 und 1917 gegen den «inneren Deutschen» und an den Plan der Massendeportation, vor der sie nur durch die Februarrevolution und den Zusammenbruch des zaristischen Regimes bewahrt wurden.[13]

Es ist vollkommen unwahrscheinlich, dass Stalin den Bericht über die angebliche Kollaboration der Deutschen in der Südukraine erst am 25. August las. Vielmehr wartete er mit seiner Entscheidung noch ab und benutzte das Dokument als Vorwand. Es spricht einiges dafür, dass er seinen kurzen Kommentar äußerlich als Zeichen eines Wutausbruchs darstellen wollte. Der Wortlaut seiner Anmerkung hieß nicht «Fortjagen muss man sie», sondern, wie Viktor Krieger ihn wiedergibt, «Aussiedeln muss man sie, dass die Türen knallen» (nado wyselitj s treskom). Diese Version ist genauer, denn sie gibt die vorgebliche oder wirkliche Empörung wieder. Stalins Emotionen haben nur wenige schriftliche Spuren hinterlassen. Eine davon hing ebenfalls mit einer deutschen Angelegenheit zusammen: Im Dezember 1936 erhielt er eine Geheimmeldung, dass ein deutscher Exilkommunist, Ingenieur des Moskauer Kunststoffwerks, Knöpfe mit einem hakenkreuzähnlichen Ornament produziert haben sollte. Dazu der Diktator am Rand des Dokuments: «Was für ein Teufelspack!»[14] (Nu i netschist!) Das zornige Wort löste die «Deutsche Operation» des NKWD aus, das Tausende Opfer unter deutschen Emigranten und aus Deutschland stammenden Fachleuten sowjetischer Betriebe forderte. Das bedeutet jedoch mitnichten, dass diese Operation die Folge einer Affekthandlung des Diktators war. Vielmehr war in den höchsten Kreisen der sowjetischen Herrschaft seit Hitlers Machtergreifung eine tiefsitzende Enttäuschung über das Versagen der KPD, der die Revolution in Deutschland und damit in Westeuropa nicht gelungen war, herangereift und mündete in diesen gründlich geplanten Racheakt.

Eine Bedenkzeit brauchten der Diktator und sein engster Stab, bestehend aus Molotow, Berija, Malenkow und Schdanow, um den Evakuierungsplan vorzubereiten, der in seinem Ausmaß fast alle früheren Massenumsiedlungen übertraf. Eine Ausnahme bildete lediglich die Deportation der Großbauern und «politisch verdächtigen Elemente» aus den Dörfern im Rahmen der «Entkulakisierung». Damals waren insgesamt zwei Millionen Menschen in die unwirtlichen Gebiete Sibiriens, des Altai, Zentralasiens und des hohen Nordens verbannt worden, allerdings in mehreren Etappen und über einen längeren Zeitraum von 1930 bis 1932. Die Maßnahme betrachtete man als Teil des Klassenkampfes; die Opfer waren mehrheitlich Russen und Ukrainer und nicht nach nationalen Kriterien ausgewählt worden. Die erste Vertreibungskampagne, die sich eindeutig gegen eine ethnische Gruppe richtete, war die am 21. August 1937 von Stalin und Molotow befohlene Vertreibung von 171 000 Koreanern aus Südsibirien und deren Umsiedlung nach Kasachstan und in die Regionen am Aralsee. Die Aktion wurde mit der Notwendigkeit begründet, im Falle eines Krieges mit Japan die «japanophilen» Elemente von der Grenzzone fernzuhalten.

Die Koreaner waren keiner Einladung à la Katharina gefolgt, als sie während des chinesisch-japanischen Kriegs 1896, der sie die Souveränität kostete, zu Zehntausenden von ihrer Halbinsel in das Zarenreich flohen. Nur ein Drittel von ihnen wurde zu russischen Untertanen. Die Mehrheit davon waren arme Bauern, die in isolierten Dörfern im Fernen Osten lebten und auf kargen Parzellen schufteten. Auch die Behörden waren ihnen gegenüber alles andere als wohlwollend. Bereits ihre einsilbigen Namen Kim, Li oder Pak passten nicht recht in die amtlichen Formulare – die Bürokraten des Zarenreiches gaben ihnen nach russischer Art einen Vatersnamen und russifizierten auf eigentümliche Weise die Vornamen der Asiaten: So wurde etwa aus Bok Si Kou ein Michail Iwanowitsch Bok und aus Li Guk Din ein Gennadij Dmitrijewitsch Li. Wurden die Deutschen um ihren relativen Wohlstand beneidet, so verachtete man die Koreaner für ihre Armut. Aufgrund des russisch-japanischen Krieges wurden sie mit dem damals gängigen Begriff «gelbe Gefahr» in Verbindung gebracht. Der deutschstämmige Generalgouverneur des Amurgebiets, Pawel Unterberger, brachte 1908 in einem Brief an den Innenminister die Aversionen vieler emsiger Großrussen auf den Punkt: «Ich akzeptiere eher eine russische Wüste als ein von Koreanern bebautes Land.»[15]

Dreißig Jahre nach dieser Aussage nahm die Deportation der Russlandkoreaner etwa einen Monat in Anspruch und verlief relativ erträglich und geordnet: Jeder Evakuierte erhielt sein Gehalt von zwei Wochen als Vorschuss sowie fünf Rubel Tagegeld. Man versuchte die Arbeitskollektive und Kolchosen zusammenzuhalten und am neuen Aufenthaltsort wiederherzustellen. Im Prinzip bestand die Möglichkeit, in die von den Japanern besetzte Heimat zurückzukehren, aber nur wenige Koreaner wollten von diesem Angebot Gebrauch machen. Schließlich wurden auch Stimmen gegen die Umsiedlung laut, was bei späteren Aktionen dieser Art unvorstellbar war. Koreanische Kommunisten, unter ihnen ehemalige rote Partisanen, gaben aus Protest ihre Mitgliedsbücher zurück und wurden deshalb aus der Partei ausgeschlossen. In Einzelfällen griffen die Sondereinheiten des Geheimdienstes ein, aber im Grunde erfüllte Berijas Vorläufer Jeschow den Auftrag seiner obersten Herren fast problemlos. Man handelte mit rationalem Zynismus: Die Opfer durften noch, ahnungslos wie sie waren, die landwirtschaftliche Produktion an den Staat abliefern – anschließend wurden die Koreaner selbst in die Waggons verfrachtet.

Allerdings fand der «Transfer» der kleinen Volksgruppe zu Friedenszeiten statt, während Stalins kalkulierter Zorn gegen die Deutschen mitten in einem Krieg ausbrach, der die Existenz des Sowjetstaates bedrohte. Dieser Kampf auf Leben und Tod erhielt in Anlehnung an die Auseinandersetzung mit Napoleons Grande Armée den Beinamen «Großer Vaterländischer Krieg». In der im Juni 1941 komponierten pathetischen Kriegshymne wurde er gar als «heiliger Krieg» (swjaschonnaja wojna) kanonisiert.

Landwirtschaftliche Erwägungen spielten wahrscheinlich bei der Festlegung des Zeitpunkts für die Deportation der Wolgadeutschen eine große Rolle. Zudem gab es in der letzten Phase der «Deutschrepublik» eine Rekordernte. Die Auswertung des Ernteverlaufs und die Vorbereitung der neuen Ernte standen im Mittelpunkt des Plenums der Partei- und Staatsführung, die am Samstag, dem 21. Juni 1941, in der Stadt Engels eröffnet wurde. In der Nacht zum Sonntag überschritten die Einheiten der Wehrmacht die sowjetische Grenze, und um halb sechs Uhr morgens verlas der deutsche Botschafter von Schulenburg dem Außenkommissar Molotow die deutsche Kriegserklärung. Gegen Mittag wurde die Plenarsitzung von Sergej Malow, dem Parteichef des Gebietskomitees, abgebrochen und dem Plenum Molotows Erklärung zum Beginn der Kampfhandlungen zwischen der UdSSR und dem Deutschen Reich zur Kenntnis gegeben.

Die letzten neun Wochen der deutschen Wolgaautonomie verliefen ähnlich wie im ganzen Land: auf der einen Seite Mobilmachung und, neben der staatlich verordneten, sogar spontane Kriegsbegeisterung, auf der anderen Seite Zukunftsängste und Hamsterkäufe. Die spezielle Rolle, die den Wolgadeutschen von Moskau zugedacht wurde, bestand darin, als Vertreter eines deutschen Staatsgebildes an die proletarische Solidarität der Landsleute im Dritten Reich zu appellieren. Versammlungen in allen Kantonen mit insgesamt 270 000 Beteiligten dienten diesem propagandistischen Ziel. So forderte der Vorsitzende des Präsidiums des Obersten Sowjets der Wolgarepublik, Kondrat Hoffmann, die deutschen Gesinnungsgenossen auf: «Soldaten, Arbeiter, Bauern und Intelligenz Deutschlands! Wendet Eure Waffen gegen Euren Erzfeind Hitler und seine blutrünstige Henkerbande!» Einem ähnlichen Aufruf in der Lokalzeitung des Dorfes Schwed wurde sogar ein deutschsprachiger «Passierschein zum Übergang auf die Seite der Roten Armee» beigegeben, der den Wehrmachtssoldaten beim Überschreiten der Frontlinie «das Leben retten» sollte.[16] Ob die grundsätzlich argwöhnischen und überall nach Spionen suchenden Sowjetbehörden dem Erfolg dieser Art von Propaganda überhaupt Glauben schenkten, sei dahingestellt.

Wichtiger war die Tatsache, dass unmittelbar nach Kriegsausbruch die Führung des Landes den auflodernden Deutschenhass zunächst nicht auf die Wolgadeutschen ausdehnen wollte. Vielmehr demonstrierte man Treue zu den «internationalistischen» Prinzipien, indem zum Beispiel ein russischer Kolchosarbeiter, der seine deutschen Kollegen in betrunkenem Zustand als «Faschisten» beschimpft hatte, vom Stadtgericht in Engels Ende Juli zu sechs Jahren Freiheitsentzug verurteilt wurde.[17] Ein solches Gerichtsverfahren sollte Normalität signalisieren, soweit dies zu

Kriegszeiten überhaupt möglich war. Angesichts der Rekordernte wurden Schüler, Studenten und Angestellte auf die Felder beordert, und in den Betrieben bekam der Wettbewerb der Besten neuen Auftrieb. Ab dem 3. August sammelte man Geld für das neu eröffnete Konto des Sowjetischen Verteidigungsfonds, und für das Militärhospital wurde Blut gespendet. Am 8. August begann man mit der Organisation des Luftschutzes und postierte Militär vor den Betrieben. An diesen Wachdiensten konnten sich auch Deutsche beteiligen, ebenso wie an den bewaffneten Volksmilizen.[18] Die aus der Ausnahmesituation entstandenen Einschränkungen – Einführung von Lebensmittelkarten zunächst für Brot, Zucker und Süßwaren, Schließung der Schulen und Institute, Reduzierung der Tageszeitungen auf einige wenige Publikationsorgane – betrafen Deutsche, Russen und Ukrainer gleichermaßen. Diese Gleichheit ging jedoch nur bis zu einem bestimmten Punkt.

Unter den 1062 Bürgern, die sich an den Sammelpunkten des Kriegskommissariats bereits in der Woche nach dem 22. August als Freiwillige gemeldet hatten, befanden sich auch 315 Deutsche, die jedoch mit fadenscheinigen Begründungen abgewiesen wurden – etwa mit der, es werde nach Soldaten mit Spezialkenntnissen gesucht. Auch erhielten Deutsche keine amtliche Einberufung. Da zu dieser Zeit 16 000 Angehörige der deutschen Minderheit als Soldaten und Offiziere in der Sowjetarmee dienten und einige für ihre heldenhaften Verdienste bereits ausgezeichnet und öffentlich gerühmt worden waren,[19] fiel die Sonderbehandlung der Wolgadeutschen auf. Insbesondere betraf sie junge Männer, die ehrlich bereit waren, für die sowjetische Heimat ihr Leben zu riskieren. Einige Studenten des Pädagogischen Instituts in Engels sprachen ihre Enttäuschung über die Ablehnung offen aus und behaupteten, offensichtlich vertraue die Sowjetmacht ihren Deutschen nicht genügend, um ihnen eine Waffe in die Hand zu geben. Sie wurden daraufhin verhaftet und der «antisowjetischen Agitation» sowie der «Schaffung einer rechtstrotzkistischen Organisation» bezichtigt – und das fast ein Jahr nach Trotzkis Ermordung mit dem berühmten Eispickel. Diese Episode zeugt jedenfalls davon, dass zu diesem Zeitpunkt der Kreml seine wahren Pläne mit den Wolgadeutschen auf keinen Fall preisgeben wollte. Es ging darum, eine Nacht-und-Nebel-Aktion durchzuführen.

Wie ernst die Geheimhaltung der bereits eingeleiteten Massenumsiedlung genommen wurde, wird sichtbar an der bis zum Ende positiven Erwähnung der Wolgadeutschen in der zentralen Presse. Einen Tag bevor Stalin seinen Satz «Aussiedeln muss man sie, dass die Türen knallen» auf den Rand des chiffrierten Telegramms schrieb, brachte die Moskauer Wochenschrift «Sozialistische Landwirtschaft» am 24. August 1941 einen illustrierten Aufsatz über die Bauern des Dorfes Schwed im Kanton Krasnyj Jar, die soeben ihre Klassenbrüder in Deutschland zum Widerstand gegen das Hitlerregime aufgefordert hatten und mit ihrer harten Arbeit auf den Feldern «die ruhmreiche Rote Armee unterstützen».[20]

Am selben Tag erschien in der Tageszeitung «Komsomolskaja Prawda» ein Aufsatz über den jungen Rotarmisten Heinrich Hoffmann aus dem Dorf Rosenthal. Der Text war einem Artikel der Frontzeitung «Bojewoj Natisk» (Kämpferischer Ansturm) vom 5. August entnommen, allerdings ergänzt um ein Foto von Hoffmanns blutbeflecktem Komsomolmitgliedsbuch und die minutiöse Schilderung seiner Todesumstände: «Schwer verwundet war Heinrich in Gefangenschaft der faschistischen Henker geraten. Die Barbaren folterten den jungen Patrioten, aber keinerlei Folter konnte seinen Geist brechen. Die entmenschten Faschisten hackten ihm die Arme ab, stachen ihm die Augen aus, schnitten ihm die Zunge ab. Mit einem Bajonett durchbohrten sie ihm die Brust (…). Neben der Leiche Hoffmanns legten die (…) Hitlerschufte aus Teilen des menschlichen Körpers einen fünfzackigen Stern.»[21] Die hasserfüllte propagandistische Erzählweise, die Aufzählung der Foltermethoden, ohne das Ziel zu benennen, das die Faschisten bei ihrem Opfer erreichen wollten, beraubt die Geschichte des Rotarmisten Hoffmann ihrer Authentizität. Bezeichnend ist auch die Tatsache, dass diese abstrakte Heldenlegende einen Tag vor der Veröffentlichung des Ukas über die Deportation der Deutschen noch in der Zeitung «Nachrichten» aus Engels unter der Schlagzeile «Wir nehmen Rache an ihnen für dich, Genosse!» kolportiert wurde[22] – und dies ausgerechnet für Leser, die unmittelbar danach des kollektiven Verrats beschuldigt wurden. Nebenbei sei noch ein Leserbrief des Kolchosbauern Konrad Geringers aus dem Kanton Kukkus erwähnt, den die zentrale Armeezeitung «Krasnaja Swesda» am 28. August unter der dramatischen Überschrift «Schlagt stärker die verfluchten Scheusale» veröffentlichte.[23] Der unglückselige Briefschreiber ahnte wohl kaum, dass er innerhalb einer Woche mitsamt seiner Familie, deren Ahnen seit 1767 in der Kolonie Lauwe (Jablonowka) gelebt hatten, seinen langen Weg in das sibirische Gebiet Krasnojarsk antreten würde, von wo er niemals zurückkehren sollte.

Nachdem Stalins Instruktion an Berija weitergeleitet worden war, meldete sich der Kommissar für innere Angelegenheiten noch am selben Tag mit dem Entwurf einer aus 19 Artikeln bestehenden Direktive zurück, was ohne vorherige Vorbereitung schon rein physisch unmöglich gewesen wäre. Am nächsten Tag, dem 26. August, bestätigte das Politbüro die Direktive, die damit zum Partei- und Regierungsdokument wurde. Mit der Durchführung der entsprechenden Maßnahmen wurde das Volkskommissariat für innere Angelegenheiten beauftragt. Die Volkskommissariate für Transport, Gesundheitswesen, Handel und Finanzen waren ebenfalls involviert. Das berüchtigte Dokument, das zuerst an die Führung der Wolgarepublik sowie der benachbarten Gebiete Saratow und Stalingrad gesendet wurde, schließlich auch an die Parteiführungen der Zielorte in Kasachstan, Sibirien und im Altai-Gebiet, enthielt keine politische Begründung der Aktion.[24] Als letzte erfuhren die Einwohner der Wolgarepublik aus ihren winzigen Lokalblättern von dem Vorwurf, mit dem Todfeind der Sowjetmacht kollaboriert zu haben.

Deutsche und russische Historiker sind sich in ihren späteren, auf Archivrecherchen gestützten Arbeiten darüber einig, dass es für eine Kollaboration zwischen den Wolgadeutschen und dem Reich absolut keine Anhaltspunkte gibt. Dabei unternahm die Stalinsche Geheimpolizei im Zeitraum von August 1940 bis August 1941 alle erdenklichen Anstrengungen, einer «faschistischen Verschwörung» auf die Spur zu kommen. Zunächst recherchierte sie unter den ehemaligen Mitarbeitern der deutschen Konzessionsfirma DRUAG (Deutsch-Russische Aktiengesellschaft), die nach der Auflösung der Nemwolbank ihre Tätigkeit beendet hatte, wurde jedoch nicht fündig. Danach versuchte sie den wenigen Bürgern «Spionage» nachzuweisen, die nach dem Molotow-Ribbentrop-Pakt Kontakt zur Deutschen Botschaft gesucht oder ihren Briefwechsel mit den im Deutschen Reich lebenden Verwandten fortgesetzt hatten, doch auch dieser Versuch trug keinerlei Früchte. Vergeblich war auch der operative Vorgang «Invaliden», in dem drei Blinde und ein Halbblinder aus der Stadt Balzer «bearbeitet» wurden. Die armen Teufel propagierten angesichts der aktuellen «Idylle» zwischen Moskau und Berlin die Umsiedlung nach Deutschland im Rahmen des «Heim-ins-Reich»-Projekts, das allerdings, so das Einvernehmen zwischen Ribbentrop und Molotow, die Wolgadeutschen in keiner Weise betraf. Das Schlimme, was man den Verdächtigen vorwarf: Sie hörten heimlich deutsche Radiosendungen und teilten deren Inhalt auch anderen mit.

Auch nach Kriegsausbruch enthielten die zusammenfassenden Berichte des lokalen NKWD an die Zentrale nur Beruhigendes: «Laut den zur Verfügung stehenden offiziellen Angaben und Agenturmitteilungen ist die politische Stimmung in der Republik der Wolgadeutschen gesund. In der letzten Dekade wurden keinerlei Tatsachen offener konterrevolutionärer Äußerungen oder wichtige Vorkommnisse festgestellt.»[25] Ebenso unspektakulär berichtete am 31. Juli 1941 der lokale Parteiführer Sergej Malow direkt an Stalin: «Die politische Stimmung der Werktätigen der Republik der Deutschen im Wolgagebiet ist gesund.» Die Übererfüllung der Normen um 180 bis 600 Prozent betraf sowohl russische als auch deutsche Arbeiter und Kolchosbauern. Dabei mangelte es nicht an patriotischen Bekenntnissen. So sagte der alte Kolchosnik Kohlmeier aus dem Dorf Herzog, Kanton Mariental, auf einer Versammlung: «Ich hasse den deutschen Faschismus und spende aus meinen durch Arbeit erworbenen Vorräten zwei Zentner Getreide und zwei Kilogramm Fleisch.» Zwar zitierte Malow einzelne deutschlandfreundliche oder defätistische Äußerungen wie «Ich warte auf Hitler» oder «Hitler kann die Sowjetunion besiegen», versicherte jedoch dem Sowjetführer, dass solche Phänomene von den wachsamen Augen des NKWD streng beobachtet würden.[26]

Als wirklich relevantes Problem erwähnte Malow lediglich das Unverständnis der «grundlegenden Bevölkerung der Republik», also der Deutschen darüber, dass sie nicht wie Russen, Ukrainer oder Tataren von den Kriegskommissariaten mobilisiert wurden. Dabei brauchte die Rote Armee dringend deutschsprachige Kader, die politisch, propagandistisch und organisatorisch gut vorbereitet waren. Sie wurden benötigt als Frontdolmetscher, Übersetzer und Kundschafter. Einer diesbezüglichen Anforderung tat die Führung der «Deutschrepublik» Genüge, als sie am 21. August 1941 der Zentrale in Moskau etwa fünfzig führende Funktionäre von der kantonalen Ebene zur Verfügung stellte,[27] unter ihnen Juristen, Diplompädagogen, Journalisten und Lehrer. Ob und inwieweit diese Crème de la Crème der Wolgadeutschen das Gebiet noch vor der Deportation verlassen und sich im Kampf gegen die Faschisten nützlich machen, ob sie durch diese patriotische Pflichterfüllung auch ihre Familien retten konnte – darüber wissen wir nichts.[28]

Was nun die Frage des Zeitpunkts betraf, so können wir davon ausgehen, dass die detaillierte Planung der Deportation vor der Unterschrift durch Kalinin und Gorkin von langer Hand und unter strengster Geheimhaltung vorbereitet wurde. Zu dieser Planung gehörte als Begleitmusik auch das Lügenmärchen von den «Tausenden und Zehntausenden» Diversanten.

Für den sorgfältigen Planungsvorlauf sprechen vor allem Berijas Zahlenkolonnen, die er angeblich am 25. August zusammenstellte und die eine exakte Verteilung der ungefähr 400 000 Deportierten auf zehn sibirische und zentralasiatische Gebiete vorsahen. Fertig war auch der Plan zur Verlegung der mit der Durchführung beauftragten Armee-, Polizei- und NKWD-Kräfte, insgesamt 12 000 Personen. Man wusste genau, dass für den Transport 198 Waggonreihen mit 12 875 Waggons benötigt wurden[29] und dass der Geheimdienst für die Kosten der Operation «20 Millionen Rubel aus einem Reservefonds des Rates der Volkskommissare als Vorschuss»[30] benötigte.

Außerdem gehörte die Zwangsaussiedlung der Wolgadeutschen, der Transfer enormer Menschenmassen in mehrere tausend Kilometer entfernte Gebiete, militärisch gesehen zur Kriegsführung, wenn auch nicht gegen den eigentlichen Feind, sondern gegen Teile der als unzuverlässig eingestuften eigenen Bevölkerung – gewissermaßen ein Pilotprojekt, dem mehrere Aussiedlungswellen folgten. Dazu gehörte die Zwangsevakuierung von fast ebenso vielen Deutschen aus den noch nicht okkupierten Landesteilen, die Verbannung derselben aus den zurückeroberten Städten und Dörfern und schließlich, nach dem Krieg, die «Repatriierung» der Sowjetdeutschen, die sich als «displaced persons» im ehemaligen Deutschen Reich aufhielten. Die Zahl der Opfer dieser künstlichen Völkerwanderung überschritt damit bei weitem die Millionengrenze. Bis zum 1. Januar 1953 stellten die Deutschen unter den 2 820 000 «Sondersiedlern» mit ihren insgesamt 1 225 000 registrierten Deportierten immerhin 43,4 Prozent, gefolgt von Tschetschenen, Krimtataren und

Kalmücken.[31] Zugleich hinterließen sie, ähnlich wie andere in Ungnade gefallene Volksgruppen, keine Spur in der maßgeblichen «Großen Sowjetenzyklopädie». Sie wurden einfach totgeschwiegen, als hätte es sie nie gegeben.

Evakuierung, Umsiedlung, Deportation, Internierung und Isolierung in geschlossenen Lagern waren keine Spezialität der Sowjetunion, sondern gehörten zu den präventiven Maßnahmen, mit denen sich auch andere Staaten vor Minderheiten schützen wollten, die ethnisch oder auch als Staatsbürger der Nation des Kriegsgegners angehörten. So internierten die amerikanischen Behörden nach dem Kriegsbeginn mit Japan die in ihrem Land ansässigen 110 000 Japaner, von denen mehr als die Hälfte US-Bürger und bereits in Amerika geboren waren, in zehn Lagern. Die Operation verlief in einer Atmosphäre des allgemeinen Hasses gegen die «Gelben», die «Schlitzaugen», und diente als Ableitung des Schocks über den vernichtenden japanischen Angriff auf Pearl Harbor. Über Zweckmäßigkeit und Methoden dieser Maßnahme gibt es bis heute Diskussionen; in den späten achtziger Jahren wurden den noch lebenden Opfern je 20 000 Dollar Schadenersatz gezahlt.

In Europa waren es vor allem die außerhalb der Reichsgrenzen von 1937 lebenden Deutschen, die besonders nach Hitlers Machtübernahme als potentielle Verbündete in einem eventuellen Angriffskrieg gesehen wurden. Die Volksabstimmung im Saarland, Österreichs «Anschluss» an das Reich und der Untergang der Tschechoslowakei – alles, was die Friedensordnung des Kontinents letztendlich zerstörte, geschah mit Hilfe der deutschen «Fünften Kolonne» in diesen Ländern. Selbst in Staaten, die wie Ungarn und Rumänien zu den Achsenmächten gehörten, förderten die Vertretungen des Reichs mehr oder weniger offen den Zusammenschluss der «Volksdeutschen» und initiierten die Gründung von NSDAP-Organisationen und auch militärischen Einheiten. In diesem Sinne war die Angst vor der Kollaboration der deutschen Minderheit mit dem Kriegsgegner keineswegs aus der Luft gegriffen, und das blitzschnelle Handeln der Sowjetbehörden kann durch die Erwartung eines Vordringens der Wehrmacht und der Besetzung des gesamten Wolgagebiets erklärt werden. Hierzu wäre allerdings keine kollektive Anklage nötig gewesen. Doch ohne einen solchen – juristisch gesehen absurden – Vorwurf hätte man den Betroffenen versprechen müssen,

Abb. 20: Personalausweis einer Deportierten mit dem Vermerk, dass sie ausschließlich am Verbannungsort wohnen darf, 1949.

dass sie nach dem Sieg über Hitler in ihre Wohnorte zurückkehren und die nationale Autonomie wiederherstellen könnten. Dann wäre das mehrere Jahre andauernde Leben fernab der Heimat nur eine tragische, aber kriegsbedingte Episode und kein für alle Zeiten geltendes Kainsmal gewesen.

Die Deportation der wolgadeutschen Bevölkerung sollte laut dem von Berija erdachten Szenario am 3. September 1941 beginnen und am 20. desselben Monats abgeschlossen sein. Sie betraf, so die Instruktion, «alle Einwohner deutscher Nationalität (…), Mitglieder der KP (…) und des Kommunistischen Jugendverbands». Ausgenommen waren nur nichtdeutsche Familienmitglieder, die selbst entscheiden konnten, ob sie bleiben oder mitgehen wollten.[32] Eine russische Ehefrau galt hingegen nicht als hinreichender Grund, andere Mitglieder der Familie, etwa ihre eigenen Kinder, vor der Deportation zu bewahren. Einige russische Ehefrauen, so berichtete Iwan Serow, der stellvertretende Volkskommissar für Innere Angelegenheiten, an Lawrentij Berija, reichten daraufhin im Interesse ihrer Kinder die Scheidung ein, «damit sie der Umsiedlung entgehen. Ich aber gab die Instruktion, sie in die Liste der Umsiedler aufzunehmen.»[33]

Iwan Serow, dem die Durchführung der Operation anvertraut wurde, gehörte zu den in ihrer Gnadenlosigkeit besonders erfindungsreichen und übereifrigen Funktionären der Sowjetmacht. So verordnete er, dass man Deutschen, die sich zur Zeit der Deportation nicht in der Wolgarepublik aufhielten, bei der ersten zufälligen Polizeikontrolle den Vermerk in den Ausweis eintrug, der Betreffende dürfe ausschließlich in die vom NKWD für Deutsche genehmigten Sperrgebiete weiterreisen. Als Spezialist für Massenvertreibungen organisierte er später die Zwangsaussiedlung in zehn weiteren autonomen Republiken und Gebieten, unter anderem dem der Krimtataren, der Tschetschenen und der Kalmücken. Der mit zahllosen Auszeichnungen dekorierte und zum Armeegeneral avancierte Organisator beteiligte sich auch an der Erschießung polnischer Offiziere in Katyn 1940 und der Niederschlagung des ungarischen Volksaufstands 1956. Hier organisierte er seinen letzten Deportationsakt: Er ließ 800 als «Konterrevolutionäre» eingestufte ungarische Staatsbürger, unter ihnen Frauen und Jugendliche, in die Gefängnisse von Uschgorod und Czernowitz transportieren – ein Verstoß gegen das Völkerrecht, der nach internationalen Protesten rückgängig gemacht wurde.[34] Später fand selbst der sowjetische Parteichef Chruschtschow diesen Haudegen zu unbequem. Serow wurde wegen «Korruption[35] und Verletzung der Normen sozialistischer Gesetzlichkeit» militärisch herabgestuft, und man entzog ihm auch den Ehrentitel «Held der Sowjetunion».

Exodus

Ende August 1941 schaltete und waltete Serow noch nach seinem eigenen Gutdünken. Die Bewohner der kleinen Dörfer und Städte an der Wolga merkten, noch bevor sie den berüchtigten Ukas des Obersten Sowjets zu Gesicht bekamen, dass ihre Gemeinden allerorts von Militär umgeben waren. Sie standen Schlange vor den Registrierungsbüros und bekamen ihre Kontrollkarten. Dann rechneten sie im Kolchos ihre Immobilien und sonstigen Besitztümer vor und erhielten eine Quittung, die sie an ihrem neuen Aufenthaltsort einlösen konnten – so hatte man es ihnen wenigstens versprochen. Der Bauer Hans Schreiner aus Seelmann erhielt beispielsweise am 9. September folgendes Dokument:

Holzhaus 48 Quadratmeter, Stall und Küche	3000 Rubel
Stühle 5 Stück	40 Rubel
Mehltruhe 2 Stück	20 Rubel
Tische 4 Stück	70 Rubel
Holzbank 1 Stück	15 Rubel
Eisenbett 1 Stück	30 Rubel
Kübel 1 Stück	10 Rubel
Gesamt	dreitausendeinhundertfünfundachtzig Rubel

Übernahmekommission
Abgebender
Erfasser[36]

Dies war die offizielle Abrechnung, dem die Übergabe des landwirtschaftlichen Inventars und des Hauses folgte – eine entsprechende Behausung mit Garten am neuen Aufenthaltsort wurde in Aussicht gestellt. Nur naiv denkende Sowjetdeutsche glaubten daran, nach Ende des Krieges, vielleicht noch im nächsten Jahr, in ihr amtlich versiegeltes Haus heimkehren zu dürfen. Die meisten Dörfler kümmerten sich darum, ihr persönliches Eigentum möglichst schnell zu verkaufen, und sei es für Schleuderpreise. So verscheuerte man zum Beispiel ein Pferd, das auf dem «freien» Markt 2000 Rubel wert war, nun für 500 Rubel. Kühe und Pferde übergab man dem Kolchos. Was übrig blieb – Hühner, Ziegen und Schweine – wurde geschlachtet und im Rahmen des Möglichen weiterverarbeitet und konserviert. Trotz des zugesagten täglichen warmen Essens empfahlen die Behörden, Lebensmittel für zwanzig Tage mitzunehmen. Andere mahlten ihr Getreide, produzierten Zwieback, packten Eingemachtes sowie Zucker, Salz und Käse. Angesichts des Reiseziels – achtzig Prozent der Wolgadeutschen sollten in Sibirien angesiedelt werden – mussten sie sich mit warmer Kleidung und Bettzeug versorgen. Viele wollten sich von ihren ererbten oder für teures Geld erworbenen Gegenständen – Nähmaschinen, Kaffeetassen, Kinderspielzeug, alten Fotos, Lutherbibeln, Gesangbüchern, Plattenspielern – nicht trennen.

Sehr dramatisch verlief der Abschied der Bauern von den Haustieren, ob sie nun der Kollektivwirtschaft gehörten oder persönliches Eigentum waren. Die aus dem Kanton Balzer deportierte Olga Hartmann (Jahrgang 1922) erzählte darüber: «Alle Kühe, welche die Dorfbewohner abgeben mussten, befanden sich auf dem Kolchoshof. Kühe müssen zweimal täglich gemolken werden, sonst sammelt sich zu viel Milch an, was der Kuh Schmerz verursacht und sogar zum Platzen des Euters führen kann. Solange die Leute noch da waren, melkten sie die Kühe direkt auf die Erde, nur um ihr Leid zu lindern. Aber als immer weniger Leute im Dorf blieben, konnte diese Aufgabe nicht mehr erledigt werden. Die Kühe schrien, dass man sie im ganzen Dorf hören konnte. Das Melken hat man uns nicht erlaubt, damit wir an Ort und Stelle bleiben, wenn die LKWs kommen, um uns abzuholen.»[37]

Obwohl für jede Familie eine Tonne persönliches Eigentum zur Ausfuhr genehmigt worden war, ist kaum anzunehmen, dass dieses Gewicht in einem für 40 Personen eingerichteten Viehwaggon Platz fand. Die Reisevorbereitungen verliefen in bahnhofsnahen Siedlungen besonders hektisch, denn die ersten Waggonreihen («Eschelony») standen bereits am 28. August abfahrbereit in Marxstadt. Die innerhalb des Gebiets oder an der südlichen Wolga im Gebiet Stalingrad gelegenen Dörfer hatten keinen direkten Anschluss an die Eisenbahn. Von dort wurden die Deportierten mit allen Habseligkeiten auf LKWs und Schiffe verfrachtet, wobei bei jedem Wechsel auf ein anderes Transportmittel die tonnenschwere Bagage neu organisiert werden musste. Zusätzlich wurde die Reise durch weinende Kleinkinder, gebrechliche und unterwegs erkrankte Personen, Schwangere und Gebärende erschwert.

Berijas Ukas vom 27. August 1941 an alle Einheiten des NKWD ermahnte die Beteiligten, die Operation «ohne Lärm und Panik» durchzuführen. Zwar wurden zu diesem Zweck einige «unzuverlässige Elemente» verhaftet sowie Familien, aus denen einzelne Mitglieder vor der Deportation geflohen waren, per Sippenhaft zur Verantwortung gezogen. Dennoch war für den relativ ruhigen Verlauf der Umsiedlung außer der Angst auch die grundsätzlich loyale, disziplinierte Haltung der Opfer maßgeblich. Dies galt besonders, wenn sie das Glück hatten, auf einen humanen Staffelleiter zu treffen, dem die Versorgung des ihm unterstellten «Kontingents» am Herzen lag. Im Zug Nr. 824, in dem Arthur Karl, später Aktivist der russlanddeutschen Organisation «Wiedergeburt», von Engels nach Abakan im Gebiet Krasnojarsk fuhr, debattierte man in aller Ernsthaftigkeit über die strategische Notwendigkeit der «Evakuierung» und erörterte die Gefahr einer eventuellen Besetzung der Wolgaautonomie durch die Wehrmacht. Indessen schmetterten gutgläubige sowjetdeutsche Komsomolzen «unter dem rhythmischen Klopfen der Räder» patriotische Lieder, die von der alten Generation womöglich mit wenig Begeisterung aufgenommen wurden. Die Älteren sangen lieber das Wolga-Lied sowie melancholische deutsche Heimatlieder. Der Chronist der Tragödie der Sowjetdeutschen, Gerhard Wolter, erzählt in seiner «Zone der totalen Ruhe», einem akribisch beschreibenden Erinnerungswerk mit vielen historischen Hinweisen, wie die Verbannten, unterwegs von Engels nach Kasachstan, in einer lauen Septembernacht unter freiem Himmel am Wolgaufer auf den Kahn warteten, der sie nach Astrachan bringen sollte. Vielleicht um ihre Unruhe zu besänftigen, begannen sie deutsche Lieder zu singen, und jemand stimmte plötzlich «Suliko» an, das Gedicht eines georgischen Dichters des 19. Jahrhunderts über ein früh verstorbenes junges Mädchen. Dabei handelte es sich um Stalins Lieblingslied, das fast jeder im Riesenreich kannte. «Nie mehr vergesse ich», erzählte eine von Wolters Schicksalsgefährtinnen, «wie der tausendfache Chor dieses Lied sang».

Sucht' ich ach das Grab meiner Liebsten
Fragend überall: Wer weiß wo,
Weinend klagt' ich oft mein Herzeleid:
Wo bist du, mein lieb Suliko?

«Auf Deutsch?», fragte Wolter dazwischen. «Ja, auf Deutsch. Eine andere Sprache benutzten die Deutschen damals im Verkehr miteinander niemals.»[38] Ergänzend sei gesagt: Der deutsche Text des georgischen Liedes gehörte auch zum Repertoire des Schauspielers Ernst Busch, der in den dreißiger Jahren Stammgast in der «Deutschrepublik» und anderen deutsch bewohnten Gebieten der UdSSR war. Wenige Monate später sangen die Deportierten ein anderes Glanzstück von Busch, die «Moorsoldaten», umgedichtet auf ihre eigene bittere Situation: «Wir sind die Trudarmisten,/ bewacht von Rotarmisten/ am Wald ...».[39]

Weinen und Wehklagen brachten überall traurige Melodien aus dem Gedächtnis hervor. Als am 2. September 1941 die Kolonie Sarepta bei Stalingrad «gesäubert» wurde, trieb man die mehrheitlich lutherische deutsche Bevölkerung auf Fuhrwerken zum Winterhafen. In Begleitung

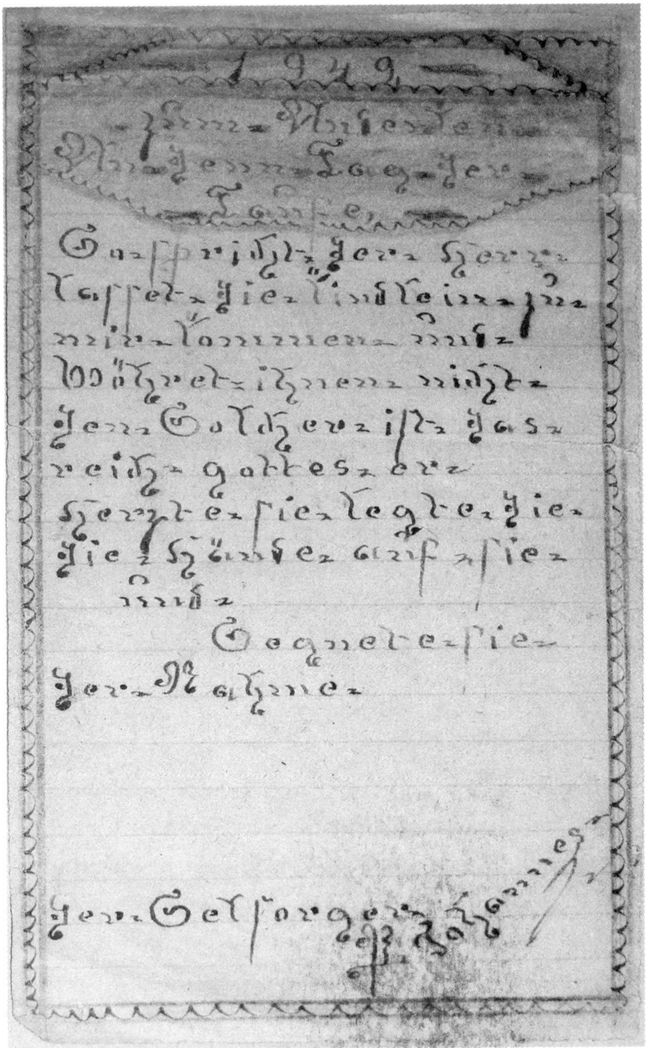

Abb. 21: Illegaler Taufschein eines deutschen Kindes aus dem Verbannungsort Karaganda, 1942

von Motorkuttern erschienen Schleppkähne, in die die Menschen paarweise einsteigen mussten. «So gingen sie je zu zweit auf den Schleppkahn, direkt in den Schiffsraum», erinnerte sich Hanna Noll. «Alle schluchzten lauthals, und die Einwohner Sareptas begleiteten sie, ohne zu begreifen, was hier vor sich ging. Als dann die Schleppkähne losfuhren, stimmten die Männer in deutscher Sprache Psalmen an. ‹Maul halten!› schrie einer der Bewacher. ‹Wieso missgönnst du es ihnen? Sollen sie doch singen!› trat der andere für sie ein. Und das alte Kirchenlied tönte bis Astrachan.»[40]

Jesu, geh voran
Auf der Lebensbahn!
Und wir wollen nicht verweilen,
Dir getreulich nachzueilen.
Führ uns an der Hand
Bis ins Vaterland.

Nikolaus Zinzendorfs Hymne aus dem 18. Jahrhundert, mitgebracht von den Vorfahren dieser Ausgestoßenen in ihre Kolonie, zeugte nicht nur von der tiefen Religiosität der Vorkriegsgeneration, die weder durch primitive atheistische Propaganda noch durch die rabiate Bilderstürmerei der Gottlosenverbände hatte gebrochen werden können. Sie repräsentierte auch die Überzeugung, dass es höhere Instanzen gab als den Obersten Sowjet und dass die Rückkehr in ein Vaterland möglich ist, aus dem keine irdische Macht den Menschen vertreiben kann. Das war vielleicht eine Illusion, aber ohne Frage eine, die beim Überleben half.

Der Parteiführer der sich in Auflösung befindlichen Wolgarepublik, Sergej Malow, berichtete am 2. September an Stalin persönlich, der Ukas des Obersten Sowjets sei vom russischen Teil der Bevölkerung als angemessene Maßnahme zum Schutz des Hinterlandes mit Zufriedenheit aufgenommen worden. So äußerte ein «einfacher Arbeiter»: «Jetzt aber werden sie anders singen. Sie sollen nun dorthin einträchtig reisen, ebenso wie sie sich überall mit ihrem deutschen Pack einzuschleichen versuchten. Jetzt kann ich ruhig an die Front ziehen, wohl wissend, dass sich meine Familie außer Gefahr vor dem inneren Feind befindet.»[41] Diese Hasstirade, die wortwörtlich in die Sprache der antideutschen Hysterie des Ersten Weltkrieges passte, sprach zwar sicherlich vielen Sowjetmenschen aus der Seele, doch bei weitem nicht allen. Das Mitgefühl für die deutschen Nachbarn beschränkte sich nicht auf gemeinsam vergossene Tränen, sondern äußerte sich auch in direkter Hilfe. In einem auf den 13. September datierten «Spezialbericht» klagte die Saratower Behörde über den «Ausdruck von Mitleid und das Sammeln von Geschenken für die umzusiedelnden Deutschen im Restaurant Nr. 7, in der Gebietskonsumgenossenschaft (...) und in der Mittelschule Nr. 43.»[42]

Als schönstes Dokument der russischen Humanität können wir aus einem Brief von Boris Pasternak zitieren, den der Dichter an seine bereits mit ihrer Familie nach Tschistopol evakuierte Ehefrau Sinaida schrieb. Zu dieser Zeit schloss die Massendeportation «ohne Lärm und Panik» bereits die Deutschen aus Moskau und dem Moskauer Gebiet mit ein, und trotz der Nachrichtensperre wimmelte es in der Hauptstadt von Gerüchten.

«Seit einigen Tagen», schreibt Pasternak, «redet man hierzulande über die ausnahmslose Umsiedlung der ganzen Republik der Wolgadeutschen (bis zu einer Million Menschen) nach Zentralasien und hinter den Altai. Plötzlich betraf dies auch die hiesigen Deutschen, selbst Rita William. Ausgerechnet in dieser furchtbar verregneten Nacht erfuhren davon in Peredelkino Kaiser und Elsner (...). Sie müssen morgen nach Kasachstan, hinter Taschkent umsiedeln. Die ganze Nacht drückte die Sache auf mein Herz... Wie viel Bitterkeit und Boshaftigkeit ringsherum, wie viele einander deckende Rechnungen versteckt hinter dem Busen die menschliche Rachsucht, wie viele Jahrzehnte müssen noch vergehen, bis sie sich wechselseitig begleichen.»[43] Dies war die Stimme des russischen Intellektuellen, wie sie Korolenko gegen die Germanophobie während des Ersten Weltkriegs erhoben hatte – mit dem nicht unwesentlichen Unterschied, dass Korolenko dies zur Zarenzeit öffentlich in der Presse tun durfte, während der Autor des «Doktor Schiwago» höchstens im engsten Kreis sein Unbehagen äußern konnte.

Stalins Maschinerie war ohnehin mit wohlklingenden Worten nicht zu stoppen. Die Züge rollten, und die unendlich erscheinende Reise forderte bereits ihre Opfer. Einerseits funktionierte die militärisch organisierte Bürokratie einwandfrei: Fast kein Sowjetdeutscher entging in dem nicht okkupierten Teil des Landes seinem ethnisch besiegelten Schicksal. Deutsche Soldaten und Offiziere wurden ungeachtet ihrer Verdienste aus der Roten Armee entfernt und zum Verbannungsort ihrer Familien geschickt. Selbst noch aus dem von der Wehrmacht umzingelten und hungernden Leningrad mussten die Deportierten über den eingefrorenen Ladogasee («Weg des Lebens») an ihren Verbannungsort fahren.

Die andere Seite dieser militärischen Perfektion zeigte sich im Extremfall als Katastrophe: Die Vertreibung der Deutschen aus der Ostukraine verlief parallel zum fluchtartigen Rückzug der Roten Armee. Als Ende August Dnjepropetrowsk aufgegeben werden musste, ließ die militärische Führung das Wasserkraftwerk Dnejproges – den Stolz des sozialistischen Aufbauwerks – auf Stalins Befehl hin sprengen. In den freigesetzten Wassermassen fanden Tausende von Rotarmisten, Wehrmachtsoldaten und auf ihre Deportation wartenden Deutschukrainern gemeinsam den Tod. Aber selbst unter «normalen» Bedingungen waren Opfer unvermeidlich. Die schlechte Ausstattung der Sanitätswagen mit Medikamenten und Geräten, das unreine Trinkwasser und verschiedene Infektionen waren vor allem für Kinder und Alte eine Gefahr. Es kam auch zu Organisationsfehlern. Von irgendeinem Bahnhof, an dem die Frauen warmes Essen aufzutreiben suchten, fuhr der Zug plötzlich mit den Kindern los, und da alle Kolonnen unterschiedliche Zielorte hatten, fiel es schwer, sie wieder einzuholen. Panik brach aus auf einem Schleppkahn mit Deutschen aus Stalingrad. Bei den einfachen Bauern, für die der größte und einzig bekannte Fluss die Wolga war, löste das Kaspische Meer enormen Schrecken aus – manche glaubten, man wolle sie in den unübersehbaren Wassermassen ertränken.[44]

Trotz all dieser Tragödien verlief der Transport von der Wolga mit insgesamt 800 000 Personen bis zum Jahresende 1941 «ohne nennenswerte Zwischenfälle und mit relativ wenigen Opfern.»[45] Die etwa 1490 Toten waren mehrheitlich Säuglinge, Kleinkinder und Lungenkranke. Sie wurden meist unterwegs, wenn der Zug hielt, in der Nähe einer kleinen Station verscharrt. Aber nicht nur das Ende, sondern auch der Anfang des Lebens verlief mitunter qualvoll und menschenunwürdig. Acht schwangere Frauen mussten während der Fahrt die Entbindung, wie vom NKWD berichtet wird, «unter unsanitären Bedingungen», also auf dem Boden des Waggons, hinter sich bringen.[46]

Selbstverständlich fuhren in diesen Waggons sowohl hauptberufliche als auch inoffizielle Mitarbeiter der Geheimpolizei mit und meldeten nicht nur etwaige Missstände, sondern berichteten auch über Gespräche unter den Deportierten. Zu Sanktionen kam es jedoch kaum, vielmehr sammelten die Tschekisten kompromittierendes Material, um dieses in späteren «Operativen Vorgängen» verwenden zu können. Ihr

Augenmerk richtete sich hauptsächlich auf Funktionäre der ehemaligen Wolgaautonomie. Die meisten von ihnen hatten neben der Registrierungskarte noch die Mitgliedsbücher der Kommunistischen Partei oder des Komsomol in der Tasche, einige sogar die Deputiertenausweise des Obersten Sowjets,[47] durch dessen Ukas sie von einem Tag auf den anderen zu Parias geworden waren. Überhaupt geschah mit dieser Massenausweisung etwas Beispielloses: die beinahe vollkommene Zerstörung einer Sozialstruktur. Parteisekretäre und Parteimitglieder, Fabrikdirektoren und Hilfsarbeiter, Akademiemitglieder und Friseure, fanatische Atheisten und bigotte Geistliche wurden zu einer homogenen grauen Masse, deren Kitt ihre ethnische Zugehörigkeit war. Auch das Herkunftsgebiet – die Krim, der Kaukasus, das Wolgagebiet, die Ukraine, die Städte Leningrad und Moskau – spielte keine Rolle mehr. Es entstand ein merkwürdiges Deutschtum, ein Volk, aber keine Nationalität im Sinne der sowjetischen Gesetze – ein Volk, dessen Heimat statt der geographischen die imaginäre Bezeichnung «spezposelenije», Sondersiedlung, trug.

Das Vernichtungswerk wurde noch am 6. September 1941 durch die Aufteilung des Territoriums der ehemaligen Wolgarepublik zwischen den Gebieten Saratow und Stalingrad vollendet. Die ehemaligen Kantone hießen von diesem Tage an in der sowjetischen Terminologie «Rayone». Erst später änderte man die deutschen Dorf- und Städtenamen: Rosenheim hieß nun Podstepnoje, Schwed – Leninskoje, Millersfeld – Kalininskoje, Erlenbach – Tschkalowo, Mariental – Sowjetskoje, Liebenthal – Pionerskoje.[48] Nur die Stadt Engels blieb Engels, und auch Marxstadt verlor nur die zweite Hälfte des Namens – sie hieß nunmehr Marx.

Doch den stolzen sowjetischen Orten mit ihren neuen Namen fehlte die Bevölkerung. Noch in den sechziger Jahren war dort, wo einmal deutsche Bauernwirtschaften geblüht hatten, gähnende Leere. Wie die Delegation der Sowjetdeutschen, die 1965 die Wiederherstellung der Republik forderte, zu Recht anmerkte, waren von den 995 Häusern des ehemaligen Dorfes Strassburg nur noch 200 geblieben, in Neu-Weimar von 260 noch 55, in Degott von 800 noch 42.[49] Insgesamt blieben nur 30 Prozent der Dörfer erhalten. Die meisten deutschen Kolonien waren 1965 von der Landkarte verschwunden.

Die Zehntausende von Deportierten jedenfalls kamen an ihrem unfreiwilligen Reiseziel an – in Sibirien, im Altai-Gebiet, in Kasachstan. Der ungeplante Bevölkerungszuwachs bereitete den lokalen Funktionären viel Kopfzerbrechen. Dabei war es nicht so, dass sie keine Arbeitskräfte benötigten oder deutsches Fachwissen nicht zu schätzen gewusst hätten. So erschien es ihnen als wahres Wunder, als der Deportierte Schandrer einen Mähdrescher reparierte und in einem halben Tag 15 Hektar Weizen erntete oder als der Traktorist Weiss in der Kolchose «Sowjetskaja Sibir» binnen zwei Stunden einen seit Monaten unbeweglichen Traktor in Ordnung brachte.[50] Diese unmittelbaren Erfahrungen führten allmählich zur Aufweichung des Feindbilds von den «Faschisten», das den Neuankömmlingen vorausgeeilt war. Doch gab es natürlich weiterhin Konflikte, vor allem wegen des Mangels an Wohnraum. So empfahl das Parteikomitee in Südkasachstan, neben der Inbesitznahme von leerstehenden Häusern und Erdhütten durch die Deportierten, die «Verdichtung» der vorhandenen Wohnfläche, was nichts anderes bedeutete, als dass man die Deutschen in kasachischen Häusern einquartierte.[51] Dies führte oft zu kulturellen Konflikten: Briet etwa die deutsche Hausfrau in Koktschetau Schweinespeck, dann flüchtete die kasachische Besitzerin des Herdes vor dem unreinen Fleisch in ihrer Küche zur Nachbarin. In einem anderen Dorf ließen die Kasachen nicht zu, dass ein totes deutsches Kind auf ihrem Friedhof beigesetzt wurde. Kreuz und Halbmond konnten in dieser räumlichen Enge nicht zu einem toleranten Nebeneinander finden.

Erst als ihnen die von zu Hause mitgebrachten Lebensmittelvorräte allmählich ausgingen, bemerkten die Neusiedler, dass sie vom Staat gründlich betrogen worden waren. Schließlich hatte man ihnen im Verbannungspatent «an Ackerland reiche Rayons» versprochen, und man hatte sie mit Quittungen versehen, die zumindest die Rückgabe eines Teils ihrer persönlichen Habe garantieren sollten. Aber daraus wurde nichts. Adelina Lorenz-Wenkelehr, die als Kind mit ihren Eltern Mitte Oktober 1941 aus dem aserbaidschanischen Grünfeld umgesiedelt wurde: «Wir hatten drei Tage zur Vorbereitung und 25 Kilogramm Gepäck pro Person (...). Die Kühe, das Haus und die gesamte Ernte musste man abgeben. Im Austausch erhielten wir eine Quittung, mit der die Verluste am neuen Wohnort kompensiert werden sollten. Die Quittung bewahre ich bis heute in meinem Familienarchiv auf als einen von vielen

Beweisen des Betrugs durch das Regime.» Vieles mussten die Wenkelehrs einfach an Bekannte verschenken: «Die größte Nachfrage gab es bei Geschirr, Vorhängen, Möbeln, Kleidern und Bettzeug.»[52]

Getreide, Vieh, Futter, Wohnraum, auch Arbeitsplätze in den Kolchosen – all das, was Berijas Bürokraten auf geduldiges Papier geschrieben hatten – gab es in Wirklichkeit nur in sehr begrenztem Maße. Die Sowjetrepublik Kasachstan verfügte im Herbst 1941 über 7266 leerstehende Häuser, während bereits 132 000 «Sondersiedler» eingetroffen waren.[53] Dies bedeutete, dass in allernächster Zukunft 100 000 Häuser gebaut werden mussten. Das Projekt der «Verdichtung» mit der örtlichen Bevölkerung stieß nicht nur auf kulturelle Hindernisse – hier hatte sich die Parteiführung auch selbst ein Bein gestellt: Nachdem die Direktive des ZK der kasachischen KP an die lokalen Organisationen ganz im Sinne des Ukas vom 28. August die Gefährlichkeit der Neuankömmlinge erörtert hatte,[54] fragten sich die Kader im Rayon zu Recht, warum sie sich um diese Masse von Diversanten überhaupt kümmern sollten. Ohnehin hatten sie keine Idee, «wie man die in den Kolchosen beschäftigten deutschen Umsiedler mit Lebensmitteln versorgen sollte und auf wessen Kosten ihre Arbeit bezahlt werden sollte.» Zudem waren dem Rayon mehrheitlich Stadtbewohner aus Astrachan zugeteilt worden, die nicht über landwirtschaftliche Erfahrung verfügten. Um ein minimales Einkommen für sich und ihre Familien zu sichern, waren sie bereit, in die Kolchosen einzutreten.

«Seit dem ersten Tag ihrer Ankunft im Rayon», fuhr der Berichterstatter fort, «benehmen sich die deutschen Umsiedler herausfordernd. Eine Reihe von Deutschen verhält sich gegenüber der örtlichen Bevölkerung provokant und frech, womit sie bei der örtlichen Bevölkerung Unzufriedenheit auslöst. (…) Anstatt gewissenhaften Zusammenlebens beschränken sie in jeder Weise das Wohnrecht der örtlichen Bewohner, verwenden sogar die Methode der Abschreckung und schaffen unerträgliche Bedingungen für das gemeinsame Wohnen.»[55] Schließlich ging der Apparatschik aus Syrjanowsk zur direkten Denunziation über, indem er antisowjetische oder gar deutschlandfreundliche Äußerungen von Sondersiedlern zitierte. Seine Schlussfolgerung wies in eine bedrohliche Richtung: «Zu viel Humanismus zeigen wir gegenüber diesem faschistischen Pack. Ein Teil der örtlichen Bevölkerung hat Angst vor den Deutschen, sie sagen: ‹Man hat uns diese Faschisten auf den Hals gesetzt, und wir fürchten, dass sie uns umbringen.›»[56]

Andererseits kamen in der kasachischen Hauptstadt Alma-Ata, etwa aus Südkasachstan, Berichte über die Lage der «Sondersiedler» an, aus denen auch die Unzufriedenheit der umgesiedelten Deutschen hervorging: «Die Vorräte, die sie mitgebracht haben, gehen zur Neige, und seitens der deutschen Umsiedler kommt es zu Äußerungen, dass sie nichts zu essen haben und über nichts verfügen, um Lebensmittel zu besorgen. Aufgrund der Auszehrung gibt es unter den deutschen Sondersiedlern eine hohe Sterblichkeit. So sind im Dorfsowjet Frunse aus dem Rayon Kirow in dieser Zeit 84 Menschen verstorben, wobei die Sterblichkeit besonders unter den Kindern hoch ist.»[57]

Viel besser war die Situation auch in Sibirien nicht, wo der Großteil der Wolgadeutschen gelandet war. Der zusammenfassende Bericht des NKWD an Moskau registrierte ein absolutes Chaos ausgerechnet in der zentralen Frage der Einlösung der Quittungen und der damit verbundenen elementaren Lebensmittelversorgung. Neben dem offiziellen Dokument erwarteten die Dorfsowjets einen speziellen Ukas zur Verteilung von Brot, Kartoffeln und Gemüse. In einer Kolchose, wo einige Sondersiedler endlich arbeiten durften, erhielten nur die direkt Beschäftigten täglich ein Kilo Brot – ihre Kinder hingegen zählten nicht. Dies geschah keineswegs aus Boshaftigkeit, denn das ganze Dorf lebte nur von Hungerrationen, und die Märkte waren leer. Auch hier zeigte sich bald die Auszehrung der Menschen als Vorbotin des Hungertods.

Die Spitzel folgten ihrem Auftrag und meldeten Äußerungen der Deutschen. Darin vermengten sich Hass und Bitternis mit gelegentlicher Hoffnung auf den Feind. «Die Sowjetmacht hat uns betrogen. Man sagte uns, dass wir alles am neuen Ort bekommen, hier aber will uns niemand ernähren, und wir haben alles im Wolgagebiet hinter uns gelassen.» – «Man hat uns hierher getrieben, damit wir verhungern. Es wäre besser gewesen, in der Wolga zu ertrinken.» – «Wenn Hitler bald käme, dann hätten wir ein leichteres Leben, denn sonst ist es besser zu ertrinken oder in den Wald zu flüchten.» Es gab aber auch erstaunlich loyale Äußerungen: «Gebt mir möglichst schnell Arbeit, ohne Arbeit kann ich nicht leben. Wenn es keine nach meiner Qualifikation gibt, nehme ich jede Arbeit an.» – «An unserer Umsiedlung ist nur Hitler schuld und einige Deutsche, die gegen die Sowjetmacht gearbeitet haben.

Obwohl wir durch die Umsiedlung sehr gelitten haben, müssen wir helfen, Hitler zu vernichten, und dann werden wir wohl wieder leben können. In den hiesigen Kolchosen gibt es viele Unzulänglichkeiten. Man muss sie mit gemeinsamen Anstrengungen verbessern.»

Das NKWD wäre nicht das NKWD gewesen, wenn es zu seinem Rapport keine Operativen Vorgänge konstruiert hätte, in der Regel aus Bagatellen. Jeder Code sprach für sich: Die Operativen Vorgänge hießen etwa «Faschisten», «Nazis», «Helfershelfer», «Zugereiste» oder «Arierin». Was im Einzelnen aus diesen Vorgängen wurde, entzieht sich unserem Wissen. Und doch gelang es dem Nowosibirsker NKWD-Major Kowschuk-Beckmann, an einem Punkt den Nagel auf den Kopf zu treffen. Er schrieb: «In den Rayonen, wo sich Deutsche als ehemalige Kolchosbauern konzentrieren, die für ihre Quittungen vom Volkskommissariat für Landwirtschaft ungehindert Brot erhalten und haushaltsmäßig versorgt sind, ist die Stimmung positiv und die Beziehung zur Arbeit gut.»[58] Anders gesagt: Wo Menschen wie Menschen behandelt werden, verhalten sie sich auch wie Menschen. Wer Arbeit will und sie erhält, arbeitet auch. Offenbar konnte man diese Sondersiedler, international gesehen die einzige größere deutsche Gruppe, die nicht vom Geist des Nationalsozialismus vergiftet war, auch mit relativ humanen Mitteln in die Arbeit des Hinterlands für die Front einbeziehen. Dies lag allein im Ermessen der Sowjetführung und in deren Verantwortung. Der Bericht des Majors mit diesem einzigartig sinnvollen Satz trug das Datum des 31. Dezembers 1941. Das Quecksilber des Thermometers zeigte an diesem Tag in Nowosibirsk minus 42 Grad Celsius.

Die Trudarmee

Das Wort «Trudarmee» war ein Mauleselbegriff, halb russisch und halb deutsch, geprägt von den Betroffenen selbst, die sich entsprechend als «Trudarmisten» bezeichneten. Offiziell hieß diese Kategorie «arbeitsmobilisierte Deutsche», hießen die Produktionseinheiten selbst «Arbeitskolonnen». In mehreren aufeinanderfolgenden, von Stalin gezeichneten Erlassen ging es um Männer im erwerbsfähigen Alter, die zu körperlicher Arbeit fähig waren – zunächst zwischen 17 und 50 Jahren, später zwischen 15 und 55 Jahren. Auch Frauen zwischen dem 16. und dem 45. Lebensjahr waren betroffen, ausgenommen Schwangere und solche, die Kinder unter drei Jahren zu versorgen hatten. Die Ausdrücke «Trudarmee», «arbeitsmobilisierte Deutsche» (im Orwellschen Verkürzungswahn auch «Mobdeutsch» genannt) und «Arbeitskolonne» dienten, wie viele sowjetische Termini, der Verschleierung ihrer realen Bedeutung. Denn hinter dem Begriff «Mobilisierung der Deutschen für die Volkswirtschaft» verbargen sich 34 in unwegsamen Gebieten des Landes errichtete Zwangsarbeitslager. Diese sollten einen Teil des Zulieferungsbedarfs einer Vielzahl von Volkskommissariaten (Ministerien) befriedigen – vor allem die wichtigste Behörde, das Volkskommissariat für Inneres, das das ganze System überwachte. Während des Bestehens der Trudarmee wurden etwa 350 000 Männer, Frauen und Jugendliche – ein Drittel der Russlanddeutschen – in diese Lager verschickt.[59] Geographisch gesehen handelte es sich um eine Weiterdeportation der bereits Deportierten, wobei der Zwangsaufenthalt nicht mehr nur administrativ, sondern auch physisch durch Stacheldraht, Baracken und mit Schießbefehl ausgestattetem Wachpersonal abgesichert wurde.

Zwangsarbeit unter militärischer Bewachung leisteten in der UdSSR auch die anderthalb Millionen Häftlinge des Gulag. Während jedoch die aufgrund eines Gesetzesparagraphen Verurteilten zumindest formaljuristisch nach der Verbüßung ihrer Strafe mit der Entlassung in ihre Heimat rechnen konnten, hatten die Trudarmisten keine solche Perspektive. Ihre Arbeitsverpflichtung galt laut der Stalinschen Formel «für die ganze Zeit des Krieges».[60] Das Nichterscheinen an Sammelpunkten oder Fluchtversuche wurden ähnlich wie in der Roten Armee als Desertion angesehen und unter Umständen mit Todesurteilen geahndet. Diesem Regime konnte man nur entkommen, wenn man wegen einer unheilbaren Krankheit entlassen wurde, oder durch den Tod.

Gleichzeitig unterstanden die Trudarmisten einer eigentümlichen, völlig haltlosen Rechtskonstruktion. Der kollektive Kollaborationsvorwurf, der in dem Ukas vom 28. August 1941 formuliert worden war, bezog sich einerseits nur auf die Wolgadeutschen, die jedoch nur ein Drittel der Deportierten bildeten. Andererseits hatte diese politische Erklärung keinerlei juristische Relevanz. In diesem Sinne befanden sich die Zwangsarbeiter in einer Gesetzeslücke. Sämtliche persönliche Dokumente und Ausweise wurden ihnen weggenommen, nur die Parteimitglieder und Komsomolzen durften ihre roten Büchlein behalten.[61] Ihr Arbeitstag dauerte per Statut «nicht weniger als 10 Stunden»,[62] oft sogar

12 Stunden; jeder zehnte Tag war als Erholungstag zugelassen. Parallel dazu galt in der Arbeitsorganisation das Leistungsprinzip wie vor dem Krieg. Für präzise Planerfüllung war eine Hierarchie von moralischen und materiellen Anreizen vorgesehen: «a. Danksagung, b. verbesserte Ernährung, c. bessere Barackenplätze und Versorgung mit Bettzeug, d. Kleider als Prämie, e. Sicherung des Rechts zur Übersendung des Gehalts, das über die Selbstkosten des Lageraufenthalts hinausgeht, an die Familie.»[63] Schließlich mangelte es auch nicht an «Helden der Arbeit», die nach dem Maß der Planerfüllung in Prozenten als «Zwei- oder Dreihundertler» oder sogar «Tausendler» gerühmt wurden.[64] Besonders engagierte Trudarmisten ließen von ihrem Gefangenenkonto den Großteil ihres bescheidenen Gehalts an den Verteidigungsfonds überweisen.

Auch wenn teilweise noch ein Anschein von «Normalität» aufrechterhalten wurde, darbten unter diesen Bedingungen Hunderttausende Frauen, Männer und Kinder, teilweise unter 15 Jahren, und leisteten ihre Arbeit für täglich 200 Gramm Brot von schlechtester Qualität und einen Teller heißer Fischsuppe, die allenfalls den Geruch von Fisch hatte. Gegebenenfalls gab es noch 70 Gramm Kuchen als «Prembljudo» (Prämienessen). Ganz selten, etwa nach 12 Stunden Arbeit, bekam man 300 Gramm Brot, 10 Gramm Butter und einen Teelöffel Zucker. Die Zwangsarbeiter schufteten unter extremen klimatischen Bedingungen,[65] wohnten in ungeheizten Baracken, und vor allem in den Wintermonaten 1941 bis 1943 starben sie wie die Fliegen. Nach der seriösen Hochrechnung von Viktor Krieger waren es mindestens 70 000 Menschen,[66] die zu Tode kamen. Typische Krankheiten waren Pellagra, Skorbut, Herzversagen, Diarrhoe, Dystrophie, Tuberkulose, bei Kindern auch Ruhr, Masern, Mumps und Scharlach. Mit der Arbeit dieser Menschen wurden Hunderte von neuen Betrieben, Eisenbahnlinien, Bergwerke für Wolfram, Aluminium und Uranerz, metallurgische Kombinate und Erdölleitungen gebaut. Gewissermaßen kam es in den betreffenden Gebieten zu einer zweiten Industrialisierung, mit der die Infrastruktur in den okkupierten Landesteilen ersetzt werden sollte. Doch dem kämpfenden Land blieben die von Deutschen erbrachten Opfer unbekannt. Sie lassen sich nur noch anhand von Geheimberichten des NKWD oder einigen Privatbriefen nachvollziehen.

Der Historiker Viktor Krieger veröffentlichte einige in holprigem Deutsch verfasste Briefe des Bauernjungen Wilhelm Krohmer aus dem deutschen Dorf Luxemburg in Georgien an seine Mutter und Geschwister. Der 19-Jährige wurde zusammen mit seiner Familie nach Kasachstan deportiert und geriet von dort in ein Lager der Trudarmee im Ural. Angesichts der Briefzensur, deren Stempel auch auf dem Kuvert sichtbar ist, formulierte er seine Situation im Lazarett sehr vorsichtig, dafür geradezu poetisch: «Die Zeit ist mir so langweilig und unmutig wie noch nie. Ich hatte heute einen Traum. Wir waren zu Hause (...). Da waren zwei große Samoware auf dem Tisch. Ich ging in Keller Wein zu holen und hatte unter jedem Arm ein Mirpen Zuckerkuchen von einem Meter Größe. Dann aßen wir zuerst Wasserrippelsuppe, dann Mannasuppe, Kuchen und Tee, dann Strudel und zuletzt gebratene Kartoffeln und Schafsbraten mit Wein. Hatte ich nicht einen guten Traum? So gehen bei mir alle Tage und bei Nacht die Gedanken von zu Hause.»[67] Der arme Briefschreiber starb bald darauf an Unterernährung.

Das Katz- und Mausspiel mit der Zensur nahm ab und zu humorige Formen an – offensichtlich entdeckten die Trudarmisten den Witz als eine Technik des geistigen Überlebens. So teilte ein anonymer Korrespondent seiner Frau besonders frappant seine Situation im Arbeitslager mit: «Fleischmann habe ich seit meiner Ankunft hier noch nie getroffen. Wo er arbeitet, ist mir nicht bekannt. Grützmann ist versetzt worden. Kartoffelmann treffe ich sehr selten, er hat nie Zeit für mich. Manchmal kommt mir Krautmann entgegen, doch schon lange vermisse ich Mehlmann und Nudelmann. Milchmann und Schmandmann wurden noch bei der Verladung in den Zug von uns getrennt. Wassermann und Arbeitsmann sind die einzigen, denen ich jeden Tag begegne. Ja, fast habe ich Brotmann vergessen. Er ist krank geworden, sieht schwarz und schwerfällig aus ... Du kannst allen sagen, dass meine einzigen Freunde hier Hungermann, Läusemann, Wanzenmann und Arbeitsmann sind.»[68]

Jahrzehnte später, in der Zeit der Glasnost, als die Russlanddeutschen zum ersten Mal die Möglichkeit hatten, über ihren Leidensweg offen zu sprechen, hielten ihnen manche Mitbürger aus der Kriegsgeneration sofort entgegen: «Wir haben auch gelitten.»

In diesem Satz vermengen sich Wahrheit und Lüge. In der Tat hat die Sowjetunion beim Sieg über Hitlers Barbarei mit 27 Millionen Toten das größte Opfer erbracht. 27 Millionen – die horrende Zahl traute sich die Staats- und Parteiführung bis in die späten achtziger Jahre hinein nicht publik zu machen, und ohne Frage hatten die Menschen das Recht, auf diesen tragischen Triumph stolz zu sein. Auch Unterernährung und Dystrophie waren nicht allein unter den Sowjetdeutschen verbreitet – man denke zum Beispiel an die Blockade von Leningrad, wo, wie der Barde Wyssotzky sang, «alle hungerten, selbst die Staatsanwälte». Der Krieg hat im Hinterland eine humanitäre Katastrophe ausgelöst, die viele Erscheinungsformen hatte.

Das Spezifische am sowjetdeutschen Leid bestand jedoch darin, dass es im tiefen Hinterland geschah und daher nicht wahrgenommen wurde. Und diejenigen, die doch etwas von Deportation und Zwangsarbeit erfahren hatten, betrachteten diese Gewaltakte bestenfalls als eine mit den Sachzwängen des Krieges einhergehende Notwendigkeit oder gar als eine begründete Maßnahme gegen die Helfershelfer Hitlers während der deutschen Okkupation. Dabei wurde diese Anklage nie an die große Glocke gehängt – letzten Endes behandelte man die Tatsache, dass Menschen aus vielen Nationalitäten, einschließlich der russischen, mit den Deutschen kollaborierten, ziemlich verschämt. Aber man nahm die Sowjetdeutschen auch nicht in Schutz gegen diese Verdächtigung. Und es waren nur die Kinder der Deportierten und der «Trudarmee», die von ihren Mitschülern als «Faschisten» beschimpft oder gar physisch attackiert wurden.

Auch die sowjetdeutschen KP-Mitglieder und Komsomolzen bildeten eine merkwürdige Kategorie von Parteimitgliedern und wurden fraglos diskriminiert. Sie hatten das rote Büchlein und waren verpflichtet, die politische Linie der Partei inklusive Deportation und Zwangsarbeit mitzutragen, fallweise auch Spitzeldienste zu leisten. Gleichzeitig hatten sie kein Recht, an den Versammlungen der lokalen Parteiorganisation teilzunehmen – ein Verbot, das dem Statut der sowjetischen KP widersprach. Dabei verhielten sie sich in ihrer prekären Lage nicht alle angepasst. So nahm Heinrich Korbmacher, einer der Parteiführer der ehemaligen Wolgarepublik und früherer Deputierter des Obersten Sowjets, kein Blatt vor dem Mund, als er öffentlich erklärte: «Ich verstehe nicht, wie sich die Sowjetmacht gegenüber uns Deutschen so barbarisch verhalten konnte.»[69] Ein anderer alter Bolschewik, der zu dieser Zeit in einem Zellulosebetrieb des NKWD-Lagers Solikambumstroj

(Gebiet Molotow/Perm) tätig war, wandte sich mit einem Brief direkt an Stalin: «Ich wurde im Kampf gegen den Zarismus erzogen und habe für die Sowjetmacht gekämpft (…). Deshalb konnte ich mir in meinen schlimmsten Alpträumen nicht vorstellen, dass in der UdSSR, die auf der Verfassung basiert, die hauptsächlich Sie ausgearbeitet haben, irgendeine Nationalität ihrer von der Verfassung garantierten Rechte beraubt werden könnte. (…) Wieso dürfen wir nicht mit der Waffe in der Hand am Krieg teilnehmen, unsere geliebte Heimat verteidigen (…)? Stattdessen befinden wir uns hinter Stacheldraht wie Strafgefangene.»[70]

Der Absurdität der Situation schienen sich sogar die Führer des Landes bewusst zu sein, denn besonders in der etwas gelösteren Atmosphäre nach der gewonnenen Schlacht um Stalingrad versuchten sie etwas mehr «Normalität» in die Behandlung der Deportierten und der Arbeitsmobilisierten zu bringen. Zunächst wurden die Lebensmittelnormen erhöht, und die Zwangsarbeiter erhielten Uniformen, die denen der Rotarmisten ähnlich waren. Sie durften überregionale Zeitungen lesen, und den «Bestarbeitern» erlaubte man Begegnungen mit ihren Familien. Plötzlich ließ sich der Kremlherr sogar zu einer einzigartigen Geste hinreißen. Mitte März 1943 schickte er ein Grußtelegramm an die Werktätigen eines Aluminiumwerks des Bogoslawlags, in dem 12 683 Deutsche arbeiteten.[71] Es hatte den Wortlaut:

«Dem Bauleiter Genossen Kronow, dem Leiter der Politabteilung Genossen Gorbatschow, den Parteisekretären Genossen Schmidt, Stoll, den Tausendler-Genossen Breitheim, Obholz, Ehrlich, Pfundt, dem Stachanowisten Genossen Epp. Ich bitte den Arbeitern, dem ingenieurtechnischen Personal und den Angestellten deutscher Nationalität, die am Basstroj tätig sind und 353 785 Rubel für den Bau von Panzern und 1 Million 850 000 Rubel für den Bau einer Flugzeugstaffel gesammelt haben, meinen brüderlichen Gruß und die Dankbarkeit der Roten Armee zu überbringen. J. Stalin.»[72] Die Nachricht wurde auf einer Versammlung im Lagerklub von NKWD-Oberstleutnant Gorbatschow, dem politischen Leiter, verlesen und als Dokument von historischer Bedeutung gepriesen, denn es sollte beweisen, dass die «trudarmejtsy deutscher Nationalität» am gemeinsamen Kampf aller Völker der «polynationalen Sowjetunion» beteiligt waren. Historisch war das Dokument allerdings: Zum ersten und bis 1985 zum einzigen Mal würdigte es die Leistungen der deutschen Deportierten im Großen Vaterländischen Krieg. Allein Stalin war befugt, ein solches Zeichen zu setzen, und er tat dies, auf seine zugleich zynische und scheinheilige Art, unter Ausschluss der Öffentlichkeit. Der Text erschien einzig in der Lagerzeitung «Stalinskaja Strojka» (Stalinscher Aufbau), die außerhalb der Stacheldrahtzäune keinerlei Verbreitung hatte.[73]

Den Versuch, den Ausgestoßenen das Gefühl der Gleichrangigkeit zu verleihen, beschreibt auch Gerhard Wolter in seinem Buch. Erstens musste selbst der gewalttätigste und zynischste Bewacher seine Opfer mit «Genosse» oder «Genossin» ansprechen, was in keiner Strafanstalt möglich gewesen wäre. Zweitens durften und mussten die Trudarmisten an den Wahlen zum Obersten Sowjet und zu den lokalen Sowjets teilnehmen. Dazu, erinnert sich Wolter, «wurden wir um vier Uhr geweckt, in Marschkolonnen aufgestellt und als Konvoi zum Wahllokal geführt, damit wir unsere Stimmen abgeben konnten. (...) Darauf folgte das Frühstück, die Suppe und das ‹Prembljudo› (Kuchen).» Der frühe Zeitpunkt der Abstimmung diente dem Zweck, die Zwangsarbeiter von den normalen Wahlbürgern fernzuhalten.

Wenn Leid überhaupt vergleichbar ist, dann waren die größten Leidtragenden unter den Deportierten und Zwangsarbeitern zweifelsohne Frauen und Kinder. Die Frauen waren vor allem für die Verpflegung ihrer meist kinderreichen Familien in Sibirien und Kasachstan verantwortlich, was angesichts der Tatsache, dass Lebensmittelrationen ausschließlich für Werktätige in Kolchosen oder Betrieben vorgesehen waren, sehr oft mit reiner Bettelei identisch war. Wenn sie entsprechend den zentralen Bestimmungen zeitgleich mit ihren Männern, aber nicht unbedingt in dasselbe Arbeitslager abkommandiert wurden, wo sie meist eigentlich für Männer bestimmte schwere körperliche Arbeit leisten mussten, bedeutete dies eine kaum erträgliche Trennung von ihren Familien.

Die Situation der Frauen und vor allem ihre spezifischen Probleme sind bis heute nicht wirklich erforscht, was möglicherweise mit der Prüderie der sowjetischen und auch der postsowjetischen Gesellschaft zusammenhängt. Aus dieser Sicht erscheint die Frage von Gerhard Wolter an eine Schicksalsgefährtin, die neben vielen anderen deutschen Frauen in einem Wärmekraftwerk des Urals geschuftet hatte, geradezu mutig:

«Verzeihen Sie mir, Rosa Michajlowna, die nicht ganz taktvolle Frage. Ungeachtet Ihrer Entbehrungen und männlichen Arbeit haben Sie hoffentlich nicht vergessen, dass Sie trotzdem Frauen sind?» Darauf gab die Befragte die klare Antwort: «Ehrlich gesagt, dachten wir in den ersten zwei Jahren ganz wenig darüber nach, obwohl wir mehrheitlich unverheiratete junge Mädchen waren. Wir hatten keinen Anlass und auch niemanden, für den es sich gelohnt hätte. Wir sahen einfach schrecklich aus! Man wollte nicht einmal in den Spiegel schauen: Wir waren dürr und bleich mit von der ständigen Kälte und dem Wind verhärteten Gesichtern. Die Hände waren rau und schwerfällig wie Hämmer. Gekleidet waren wir in einen männlichen Arbeitsanzug (…), als Schuhwerk trugen wir irgendwelche unansehnlichen Segelschuhe mit unflexibler hölzerner Sohle. Und jeden Tag zwölf Stunden Arbeit.»[74] Fragen der weiblichen Hygiene spielten so gut wie keine Rolle.

Spätere Recherchen, so die Studie von Victor Bruhl, verrieten mehr von den dunkelsten Seiten des Frauenlebens in den Lagern: so über die Vergewaltigungen von Mädchen durch das Wachpersonal und die NKWD-Offiziere, bei denen sie oft geschwängert wurden. Ebenso gab es «freiwilligen» Beischlaf oder «wilde Ehen» von Lagerfrauen mit den Männern der Behörde «für ein Stück Brot oder die Möglichkeit, der Arbeit fernzubleiben bzw. eine leichtere Arbeit zu bekommen», berichtet der Autor und fährt gleich fort: «Einige Frauen ließen sich absichtlich schwängern, denn es war bekannt, dass Frauen nach der Geburt unverzüglich aus den Arbeitskolonnen entlassen wurden.»[75]

Immer wieder trieb die Armut auch Kinder unterhalb des dienstverpflichteten Lebensalters zu schwerer körperlicher Arbeit. So schilderte die Forscherin Larissa Belkowetz die triste Existenz des 14-jährigen Mädchens Rosa in einem Betrieb in Nowosibirsk: «Ihre Bekleidung bestand aus einem abgerissenen Kleid und einer durchlöcherten Wattejacke. Mit nackten Knien und ohne Unterwäsche ging sie tagtäglich fünf Kilometer zur Arbeit und die gleiche Strecke wieder zurück. Der in vier Monaten verdiente Lohn (90 Rubel[76]) reichte kaum für Brot.» Mit 15 oder 16 Jahren arbeiteten Jungen bereits in der Kohleindustrie, so in der Arbeitskolonne der Grube Sewernaja nahe Kemerowo, wo sie 31 von 107 Beschäftigten stellten.[77] Viele der jungen Sowjetdeutschen erhielten keinen Schulunterricht, da sie zum Beispiel wegen mangelnder Kleidung oder nicht vorhandenem Schuhwerk keine Schulen besuchen konnten – und wenn doch, dann beherrschten sie oft kein Russisch, das inzwischen per Regierungsentscheid für alle Kinder der «Sondersiedler» zur einzigen Lernsprache erklärt worden war. Dieses Phänomen hatte weitreichende Folgen, denn damit begann die Benachteiligung einer ganzen Generation, vor allem hinsichtlich der Schulbildung auf mittlerer und höherer Stufe, sowie der erzwungene und langsame Verlust des Deutschen als Muttersprache.[78]

Obwohl sich gegen Kriegsende die Situation sowohl der Trudarmisten als auch der Sondersiedler allmählich besserte, erschien die Hoffnung auf die Rückkehr der guten alten Zeit mehr als vergeblich. Vielmehr füllten sich die Zwangsansiedlungsgebiete der Sowjetdeutschen mit neuen Kontingenten: Als erstes erschienen die in den befreiten Okkupationsgebieten lebenden oder von der Wehrmacht in den Warthegau umgesiedelten ehemaligen Sowjetbürger deutscher Nationalität. Dann kamen die deportierten Völkerschaften der Tschetschenen, Kalmücken, Krimtataren, Balkaren, Karatschaier, Griechen, Bulgaren und Mescheten-Türken, denen Kollaboration mit den Besatzern vorgeworfen wurde. Ihre autonomen Gebiete wurden ähnlich wie die Wolgadeutsche Republik aufgelöst und auf benachbarte Gebiete aufgeteilt. Schließlich kam noch die Welle der im besiegten und besetzten Deutschland lebenden «displaced persons», größtenteils befreite Kriegsgefangene, die ursprünglich die sowjetische Staatsbürgerschaft gehabt hatten. Diese mussten aufgrund des Jaltaabkommens «nach ihrer Identifikation durch die sowjetischen Repatriierungsvertreter ungeachtet ihres persönlichen Wunsches» in die UdSSR rückgeführt werden. Der Zustrom dieser vielen Menschen, insgesamt 200 000 Personen, stellte die kasachische Republik vor schier unlösbare Aufgaben.[79]

Eine der besonders eindrücklichen Episoden der sowjetdeutschen Katastrophe war der im April 1944 vom NKWD initiierte Prozess gegen Mitglieder der ehemaligen Regierung der Autonomen Sozialistischen Sowjetrepublik der Wolgadeutschen. Hauptangeklagte waren der ehemalige Parteisekretär Heinrich Korbmacher sowie Alexander Heckmann, der Vorsitzende des Rates der Volkskommissare der «Deutschrepublik», deren fast vollständige Führungsriege in den Deportationsorten und der Trudarmee verhaftet wurde. «Bewiesen» werden sollte nicht mehr und nicht weniger, als dass diese Kader bereits in den dreißiger Jahren eine Verschwörung gegen die UdSSR geplant hätten. Angeworben durch die Gestapo und die deutsche Spionageabwehr hätten sie die Produktion sabotiert, die Kulakenwirtschaft gefördert und eine deutschnationale Ideologie propagiert. Angesichts des Kriegsausbruchs hätten die Verschwörer die Aufgabe übernommen, mit Hilfe von deutschen Truppen und mit deren Waffen den Kampf gegen die Rote Armee aufzunehmen. Die vielfach bewährte Methode schien auch hier einwandfrei zu funktionieren: Die Verdächtigen waren unter Folter bereit, alles zuzugeben, was von ihnen erwartet wurde. So erzählte Heckmann unter anderem über einen angeblichen Brief «der deutschen Führung», in dem diese mitgeteilt haben sollte, im September 1941 die Grenzen der «Deutschrepublik» erreichen zu wollen. Wir zitieren einen Ausschnitt aus dem Verhörprotokoll des Swerdlowsker NKWD:

FRAGE: Erzählen Sie weiter über die praktische Vorbereitung des bewaffneten Aufstands nach dem wortbrüchigen Angriff des faschistischen Deutschlands auf die Sowjetunion.

ANTWORT: Ich muss ehrlich gestehen, dass unser Plan der Vorbereitung eines bewaffneten Aufstands und der Unterstützung der deutschen Truppen aus dem Hinterland daran gescheitert ist, dass Ende August 1941 der Ukas des Präsidiums des Obersten Sowjets veröffentlicht wurde über die Aussiedlung der Bürger deutscher Nationalität in entfernte Bezirke, und dank dieser zeitgerechten Maßnahme der Sowjetregierung ist es uns misslungen, unsere verbrecherischen Absichten zu realisieren.

Der Pferdefuß war hier nur allzu sichtbar, und das von Heckmann geschilderte Szenario erwies sich als zu perfekt. Außerdem zogen einige potentielle Angeklagte, auch Heckmann selbst, ihre Geständnisse später mit der Begründung zurück, dass sie unter Folter erpresst worden seien, und die Moskauer Zentrale wurde argwöhnisch. So versandete die mit viel Mühe arrangierte Angelegenheit im Juni 1946 in einem Geheimprozess. Die Angeklagten wurden nun wegen «antisowjetischer Agitation» und «Verleumdung» zu jeweils vier Jahren Haft verurteilt – offensichtlich nur zur Gesichtswahrung der Behörde. Wer die Folter und das Gefängnis überlebte, musste nun «nur» noch zehn Jahre auf die Rehabilitierung warten. Andererseits bedeutete der Geheimprozess, dass die Machthaber nun auch das heikle Kapitel der Wolgadeutschen Autonomie abschließen wollten.

Mit Kriegsende wurden die Arbeitslager nicht mehr benötigt, und die mittlerweile fast eine Million Deportierten und Trudarmisten erhielten im Januar 1945, als das gesamte Gebiet der Sowjetunion bereits befreit war, einen neuen geheimen Ukas des Obersten Sowjets. Nun konnten die Sondersiedler zu ihren Familien zurückkehren, als normale Arbeitnehmer tätig werden und alle Rechte der Staatsbürger der UdSSR in Anspruch nehmen. Allerdings durften sie ihren ständigen Wohnort ohne Erlaubnis der dafür eigens geschaffenen Filialen des NKWD, der sogenannten Spezialkommandaturen, nicht verlassen – eigenmächtige Abreise galt als strafrechtlich zu verfolgende Flucht.[80] Auf den von Molotow gezeichneten Ukas folgte am 26. November 1948 die nächste Regelung im Mitteilungsblatt des Obersten Sowjets, die sich auf alle während des Krieges ausgesiedelten Volksgruppen bezog und eine Präzisierung darstellen sollte. In der Hitze der Aussiedlungskampagnen hatte man vergessen, eine Frist für die Maßnahmen festzusetzen. Nun korrigierte man diesen Fehler in einem halben Satz: «Die Umsiedlung in entfernte Regionen der Sowjetunion ist für ewige Zeiten und ohne das Recht auf Rückkehr in die früheren Wohnorte erfolgt.»[81] An diesen «ewigen Zeiten» änderte sich erst nach Stalins Tod 1953 etwas, aber vielleicht noch mehr nach Konrad Adenauers Besuch in Moskau und der Aufnahme der deutsch-sowjetischen diplomatischen Beziehungen im Jahr 1955. In einem neuen Ukas vom 13. Dezember 1955 wurde nun, unter Beibehaltung des Rückkehrverbots an die früheren Wohnorte, die Meldepflicht bei der Spezialkommandantur abgeschafft – ein winziges Licht am Ende des Tunnels nach einem sehr langen und schmerzhaften Weg.[82] Nun konnten die Sowjetdeutschen wenigstens im eigenen Land frei herumreisen.

Anton Tschechow schilderte in seiner berühmten Sozialreportage «Die Insel Sachalin», einer Darstellung der russischen Verbannung und Zwangsarbeit, eine ergreifende Szene: «Als ich in Sijanzy war, befahl der Siedlungsinspektor fünfundzwanzig Kolonisten, sich vor dem Haus des Aufsehers zu versammeln und gab ihnen bekannt, dass sie auf Beschluss des Inselkommandanten in den Bauernstand überführt seien. Der Beschluss war am 27. Januar [1890] vom General unterschrieben worden, den Siedlern wurde er am 26. September bekanntgegeben. Die freudige Botschaft wurde von allen fünfundzwanzig Siedlern schweigend aufgenommen; nicht ein einziger bekreuzigte oder bedankte sich, alle standen mit ernsten Gesichtern da und schwiegen, als wäre ihnen plötzlich wehmütig ums Herz geworden bei dem Gedanken, dass alles auf der Welt, alles, selbst das Leid ein Ende hat.»[83]

Eine sogenannte Rehabilitierung

Chruschtschows Geheimrede und die Sowjetdeutschen

Die Altkommunistin Olga Schatunowskaja, Mitglied des Sonderausschusses der KPdSU, der mit der Untersuchung der Verbrechen in der Stalinära beauftragt war, erinnerte sich an Nikita Chruschtschows Reaktion angesichts der ihm vorliegenden Tatsachen: «Was haben wir angerichtet! Was haben wir angerichtet! Ich habe die ganze Nacht Ihren Bericht gelesen und dabei geweint.»[1] Gleichzeitig soll der Parteiführer gesagt haben: «Solange es den Imperialismus gibt, können wir dieses Dokument nicht veröffentlichen.» Und gemeinsam mit dem Präsidium des ZK, dem späteren Politbüro, beschloss er, auf einer geschlossenen Sitzung des bevorstehenden XX. Parteitags eine Rede über dieses hochbrisante Thema zu halten. Die nicht als Delegierte am Parteitag beteiligten Genossen, unter ihnen Gäste aus anderen kommunistischen Parteien, mussten am Vormittag des 25. Februar 1956 verschiedene Betriebe besichtigen. Der Parteichef wies auf den höchst geheimen Charakter der Rede gleich zu Beginn hin, Aufzeichnungen waren strikt untersagt. Ob die Organisatoren des Parteitags tatsächlich glaubten, dass ein Ereignis solcher Tragweite geheim bleiben konnte, sei dahingestellt. In der Tat veröffentlichte das amerikanische State Departement einige Monate später den vollen Text der Rede, der über die Sender Voice Of America und Radio Free Europe in Dutzenden von Sprachen hinter dem Eisernen Vorhang verbreitet wurde – lange vor der ersten offiziellen sowjetischen Veröffentlichung 1989.

Heute wissen wir, dass die Enthüllungen all der Schrecknisse, die euphemistisch als «Folgen des Personenkults[2]» bezeichnet wurden, nur einen winzigen Teil der ganzen Wahrheit umfassten, aber damals wirkte der Bericht auf die Zuhörer schockierend. Chruschtschow sprach von «Zehntausenden» (desjatki tyssjatsch) ehrlichen Kommunisten, Künstlern, Wissenschaftlern und Kadern der Roten Armee, die unschuldig zu

Opfern von Stalins Willkür geworden waren, entlarvte Stalins Fehler in der Kriegsführung und verschwieg gleichzeitig das Leid der kollektivierten Bauern, der ehemaligen Kriegsgefangenen, in Ungnade gefallenen Kosaken und der als «klassenfremd» verfemten Intellektuellen. Im Grunde lief die Rede darauf hinaus, den Diktator für Missetaten zu verdammen, an denen die gesamte Führungsschicht – auch der Redner persönlich – beteiligt gewesen war. Sie endete mit dem Versprechen einer Rückkehr zu den «Leninschen Normen des Parteilebens» – was auch immer man unter diesem schwammigen Begriff verstehen mochte. Unter anderem stellte der Parteiführer eine «Wiederherstellung der sozialistischen Gesetzlichkeit» in Aussicht. Diese hatte schon vor dem XX. Parteitag begonnen, als man einfache Bürger, die schon früh in die Mühlen der Terrormaschine geraten waren, in großer Zahl amnestierte und rehabilitierte.

In seinem historischen Referat widmete Chruschtschow auch der Problematik der nationalen Frage einige Absätze:

«Genossen! Beschäftigen wir uns mit einigen anderen Tatsachen. Die Sowjetunion wird zu Recht als Musterbeispiel eines multinationalen Staates angesehen, denn bei uns wurden in der Praxis Gleichheit und Freundschaft aller Völker gewährleistet, die unsere große Heimat bewohnen. Umso ungeheuerlicher sind die Aktionen, deren Initiator Stalin war und die eine brutale Vergewaltigung der grundlegenden Leninschen Prinzipien der Nationalitätenpolitik des Sowjetstaates waren. Die Rede ist von der Massenumsiedlung ganzer Völker aus ihren heimatlichen Orten, darunter auch aller Kommunisten und Komsomolzen ohne jede Ausnahme, wobei derartige Aussiedlungsaktionen durch keinerlei militärische Beweggründe diktiert waren. So wurde noch Ende 1943, als an den Fronten des Großen Vaterländischen Krieges ein dauerhafter Umschwung zugunsten der Sowjetunion eingetreten war, der Beschluss über die Aussiedlung aller Karatschaier aus ihrem angestammten Gebiet gefasst und durchgeführt.

Im gleichen Zeitraum, Ende Dezember 1943, traf die gesamte Bevölkerung der Kalmückischen Autonomen Sowjetrepublik das gleiche Schicksal. Im März 1944 wurden Tschetschenen und Inguschen ausgesiedelt, die Tschetschenisch-Inguschische Autonome Republik wurde liquidiert. Im April 1944 wurden alle Balkaren aus der Kabardinisch-

Balkarischen Autonomen Republik in entlegene Gebiete ausgesiedelt, die Republik in Autonome Kabardinische Republik umbenannt. Die Ukrainer entgingen diesem Schicksal nur, weil es von ihnen zu viele gab, und so hatten sie keinen Platz zur Aussiedlung. Sonst hätte er [Stalin] auch sie ausgesiedelt *(Gelächter, Heiterkeit im Saal)*.

Nicht nur für Marxisten-Leninisten, sondern für jeden vernünftig denkenden Menschen ist es unverständlich, wie man die Verantwortung einzelner Personen oder Gruppen für feindliche Handlungen auf ganze Völker übertragen konnte, Frauen und Kinder, Alte, Kommunisten und Komsomolzen nicht ausgenommen, wie man ihnen gegenüber Massenrepressalien anwenden und sie Entbehrungen und Leiden aussetzen konnte.»[3]

Bei aller Schärfe der Distanzierung von den Deportationen während des Großen Vaterländischen Krieges fällt vor allem die Unvollständigkeit der Auflistung der betroffenen Volksgruppen auf. Bei den Bulgaren, Armeniern und Griechen konnte dies noch an der relativ geringen Zahl der Deportierten liegen (12 000, 24 000 und 39 000 Betroffene), bei den bereits 1937 deportierten, ebenfalls unerwähnten Koreanern (170 000), den Mescheten-Türken (zwischen 70 000 und 125 000)[4] und Krimtataren (ca. 200 000) taugt eine solche Erklärung nicht. Völlig unverständlich muss außerdem das «Vergessen» der anderthalb Millionen deportierten Deutschen sowie die Liquidation der Wolgarepublik erscheinen.

Die Auslassungen hingen in erster Linie mit den erwarteten Konsequenzen der Verurteilung der Stalinschen Umsiedlungspolitik zusammen: Lehnte man diese als «ungeheuerlich» und die Schuldzuweisung an ganze Völker als «unverständlich» ab, so folgte daraus, dass man ihnen auch in Form finanzieller Entschädigungen entgegenkommen und sie politisch, moralisch und vor allem juristisch rehabilitieren musste. Juristische Rehabilitierung konnte im optimalen Fall eine Rücksiedlung der Bevölkerungsgruppe und auch die Rückgabe des Autonomiestatus bedeuten, was im Falle der Tschetschenen und Inguschen, der Balkaren, Karatschaier und Kalmücken auch geschah. Gegenüber den Krimtataren wurde dies anfangs in Aussicht gestellt, dann aber doch nicht umgesetzt.

Bereits in jenem Dokument vom 13. Dezember 1955, das die Aufhebung der diskriminierenden Maßnahmen versprach, wurden die Deutschen als Ausnahmefall spezifiziert. Es wurde lediglich festgestellt, die für Deutsche verordneten rechtlichen Einschränkungen seien «des Weiteren durch keine Notwendigkeit begründet». Gleichzeitig verbot man den deutschen «Sondersiedlern» nicht nur die Rückkehr in ihre früheren Wohnorte, sondern untersagte auch «die Rückgabe des bei der Aussiedlung konfiszierten Vermögens»,[5] obwohl dieser offene Raub seitens des Staates keinen unwesentlichen Teil der in Chruschtschows Tirade erwähnten «Ungeheuerlichkeiten» bildete. Wohlgemerkt war für andere Nationalitäten bei der Rücksiedlung «materielle Hilfe in Gestalt eines Kredits mit Rückzahlung» vorgesehen.

Dies geht aus einem Expertenbericht für das ZK der KPdSU vom Juni 1956 hervor, der Wichtiges über die Sowjetdeutschen enthielt. Eine Wiederherstellung der «Deutschrepublik» wurde eindeutig abgelehnt mit der Begründung, dass dort laut Volkszählung von 1939 lediglich 366 685 Deutsche lebten. Die anderen Deutschen lebten in anderen Sowjetrepubliken, Gebieten und Landkreisen. «Demgemäß wäre die Schaffung einer derartigen Autonomie jetzt, da die Deutschen verstreut auf dem Territorium der UdSSR leben, eine rein formale Sache, weil auch im Fall der Schaffung dieser Autonomie die Mehrheit der Deutschen dort leben würde, wo sie heute lebt.»[6]

Der Hinweis auf die zu niedrige Einwohnerzahl der «Deutschrepublik» war selbstverständlich eine Ausrede. Einerseits hatte diese Kleinigkeit weder Lenin noch Stalin daran gehindert, an beiden Ufern der Wolga ein sozialistisches Schaufenster zu errichten.[7] Andererseits gewährte die Zentralmacht im Sinne der zum Beschluss erhobenen Geheimrede des Parteichefs auch Nationalitäten wie den Kalmücken oder Balkaren Autonomie, obwohl deren Bevölkerungszahl 1939 weit unterhalb derjenigen der Wolgadeutschen gelegen hatte. Das andere Argument, dass im Falle der Gewährung der Autonomie die Mehrheit der Deutschen nicht dort hinziehen würde, mochte zahlentechnisch zutreffen. Dies war jedoch auch davon abhängig, in welchem Maße der Sowjetstaat bereit war, in den Wiederaufbau der ursprünglichen deutschen Institutionen – der ökonomischen und politischen Infrastruktur, der Schulen, Bibliotheken, Theater – sowie in die soziale Integration der Rücksiedler zu investieren. Diese Bereitschaft jedoch war bei der Moskauer Zentrale gegenüber den beiden größten unerwähnten Opfergruppen, den Krimtataren und den Deutschen, keinesfalls vorhanden.

In der Tat erwies sich die Rückführung der umgesiedelten Völker als eine äußerst schwierige, vor allem kostspielige Angelegenheit. Der Bau von neuen Häusern und die Schaffung von Arbeitsplätzen verschlangen Milliarden Rubel. Die Organisation der Rückkehr aus Zentralasien und Sibirien erfolgte meist ungeordnet, wenn nicht gar chaotisch. Als ebenso qualvoll erwies sich der Wiederaufbau des zerstörten dörflichen Lebens der Vorkriegszeit, wobei die außerordentliche Schwerfälligkeit der zentralen und lokalen Apparate eine unrühmliche Rolle spielte. Beispielsweise beschwerten sich die Funktionäre der neugegründeten Autonomie Tschetschenien-Inguschetien bereits im Frühjahr 1957 über das Fehlen einer Zeitung sowie jeglichen Schulunterrichts in der Sprache der rehabilitierten Nationalität.[8] Dasselbe Problem erwähnte noch fünfzehn Jahre später der KGB-Chef Jurij Andropow in seinem Bericht an das Zentralkomitee der KPdSU als brennend aktuell.[9]

Besonders fatal gestaltete sich die Beziehung zwischen heimgekehrten Tschetschenen und den Dagestanern, Osseten und kleineren Bergvölkern, die in den verlassenen Dörfern der Deportierten angesiedelt worden waren. Die stammesmäßig organisierten Heimkehrer wollten die Siedlungen wieder in Besitz nehmen, in denen ihre Häuser standen und wo sich, was vielleicht für die meist tief religiösen Muslime noch wichtiger war, die Grabstätten ihrer Ahnen befanden. Dies führte oft zu blutigen Zusammenstößen und in der Folge zur Massenflucht anderer Bevölkerungsgruppen, nicht zuletzt der Russen. Solche Konflikte konnten niemals ganz unter Kontrolle gebracht werden – eine der möglichen Ursachen, warum der Kreml so wenig Lust hatte, das unangenehme Thema einer Rücksiedlung von Krimtataren und Deutschen anzufassen.

Trotzdem bleibt die Frage offen: Wieso wehrte sich Moskau so lange gegen einen Freispruch der Sowjetdeutschen von der kollektiven Verdächtigung der Kollaboration mit dem Dritten Reich, obwohl die Deutschen aufgrund ihrer Deportation und der Trudarmee, anders als die Kaukasus-Minderheiten oder die Kalmücken, über ein «perfektes Alibi» verfügten? Eine mögliche Erklärung hierfür lag in der sowjetrussischen Empfindlichkeit gegenüber allem, was mit dem Wort «deutsch» verbunden war, ein Ressentiment, das ähnlich wie die damals noch sehr starken Vorbehalte gegenüber den Deutschen in Frankreich, den Niederlanden, Polen oder anderen ehemals von Nazideutschland besetzten Ländern verstanden werden kann. Gleichzeitig wollte die sowjetische Propaganda diese historisch begründeten Vorurteile instrumentalisieren, indem sie die Bundesrepublik Deutschland als Rechtsnachfolger des Dritten Reichs in die Pflicht zu nehmen versuchte. Hinzu kam die Tatsache, dass Moskau zu dieser Zeit bereits mit einem viel größeren «besseren Deutschland», dem 17-Millionen-Land DDR, aufwarten konnte, ein unvergleichlich eindrucksvolleres Staatsgebilde als die arme bäuerliche «Deutschrepublik».

Politik und Lyrik

Der Prozess der Entstalinisierung verlief recht widersprüchlich. Einerseits konnten gewisse Lockerungen im Alltag und ein Mindestmaß an Kritik der Missstände nicht mehr rückgängig gemacht werden. Andererseits versuchte die Führung, besonders unter dem Eindruck der Unruhen in Polen und des ungarischen Volksaufstands 1956, die Kontrolle über das geistige Leben zu erhöhen. Auch in der internationalen Politik war eine starke Pendelbewegung sichtbar: Unter anderem durch Chruschtschows Besuche in der westlichen Welt gab es eine spektakuläre Gipfeldiplomatie. Gleichzeitig hätte die Kubakrise 1962 um ein Haar einen Nuklearkrieg ausgelöst. Trotz aller Schwierigkeiten glaubte die Sowjetführung unter dem Schutzschirm der Rüstungsparität eine stabile Epoche vor sich zu haben und sich durch technische und ökonomische Entwicklungen im friedlichen Wettbewerb der beiden Weltsysteme behaupten zu können. Auf dem XXII. Parteitag der KPdSU im Oktober 1961 verband die Partei ihr neues Programm mit der Prognose: «Die heutige Generation der Sowjetmenschen wird bereits im Kommunismus leben.» Diese utopische Perspektive teilten sicher nicht alle, aber die Erfolge in der Raumfahrt in Gestalt der Sputniks und des spektakulären Weltraumflugs Jurij Gagarins beeindruckten selbst den Gegner Nr. 1, die USA. Hinzu kam, dass die Stalinkritik auf dem Parteitag aktualisiert und verschärft wurde – diesmal zielte sie auf die konservativen Kräfte des Apparats und auf die orthodoxe KP Chinas. Als symbolische Geste ließ Chruschtschow den Leichnam seines Vorgängers aus dem Mausoleum neben Lenin entfernen und an der Kremlmauer neu bestatten. Entfernt wurden auch sämtliche Denkmäler des Diktators, und die nach ihm benannten Städte, Straßen und Betriebe wurden umbenannt. Damit wurde dem Personenkult – wenigstens soweit er Stalin betraf – ein jähes Ende gesetzt.

Bescheidene Hoffnungen gab es auch unter den Sowjetbürgern deutscher Abstammung. Die wichtigsten Aussagen der Geheimrede von 1956 wurden öffentlich wiederholt, und Redner aus allen Republiken vertieften und konkretisierten die Verurteilung des Stalinschen Terrors. Vor allem aber ermöglichte ein mündliches Abkommen vom April 1958 zwischen den Regierungen der UdSSR und der Bundesrepublik Deutschland Sowjetbürgern, die im Sinne des Grundgesetzes als Deutsche galten, die Auswanderung nach Westdeutschland. Solche Regelungen wären früher kaum vorstellbar gewesen. Von diesem Angebot wollten laut Viktor Kriegers Angaben bereits kurz nach Adenauers Moskaubesuch mehr als 80 000 Erwachsene Gebrauch machen, was jedoch die Behörden durch direkte oder indirekte Einschüchterung der Antragsteller verhinderten.[10] Die Zahl der gelungenen Ausreisen erreichte 1960 den einsamen Höhepunkt von 1531 Personen (davon 83 in die DDR). Danach kam die Dynamik ins Stocken, und die Auswanderung konnte erst in der zweiten Hälfte der achtziger Jahre, während der Perestroika, zu einem Massenphänomen werden.

Die Mehrheit der Sowjetdeutschen sah jedoch damals noch die Chance, in der Sowjetunion und im Rahmen des Systems ihr Auskommen und ihr Glück zu finden. Mit der Auflösung der Kommandanturen und der Abschaffung der demütigenden Meldepflicht konnten sie, besonders die Jüngeren unter ihnen, nun wieder studieren und einem qualifizierten Beruf nachgehen. Obwohl diese Möglichkeiten aufgrund der schulischen Benachteiligung während der Jahre der Deportation und Zwangsarbeit ziemlich beschränkt waren, konnte manche echte Begabung auch diese Hindernisse überwinden. Eine lange Liste von Schauspielern, Komponisten, Wissenschaftlern, Medizinern und Sportlern deutscher Abstammung zeigte, zu welchen Leistungen diese Menschen fähig waren, sobald man ihnen die Chance gab, sich zu entfalten. Die einstigen Verbannten aus dem Wolgagebiet, der Ukraine und dem Kaukasus beteiligten sich maßgebend an den Projekten der sechziger und siebziger Jahre wie zum Beispiel der Erschließung von Neuland oder der Modernisierung der Industrie am Altai-Gebirge, in Sibirien und Zentralasien. Dennoch: Der XX. Parteitag hatte ihnen bestenfalls individuelle, keineswegs jedoch kollektive Rechte gebracht.

Zu den letzteren hätte unter Normalbedingungen deutschsprachiger Unterricht in den Schulen gehört. Eines der wenigen Zugeständnisse der

Partei war, seit 1941 erstmalig, das Erscheinen einer deutschen Wochenzeitung, «Neues Leben». Daher wissen wir, welche Haltung die deutsche Bevölkerung zur Schulproblematik hatte. Nun war es keineswegs so, dass das Blatt die Meinungen seiner Leserschaft uneingeschränkt gedruckt hätte. Aber der russische Chefredakteur erstattete regelmäßig gewissenhaft Bericht über Leserbriefe, aus denen die Stimmungslage der deutschen Bevölkerung sichtbar wurde. Darin ging es vielfach um Schulen, präziser gesagt um das Fehlen von Schulen in Gebieten mit relativ kompakter deutscher Bevölkerung.

So beklagte sich ein deutscher Leser vom Altai im April 1964: «In unserer 11-klassigen Schule lernen fast 700 Schüler aus vier Dörfern, der Großteil von ihnen sind deutsche Kinder. Wir Eltern wünschen uns sehr, dass die Kinder ihre Muttersprache lernen können. Darum haben wir uns mehrmals gegenüber dem Bezirksschulamt bemüht. Man schickte daraufhin für drei Dörfer einen Englischlehrer.» Es gab jedoch auch üblere Geschichten. In einem Gymnasium in der Vorstadt von Slawgorod war die Hälfte der Kinder deutscher Nationalität. Im Mai 1959 äußerte die Elternversammlung den Wunsch, die Kinder sollten ihre Muttersprache lernen können. Der russische Schulamtsleiter Kriwenko lehnte diese Bitte mit dem Argument ab, es gebe dafür kein Geld. Gleich danach begann er, Einzelne zu «bearbeiten», und erreichte bei einer neuen Elternversammlung, dass die Mehrheit gegen die Einführung des deutschen Sprachunterrichts stimmte.

Selbstverständlich stand hinter diesen kleinen lokalen Schulkonflikten die ganze ungelöste Situation der Sowjetdeutschen. Die deutsche Minderheit umfasste bei der Volkszählung von 1959 immerhin 1 619 655 Personen, eine Zahl, die trotz allem, was den Deutschen widerfahren war, die Angaben der Volkszählung von 1939 (1 427 232) um fast 200 000 übertraf. Der russische Chefredakteur des «Neuen Lebens», Pschenyzin, versuchte – und dies gereicht ihm zur Ehre –, das Zentralkomitee davon zu überzeugen, den inneren Identitätskonflikt von Sowjetbürgern, in deren Personalausweis neben dem berühmten fünften Punkt «Nationalität» das Wort «Deutsch» stand, zu lösen: «Ebenso wie man die Amerikaner nicht der englischen Nation zurechnen oder die Österreicher nicht als Teil der deutschen Nation betrachten kann, wäre es umso weniger begründet, die Sowjetdeutschen als einen Teil der in Europas Mitte lebenden deutschen Nation aufzufassen.» Um deren sowjetische Identität zu stärken, solle eine deutsche Autonomie entstehen – wenn nicht im Wolgagebiet, dann in Sibirien oder Kasachstan. Jedenfalls, so beendete der Chefredakteur die Analyse der Leserbriefe, sei es notwendig, dass «jemand aus der Führung der Partei und Regierung eindeutig erklärt, dass die Sowjetdeutschen eine der gleichberechtigten Nationalitäten der Sowjetunion, organischer und unentbehrlicher Teil des den Kommunismus bauenden multinationalen Sowjetvolkes sind.»[11] So schrieb der sowjetische Funktionär anno 1961, und er wusste wohl, dass eine solch bahnbrechende Veränderung in der Politik gegenüber dem bestraften Volk, wenn überhaupt von jemandem, dann nur von einer führenden Persönlichkeit initiiert werden konnte.

Unter den zahlreichen Eingaben einfacher sowjetdeutscher Bürger an die Landesführung zum Thema Rehabilitierung und Wiederherstellung der Autonomie gab es einen kuriosen Text, verfasst in russischer Sprache von Hugo Wormsbecher, einem 24-jährigen Lehrer aus Alma-Ata. Der in der Wolgarepublik geborene Autor schrieb im Januar 1963 einen Brief in Versen unter dem Titel: «Dem Ersten Sekretär des ZK der KPdSU, Vorsitzenden des Ministerrates der UdSSR, Genossen N. S. Chruschtschow». Die 108 Zeilen waren eine gereimte Bittschrift an den Parteiführer im romantischen Stil des 19. Jahrhunderts. Stilistisch verrät dieses naive Gedicht, mit dem sich der Autor für das Wohl seines Volkes einsetzt, fast nichts von dem späteren reifen Prosaisten Wormsbecher, aber es gibt souverän die gemischten Gefühle vieler Sowjetdeutscher wieder:

> Ich bitte Sie, den Glauben zu beleben
> In meinem Volk an die Gerechtigkeit.
> Wenn nicht, dann bitte sagen Sie uns eben,
> Dass wir verdienen unser bittres Leid (…).
> Wir starben hinter Stacheldraht und Gitter
> Im trüben Schein des kalten Taigalichts.
> Zuwenig haben wir vielleicht gelitten?
> Sind wir unwürdig eines anderen Geschicks?

Es ist unwahrscheinlich, dass der Adressat dieses Poem jemals zu Gesicht bekommen hat. Chruschtschow hatte notorisch wenig Zeit zum Lesen, aber der Zeitpunkt für die Entsendung des Briefes war richtig gewählt. Nur ein paar Monate früher, Mitte Oktober, war Jewgenij

Jewtuschenkos Streitgedicht «Stalins Erben» erschienen, das sich gegen die Restauratoren des «Personenkults» in der «Prawda» richtete. Auch gab es inzwischen die spektakuläre Novembernummer 1962 des Literaturjournals «Nowyj Mir» mit Solschenizyns Lagerprosa «Ein Tag im Leben des Iwan Denissowitsch», die unter Umgehung der Zensur veröffentlicht werden konnte, nachdem Chruschtschows Sekretär Wladimir Lebedew ihm und dem Politbüromitglied und Vorsitzenden des Obersten Sowjets, Anastas Mikojan, den Text vorgelesen hatte. In dieser Atmosphäre konnten die Sowjetdeutschen mit mehr Gehör als früher rechnen – der Kremlchef versuchte noch einmal, sich gegenüber der dogmatischen Fraktion in seinem Apparat durchzusetzen. Einer seiner letzten Erfolge auf diesem Feld war der von Anastas Mikojan gezeichnete Ukas des Präsidiums des Obersten Sowjets vom 29. August 1964.

Dieser zweite Ukas, der nur die Begründung des ersten Ukas revidierte, nicht aber die Instruktion zur Zwangsaussiedlung, war in einer Eigenschaft seinem Vorgänger gespenstisch ähnlich: Für die sowjetische Öffentlichkeit galt er – abgesehen von dem kaum zugänglichen «Protokoll der Sitzung des Obersten Sowjets der UdSSR» – als nicht existent. Sein Wortlaut wurde in der Sowjetunion erst 1989 publik gemacht. Dabei enthielt der Erlass keine Staatsgeheimnisse, sondern nur eine verhaltene Richtigstellung der nicht näher zitierten Behauptungen des von Kalinin gezeichneten Erlasses von 1941. In diesem, hieß es, «wurden große Gruppen von deutschen Sowjetbürgern beschuldigt, den faschistischen deutschen Eroberern aktive Hilfe und Vorschub geleistet zu haben», und auf dieser Grundlage «die Umsiedlung der Deutschen, die im Wolgagebiet leben», angeordnet. Nun aber hat «das Leben gezeigt, dass diese pauschalen Beschuldigungen unbegründet und ein Ausdruck der Willkür unter den Bedingungen des Personenkults Stalins waren». Vielmehr sei wahr, dass die überwältigende Mehrheit der Sowjetbürger deutscher Nationalität «in den Jahren des Großen Vaterländischen Krieges zusammen mit dem ganzen Sowjetvolk durch ihre Arbeit zum Sieg der Sowjetunion über das faschistische Deutschland beigetragen und sich in den Nachkriegsjahren aktiv am kommunistischen Aufbau beteiligt hat.»[12]

Dies war sozusagen der argumentative Teil des neuen Ukas. Nicht zufällig trug er den Titel: «Über die Eintragung von Veränderungen des

Ukas des Präsidiums des Obersten Sowjets der UdSSR vom 28. August 1941 ‹Über die Umsiedlung der Deutschen, die im Wolgagebiet leben›.» Der im Sowjetbarock mit mehrfachen Genitiven und Gänsefüßchen versehene Text bedeutete keine Aufhebung, sondern lediglich eine Korrektur des Erlasses vom August 1941, und auch noch unter Verharmlosung der Ereignisse, die dieser ausgelöst hatte. Selbst die Anerkennung des Beitrags der Sowjetdeutschen zum Sieg über Hitlerdeutschland klang wie ein bloßes Lippenbekenntnis – so weit war sogar Stalin in seinem Grußtelegramm an die Werktätigen des Aluminiumbetriebs Bogoslaw gegangen. Unerwähnt blieb die Tatsache, dass die Arbeit der Deutschen in der Trudarmee alles andere als freiwillig gewesen war, unter menschenunwürdigen Verhältnissen vor sich ging und mit großen Opfern, darunter auch zahlreichen Todesopfern, verbunden war.

Stattdessen betonte man in dem Erlass, dass diese Fehler längst der Vergangenheit angehörten, und schilderte die Lage der Minderheit in idyllischem Licht:

«Dank der großen Hilfe der Kommunistischen Partei und des Sowjetstaates hat die deutsche Bevölkerung in den vergangenen Jahren an den neuen Wohnorten festen Fuß gefasst und genießt alle Rechte von Bürgern der UdSSR. (...) In den Rayons, einer Reihe von Gebieten, Regionen und Republiken mit deutscher Bevölkerung gibt es Mittel- und Grundschulen, in denen in deutscher Sprache unterrichtet wird oder deutschsprachiger Unterricht für Schulkinder eingerichtet wurde, regelmäßig werden Rundfunksendungen in deutscher Sprache ausgestrahlt, werden Zeitungen in deutscher Sprache herausgegeben.»[13]

Offensichtlich diente die ganze verlogene Hymne allein der Feststellung, dass die Deutschen inzwischen an ihren Verbannungsorten «festen Fuß gefasst» hätten. Diese Behauptung wurde im instruktiven Teil des Ukas wiederholt: «In Anbetracht dessen, dass die deutsche Bevölkerung an ihrem neuen Wohnort (...) festen Fuß gefasst hat und die Rayons ihrer früheren Wohnsitze besiedelt sind, sowie im Interesse der weiteren Entwicklung der Rayons mit deutscher Bevölkerung werden die Ministerräte der Unionsrepubliken beauftragt, der deutschen Bevölkerung, die auf dem Territorium der betreffenden Republik lebt, auch künftig Hilfe und Beistand beim wirtschaftlichen und kulturellen Aufbau unter Berücksichtigung ihrer nationalen Besonderheiten und Interessen zu leisten.» Praktisch wurde damit konstatiert, dass die traurige

Geschichte nicht nur der Wolgadeutschen, sondern der Russlanddeutschen insgesamt nun ein Happy End gefunden hatte – das im Übrigen nicht einmal eine Würdigung in den sowjetischen Medien verdiente. Man wollte nicht mehr bei der Lüge bleiben, aber man war ebenso wenig geneigt, die ganze Wahrheit und vor allem deren Folgen auf sich zu nehmen.

Formal befand sich Nikita Chruschtschow zur Zeit dieses Erlasses auf dem Höhepunkt seiner Macht – der siebzigste Geburtstag des «treuen Leninisten» wurde im April 1964 von Partei und Regierung ausgiebig gefeiert. Seine Autorität, vom Volk als minderes Erscheinungsbild des Personenkults spöttisch als «Kultchen» bezeichnet, schien unerschütterlich. In einer einzigen Nummer der «Prawda» im September wurde sein Name siebenundvierzigmal erwähnt. Inzwischen jedoch bereiteten seine engsten Mitarbeiter, namentlich Breschnew, Kossygin, Suslow und andere, eine Palastrevolution vor und entmachteten ihren Chef während dessen Urlaubs in Picunda. Seinen letzten Getreuen, Anastas Mikojan, beließen sie noch ein Jahr lang in der Position des nominellen Staatschefs. Für ihn blieb auch die Agenda mit den halbwegs rehabilitierten Sowjetdeutschen übrig.

Die zwei deutschen Delegationen 1965

«Neue Besen kehren gut» – von dieser Annahme gingen die Sowjetdeutschen aus, als sie auf die Wachablösung im Kreml mit erhöhter Aktivität reagierten. Vordergründig erfolgte Chruschtschows Abdankung «aus Gründen des hohen Alters und der Verschlechterung des Gesundheitszustands», aber auf geschlossenen Parteiversammlungen[14] wurde ihm allerlei vorgeworfen, seine impulsiven öffentlichen Auftritte ebenso wie die übertriebenen Zukunftsvisionen. Er sei für die Kubakrise und die schlechte Ernte, für den Bruch mit China und die Spannungen im Weltkommunismus, für praktisch alle Übel mitverantwortlich. Sein Name verschwand, bis auf ein paar Zeilen im Jahr 1971 mit seiner Todesnachricht, für 24 Jahre komplett aus den sowjetischen Medien. Hinter dem Staatsstreich stand offensichtlich der ganze Parteiapparat, der auf diese Weise einen unruhigen Geist loswerden und eine berechenbare Politik in die Wege leiten wollte.

Dennoch bestand die neue Garnitur fast ausnahmslos aus Menschen, die vom Jahrzehnt nach Stalins Tod geprägt worden waren. Gerade der neue Erste Sekretär Leonid Breschnew musste den Russlanddeutschen als jemand bekannt sein, der sich in der für sie brennenden Frage, ihrer Rehabilitierung und der Wiederherstellung der Autonomie, auf die zurückhaltende Sprachregelung des XX. Parteitags berief. In einem Artikel für die Regierungszeitung «Iswestija» schrieb der damals im Aufstieg befindliche Breschnew Ende Dezember 1962: «Die Partei verurteilte Stalins Personenkult, dem Marxismus-Leninismus völlig fremd (...), und stellte die in der Periode des Personenkults verletzte nationalstaatliche Autonomie des tschetschenischen, ingussetischen, balkarischen, karatschaischen, kalmückischen Volkes wieder her.»[15] Trotz des Parteichinesisch war das Unerwähnte in diesem Text offensichtlich: das Autonomieproblem der Deutschen und der Krimtataren. Bei Breschnew konnte dies unmöglich ein Resultat von Vergesslichkeit sein. Mitte der fünfziger Jahre war er in Moskaus Auftrag Sekretär der Kasachischen KP gewesen und hatte die lokalen Funktionäre gerügt, weil sie die von der Meldepflicht befreiten «Sondersiedler» nur ungern in Beschäftigungsverhältnisse bringen oder in die Partei aufnehmen wollten. Die Betroffenen waren damals mehrheitlich Deutsche gewesen, selbst wenn Breschnew das Wort «nemez» in seinen Instruktionen mied.[16] Er kannte also das Problem genau. Dieser Widerspruch war so auffällig, dass drei Russlanddeutsche, ein W. Schmiedgal, der Journalist Reinhard Köln aus dem Gebiet Krasnodar und Alexander Justus aus Nowosibirsk, in einem Leserbrief an die Zeitung, der selbstverständlich unveröffentlicht blieb, gegen die Verlautbarung Breschnews protestierten.[17]

Solche Leserbriefe gehörten bereits zur Vorbereitungsphase der bedeutendsten Aktion der Sowjetdeutschen in dieser Zeit, der Entsendung von zwei Delegationen nach Moskau mit der Bitte, eine politische und rechtliche Rehabilitierung der Minderheit durchzusetzen. Die von der Briefzensur genau verfolgte Korrespondenz der Aktivisten zeugte davon, dass sie diesen Plan noch in der Ära Chruschtschow entworfen hatten. Die Rentner Friedrich Schössler (Abakan, Westsibirien), Heinrich Kaiser (Tschernogorsk, Gebiet Krasnojarsk), die Lehrerin Therese Chromowa-Schilke (Frunse, Kirgisien), die Lehrer Otto Hertel (Frunse) und Hugo Wormsbecher (Alma-Ata), die Schriftsteller Dominik Hollmann (Krasnojarsk) und Johannes Warkentin (Alma-Ata) wollten bereits im Juli 1964, zum 200. Jahrestag des Manifests der Zarin Katharina, die Hauptstadt besuchen. Es wurden Unterschriften zu einer Petition sowie Geld für die Reise gesammelt. Dann kam es zu Chruschtschows Sturz, und man legte sich auf den 2. Januar 1965 fest – auf Wunsch der beteiligten Lehrer, die nur diese Schulferienwoche zur Verfügung hatten.

Der als Vorbote nach Moskau geschickte Hertel sondierte das Terrain, bereitete den Empfang seitens der Redaktion «Neues Leben» vor, organisierte Hotelbuchungen und sandte ein Telegramm mit der Botschaft «Die Hochzeit findet statt» an die anderen Delegierten, so dass diese die Reise antreten konnten. Mit Hilfe der Redaktion fertigten sie von den mitgebrachten Dokumenten, darunter 600 Unterschriften von Sowjetdeutschen, mehrere Kopien an und schickten sie an den Parteichef Leonid Breschnew sowie an den Vorsitzenden des Obersten Sowjets, Anastas Mikojan. Zu dem eigentlichen Empfang kam es erst am 12. Januar, als die Lehrer bereits wieder abgereist waren.

Wenn heute noch etwas unklar ist, was die beiden Gespräche betrifft, die im Januar und Juli 1965 zwischen den Vertretern der sowjetdeutschen Öffentlichkeit und der obersten Führungsriege des Landes stattfanden, dann die Bereitschaft der letzteren, sich auf einen solch untypischen Dialog einzulassen. Am einfachsten ist festzustellen, was sie in keinem Fall wollten, und das war nun gerade das Hauptanliegen der Sowjetdeutschen: die Wiederherstellung der Autonomie an der Wolga als reale Umsetzung der «im Prinzip» bereits im August des Vorjahres zugesagten Rehabilitierung. Aber die Machthaber wollten offensichtlich auch etwas Positives verkünden, sonst hätten sie die ganze Aktion mit Hilfe der lokalen Partei- und KGB-Funktionäre leicht unterbinden können. Auch die Redaktion der Zeitschrift «Neues Leben», ein Blatt, das im Verlag der «Prawda» erschien, hätte die Gäste ohne das Wohlwollen von ganz oben wohl kaum empfangen und damit legitimieren können. Die Veröffentlichung des Rehabilitierungs-Ukas vom August 1964 in der SED-Zeitung «Neues Deutschland» am 6. Januar 1965 und der Abdruck eines Gruppenbilds der Delegierten im «Neuen Leben» mit dem Titel «Gäste der Redaktion» sollten den guten Willen der Herrschenden signalisieren.

Gleichzeitig waren und blieben alle Beteiligten, mit Ausnahme der vor Ort einbezogenen Redakteurin Maria Vogel, nichts weiter als Polit-Touristen. Einige waren zum ersten Mal in der Metropole, wo sie befangen vor den Bildern der Tretjakow-Galerie oder des Puschkin-Museums standen, in der Kantine des Pressehauses speisten, in einem Café im Zentrum saßen, behutsam ihr spärliches Reisegeld einteilten und jeweils zu zweit ein Zimmer in den Billighotels «Jaroslawskaja» und «Sarja» belegten.[18] Für sie, einfache Bürger aus der sowjetischen Provinz, von denen die Älteren den Schrecken der Deportation und der Trudarmee hinter sich hatten, bedeutete diese Fahrt einen echten Wendepunkt in ihrem Leben, und diejenigen, die von Mikojan empfangen wurden, verließen dessen Verhandlungskabinett sicher mit einem gesteigerten Selbstwertgefühl. Als Repräsentanten einer seit vierundzwanzig Jahren diskriminierten und gedemütigten Volksgruppe waren sie, und sei es nur vierzig Minuten lang, direkt vom Staatspräsidenten angehört worden.

Dieser wiederum, seinerzeit als Mitglied des Politbüros der Partei und Volkskommissar für Versorgung an der Planung und Durchführung der Deportation beteiligt,[19] verfügte aufgrund von KGB-Berichten, schriftlichen Unterlagen der Delegation sowie Zusammenfassungen der Vorgespräche über jenes Machtwissen und jene jahrzehntelang eingeübten demagogischen Fertigkeiten, die es ihm ermöglichten, den Dialog zu lenken und die Themen zu bestimmen. Man hatte ihm kurz vor seiner Pensionierung die unangenehme Aufgabe übertragen, die Affäre mit den «Autonomisten» beizulegen, ohne einen Konflikt vom Zaun zu brechen.

Es ging vor allem darum, Zeit zu gewinnen – die neue Mannschaft alten Geistes war gerade dabei, das Erbe anzutreten. Innenpolitisch hieß dies, dass erst einmal die katastrophale Ernte des Jahres 1963, die die Sowjetunion dazu zwang, gegen Gold Getreide auf dem Weltmarkt einzukaufen, zu bewältigen war. Des Weiteren sollte die damals noch beabsichtigte Wirtschaftsreform vorangebracht werden. Es kam zu Reibungen mit der Intelligenzija, und die aufkeimende Dissidentenbewegung hatte ihre ersten Auftritte. Weltpolitisch ging es um den eskalierenden Vietnamkrieg, den Konflikt mit China und in Europa um die deutsche Frage, insbesondere im Hinblick auf den neuen Bundeskanzler Ludwig Erhard. Ein öffentlicher Eklat wegen der Sowjetdeutschen wäre den bereits begonnenen Annäherungsversuchen nicht dienlich gewesen.[20] Die verspätete und an den Besuch der ersten Delegation gekoppelte Veröffentlichung des Rehabilitierungs-Ukas im «Neuen Deutschland» konnte einer West-Publikation zuvorkommen. Diese merkwürdige Konstellation machte für kurze Zeit die kleine Gruppe der Delegierten aus Abakan bis Alma-Ata, aus Nowosibirsk bis Frunse zu einem Faktor, den man in offenen Gesellschaften als Lobby bezeichnen könnte. Die Beteiligten spielten diese Rolle würdevoll, auch wenn sie dem ungleichen Wortduell nicht gewachsen waren. Hier einige Auszüge aus dem Gespräch:

Konstantin BORNEMANN (Rentner, Gebiet Wolgograd, Mitglied der Partei seit 1918, Teilnehmer des Bürgerkriegs): Wir stellen die Frage nach der nationalen Staatlichkeit, nach der Wiederherstellung der Republik der Sowjetdeutschen. Wie kann man die Anklage [Diversion und Kollaboration] aufheben, ohne die Bestrafung [Auflösung der Wolgarepublik und Aussiedlung der Deutschen] aufgehoben zu haben? Bis heute gibt es keine Aufenthaltserlaubnis für Deutsche in Ortschaften, wo sie bis zur Aussiedlung lebten. Der Ukas vom 29. August wird geheim gehalten, was ist ein solcher Erlass wert?

Anastas MIKOJAN: Die Frage ist natürlich und kompliziert. Während der Existenz der deutschen Republik wohnten dort 350 000 Deutsche. Auch in der Ukraine lebten Deutsche. Alles neu zu sammeln und eine Autonomie zu schaffen ist praktisch unmöglich. Man kann die deutsche Kultur bewahren für diejenigen, die es wollen. Das Territorium der Deutschrepublik ist ebenso besiedelt wie das Territorium der Krimtataren. (…) Eure Sprache wird in fast allen Schulen unterrichtet. (…) Haben wir etwa den Ukas nicht in der deutschen Zeitung veröffentlicht? Dann werden wir ihn publizieren. In Bezug auf die Aufenthaltserlaubnis können wir die Frage lösen. Die Autonomie können wir nicht wiederherstellen.

Reinhard KÖLN (Rentner, Schriftsteller, Parteimitglied seit 1924, 20 Jahre Gulag, Gebiet Krasnodarsk): Haben wir ein Recht auf autonome Selbstverwaltung?

MIKOJAN: Ihr habt kein Territorium.

Heinrich KAISER (Rentner, Gebiet Krasnojarsk): Das Verschweigen der Existenz der Sowjetdeutschen und ihrer Diskriminierung spiegelt sich sogar in der Großen Sowjetenzyklopädie wieder (…), Ausgabe von

1957. (…) Dort gibt es keine Sowjetdeutschen. In der Presse werden Sowjetdeutsche nie erwähnt. (…) Der geheim gehaltene Ukas ändert nichts, er muss in den russischen Zeitungen veröffentlicht werden.

MIKOJAN: Der Ukas wird veröffentlicht in der deutschen Zeitung, in der zentralen Presse wird darüber informiert.[21]

KAISER: Die Schaffung von Schulen für Kinder der Sowjetdeutschen ist bei der jetzigen Zersplitterung der Wohnorte der deutschen Bevölkerung praktisch unmöglich. Das heißt, die autonome Republik der Sowjetdeutschen muss wiederhergestellt werden.

Nikolaj DELWA (Arbeiter, Gebiet Swerdlowsk): Es gibt keine sowjetdeutschen Schulen, weder Verlage noch deutsche Zeitungen. In 23 Jahren erschien ein einziges Buch.[22] Die nationale Kultur schwindet, um sie zu erhalten, brauchen wir die Autonomie.

MIKOJAN: Man kann deutsche Mittelschulen schaffen, Literatur in deutscher Sprache herausgeben oder die aus der DDR nehmen. Die Autonomie können wir nicht wiederherstellen. Ich beauftrage den Obersten Sowjet der Russischen SSR, Maßnahmen zu erarbeiten, um alle Beschränkungen aufzuheben, unter ihnen diejenigen in Bezug auf die Aufenthaltserlaubnis an Wohnorten vor der Aussiedlung.[23] Während des Krieges haben sich die Deutschen gut benommen, sie haben gut gearbeitet, sie arbeiten auch heute anständig, und wir zeichnen sie für ihre Verdienste aus. (…) Genossen, ich habe um 12 Uhr eine Sitzung, auf Wiedersehen.[24]

Das Gedächtnisprotokoll des Ingenieurs Georg Michel, das er den Delegierten der Alma-Ata-Gruppe später schickte, gab den Gang des Gesprächs nur fragmentarisch wieder. Außerdem ließ sich Mikojan vor der Begegnung sicherlich vom Leiter des Empfangsbüros auf dem Marxprospekt, Michail Skljarow, informieren. Skljarow führte das Vorgespräch, bevor die Gäste, gewiss nicht ohne Aufregung, das Tor des Kremls passieren durften. Bereits bei ihm listeten sie, einander ins Wort fallend, alle Beschwerden der Minderheit auf – die Schwierigkeiten mit der individuellen Rückkehr an die Wolga, das Elend des deutschen Schulwesens in Kasachstan und Sibirien, die Beleidigungen ihrer Kinder in der Schule als «Faschisten», das Verbot einer deutschen Folkloregruppe am Altai und schließlich die Angst vor Schikanen nach ihrer Rückkehr von der Delegationsreise. Skljarow zeigte sich verständnisvoll und schloss eine Verfolgung wegen der Visite beim Staatschef aus, während er das Gehörte fleißig notierte. Der schlaue Fuchs Mikojan wusste also bereits, wie er mit diesen naiven Sowjetmenschen verfahren sollte, als sie sein Kabinett betraten. Fast alle Fragen beantwortete er positiv, außer der einzig wichtigen – der nach Wiederherstellung der Autonomie.

Und hierin lag die Schwäche und politische Naivität des gesamten Konzepts der Delegierten. Unter Autonomie verstanden sicherlich alle Sowjetdeutschen auch einen geographischen Rahmen – die Republik, das Gebiet, den Kreis, das Dorf und damit eine Überwindung der territorialen Zersplitterung. Daraus folgte jedoch nicht unbedingt, dass der Trudarmist von der Krim, der Deportierte aus Georgien oder der Lagerinsasse aus Sarepta darunter die Wiederbelebung der Wolgadeutschen Republik verstand. Dabei war dieses staatsähnliche Gebilde das Einzige, was man unter Berufung auf Lenins Deklaration zur Nationalitätenfrage von 1917 den Mächtigen ideologisch korrekt hätte verkaufen können, weil es sich auf die Ideen des Staatsgründers berief. Schließlich war und blieb Lenin die einzig unangefochtene, halbgottähnliche Autorität der Sowjetära. Die Zahl seiner Denkmäler im Unionsgebiet erreichte laut Schätzungen 40 000, und bis heute gibt es in den Nachfolgestaaten etwa 6000. Allerdings waren die Apparatschiks daran gewöhnt, von Lenins Gedankenschatz nur das in die aktuelle Politik einzubeziehen, was ihnen gerade passte und hinreichend aktuell erschien. Eine neue «Deutschrepublik» an Russlands symbolträchtigem Fluss konnten die Sowjetführer nicht gebrauchen – auch wenn ihre Vorgängerin, die «Arbeitskommune», mit dem heiligen Namen Lenins verbunden war. Für sie war die Autonomie weder politisch nützlich noch finanziell tragbar, dafür aber potentiell konfliktträchtig.

Offensichtlich witterten dies auch einige Delegierte und verbanden ihren Wunsch nach nationaler Autonomie nicht unbedingt mit der Wolga. Sie hätten sich vielleicht auch mit einer bescheideneren Variante in Kasachstan oder Sibirien zufrieden gegeben. Als alter Stratege bemerkte Mikojan diese Unsicherheit ebenso wie die Zwischentöne, mit denen, falls das Autonomieprojekt scheitern sollte, der Wunsch nach mehr deutschen Schulen, Bibliotheken, Verlagen, Musikgruppen und Theatern zum Ausdruck gebracht wurde. Das waren Forderungen, deren Erfüllung individuelle Bedürfnisse befriedigen konnte, ohne neue kollektive

Abb. 22: Gruppenfoto der zweiten deutschen Delegation

Rechte zu schaffen. Mikojan spürte die Gegensätze, welche die nationale Bewegung spalteten: Die eine Strömung suchte den Kompromiss, die andere verkündete die Losung: «Wolga oder ewige Verbannung!»[25]

Allein die Tatsache, dass die Delegationsteilnehmer aus Alma-Ata wegen des Schulferienendes am Abend des 10. Januars unverrichteter Dinge hatten heimkehren müssen, sorgte für Misstrauen gegenüber denen, die geblieben waren. Diese ließen sich auf die nebulöse Formulierung einer abstrakten Autonomie oder gar auf die unwahrscheinliche Variante ein, man könne ja auch individuell dort hinreisen, sofern man eine Aufenthaltserlaubnis bekäme. Selbst der in Moskau verbliebene Rest fand die Resultate des Gesprächs dürftig, und die Delegierten schrieben einen Brief an Mikojan, um ihre Forderungen zu präzisieren. Schließlich mussten sie gegenüber denen, mit deren Mandat sie verhandelten, etwas aufweisen können. Besonders Johannes Warkentin und Friedrich Schössler waren mit den bisherigen Ergebnissen unzufrieden, und man einigte sich auf die Entsendung einer zweiten Delegation.

Diese bestand aus insgesamt 34 Personen, allerdings in einer fluktuierenden Zusammensetzung: Während ihres mehr als einmonatigen Aufenthaltes fuhren einige Delegierte wieder nach Hause, und es wurden neue, in Moskau lebende Russlanddeutsche in die Arbeit einbezogen. Die Bevollmächtigung der Gruppe wurde mit 3500 Unterschriften bestätigt, denen noch weitere 1000 folgten.[26] Diesmal dominierten die aus dem Wolgagebiet stammenden Deutschen die Verhandlungen durch ein «Ständiges Komitee zur Erarbeitung und Vorstellung von Materialien für das Politbüro des ZK der KPdSU und Präsidium des Obersten Sowjets zur Frage der Wiederherstellung der ASSR der Deutschen im Wolgagebiet und der vollständigen Rehabilitierung der Sowjetdeutschen». Hinter der bandwurmartigen bürokratischen Bezeichnung versteckte sich ein radikales Moment: Die verschiedenen Strömungen der nationalen Bewegung erklärten sich für permanent, sie hatten ohne Genehmigung der Zentralmacht eine Organisation geschaffen. Tonangebend in diesem Komitee war und blieb Friedrich Schössler, und er erklärte bereits im Vorgespräch, das diesmal mit mehreren ZK-Funktionären stattfand, die Delegation wolle nur über eine vollständige Rehabilitierung, also die Annullierung aller einschränkenden Regularien von 1941 und 1955 und die Wiederherstellung der Autonomen Republik reden. Und er fügte mit besonderem Nachdruck hinzu: «Wir sind keine Feinde unserer Heimat und haben unsere Treue bereits mit Arbeit bewiesen. Ich bin Mitglied der Partei und habe vieles für die Partei getan. Und ich kann nicht schweigen – ich bin ja kein Verbrecher.»

Schössler kämpfte im Bürgerkrieg auf Seiten der Roten Armee gegen die Rebellen in Turkestan, schuftete in der Trudarmee und wurde aufgrund des Paragraphen 58 des Strafgesetzbuches («antisowjetische Agitation») zu 12 Jahren Gefängnis verurteilt, 1955 rehabilitiert und in die Partei wiederaufgenommen. Hugo Wormsbecher schildert den damals 63-Jährigen in einer Momentaufnahme aus den heißen Sommertagen 1965: «Er hatte nur ein Bein, ging auf Krücken, zudem war er groß gewachsen und etwas korpulent, so dass ihm die Bewegung schwerfiel. Möglicherweise um weniger zu schwitzen, trug er ein dunkelgraues Leinenhemd außerhalb der Hose und mit offenem Kragen. Er war völlig kahlköpfig mit fast rundem Gesicht, stotterte merklich, aber dachte und drückte seine Gedanken sehr klar und präzise aus.» Nun verlangte er von den hauptberuflichen Leninisten, dass sie «die Leninsche Nationalitätenpolitik ganz und gar auch auf uns anwenden.»[27] Nach mehr als einem Monat des Wartens erwartete Mikojan die Sowjetdeutschen am 7. Juli im Kreml – nur noch 19 Delegierte waren anwesend. Den anderen war das Geld ausgegangen, da es nicht für einen ganzen Monat gereicht hatte: Warkentin hatte bereits das Akkordeon seines Sohnes verschachert, um den Aufenthalt zu sichern, und Hugo Wormsbecher verkaufte ein Manuskript an das «Neue Leben», um einen Vorschuss zu bekommen. Die Redaktion sprach mit schwarzem Humor über «Hilfe für die hungernden Wolgadeutschen». Schließlich saßen sie an einem länglichen Tisch mit dem Staatspräsidenten und einer Handvoll Apparatschiks – hier Auszüge aus dem Protokoll:

MIKOJAN: Seid gegrüßt, Genossen! Wer wünscht sich auszusprechen?

SCHÖSSLER: Anastas Iwanowitsch! Ich erzähle nichts Neues (...). Man sagt uns, dass wir ohne Territorium geblieben seien. Damit bin ich nicht einverstanden. (...) Man muss sich daran erinnern, dass wir gemeinsam mit anderen Völkern, gemeinsam mit dem russischen Volk für die Sowjetmacht gekämpft haben. Wir haben nicht ein Regiment gestellt, sondern eine ganze Division. Unter der Sowjetmacht erhielten wir das Land per Staatsakt, das heißt, wir hatten ein Territorium. In Bezug darauf, dass dieses Territorium heute besiedelt ist, will ich anmerken, dass die dörflichen Bezirke nur zu 25–30 Prozent besiedelt sind. Die meisten Dörfer sind zerstört. Man sagt, dass die Bevölkerung dort gewachsen ist, aber das Wachstum kam den Städten zugute. Ich glaube, unsere Frage muss heute entschieden werden. (...) Manchmal spricht man zu uns über die Wiederherstellung der Republik anderswo, nicht an der Wolga. Dies wäre jedoch keine Rehabilitierung.

BORNEMANN: Unser Volk ist sehr unzufrieden damit, dass der Ukas 1964 in keiner russischen Zeitung veröffentlicht wurde. (...) Wir wollen, dass die Menschen die Wahrheit über die Sowjetdeutschen erfahren ...

Heinrich WORMSBECHER (Vilnius, ehemaliger Volkskommissar für Finanzen der Wolgarepublik, zwischen 1937 und 1954 im Gulag): Vor dem Krieg war die Republik der Deutschen im Wolgagebiet eine der fortschrittlichsten Republiken sowohl auf ökonomischem als auch auf kulturellem Gebiet. Und was haben wir heute? Wir haben insgesamt zwei Zeitungen und keine einzige Schule. Eine solche Situation hatten die Deutschen nicht einmal im zaristischen Russland. Alle Völker der Sowjetunion haben ihre Staatlichkeit, nur die Sowjetdeutschen haben keine. Mit Recht stellt man die Frage, ob wir ein sowjetisches Volk sind. Wir sind Sowjetmenschen und wollen nicht mit den Westdeutschen verwechselt werden.

Bei der Argumentation des Veteranen sticht vor allem der Versuch ins Auge, die «Deutschrepublik» zu idealisieren. Das war im Kontext einer berechtigten Forderung sicherlich legitim, konnte aber recht zweifelhaft wirken, wie folgendes Beispiel zeigt:

Alexander DOTZ (Moskau, ab 1919 Tscheka-Führer des Wolgagebiets): Ich bin einer der Organisatoren der Republik der Deutschen im Wolgagebiet. Wir haben sie unter schwierigen Bedingungen geschaffen. Ihr kennt die damalige Situation. Es war schwierig mit Lebensmitteln (...), und wir haben mit Brot geholfen. Wir erfüllten alle Befehle zur Versorgung mit Lebensmitteln und erfüllten sie vor der Frist. Wir mussten keine Gewalt anwenden, um Brot zu sammeln. Es reichte aus, eine Notiz zu schicken, und die Leute haben alles geliefert. (...) Ich bitte um die Wiederherstellung der Autonomie.

Dass die Sache mit der Notiz und der Gewaltlosigkeit eine glatte Lüge war, wussten alle an dem langen Verhandlungstisch. Vor allem den Älteren war bekannt, dass Dotz seinerzeit ausschließlich mit blutigen, terroristischen Methoden die Requirierungen vorgenommen hatte und dass er auch nicht vor der Verhaftung seiner nüchterner denkenden Genossen zurückschreckt war. Offensichtlich wollte der «personalnij pensioner» (privilegierte Rentner), den zwei Jüngere am Arm führten, einiges aus seiner Vergangenheit «abarbeiten», ebenso wie die aus dem Heim der Alten Bolschewiken in Peredelkino bei Moskau herbeigeholte Anna Paul-Horst, 1930 Autorin der öffentlichen Denunziation gegen Professor Dinges und seine Kollegen, die zu jener grausamen Abrechnung mit den wolgadeutschen Intellektuellen führte. Nach acht Jahren Gefängnis hatte sie immerhin einiges von ihrem jugendlichen Fanatismus eingebüßt und bemerkte zynisch im Verhandlungssaal, halb in deutscher Mundart, halb auf Russisch: «Ne robej, Rebjata! Mir welle polutschaje, was uns polagajetsje!» (Verzagt nicht, Kinder! Wir wollen bekommen, was wir verdienen.)[28]

KAISER: Mit dem Ukas vom 29. August 1964 sind alle schweren Vorwürfe gegen die Sowjetdeutschen des Wolgagebiets aufgehoben worden, aber die Bestrafungen behielten ihre Gültigkeit. (...) Die elementare Logik lehrt uns, dass Unschuldige nicht bestraft werden (...). Der große russische Schriftsteller Lew Tolstoj sagte: «Ohne Jasnaja Poljana kann ich mir keine Heimat denken», und wir, die sowjetischen Deutschen, können uns keine Heimat ohne die Ufer der geliebten Wolga vorstellen (...). Für die Wiederherstellung der ASSR der Deutschen des Wolgagebiets gibt es durchaus Territorium. Es wurde durch jahrhundertelange, zähe und anständige Arbeit unserer Vorfahren geschaffen. Es wurde uns von der Großen Sozialistischen Oktoberrevolution gegeben, und die Deutschen des Wolgagebiets haben dort die Sowjetmacht errichtet.

Karl WELZ (Schriftsteller, Zelinograd): Anastas Iwanowitsch! Es ist unangenehm, lange Reden zu halten. Verstehen Sie uns bitte richtig – wir haben alles erduldet. Es gibt Familien, die fünfmal umgesiedelt wurden. Es gab Zeiten, wo man uns mit einem Konvoi zur Parteiversammlung begleitet hat. Aber niemand kann uns unseren großen Glauben an unsere Partei austreiben. Wir wollen das, was war, wiederherstellen.

Therese CHROMOWA-SCHILKE (Deutschlehrerin, Frunse): Lieber Anastas Iwanowitsch! Ich bin Mutter, habe Kinder und verhalte mich zu ihnen allen gleich. Die Partei und der Staat sind uns Mutter und Vater. Sie haben kein Recht, sich unterschiedlich zu ihren Kindern zu verhalten. Aber sie behandeln uns wie Stiefkinder. (...) Wir haben Repressalien und Entbehrungen standhaft ertragen. Wir bitten um die Wiederherstellung der durch den großen Lenin geschaffenen Republik der Sowjetdeutschen an der Wolga. Wieso sind wir schlechter als andere Völker? Warum beleidigt man uns immer noch?

MIKOJAN: Welche Tatsachen haben Sie?

Hier verlor sich das Gespräch wieder in den Einzelheiten der Injurien gegenüber der deutschen Minderheit von Seiten der lokalen Verwaltungen und der russischen Bevölkerung. Der Vorsitzende des Obersten Sowjets reagierte gelassen und fasste dann die Diskussion zusammen:

MIKOJAN: Ich glaube, wir haben genug Beiträge gehört. Die sowjetischen Deutschen haben sich während des Kriegs, nach dem Krieg gut benommen und benehmen sich auch heute gut. Sie arbeiten gut. Heute kann man sich im Neulandgebiet [zelinnyj kraj in Kasachstan] ohne die Deutschen keine Landwirtschaft vorstellen. Sie haben doch auch Deputierte im Obersten Sowjet, Becker.[29] Selbstverständlich sind es wenige, ihre Anzahl wird jetzt erhöht.[30] Verordnungen werden gewöhnlich im Mitteilungsblatt [des Obersten Sowjets] veröffentlicht, weil auch der Ukas vom 28. August 1941 in keiner Zeitung erschien.[31] Eine vollständige Rehabilitierung der Deutschen hat stattgefunden. Ihr stellt die Frage nach der Wiederherstellung der Republik. Wir verstehen gut, dass dies die beste Lösung eures Problems wäre. Das ist aber unmöglich, denn man müsste eine halbe Million Menschen umsiedeln (…). Nicht alles, was von der Geschichte begangen wurde, ist korrigierbar. (…) Was jedoch die Schulen und Zeitungen betrifft – das ist natürlich einfach. Wir werden Künstlerkreise gründen, Zeitungen herausgeben, Schulen schaffen.

Damit übergab er das Wort den Vertretern des Staatlichen Komitees der Presse, des Ministeriums für Bildung und des Sowjetischen Rundfunks, die alle ein paar Worte über die Erweiterung ihres Programms für die Sowjetdeutschen sagten.

Was war zwischen Januar und Juli 1965 geschehen, zwischen der ersten und der zweiten Delegationsreise? Wie kam es, dass sich die negative Haltung der Partei gegenüber den Autonomieplänen weiter verfestigt hatte? Direkte Archivmaterialien über die Hintergründe von Mikojans strikter Absage hat man bis heute nicht gefunden. Man kann jedoch einiges davon erahnen. Die anfängliche Vorsicht der Breschnew-Kossygin-Riege hatte mit der internationalen Lage zu tun. Dort aber hatte sich nichts Wesentliches verändert: Der Vietnamkrieg sollte noch zehn Jahre dauern, der Konflikt mit China verschärfte sich, und die Annäherung an Bonn begann erst am Ende des Jahrzehnts. In diesem Spannungsfeld stand auch die Innenpolitik. Ohne dass Stalin direkt rehabilitiert worden wäre, wurde die Kritik an ihm doch eingestellt, und der XX. Parteitag geriet mitsamt der Ära Chruschtschow und ihrer Dynamik in Vergessenheit. Petitionen waren zunehmend unerwünscht und wurden administrativ, auch strafrechtlich, unterdrückt, kulturelle Kritik, Film, Literatur und bildende Kunst wurden gemaßregelt. Man wollte Ruhe, und sei es um den Preis der Stagnation.

Ausgerechnet die nationale Frage empfanden die Herrschenden als Minenfeld, und zwar insbesondere in Hinsicht auf einen relativ neuen, bedrohlichen Aspekt – die Beziehungen zwischen den einzelnen nationalen Autonomien. Am 25. April 1965 wurden sie von der Nachricht alarmiert, dass in Jerewan große Versammlungen zum Jahrestag des armenischen Genozids stattfanden, an denen nach offiziellen Angaben rund 8000 Menschen teilnahmen. Die Menge forderte, das armenisch bewohnte Autonome Gebiet Karabakh an das Mutterland zurückzugeben, also von Aserbaidschan zurückzufordern. Außerdem verlangte man die Freilassung von nationalistischen Dissidenten, die aufgrund derselben Forderung zu Gefängnisstrafen verurteilt worden waren. Auf dem Theaterplatz formulierten die Redner eine diesbezügliche Petition an das ZK der KPdSU, den Ministerrat und den Obersten Sowjet der UdSSR.[32]

In demselben Jahr, am 9. Mai, feierte die Sowjetunion den zwanzigsten Jahrestag des Sieges über Hitlerdeutschland – eine massenhafte Demonstration des sowjetischen Patriotismus mit Millionen Teilnehmern aus der Kriegsgeneration, ehemaligen Soldaten, die offen die Kriegsorden mit Stalins Gesicht trugen. Das waren Tage der echten und auch künstlich gesteigerten Euphorie – keine günstige Stimmung für eine freundliche Geste gegenüber den Trudarmisten von einst, die zunächst darum kämpfen mussten, dass ihre im Lager verbrachten Jahre für die Rente anerkannt wurden. Dieser 9. Mai war kein Augenblick der Großzügigkeit.

Große Sorgen im Kreml verursachte die andere von der vollständigen Rehabilitierung ausgenommene Volksgruppe, die Krimtataren. Sie war kompakt in Usbekistan angesiedelt worden und konnte sich somit besser organisieren. Die Tataren sandten Petitionen nach Moskau, die praktisch von allen wichtigen Personen unterzeichnet worden waren. Etwa 10 000 von ihnen versuchten immer wieder, auf die Krim zurückzukehren, was ungefähr tausend auch gelungen war. Sie hatten allerdings auch einen prominenten russisch-ukrainischen Unterstützer, den Generalmajor a. D. Petro Grigorenko, ein Dissident, der jahrelang in einer psychiatrischen Anstalt zwangsbehandelt wurde. Er erklärte seinen Schützlingen auf einer Versammlung in Taschkent: «Ihr denkt, dass ihr mit durchwegs anständigen Menschen verhandelt. Das ist nicht so. Eure Sache wird von allerlei Behauptungen verhüllt, die so gut wie nichts mit ihr zu tun haben. Um dieser unnormalen Lage ein Ende zu bereiten, müsst ihr unbedingt begreifen: Was einem als Recht zusteht, darum bittet man nicht, das fordert man ein! (...) Und fordert nie einen Teil, einen Kanten Brot, sondern alles, was man euch gesetzeswidrig weggenommen hat – die Wiederherstellung der Autonomen Sozialistischen Sowjetrepublik Krim!»

Nach solchen Belehrungen dachte man in Moskau gar nicht daran, die krimtatarische Delegation durch den neuen nominellen Staatschef Podgornyj im Kreml empfangen zu lassen – sie wurden zum KGB-Chef Jurij Andropow, dem Obersten Staatsanwalt Rudenko und dem Innenminister Schtschekolow bestellt. Bald darauf erhielten sie den Ukas des Präsidiums des Obersten Sowjets vom 5. September 1967. Dieser erklärte die Anklage des kollektiven Landesverrats während des Krieges für unbegründet und genehmigte Bürgern tatarischer Nationalität, auf dem gesamten Gebiet der Sowjetunion «unter Berücksichtigung der Regelung der Aufenthaltsgenehmigungen» zu siedeln – was wiederum hieß, dass sie der Willkür der lokalen Behörden ausgeliefert waren.[33]

Der andere Weg der Sowjetdeutschen: «Die historische Heimat»

Während seiner Gespräche mit den Sowjetdeutschen hatte Mikojan nur einen einzigen taktischen Fehler gemacht, den aber gleich zu Anfang. Auf die Frage des Schriftstellers Reinhard Köln nach dem Recht auf autonome Selbstbestimmung gab er zur Antwort: «Ihr habt kein Territorium.» Dazu sagte der Altkommunist Bornemann einige Monate später bei einem Vorgespräch: «Bei solchen Behauptungen kann sogar der Gedanke aufkommen: Wenn wir kein Territorium haben, dann soll man uns in ein anderes Land entlassen.» Hugo Wormsbecher, der diese Worte mitteilt, nennt sie «prophetisch».[34]

In Wirklichkeit lag der Gedanke an Emigration zu dieser Zeit schon lange in der Luft. Die erste Welle von noch ziemlich bescheidenem Ausmaß erreichte selbst das Autonome Gebiet Chakassien im Fernen Osten des Sowjetreichs. Familien, die nach Adenauers Moskauvisite ein Visum für die Bundesrepublik erhalten hatten, schrieben den Daheimgebliebenen über den Empfang, der ihnen dort bereitet wurde, begeisterte Briefe, die wiederum von der Briefzensur mitgelesen wurden. «Uns hat ein Auto abgeholt mit verschiedenen Waren – kein Vergleich mit unseren Städten. Es gab Waren, die wir bei uns niemals zu sehen bekommen haben», schwärmte Walter Zeigiss, ein junger Aussiedler, aus Baden-Württemberg. Der lokale KGB-Chef Major Sabaturin meldete, Zeigiss «und andere Deutsche schreiben an viele Personen Briefe mit analogem Inhalt und üben auf andere Personen einen schädlichen Einfluss aus, als könne man in den kapitalistischen Ländern leichter leben (...). Im Ergebnis solcher Briefwechsel, die möglicherweise nicht ohne Einfluss interessierter westdeutscher Organe entstehen, verbreitet sich unter den Sondersiedlern stark der Wunsch, die Heimat zu verraten, die Sowjetunion zu verlassen und einen Vorwand zu suchen, um den Ausreiseantrag nach Deutschland einzureichen.»[35] Datiert war der Bericht auf den 12. September 1956. An die späteren Abwanderungswellen war jedoch noch nicht zu denken, und dies nicht nur wegen der damit verbundenen außerordentlichen Schwierigkeiten. Diese Menschen, die erst vor einem Jahr von der wöchentlichen Meldepflicht bei der Kommandantur befreit worden waren, wünschten sich nicht unbedingt eine radikale Ortsveränderung und verspürten möglicherweise auch eine gewisse Ambivalenz gegenüber dem westlichen Konsum. Zeigiss schrieb von «Waren, die wir bei uns niemals zu sehen bekommen haben.» Dieses Wir und Uns hielt die Generation der Trudarmisten und ihrer Familien in Katharinas Land nach wie vor zusammen. «Daheim» war für sie ein zentraler Begriff und eine wichtige Erfordernis: «Ohne Haus keine Maus!» – «Ost und West, daheim das Best!» –«Daheim ist man König!» – «Daheim ist der Himmel blauer!» – «Daheim kann einer ein Liedchen singen!» – «Der Hund ist daheim am stolzesten!» – «Die in allen Orten wohnen, sind an keinem daheim!»[36] Solche Sprichworte enthielten die Weisheiten ihrer Ahnen, das Erbe der Kolonisten. Die Russlanddeutschen suchten auf der Landkarte der Supermacht nach einer verlorenen Heimat, einer vielleicht nie dagewesenen Republik.

Nach dieser Heimat sehnten sich auch die beiden alten Autonomisten Kaiser und Schössler, die von ihrem Wohnort Abakan aus, der tscherkessischen Hauptstadt, noch lange den längst ausgeträumten Traum von der Wolgarepublik einforderten. Sie korrespondierten mit ihren

Mitstreitern, verfassten neue Petitionen, planten eine dritte Delegation anlässlich des XXIII. Parteitags der KPdSU im März 1966 – alles erfolglos. Schössler, inzwischen aus der Partei ausgeschlossen, reiste nach Moskau und schickte dort Protestbriefe an die Behörden zur Verteidigung der soeben inhaftierten Schriftsteller Andrej Sinjawskij und Julij Daniel. Dies war die erste Tuchfühlung der Sowjetdeutschen mit dem russischen Dissidententum. Schössler suchte Kontakt auch zu «Deutschen aus Germania», um ihnen die Sache mit der Autonomie zu erklären. Die obszönen Schimpfworte, mit denen er über die Partei und das Regime sprach, wurden in den Geheimberichten des KGB nur mit Auslassungspunkten zitiert. Er machte kein Hehl daraus, dass seiner Meinung nach nun eine eigenmächtige Rückkehr an die Wolga auf der Tagesordnung stand. Sein Archiv versteckte er in einem Schrebergarten und wartete auf die Verhaftung. Die Behörden wussten nicht, was sie mit diesem Störenfried auf Krücken anfangen sollten. Schließlich zitierte ihn der Staatsanwalt von Abakan zu sich, um ihn darauf aufmerksam zu machen, dass seine Tätigkeit gemeingefährlich sei. Schössler versprach, seinen Aktivismus einzustellen – und setzte alles ungebrochen fort. Dann wurde es allmählich still um ihn, und er starb 1980 in einem Invalidenheim. Die Stadt Abakan, auf deren Friedhof der Autonomist beerdigt wurde, war die Hauptstadt eines Autonomen Gebiets mit 500 000 Einwohnern, von denen die Titularnation, das kleine turkotatarische Volk der Chakassen, nicht mehr als zwölf Prozent ausmachte.

Spätestens Ende der sechziger Jahre war klar, dass die Wiederherstellung oder Neugründung einer deutschen Autonomie, ob an der Wolga oder anderswo, vom System nicht gewollt war. Die Enttäuschung über das Fiasko der Delegationen führte bei vielen Aktivisten der nationalen Bewegung zu Resignation. Zwei ehemalige Delegierte, die Kunsthistorikerin Katja Steinbach und die Handwerkerin Minna Busch, beide wohnhaft in der kirgisischen Hauptstadt Bischkek, schlossen sich 1973 dem Netzwerk um Andreas Maser an. Das im ganzen Land aktive Bündnis verfasste ein Gesuch an die Sowjetbehörden mit der Forderung, sowjetdeutschen Bürgern, die nicht mehr in der UdSSR leben wollten, die Ausreise entweder in die Bundesrepublik Deutschland oder in die DDR zu gestatten – beide wurden als «historische Heimat» bezeichnet. Eine Kopie ging auch an Kurt Waldheim, Generalsekretär der

UNO. Dieser Vorgang symbolisierte die Aufkündigung der ausschließlichen Loyalität gegenüber der eigenen Regierung und zeigte, dass man unter Umständen willens war, die Ausreise durch internationalen Druck durchzusetzen. Auch die Legitimationsgrundlage verschob sich von der sowjetischen Verfassung zur UN-Menschenrechtscharta, die 1948 von der Sowjetunion mit proklamiert worden war, obwohl sie sich in ihren politischen Entscheidungen durch den Wortlaut der Charta nicht besonders verunsichern ließ. Wichtig war die relativ hohe Zahl der Unterstützer des Auswanderungs-Gesuchs: Es unterzeichneten 7000 Familien, insgesamt 35 000 Personen. Die Auswandererzahlen lagen 1973 bei 4263 Menschen (davon 377 in die DDR).

Das Konstrukt «historische Heimat» blieb meist auf die Bundesrepublik beschränkt, der «Arbeiter- und Bauernstaat» DDR erschien nur als angeblich einfachere Möglichkeit zur Auswanderung – und blieb noch lange auch in dieser Hinsicht ein Konstrukt. In der Sowjetunion aufgewachsen und sozialisiert, lebte die überwältigende Mehrheit der Sowjetdeutschen entsprechend den Normen ihrer Gesellschaft. Die Volkszählung von 1979 registrierte bereits 1 936 000 Sowjetdeutsche – ganz im Trend des landesweiten Bevölkerungszuwachses. Angesichts der Perspektivlosigkeit einer geographisch definierten Selbstverwaltung entschied sich der Großteil der russlanddeutschen Elite für die erreichbaren und erlaubten Formen, die eigene Identität innerhalb der offiziellen Institutionen zum Ausdruck zu bringen. Das System machte hier ein bescheidenes Angebot in Gestalt von Presseprodukten wie der Moskauer Zeitschrift «Neues Leben», deren Redaktion allmählich um «nationale Kader», also Deutsche, ergänzt wurde, sowie der ab 1966 in Alma-Ata erscheinenden Tageszeitung «Freundschaft». Es gab deutschsprachige Radiosender in Omsk und Barnaul, Bücher aus der DDR in Karaganda sowie deutschsprachige Almanache, lyrische Anthologien und Liederbücher. Diese Kulturerzeugnisse waren immer noch sowjetisch und ideologisch geprägt, aber etwas durchlässiger als früher. Gerade an der letztgenannten Kunstgattung kann man am besten die unterschwelligen Wirkungen des deutschen Kulturschaffens demonstrieren.

Das erste sowjetdeutsche Liederbuch nach dem Krieg erschien 1975 in einer bescheidenen Auflage von 5000 Exemplaren beim Moskauer Progress-Verlag. Als Herausgeber fungierte der Autor und Folklorist

Victor Klein, ehemals Schüler des Pädagogischen Instituts in Engels, später Trudarmist, danach in Nowosibirsk. Er nahm in den Band zu einem Drittel sowjetische politische Lieder («Uns führt Lenins Partei»), daneben russische Volkslieder, Schlager und auch Songs des Berliner Oktoberklubs auf. Gut die Hälfte bestand aus russlanddeutschem Liedgut. Als Übersetzer beschäftigte er unter zahlreichen Pseudonymen den Exilösterreicher, Lehrer in der Stadt Engels und früheren Trudarmisten Sepp Österreicher, ebenfalls ein Pseudonym, aber auch den Mennonitensohn Johannes Warkentin, ein ehemaliger Zwangsarbeiter, der in beiden Delegationen der Sowjetdeutschen das Projekt Wolgarepublik vertreten hatte. Für Kleins Sammlung übersetzte Warkentin eines der damals populärsten sowjetischen Kunstlieder, «Es fließt die Wolga», das der russlanddeutsche Zuhörer kaum unbeteiligt anhören konnte:

In endloser Folge
trägt mächtig die Wolga,
die mächtige Wolga
die Wellen wunderbar.
So fließt sie zum Meere,
ich liebe, verehre
die mächtige Wolga
wohl an die siebzig Jahr.
Hier ist mein Heim, sind meine Freunde auch,
ist, was ich liebe und zum Leben brauch …[37]

Die siebziger Jahre waren die ruhigste oder, besser gesagt, die einzig relativ ruhige Zeitspanne in der Geschichte der Sowjetunion. Den Menschen wurden mehr Freiräume und Konsummöglichkeiten als früher eingeräumt, während gleichzeitig die ideologischen Mobilisierungskampagnen immer lascher wurden. Der idealtypische Homo sowjeticus der siebziger Jahre ging seiner Arbeit nach, widmete sich in seiner Freizeit der Familie, verfügte über eine Anderthalb- oder Zweizimmerwohnung in einer Neubausiedlung mit Zentralheizung und Bad, über ein Sparbuch, kaufte sich nach und nach einen Plattenspieler, einen Fernseher (etwa der Marke «Junost»), einen Kühlschrank («Saratow» oder «Minsk»), eine Waschmaschine und einen Staubsauger. Er stand geduldig Schlange beim täglichen Einkauf, wartete ewig auf einen Telefonanschluss oder gar auf einen Lada (produziert als Fiatlizenz in der Stadt Togliatti), und die beiden dreitägigen Staatsfeiern zum 1. Mai und 7. November feierte er im Freundeskreis mit Lachs, Torte und reichlich Wodka. Seinen Sommerurlaub verbrachte er entweder in seiner bescheidenen hölzernen Datscha, oder er vergnügte sich auf Familienausflügen mit Angeln. Für Leute aus der Provinz war ein Aufenthalt in einer nahe gelegenen Großstadt oder gar in Moskau ein exklusives Erlebnis.

Insgesamt blieben die Preise für das Allernotwendigste in den siebziger und achtziger Jahren stabil, bis auf einige Verteuerungen bei Genussmitteln. Ein Kilo Brot kostete 30 Kopeken, 100 Gramm Wurst 2 Rubel 60, das billigste Ticket fürs Kino 25 Kopeken, eine Fahrkarte für die Straßenbahn 3 Kopeken, die billigste Wodkasorte 3 Rubel, der etwas feinere «Stolichnaja» 4 Rubel, der seltener erhältliche armenische Cognac 5 Rubel. Das Monatsgehalt eines Ingenieurs betrug 100 Rubel – das war ungefähr der Preis für einen Jeansanzug auf dem Schwarzmarkt. All dies war die Welt der Breschnewschen «sastoj» (Stagnation), die man nach dem Kollaps des Systems nostalgisch als «sastolje» gedeckter Tisch[38] bezeichnete. In dieser Epoche ging es den Leuten besser als früher, und man hatte Angst, dass es wieder schlechter werden könnte.

In diesem Hier und Jetzt, das für ewig in Stein gemeißelt zu sein schien, lebten auch beinahe zwei Millionen Sowjetdeutsche, deren junge Generation zunehmend die deutsche Sprache verlernte. Laut nüchternen statistischen Angaben sank zwischen 1970 und 1979 der Anteil derjenigen, die Deutsch als ihre Muttersprache bezeichneten, von 66,8 auf 57 Prozent. Noch schlechter stand es um das allgemeine Bildungsniveau. Von 1000 Menschen in der Kirgisischen Sowjetrepublik verfügten 114 Russen, 90 Kirgisen, 48 Usbeken, 40 Ujguren, aber nur 37 Deutsche über ein Hochschuldiplom.[39] Im benachbarten Kasachstan fiel der Anteil etwas höher aus und lag bei 57 von 1000, wobei in dieser größten zentralasiatischen Republik ungefähr die Hälfte aller Sowjetdeutschen lebte. Allerdings begann die Resozialisierung der Generation der Trudarmee und der Deportierten erst nach 1955, als sie von dem Status der «Sondersiedler» befreit wurden. Die Eltern kamen aus den Lagern, suchten Arbeit und hatten zunächst keine Möglichkeit, ihre Kinder zu weiterführenden Schulen oder zur Universität zu schicken. Als erste Aufstiegsmöglichkeit boten sich die Berufsschulen, etwa in Karaganda, Omsk oder Barnaul. Erst die nächste Generation der nach 1945 Geborenen konnte durch erhöhte Mobilität

Abb. 23: Wohnhäuser von Russlanddeutschen, Karaganda (Kasachstan)

von dem im Allgemeinen gut organisierten sowjetischen Hochschulwesen profitieren.

Die Deutschen stellten ihre Arbeitskraft, ihren Fleiß und ihre technischen Fertigkeiten hauptsächlich in den Betrieben und Kolchosen unter Beweis. Mikojans Bemerkung, dass ohne deutsche Arbeit keine Landwirtschaft in Kasachstan möglich gewesen wäre, war also keine reine Schmeichelei, mit der die Ablehnung der Wolgarepublik gemildert werden sollte. Die Leistungen wurden teilweise auch gut entlohnt, und einige konnten sich mit der Zeit aus eigener Kraft ein kleines Haus mit Garten bauen und ein Auto kaufen. Dieser bescheidene Wohlstand erweckte mitunter in den Augen der Nichtdeutschen den Eindruck, dass es den Sowjetdeutschen besonders «gut ging» und sie im Grunde an den Orten ihrer Verbannung begannen, «Wurzeln zu schlagen», wie dies der Ukas vom August 1964 deklarierte. Doch dem war nicht so.

Die internen Berichte der Parteiinstanzen unterschiedlicher Ebenen aus dieser Zeit zeugten von wachsender Ratlosigkeit. Obwohl sie alle mit den beeindruckenden Zahlen über die Helden der Arbeit deutscher Abstammung und die wachsende Verbreitung des Deutschen als Muttersprache in den Schulen begannen – 35 600 Schüler in Kasachstan bei einer Minderheit, die fast eine Million zählte –, mischten sich in die Erfolgsmeldungen auch immer wieder besorgte Töne: «Ein Teil der Sowjetdeutschen ist tief religiös, in der Vergangenheit waren sie feindseliger ideologischer Bearbeitung ausgesetzt, heute führt eine breite Korrespondenz mit den im Westen lebenden Verwandten dazu. In letzter Zeit kam es in verschiedenen Rayons der Republik unter dem Einfluss westlicher Propaganda zu Äußerungen mit Emigrationscharakter sowie zur Verbreitung verleumderischer Dokumente und Spekulationen»,[40] hieß es im April 1974. Ein Maßnahmeplan der Kasachischen KP für das Jahr 1977 enthielt dieselben Beschwerden in Form einer Instruktion an die Propaganda- und Agitationsabteilung: «Innerhalb eines Monats – Erarbeitung von wissenschaftlich argumentierenden Materialien für Vorträge und Vorlesungen mit dem Ziel der Entlarvung der Wühltätigkeit der ausländischen, antisowjetischen ideologischen Zentren sowie der politisch schädlichen Handlungen der [sowjet-]deutschen Extremisten [sic!]. Besondere Aufmerksamkeit ist der Entlarvung der aufhetzenden Tätigkeit der westdeutschen Wühlzentren sowie mit diesen verbundenen ideologischen Organe der BRD zu widmen, die sich auf die Entfachung nationalistischer und emigrationsmäßiger Stimmungen unter der deutschen Bevölkerung der Republik richten.»[41]

Als Mittel gegen dieses Übel schlugen die Geheimdokumente die Verstärkung der Erziehungsarbeit vor, insbesondere der atheistischen Propaganda. Dabei empfahlen sie den Rednern, vor deutschem Publikum Deutsch zu sprechen. Die als besonders vielversprechend betrachteten Themen für die Gesellschaft «Wissen» (der sowjetischen «Urania») mit ihren Filialen in Alma-Ata, Dschambul und Karaganda hießen zum Beispiel «Triumph der Leninschen Nationalitätenpolitik», «Das Programm der großen Schöpfung», «Der XXV. Parteitag der KPdSU und das Programm des weiteren Kampfes für die Sicherung des Friedens». Mit der Frage der Auswanderung verfuhr man ähnlich wie im Fall der sowjetischen Juden: Entlarvung der Rolle der ausländischen Geheimdienste sowie ab und zu ein Interview im Rundfunk mit reumütigen Rückkehrern. Speziell für die Deutschen Zentralasiens ging es zusätzlich darum, «überzeugend die rechtlose Lage der Werktätigen in Westdeutschland zu zeigen».

Das Fatale an diesen Worthülsen bestand darin, dass ihre Zielscheibe nicht mehr die erzkonservative, revanchistische und antikommunistische Adenauer-Republik war, sondern die von Willy Brandt und Helmut Schmidt geprägte Bundesrepublik, mit der die Sowjetunion zumindest nach außen geordnete Beziehungen pflegte. Auch das europäische Umfeld hatte sich seit dem halbherzigen Rehabilitierungserlass von 1964 massiv verändert: Die Konferenz von Helsinki brachte der UdSSR die Anerkennung des Status quo, nach der sie sich seit langem gesehnt hatte. International bedeutsam waren für den Kreml auch das Ende des Vietnamkriegs und die politische Krise in den USA (Watergate-Affäre 1974). Innenpolitische Störungen wie etwa Aktivitäten von Bürgerrechtlern konnte man durch Verhaftungen, Ausbürgerungen und Zwangseinweisungen in die Psychiatrie erfolgreich neutralisieren. Dennoch witterte das Regime überall Unruhen. Selbst die friedlichen Sowjetdeutschen empfand man als potentielle Störquelle, und sie selbst fühlten, dass ihre eigenen Zugeständnisse kaum ausreichen würden, das Problem zu lösen. Der Befehl des ZK, «bis zum 15. Juli 1978 eine zweite Sammlung deutscher Volkslieder herauszugeben»,[42] klang vor diesem Hintergrund letztlich ziemlich hohl.

In dieser historischen Situation entschlossen sich die ansonsten eher entscheidungsschwachen Kremlführer zu einer Reihe neuer Ukasse. Auf Vorschlag der drei obersten Polizisten der Union – des KGB-Chefs Jurij Andropow, seines Stellvertreters Wiktor Tschebrikow und des Innenministers Nikolaj Tschelokow – beschloss das Politbüro des ZK der KPdSU am 31. Mai 1979 völlig überraschend die Bildung eines Deutschen Autonomen Gebiets in Nordkasachstan mit der Hauptstadt Jerejmentau als Zentrum. Dieses Gebiet sollte je einen Rayon aus den benachbarten Gebieten Karaganda, Koktschetau, Pawlodar und Zelinograd aufnehmen. Es wurde auch ein detaillierter Terminplan erarbeitet, wonach ein Ukas des Obersten Sowjets der Kasachischen Republik an den der Sowjetunion zur Genehmigung weitergeleitet werden sollte und dieser daraufhin eine entsprechende Verfassungsänderung vornähme und abstimmen ließe. In der Folge würde das Grundgesetz Kasachstans modifiziert, ein Aktiv der Partei- und Staatsfunktionäre der Kasachischen Republik auf einer Versammlung informiert und Wahlen zur Gebietskonferenz der KP-Organisation des zukünftigen Deutschen Autonomen Gebiets durchgeführt. Dies alles sollte bis Ende des Jahres 1979 über die Bühne gehen. Bis Ende Februar 1980 sollten die Lokalwahlen der Exekutivkomitees der deutschen Sowjets stattfinden und gleich darauf die Infrastruktur der kasachischen Version der «Deutschrepublik» geschaffen werden. Zum Parteiführer des neuen Ministaates wurde Andrej Braun erkoren, bisher Parteisekretär des Gebiets Zelinograd. In den Plan wurde auch der kasachische Parteichef Dinmuhhamed Kunajew eingeweiht, und er zeigte sich, so behaupteten die Moskauer Genossen, mit diesem einverstanden.

Von den Mechanismen, die zu dieser Entscheidung geführt haben, ist eigentlich nur deren Begründung klar. «Wir gehen davon aus», erklärte die von Andropow geleitete Kommission, «dass ein derartiger Beschluss eine positive Bedeutung hätte, weil die Bildung einer Autonomie (...) die negativen Folgen der Abschaffung der ASSR der Deutschen des Wolgagebiets endgültig beheben würde. Gleichzeitig kann er als wichtiges Argument dienen im Kampf mit Emigrationsstimmung, nationalistischen und anderen ungesunden Äußerungen von einem gewissen Teil der Sowjetdeutschen, auch im Kampf gegen die Wühltätigkeit der ideologischen Zentren des Westens.» Das vermeintliche Entgegenkommen als Schlag gegen den Klassenfeind zu deklarieren – dies gehörte ebenso zu den gängigen Methoden der sowjetischen Führung wie die Tatsache, dass sie in die Vorbereitung der Entscheidung die Betroffenen in keiner Weise einbezog. Selbst Andrej Braun erfuhr Konkretes erst, als Moskaus Vertreter zusammen mit ihm in Jerejmentau, einer Kleinstadt mit 15 000 Einwohnern, nach dem Platz suchten, wo das Gebäude für die künftige sowjetdeutsche Elite gebaut werden sollte. «Sie haben den Pfahl eingeschlagen, ließen sich für die Geschichte fotografieren. Die örtliche Bevölkerung schaute verständnislos zu, sie wurde aber von niemandem gefragt», erinnerte sich der Beinahe-Autonomieführer.[43]

Am Samstag, dem 16. Juni 1979, und an den darauffolgenden Tagen demonstrierten drei- bis fünftausend kasachische Studenten in Zelinograd unter Losungen wie «Nein zur deutschen Autonomie!» oder «Kasachstan ist unteilbar!» Später wurden die Slogans konkreter und radikaler. Nach dem Bericht des KGB «Über die negativen Erscheinungen im Gebiet Zelinograd» lauteten sie: «Wir überlassen das Land unserer Väter nicht den Faschisten», «Verbannt alle Deutschen nach Sibirien!», «Nehmt ihnen Haus und Auto weg!» und «Die Spezialkommandantur wieder einführen!» Die Demonstranten zogen in geordneten Reihen vom Hauptbahnhof zum Leninplatz und verfügten über Transparente, Flugblätter und am Montag, dem 19. Juni, auch bereits über Lautsprecher. Da hörte man aber schon die beruhigenden Worte eines lokalen Kaders, der den Demonstranten erklärte, dass auf dem Gebiet von Kasachstan keine deutsche Autonomie entstehen würde. Dennoch brauchte man noch einige Monate, bis ein grauer Bürokrat aus der Organisationsabteilung des ZK in Moskau den Sachverhalt behutsam formulierte: «Der Vorschlag des ZK der KP Kasachstans über die Bildung eines Deutschen Autonomen Gebietes (...) wird von der Tagesordnung genommen.»

Dies war die offizielle Version der Geschichte, die allerdings nicht frei von Widersprüchen war. Es ist durchaus möglich, dass das Gerücht – denn es gab keine öffentliche Information über die Schaffung einer deutschen Autonomie – unter den Kasachen für eine gewisse Unruhe sorgte. Dies umso mehr, als sich die winzige Stadt Jerejmentau in der Nähe des Geburtsorts ihres Nationalhelden Begenbaj-batyr (1680–1778) befand, einer legendären Gestalt, die angeblich 103 Schlachten gefochten hatte, und dies ohne eine einzige militärische Niederlage. Die Annahme allerdings, dass zur Hochzeit der Sowjetherrschaft 5000 Menschen ungestört in einem großen Stadtzentrum gegen eine nicht einmal publik gewordene Regierungsentscheidung ohne offizielle Duldung oder gar Ermunterung hätten demonstrieren können, erscheint eher unwahrscheinlich. Noch sieben Jahre später, im Vorfeld der Gorbatschowschen Reformen, als Studenten und Schüler friedlich gegen die Ernennung eines russischen Kaders zum Generalsekretär der kasachischen KP demonstrierten, verwandelten die Sondereinheiten des KGB Alma-Ata für drei Tage in ein Schlachtfeld – das tragische Ergebnis waren drei Tote, 1137 Verwundete und 2200 Verhaftete. Ganz spontan können die antideutschen Proteste von 1979 also kaum gewesen sein.

Viel wahrscheinlicher ist, dass der Massenprotest gegen die völlig ahnungslosen Deutschen eine reine Inszenierung war, entweder seitens der kasachischen Führung oder aber bestimmter Fraktionen der Geheimpolizei im Zusammenhang mit den beginnenden Diadochenkämpfen um den seit Jahren schwerkranken Leonid Breschnew. Dieser befand sich gerade in Wien, um den SALT-II-Vertrag über Rüstungsbeschränkungen gemeinsam mit dem US-Präsidenten Carter zu unterzeichnen.

Das war gleichzeitig der letzte Akt der 1975 grandios verkündeten Entspannungspolitik, die bald darauf in den Wirren des Afghanistankrieges und der Wiederaufrüstung unterging.

Was jedoch in dieser Autonomie-Affäre mit den Sowjetdeutschen geschah, warf seinen dunklen Schatten auf viel spätere Ereignisse voraus. Ende der achtziger Jahre flackerte der Traum von der Wolgarepublik zum letzten Mal auf, und nun konnte die Nomenklatura die bereits zugesagte Wiederherstellung der Autonomen Republik mit dem Vorwand russisch-patriotischer Protestversammlungen in Marxstadt und Engels abwürgen.

Falsche Morgendämmerung
Die Sowjetdeutschen in der Perestroika

Der Beginn

Obwohl die Reformen des Michail Gorbatschow gewöhnlich auf den Beginn seines Amtsantritts datiert werden, den 11. März 1985, geschah im ersten Jahr seiner Regierung so gut wie nichts, was an den bisherigen Strukturen und Methoden des Systems gerüttelt hätte. Außenpolitisch ging es dem 54-jährigen Parteichef vor allem um die Vorbereitung der Abrüstungsverhandlungen mit den USA. Zu diesem Zweck tauschte er Außenminister Andrej Gromyko, der Hardliner wurde im Westen als «Mr. Njet» bezeichnet, gegen den jüngeren, weit flexibleren georgischen Parteichef Eduard Schewardnadse aus. Innerhalb des Landes initiierte er eine zwar wohlgemeinte, aber von Anfang an zum Scheitern verurteilte Kampagne gegen den Alkoholkonsum. Jedenfalls spielte die nationale Frage, inklusive der schweren Hypothek der Sowjetdeutschen, keine Rolle für Gorbatschows Agenda. Auch einzelne Vorschläge lokaler Funktionäre blieben in die üblichen triumphalen Erfolgsmeldungen eingebettet. So wusste ein für die kasachische KP zuständiger Instruktor im September 1985 von einer rapiden Abnahme der Ausreiseanträge in die Bundesrepublik Deutschland zu berichten: Während 1981 immerhin 11 378 Deutsche einen Antrag gestellt hätten, waren es 1982 noch 7772, 1984 nur 2656 und 1985 ganze 542 Personen.[1] Die Anzahl der Parteimitglieder deutscher Zunge hingegen war deutlich angestiegen: 1974 konnten sich 17 500 Deutsche rühmen, im Besitz des roten Parteibuchs zu sein (2,8 Prozent der deutschen Volksgruppe), während 1985 bereits 28 700 Deutsche (3,6 Prozent) zur Avantgarde der Arbeiterklasse zählten.[2] Aus anderen Berichten ging hervor, dass manche Antragsteller aufgrund von «persönlichen Gesprächen» auf ihre Ausreisepläne verzichtet hatten. Auch der dumpfe Ton der Propaganda gegen die «Emigrationsstimmung» konnte bis zum Ende der

Abb. 24: Die Schauspieltruppe des Deutschen Theaters in Temirtau mit dem Bühnenautor Alexander Reigen, achtziger Jahre

Sowjetunion nicht überwunden werden. So erschien noch 1989 in Kasachstan eine deutschsprachige Broschüre mit dem verheißungsvollen Titel «Das Heimweh bleibt».[3]

Auch Protestaktionen der Sowjetdeutschen blieben zunächst in bescheidenem Rahmen. Einzelne Bürger, wie etwa Iwan Lategan aus dem Gebiet Wolgograd, beschwerten sich über den unmenschlichen Umgang mit den deutschen Gräbern in der ehemaligen sowjetischen Wolgarepublik und über das allmähliche Absterben der Muttersprache infolge der Weigerung der Behörden, die Deutschen als gleichberechtigte Nationalität zu behandeln.[4] Helmuth Lobes, Mitarbeiter einer Sowchose aus dem Gebiet Saratow, versuchte den Faden der gescheiterten Verhandlungen von 1965 wieder aufzunehmen, um endlich, nunmehr unter der aufgehenden Sonne der Perestroika, die Autonome Sowjetrepublik im Wolgagebiet wiederherzustellen.[5] Eine Gruppe von Künstlern des Deutschen Theaters aus der kasachischen Stadt Temirtau, Gebiet Karaganda, wandte sich an deutschstämmige Partei- und Staatsfunktionäre und schlug als Mittel gegen die «Emigrationsstimmung» und «starke Religiosität» der Sowjetdeutschen vor, ihnen die Eigenstaatlichkeit zurückzugeben, die sie im verhängnisvollen Sommer

1941 verloren hatten.[6] Neu an diesen teilweise recht naiven Initiativen war nur die Tatsache, dass die Verfasser von Petitionen keine Angst mehr vor der Rache der Behörden haben mussten. In der Atmosphäre der inzwischen verkündeten «Glasnost» («Offenheit») galten die «Hinweise aus der Bevölkerung» als erwünscht, und den Briefen der Bürger wurde sogar eine ganze Sitzung des Politbüros gewidmet. Folgenlos blieben die meisten Beschwerden aber dennoch. Die vorgetragenen Probleme waren meist zu komplex und mannigfaltig, als dass die Diskussionen der Führungsgremien des Landes, die keine Debatten, sondern nur einstimmige Entscheidungen kannten, zu konkreten Ergebnissen hätten führen können. Insbesondere betraf dies die nationale Frage, die allein durch die Existenz der Union pauschal als gelöst betrachtet wurde, so dass manche übereifrige Ideologen in den siebziger Jahren bereits eine baldige «Verschmelzung der sozialistischen Nationen» gepredigt hatten. Nachdem die Tabuisierung der Kritik an der Stalinzeit aufgehoben worden war, erwiesen sich manche Leichen im Keller als Scheintote, und lange verdrängte Konflikte wurden plötzlich brennend aktuell.

Im April 1986 brachen im fernöstlichen Jakutien Krawalle zwischen Jakuten und Russen aus, und im Dezember desselben Jahres rebellierten Kasachen wegen der Ernennung eines russischen Kaders zum Generalsekretär der KP anstelle des abgelösten kasachischen Parteichefs Dinmuhhamed Kunajew. Trotz der blutigen Unterdrückung dieser hauptsächlich von Schülern und Studenten getragenen Bewegung beruhigten sich die nationalen Gemüter auch anderenorts nicht. Im Sommer 1987 forderten die Armenier aus Berg Karabakh, einem Gebiet der Aserbaidschanischen Sowjetrepublik, die Wiedervereinigung mit Armenien – die Ouvertüre zu einem bis heute andauernden Konflikt. Schließlich übten die seinerzeit nach Usbekistan deportierten Krimtataren mit ihren Massenpetitionen erheblichen Druck auf Moskau aus. Mehrere hundert von ihnen machten sich bereit, direkt vor den Kremlmauern in einen öffentlichen Hungerstreik zu treten. Ihre Forderung war ebenso eindeutig wie ultimativ: die Wiederherstellung der tatarischen Vorkriegsautonomie auf der Halbinsel Krim. Als Nebeneffekt dieser Ereignisse tauchte zum ersten Mal auf höchster Machtebene das Problem der Sowjetdeutschen auf.

Aus dem Protokoll der Sitzung des Politbüros vom 9. Juli 1987.

LUKJANOW: Hinter der Bittschrift [der Krimtataren] an den Obersten Sowjet stehen ungefähr 350 000 Menschen. (...) Nebenbei gesagt, gab es während des Krieges unter den Tataren auf der Krim viele Verräter.

GORBATSCHOW: Und wo gab es keine Verräter? Und die Wlassow-Anhänger? [«Russische Befreiungsarmee», von Generalmajor Wlassow geführte ehemalige Kriegsgefangene und Zwangsarbeiter]

LUKJANOW: Aber es gab doch in der Wehrmacht eine tatarische Division.

GORBATSCHOW: Es gab auch eine kalmückische Division. (...) Trotzdem haben wir Kalmückien wiederhergestellt. Was war so außergewöhnlich an dem Benehmen der Tataren? Ein Teil von ihnen kollaborierte mit den Deutschen, die anderen kämpften gegen die Deutschen, wie alle. Und es gab viele Helden unter ihnen. (...) Könnte man sie nicht in Usbekistan ordentlich ansiedeln? Was meinst du? [Frage an den KGB-Vorsitzenden Tschebrikow]

TSCHEBRIKOW: (...) Wahrscheinlich müssen wir für sie auf der Krim einen autonomen Bezirk organisieren. Ansonsten werden wir immer wieder auf das Problem zurückkommen müssen. Aber [der ukrainische Parteichef] Scherbitzkij[7] ist dagegen.

GORBATSCHOW: Auch das ist Demokratie.

TSCHEBRIKOW: Und was machen wir mit der Südküste der Krim? Die Tataren kommen zurück und sagen: Das ist mein Haus, gebt es zurück. Gleichzeitig muss man die Frage der Deutschen lösen. Und davon gibt es zwei Millionen ...

WOROTNIKOW: Am besten wäre es, diese Frage zu verschieben. Ich bin für den autonomen Kreis, aber zunächst schaffen wir [für die Tataren] in Usbekistan Bedingungen. Und ich bin gegen die gleichzeitige Lösung des deutschen Problems.

SCHEWARDNADSE: Ich bin dafür, in Usbekistan Bedingungen zu schaffen. Und dann erlauben wir, stufenweise auf die Krim umzuziehen, wer will und kann.

JAKOWLEW: Zum Beispiel eine 15–20 Jahre anhaltende Übergangsphase für den Umzug auf die Krim anordnen. Aber zunächst Usbekistan.

GORBATSCHOW: Es wird uns nicht gelingen, der Entscheidung zu entgehen. Die Idee der Wiederherstellung der Krimautonomie ist nicht

> realistisch. (...) Heute kann man die Krim unmöglich den Tataren überlassen. (...) Man muss in Usbekistan Bedingungen für ein pulsierendes Leben der Tataren schaffen, für sie sorgen. Wer bereits auf der Krim ist, soll auch dort leben, und ihm muss auch geholfen werden. Aber unsere Arbeit müssen wir in die Richtung lenken, die Umzugsbewegung aufzuhalten. Das deutsche Problem werden wir jetzt nicht antasten. Wenn die Kommission [ein in Aussicht gestelltes Staatsorgan] in der tatarischen Frage ihre Fähigkeiten zeigt, können wir sie auf die Deutschen umstellen.[8]

Dieser Diskurs am Vorabend des Ausbruchs heftiger ethnischer Leidenschaften im Sowjetreich erinnert ein wenig an Blindschach. Der Großmeister Gorbatschow und seine Schüler spielten die möglichen Kombinationen auf dem Schachbrett durch und kamen zu dem besorgniserregenden Schluss, dass jeder neue Zug den nächsten zwangsläufig nach sich ziehen würde. Gleichwohl unterliefen ihnen schwere Denkfehler: Sie gingen davon aus, dass sie in der nationalen Frage frei handeln könnten. So wollten sie für die Krimtataren, die offenbar, so das indirekte Eingeständnis, bisher kein «pulsierendes Leben» hatten, an ihrem usbekischen Verbannungsort «Bedingungen schaffen», das heißt, sie positiv diskriminieren. Dabei ignorierten sie, dass die Betroffenen selbst nur eine «Bedingung» akzeptieren wollten, nämlich die Wiederherstellung des Status quo ante, der Autonomie. Zugleich kalkulierte Gorbatschows Mannschaft die mögliche Reaktion der usbekischen Mehrheit auf eine Bevorzugung der krimtatarischen Mitbürger nicht mit ein. Ihre starre sowjetische Denkweise ließ die Funktionäre auch die Tatsache übersehen, dass in den späten achtziger Jahren nicht mehr ging, was zu Stalins Zeiten lächerlich einfach war: Hunderttausenden von Menschen ihren Wohnort zuzuweisen.

In der hinter hohlen Phrasen versteckten kollektiven Ratlosigkeit der Supermacht-Führer klangen die Sätze aus dem Mund des KGB-Chefs fast panisch: «Gleichzeitig muss man die Frage der Deutschen lösen. Und davon gibt es zwei Millionen ...» Dass Gorbatschow daran nicht rühren wollte, beleuchtete den Wesenskern seiner ganzen, sich gerade entfaltenden Reformpolitik: Man beabsichtigte und verkündete den radikalen Umbau des Staates und machte sich dabei Sorgen um die Konsequenzen jedes einzelnen Schrittes. Man produzierte immer wieder neue

Ideen, ohne diese in die Realität umsetzen zu können. Unter diesen Bedingungen schufen sich die Tatsachen selbst, und es entstand viel Raum für das freie Spiel der Kräfte. Dabei war dem erlauchten Kreis im Nussbaumzimmer des Kremls die Tragweite der ungelösten nationalen Probleme durchaus bewusst. Kaum einen Monat nach der Behandlung des krimtatarischen Konflikts tauchte das Wort «Deutsche» auf der Politbürositzung vom 13. August 1987 wieder auf. Der Leiter der Propagandaabteilung des ZK, Jurij Skljarow, sprach von 230 000 mehrheitlich jüdischen Auswanderern in den letzten Jahren. Dazu merkte KGB-Chef Wiktor Tschebrikow achselzuckend an: «Ja, viele sind ausgereist. Was kann man erwarten? Die Deutschen ... Noch ungefähr 400 000 [jüdische Bürger] können ausreisen. Und weitere 400 000 Juden haben bereits die Einladung von Verwandten aus Israel bekommen ...».[9]

Die drei Delegationen

Während die Krimtataren Richtung Kreml marschierten und die sowjetischen Juden ihren unaufhaltsamen Exodus nach Israel fortsetzten, hielt sich die sowjetdeutsche Abwanderung trotz der liberaleren Ausreisepraxis zunächst im Rahmen. 1987 emigrierten 10 000 Sowjetdeutsche, 1988 waren es 50 000, und im ersten Halbjahr 1989 schließlich 48 000. Gleichzeitig überschritt die Zahl der deutschen Bevölkerung bei der Volkszählung 1989 die Zwei-Millionen-Grenze. Was die Auswanderung betrifft, so war einerseits die wachsende Dynamik und andererseits, vielleicht noch mehr, die Altersstruktur besorgniserregend. Vor allem Menschen im erwerbsfähigen Alter wanderten aus. Nach Schätzungen von Ökonomen drohte allein durch die Abwanderung der qualifizierten Arbeitskräfte für die Volkswirtschaft ein Verlust von 4 Milliarden Rubeln. Aber der Exodus befand sich noch in den Anfängen. Die politische und kulturelle Elite der Sowjetdeutschen optierte für einen Dialog mit den Machthabern, und zwar in der Tradition der Delegationen – auf eigene Kosten nach Moskau reisende Gruppen, die Petitionen mit den Unterschriften ihrer Mitbürger überreichen und die direkte Begegnung mit dem Generalsekretär des ZK der KPdSU, Michail Gorbatschow, und dem nominellen Staatschef Andrej Gromyko suchen sollten.

Die Delegationen wurden, beginnend mit der ersten vom Januar 1965, fortlaufend nummeriert. Vor allem mit dem Vorhaben, direkt zu den Herrschenden vorzudringen, scheiterten die dritte, vierte und fünfte Delegation, die zwischen April und Oktober 1988 in Moskau vorsprachen. Die Abordnungen konnten in dieser Hinsicht weniger erreichen als ihre Vorläufer, die seinerzeit in einem halben Jahr zweimal von dem damaligen Staatschef Mikojan empfangen worden waren. Dass Gorbatschow, mit seiner Politik von Perestroika («Umbau») und Glasnost («Offenheit») der eigentliche Hoffnungsträger der Sowjetdeutschen, keine Zeit für die Vertreter der stiefmütterlich behandelten Minderheit fand, kann man formal gewiss mit seinem übervollen Terminkalender und seinen zahlreichen staatsmännischen Sorgen erklären. Schließlich begann er gerade mit dem Truppenabzug aus Afghanistan, versuchte erfolglos, die blutige Kollision zwischen Aserbaidschan und Armenien zu schlichten, und wehrte den neostalinistischen Generalangriff der Funktionärin Andrejewa in der Zeitung «Sowjetskaja Rossija» ab. Auf der Parteikonferenz im Juni 1988 hatte er es mit seinem stärksten Gegner Boris Jelzin zu tun, und im Oktober, nach Gromykos Pensionierung, übernahm er auch den Rang des Staatschefs der Sowjetunion. Zur gleichen Zeit waren in Polen und Ungarn die ersten Anzeichen des Zerfalls des Ostblocks wahrnehmbar, und wegen des Erdbebens in Armenien musste Gorbatschow seinen ruhmreichen Auftritt bei der UNO-Generalversammlung vorzeitig beenden. Viel Kopfzerbrechen verursachte ihm auch die sich dramatisch verschlechternde Versorgungslage im Land.

Die Ignoranz gegenüber den deutschen Sowjetbürgern mochte in all diesen Problemen mit begründet sein, aber es scheint wahrscheinlicher, dass der Vater der Perestroika seine eigene Warnung, diese Frage nicht anzufassen, ernst nahm. So übertrug er im April 1988 die Begegnung mit dem Koordinationskomitee der dritten Delegation[10] dem für die Sowjetdeutschen zuständigen mittleren Funktionär. Dieser, selbst deutscher Abstammung, hatte nichts zu sagen oder zu entscheiden, sondern fungierte nur als Briefträger, um Botschaften der neunköpfigen Delegation an die jeweils zuständigen Stellen weiterzuleiten. Erst der vierten Delegation im Juni 1988 wurde die Gnade zuteil, einen hochgestellten Genossen treffen und mit ihm ein längeres Gespräch führen zu können. Dennoch kann man die Unterredung mit August Voss, dem Vorsitzenden des Rates der Nationalitäten, einer Art Zweiter Kammer des sowjetischen Parlaments, kaum als fruchtbringend bezeichnen. Der Apparatschik lettischer Abstammung, dem eine nur schwache Kenntnis der Sprache seiner Vorfahren nachgesagt wurde, konnte mit den Argumenten der Delegierten noch weniger anfangen als die Kader der sechziger Jahre.[11] Dazu trug aber auch der Umstand bei, dass die sowjetdeutschen Gesprächsteilnehmer sehr viel Aufmerksamkeit für Einzelheiten einforderten, etwa für schulische Belange, sich ausführlich den bösen Vorurteilen der Mehrheitsnationen widmeten und erst gegen Ende des Gesprächs, als Voss bereits erleichtert die Diskussion beenden wollte, auf ihr Hauptanliegen zu sprechen kamen: Die Wiederherstellung der Autonomen Republik der Wolgadeutschen. Wortführer war vor allem ein bis dahin kaum bekannter Aktivist, Heinrich Groth, Biologe aus dem ukrainischen Berdjansk:

«Zusammenfassend möchte ich sagen, dass die kardinale Entscheidung zur Wiederherstellung unserer Republik noch in diesem Jahr vor dem Plenum des ZK der KPdSU[12] über die nationale Frage vorbereitet werden muss. Und wir wollen uns beteiligen an der Erarbeitung der Gesetzesprojekte zur nationalen Frage. (...) Und die Entscheidung kann, so unsere Ansicht, nur eindeutig sein und sollte noch in diesem Jahr getroffen werden. Man darf sie nicht aufschieben, denn mit jedem Jahr wird die Situation komplizierter.»

Groth hatte offensichtlich verstanden, dass die sowjetischen Gremien, wenn überhaupt, dann nur unter Druck, insbesondere unter Zeitdruck handeln würden – in der darauf folgenden heftigen Diskussion geriet Voss in die Defensive. Direkt auf Groths Herausforderung konnte er nur erklären:

VOSS: Ich als Vorsitzender des Nationalitätenrates entscheide diese Frage nicht direkt. Da ihr aber an den Obersten Sowjet und an meinen Namen geschrieben habt, wurde mir aufgetragen, euch zu empfangen und anzuhören, was ich auch getan habe. Eure Argumente sind überzeugend (...). In Bezug auf die Wiederherstellung der Autonomie: Früher, vor der Perestroika widmete natürlich niemand dieser Frage Aufmerksamkeit, obwohl es Signale gab. Jetzt aber wird diese Frage auf aufmerksamste Weise geprüft.

ZWISCHENRUF: August Eduardowitsch, verzeihen Sie uns. Es ist aber so, dass wir dies bereits mehrmals gehört haben.

ZWISCHENRUF: Seit 1965.

ZWISCHENRUF: Es wird geprüft und immer wieder geprüft, aber nichts entschieden. Seit 1965 sind keine konkreten Schritte erfolgt.

VOSS: Hier müssen wir natürlich das, was war, von dem XXVII. Parteitag [erster Kongress der KPdSU unter Gorbatschow] unterscheiden. Es ist nicht so viel Zeit vergangen. Die Regierung und das Zentralkomitee haben beide Hände voll zu tun angesichts der Perestroika, der ökonomischen und politischen Reform. Wir sind noch nicht so weit. Man muss das alles selbstverständlich klären und ordnen.

ANDREJ HARTUNG (Rentner aus Alma-Ata, Mitglied der KPdSU): Wir wollen, dass Moskau lautstark erklärt, dass die Frage auf der Tagesordnung steht.

VOSS: Wir überlegen, in welcher Form wir das tun können. Ich sage euch gleich, dass man informiert werden muss, sowohl die sowjetischen Deutschen als auch andere Nationalitäten müssen davon wissen.

ZWISCHENRUF: Es ist wichtig, dass sie bereits morgen darüber Bescheid wissen.

ELEONORA HERDT (Rentnerin aus der Stadt Marx): Es ist wichtig, dass die Medien mitteilen: Die Deutschen sind nach Moskau gekommen zum Anlass der Schaffung ihrer Republik und dass diese Frage jetzt auf höchster Ebene erörtert wird.

VOSS: Es ist wichtig, den Medien eine derartige Empfehlung zukommen zu lassen. Hier gibt es verschiedene Formen: im Rundfunk, im Fernsehen, in Zeitungen.

ZWISCHENRUF: Unsere Frage geht in den Redaktionen spurlos unter. (...) Haben Sie keine Kompetenz, den Zeitungen Instruktionen zu geben?

VOSS: Ich habe Kompetenzen, die Frage zu stellen. (...) Alles, was Sie gesagt haben, ist richtig, und Sie haben gut argumentiert.

ZWISCHENRUF: Sie persönlich, als Kommunist, wie verhalten Sie sich zu dieser Frage: Braucht man Autonomie oder nicht?

VOSS: Na, zunächst bin ich wenig informiert. (...) Ich habe mich mit eurer Frage nicht speziell beschäftigt. Aber so, wie ihr sprecht, meine ich, ihr stellt die Frage richtig ...

Die aalglatten Sätze des Bürokraten gehörten bereits zu jener taktischen Linie, welche die Machthaber der UdSSR und später der Russischen

Föderation gegenüber der deutschen Minderheit einnahmen. Einer Lösung gänzlich aus dem Wege zu gehen war für sie nicht nur deshalb unmöglich, weil sie am Beispiel anderer Nationalitäten bereits sehen konnten, dass dies zu einer Radikalisierung des Protests führte, sondern auch wegen ihrer eigenen Politik. Der Anfang Januar eingeleitete Rehabilitierungsprozess sah die Durchleuchtung aller Stalinschen Schauprozesse der dreißiger bis fünfziger Jahre sowie die politische, moralische und finanzielle Entschädigung der Opfer bzw. von deren Familienmitgliedern vor. Allein die im Dezember 1988 offiziell proklamierte Opferzahl – 3 778 234 Sowjetbürger[13] – weist auf das Volumen dieses bei weitem nicht abgeschlossenen Aktes der Gerechtigkeit hin. Allerdings handelte es sich dabei um Individuen, die durch die Hölle des Gulag gegangen waren, darunter auch einige Deutsche, nicht aber um die Masse der ohne Gerichtsurteil verschleppten Deportierten und Zwangsarbeiter.

Unter diesen für die meisten Sowjetdeutschen höchst ungünstigen Bedingungen konnte ihre juristische Gleichstellung nur auf politischem Wege erreicht werden. 1941 war ihnen eine Kollektivschuld zur Last gelegt worden, die einerseits durch Auflösung ihrer Autonomie, andererseits durch Zwangsaussiedlung «für ewige Zeiten» sanktioniert wurde. Obwohl 1964 die Begründung der Gesetzesverletzungen vom Obersten Sowjet (wohlgemerkt nicht vom Obersten Gericht) für null und nichtig erklärt worden war, wurde dennoch die gesetzeswidrig erzwungene Situation beibehalten. Es gab keine Rückkehr zur ursprünglichen oder einer ähnlichen Rechtslage – was in diesem Fall nur die Wiederherstellung der Wolgarepublik in ihren durch die sowjetrussische Verfassung festgelegten oder ähnlichen Grenzen hätte sein können. Man verzichtete auf sämtliche politische, juristische und ökonomische Maßnahmen und blieb bei Gorbatschows Politik, die Sache nicht anzufassen und auf sich beruhen zu lassen. Das Neue an der Perestroika bestand allein darin, dass niemand mehr gegenüber einer wichtigen sozialen Gruppe eine negative Haltung zeigen oder Ablehnung äußern wollte.

Somit konnten zwei Delegationen ihr Ziel nicht erreichen, und die dritte brachte es nicht einmal so weit, dass sie von einer einigermaßen ranghohen Person empfangen wurde. Zwar hatte laut einiger Quellen der sowjetdeutsche Referent des ZK den Delegierten zugesichert, ihr Antrag zur Neugründung der Wolgarepublik sei bereits durch eine Anweisung des Generalsekretärs dafür vorgesehen, im Politbüro verhandelt zu werden, doch lässt sich in den umfangreichen Archivmaterialien bis dato kein Beleg dafür finden. Das eigentliche Ergebnis bestand in etwas ganz anderem: Während des Moskauaufenthalts der vierten Delegation im Juli 1988 machte diese das für die offiziellen Gespräche vorgesehene Komitee zu einem «Koordinationszentrum sowjetischer Deutscher zur Hilfeleistung der Regierung der UdSSR bei der Wiederherstellung der ASSR der Deutschen im Wolgagebiet». Diese langatmige sowjetische Bezeichnung enthielt zwei radikale Momente: Erstens setzte sie die von amtlicher Seite niemals bestätigte Absicht, die Wolgarepublik restaurieren zu wollen, einfach voraus. Zweitens war das Koordinationszentrum potentiell ein regierungsunabhängiges Organ, eines von Hunderten neuer «Njeformalnij», informeller Organisationen, die weder verboten noch registriert waren – für die Deutschen seit der Oktoberrevolution in dieser Art das erste. Dieser Gründungsakt beendete die Ära der Delegationen, die sich mit ihren Bittschriften seit Jahrzehnten auf den Türschwellen der gleichgültigen oder irritierten Sowjetinstitutionen die Hacken abgekratzt hatten. Das Koordinationszentrum, dessen Ehrenvorsitzender Johannes Kronewald wurde, ein Veteran der sowjetdeutschen Bewegung und Rentner aus Nishnij Tagil im Ural, schuf den landesweiten Kontakt mit deutschen Bevölkerungsgruppen «auf rein gesellschaftlicher Ebene», wie Heinrich Groth in seinen Erinnerungen festhielt. Damit ist gemeint, dass die Aktivisten in ihrer Freizeit auf eigene Kosten oder mit Hilfe von Spenden tätig wurden und weder über offizielle Räumlichkeiten noch technische Ausstattung verfügten – dies in einer Zeit, in der es in der UdSSR weder Telefax noch Kopiergeräte gab.[14]

Wiedergeburt

Unter diesen schwierigen Bedingungen gelang es am 28. März 1989, im Moskauer Technischen Museum jene Konferenz durchzuführen, auf der die gesellschaftspolitisch orientierte Kultur- und Bildungsgesellschaft «Wiedergeburt» (Wosroshdenije) gegründet wurde. An der viertägigen Veranstaltung nahmen 135 Delegierte teil. Dazu kamen geladene Gäste – namhafte russische Künstler und Wissenschaftler –, so dass insgesamt mehr als 200 Personen beteiligt waren. Auf der abschließenden Pressekonferenz waren außer sowjetischen Medienvertretern zahlreiche ausländische Korrespondenten anwesend: aus der DDR von der Nachrichtenagentur ADN, von Radio DDR und der «Berliner Zeitung», aus der Bundesrepublik der «Sozialdemokratische Pressedienst», «Die Welt», «Kölnische Rundschau», «Westdeutsche Allgemeine Zeitung», die dpa sowie ARD und ZDF, außerdem das DKP-Blatt «Unsere Zeit». Dazu kamen österreichische und niederländische Fernsehsender sowie die Agentur «Reuters».[15] Bereits diese Medienpräsenz, im Umfeld der bisher marginalisierten deutschen Minderheit beispiellos, war ein Signal, dass mit der «Wiedergeburt» ein historischer Prozess eingeleitet werden sollte. Die Sowjetdeutschen traten mit ihren Forderungen zum ersten Mal vor die Öffentlichkeit. Sie taten es im Rahmen der absoluten Loyalität gegenüber der Sowjetmacht. Allerdings beinhalteten die auf der Konferenz verabschiedeten Dokumente – der Gründungsbeschluss, das Programm, das Statut, eine Erklärung an die Partei- und Staatsführung sowie eine Botschaft an die nichtdeutsche Bevölkerung auf dem Gebiet der ehemaligen Wolgarepublik – die unmissverständliche Forderung nach der Wiederherstellung ihrer 1941 aufgelösten Republik in den ursprünglichen Grenzen. Über dieses Vorhaben herrschte vollständiger Konsens sowohl unter den Delegierten – gut zur Hälfte Kommunisten oder Komsomolzen – als auch der gewählten Führung, bestehend aus Heinrich Groth (Berdjansk, Ukraine), Hugo Wormsbecher (Moskau) und Jurij Haar (Saratow).

Ihre historische Legitimität führte die Organisation auf Lenins Dekret von 1918 über die Schaffung der Arbeitskommune der Wolgadeutschen zurück, Vorläuferin der 1924 gegründeten Autonomen Republik, die als staatsähnliches Gebilde über eine eigene Verfassung, nationale Symbolik und deutschsprachige Institutionen verfügt hatte. Die neu zu gründende Staatlichkeit sollte dieses historische Modell nachahmen. Wormsbecher, der Theoretiker der «Wiedergeburt», benannte im Vorfeld der Konferenz als erste und wichtigste Maßnahme «die Auswahl von [deutschstämmigen] Partei-, Sowjet- und Wirtschaftskadern für die Arbeit in der wiederherzustellenden ASSR an der Wolga». Die Idee eines politischen Pluralismus steckte noch in den Kinderschuhen, und die im Grundgesetz der UdSSR durch Art. 6 festgelegte «führende Rolle» der KPdSU wurde von niemandem in Zweifel gezogen. Wormsbecher hatte eine aus 15 Punkten bestehende utopische Skizze verfasst mit dem Titel

«Wie stellen wir uns die Wiederherstellung der ASSR der Wolgadeutschen vor?»[16] Diese war eine Mischung von historischen Reminiszenzen, praktischen Erwägungen und gut gemeinten Ratschlägen an die Sowjetführung.

So ersehnte er sich unter Punkt 9 «bei der Ansiedlung in der Autonomie dieselben Vergünstigungen wie zur Zeit der Anwerbung», womit er die Zeit Katharinas meinte. Es sollte also in den Dörfern Kredite für den Hausbau, die Beschaffung von landwirtschaftlichen Geräten, von Nutztieren usw. geben. Bei dem Aufbau der künftigen neuen Hauptstadt setzte er «ausschließlich auf Ziegel, maximale Vielfalt der Projekte und unbedingte Verwendung nationaler Architekturformen» (Punkt 8). Im ersten Fünfjahrplan sollte «die ganze Ökonomie der Republik auf das Prinzip der Rentabilität umgestellt werden. Allgemeine Entwicklung der kooperativen Wirtschaft und des Familienvertrags» (Punkt 11) sollte vorangetrieben werden. Aufgrund der Rohstoffarmut riet er vor allem zu Produktionszweigen mit vergleichsweise wenig Material- und Energieaufwand (Punkt 10). Ganz dringend fand er die schnelle Gründung von Kindergärten, Schulen und Hochschulen, in denen Deutsch als Muttersprache gelehrt werden sollte. Zur Rekrutierung des Lehrpersonals empfahl er außer der Einstellung sowjetdeutscher Pädagogen die Hinzuziehung von «Lehrern aus der DDR, auch von Kommunisten aus der BRD» (Punkt 13). Mit diesem Vorschlag wollte das KP-Mitglied Wormsbecher offensichtlich den hohen Kadern sein Projekt schmackhafter machen. Insgesamt waren das recht naive Ideen, aber nach der jahrzehntelangen Phantasielosigkeit des offiziellen sowjetischen Denkens wirkten sie geradezu zündend.

Das Programm der Wiederherstellung der Wolgaautonomie war, unabhängig von der Frage, in welchem Maße es realisierbar war, ein Dreh- und Angelpunkt der sowjetdeutschen Identität. Obwohl die im August 1941 nach Sibirien, Zentralasien und in das Altaigebiet deportierten Wolgadeutschen höchstens ein Drittel der damaligen deutschen Population der UdSSR ausmachten, betraf die Zerstörung der «Deutschrepublik» alle Sowjetbürger deutscher Herkunft, selbst wenn sie sich in ganz anderen Siedlungsgebieten, im Kaukasus oder auf der Krim, zu Hause fühlten. Die Zerstörung dieser winzigen Republik symbolisierte für die Opfer von Zwangsaussiedlungen und Arbeitslagern alles Leid, das in dieser Epoche über sie gekommen war. Für ihre Kinder und Enkelkinder verbanden sich damit anhaltende Formen der Diskriminierung, sprachliche und bildungsmäßige Zurücksetzung sowie Vorurteile und Verdächtigungen seitens der Mehrheitsnation. Daher wäre als Minimum seitens der Regierung zumindest eine eindeutige Absichtserklärung zur Neubelebung der zerstörten Wolgaautonomie vonnöten gewesen, um den zwei Millionen Deutschen, solange sie weiterhin in der Sowjetunion leben wollten, Gerechtigkeit widerfahren zu lassen.

In all den Jahrzehnten, als eine solche Lösung nicht einmal formulierbar gewesen war, hatte die sowjetdeutsche Frustration zu einer wachsenden Sehnsucht nach Rhein und Neckar geführt. Sobald jedoch die Perestroika oder noch mehr die Glasnost den Anschein erweckte, der Bann könne gebrochen werden, übte die Wolga für eine Weile wieder eine stärkere Anziehungskraft aus. Zwar bewahrte die noch lebende Generation der Deutschrepublik recht düstere Erinnerungen an die zwanziger und dreißiger Jahre, doch erschien nach dem August 1941 alles, was davor gewesen war, zwangsläufig als viel schöner. So schien die Erneuerung der Wolgarepublik für einen historischen Augenblick die Möglichkeit zu eröffnen, als Sowjetbürger deutscher Nationalität den Zugang zu Menschenrechten und Wohlstandschancen zu erhalten, ohne die Strapazen einer Weltreise von Omsk nach Frankfurt und die Unsicherheit des Neuanfangs in einer fremden Welt auf sich nehmen zu müssen. Das war sicherlich eine falsche Morgendämmerung.

Dies muss vorausgeschickt werden, weil die Elite der «Wiedergeburt» gleich bei der Gründung ihrer Bewegung mit zwei Schwierigkeiten konfrontiert war. Die erste bestand darin, dass durch die geplante Rehabilitierung eine Kluft von achtundvierzig Jahren überbrückt werden musste. Selbst im optimalen Fall, dass die Erbauer der neuen deutschen Hauptstadt «im Dreischichtsystem arbeiteten, um die Frist zu verkürzen und die Bautechnik effektiver zu nutzen» (Wormsbecher, Punkt 8), und selbst unter der Annahme, dass spontan mindestens 200 000 Sowjetdeutsche den Weg zurück in ihre historische Heimat an der Wolga fänden, brauchte man zur Vollendung des Projekts mindestens ein, wenn nicht zwei Jahrzehnte, in denen gleichzeitig die sprachliche und kulturelle Rehabilitierung der landesweit verstreut lebenden Sowjetdeutschen gewährleistet werden musste. Auch beruhte das ganze gedankliche Konstrukt auf der Annahme, dass ein friedlicher und kontinuierlicher Umbau des Landes gelingen und die frühere Isolation von der übrigen Welt überwunden werde.

Das viel größere und konkretere Problem ergab sich aber aus der Tatsache, dass die Verbannten und ihre Nachfahren an ihrem früheren Wohnort keine unbesiedelte Prärie vorfinden würden wie etwa die Mennoniten in Kanada oder Südamerika, sondern ziemlich dicht bewohnte, mehrheitlich russische Siedlungen. Insgesamt waren nur 20 000 Deutsche individuell in ihre alte Heimat zurückgekehrt, und Spuren ihrer Kultur von einst gab es praktisch nicht mehr. Die beiden größeren Städte Marx und Engels hatten sich in kleine sowjetische Industriemetropolen verwandelt, und es war kaum zu erwarten, dass die dortige Bevölkerung – ehemals vor den Truppen der Wehrmacht evakuierte Russen, Ukrainer und ihre Kinder – die Neuankömmlinge auf russische Art mit Salz und Brot empfangen würden.

Diesem Sachverhalt trug bereits Hugo Wormsbecher in seinen Thesen Rechnung, und die Gründungskonferenz der «Wiedergeburt» betonte ausdrücklich, dass die Deutschen weder die bei ihrer Aussiedlung konfiszierten Güter noch ihre Hauptstadt Engels zurückverlangen würden. «Sie soll ebenso bleiben, wie sie gestaltet wurde – eine moderne russische Stadt.»[17] Des Weiteren klang die Botschaft fast pathetisch-feierlich: «Wir sind davon überzeugt, zusammen mit euch beweisen zu können, dass die Sowjetmenschen keinen Grund zu zwischennationalem Streit haben, denn alle sowjetischen Völker haben gemeinsame Probleme, an denen nicht das andere Volk die Schuld trägt, sondern das administrativ-bürokratische System der vergangenen Jahre. (...) Alle unsere Probleme können wir nicht auf Kosten eines anderen Volkes lösen, sondern nur, indem wir zusammen mit anderen Völkern den Widerstand gegen die Perestroika überwinden.»[18]

Diese ehrlich gemeinte Großzügigkeit kam jedoch bereits zur Zeit der Veröffentlichung der Materialien für die Gründungskonferenz zu spät. Einige Wochen vor der feierlichen Eröffnung im Moskauer Technischen Museum kam eine Warnung aus dem Gebiet Wolgograd (vor 1963 Stalingrad), eine der Verwaltungseinheiten, die von der Auflösung der Wolgarepublik profitiert hatten. Der Gebietsparteisekretär Wladimir Kalaschnikow warnte in einer Rede vor einer «neuen Völkerwanderung» und stellte kategorisch fest: «Man darf keinen neuen aserbaidschanisch-armenischen Konflikt schaffen.»[19] Im April desselben Jahres schloss sich «die Öffentlichkeit der Stadt Marx des Saratower Gebiets» in einem an Gorbatschow adressierten «Offenen Brief» dem Protest an: «Im Bezirk Marx gibt es keine ökonomischen, sozialen und politischen Voraussetzungen zur Schaffung der Autonomie. Bei dem jetzigen Wohnungsmangel halten wir die Umsiedlung von Sowjetdeutschen ins Wolgagebiet für unmöglich. Im Falle einer Umsiedlung sind Reibungen unvermeidlich.»[20] Diesem noch relativ freundlich formulierten Dokument sollten 2110 Unterschriften Nachdruck verleihen. Solche Petitionen entstanden nach Versammlungen in Betrieben, so etwa in der Autofabrik «Radon», immer in Anwesenheit und unter stiller Beteiligung von hohen Parteiführern wie Jurij Baranow, dem Parteichef des Saratower Gebiets. Oder des Parteiführers der Stadt Marx, Walerij Rogaljow, der gegenüber dem Spiegel-Korrespondenten Jörg Mettke, ähnlich wie sein Wolgograder Kollege, auf den armenisch-aserbaidschanischen Zankapfel Berg-Karabakh anspielte, jedoch beruhigend hinzufügte: «In dieser Sache gibt es noch keine Anordnung von oben», und ohne die könne er «nichts, wirklich gar nichts machen».[21] Mit anderen Worten: Solange die Zentrale keinen eindeutigen Befehl zur Aufnahme der Russlanddeutschen gab, würde er auch nicht den kleinsten Finger rühren.

Doch etwas bewegte sich, als im Herbst 1989 eine Expertengruppe des Obersten Sowjets in alle von Deutschen bewohnten Gebiete des Landes reiste und zu dem Schluss kam, dass die Autonomie die einzige Alternative zur wachsenden «Emigrationsstimmung» sei. Die Angst der lokalen und auch mancher Moskauer Kader galt nicht der höchstens 50 000 Mitglieder zählenden und noch nicht registrierten «Wiedergeburt», sondern eben jener «Anordnung von oben», die den sowjetdeutschen Wünschen, aus welchen Gründen auch immer, nachgeben würde.

Der Durchbruch erfolgte am 14. November 1989, als der Oberste Sowjet der UdSSR eine Deklaration annahm, in der die Repressalien gegen gewaltsam umgesiedelte Völker als «gesetzeswidrig und verbrecherisch» verurteilt und die Sicherung von deren Rechten als Ziel bezeichnet wurden. Es folgte die vollständige Aufzählung der von Stalin deportierten Volksgruppen inklusive der Deutschen und der Krimtataren, gefolgt von dem feierlichen Gelübde, dass sich Ähnliches auf staatlicher Ebene nie mehr wiederholen sollte. Gleichzeitig plädierte das höchste Machtorgan des Landes für die «bedingungslose Wiederherstellung der Rechte aller sowjetischen Völker, die an Repressalien gelitten haben».[22] Zwei Wochen später ordnete der Vorsitzende des Obersten Sowjets die Etablierung von zwei staatlichen Komitees an «zum Zweck der Lösung von praktischen Fragen im Zusammenhang der Wiederherstellung der Rechte der sowjetischen Deutschen und des krimtatarischen Volkes.»[23] Neu an diesem Dokument war die Unterschrift «M. Gorbatschow» – nun erreichte die «sowjetdeutsche Frage», zum ersten Mal seit den Delegationsreisen 1965, die höchste Machtebene.

Weltpolitisch gesehen befand sich Gorbatschow zu dieser Zeit auf dem Höhepunkt seiner Laufbahn. Bedeutende Abrüstungsverträge mit den USA, fortschreitende Demokratisierung der osteuropäischen Staaten und insbesondere die Öffnung der Berliner Mauer machten ihn zu dem beliebtesten Staatsmann der internationalen Gemeinschaft. Die Euphorie über das Ende des Kalten Krieges täuschte die westliche Öffentlichkeit jedoch über die Tatsache hinweg, dass der Reformprozess im Lande der Perestroika zunehmend ins Stocken geraten war. Die Wirtschaft war zerrüttet, der Staat war bankrott, und die bisherige sowjetische Form des Zusammenlebens der zahlreichen nationalen Republiken, Gebiete und Kreise war praktisch am Ende. Auch die Aktivisten der sowjetdeutschen nationalen Bewegung hatten in ihrer anfänglichen Begeisterung über den scheinbaren Sieg der Gerechtigkeit die allgemeine Lage und die Atmosphäre vergessen, in der diese glückliche Wende des Schicksals eingetreten war. Auf den Konflikt um Berg Karabakh und das Pogrom gegen Armenier in Sumgait am 27. Februar 1988 folgte eine Reihe noch schrecklicherer Zusammenstöße zwischen ethnischen Gruppen, so in Novij Usen (Kasachstan), Fergana (Usbekistan), Chişinău (Moldawien), Suchumi (Abchasien), Zchinval (Südossetien). Bis Anfang 1990 wurden im Lande 4648 blutige nationale Auseinandersetzungen registriert, und die Anzahl der ethnischen Flüchtlinge wurde mit mehr als 600 000 angegeben.[24] Wie konnte man annehmen, dass die Rücksiedlung von Deutschen an die Wolga, auch wenn es nur ganz wenige wären, konfliktlos vor sich gehen würde? Zudem waren die diesbezüglichen Dokumente so vage formuliert, dass die Presse um weitere Klärung bat. In einem Interview hakte die Regierungszeitung Iswestija bei Georgij Tarasewitsch nach, dem Vorsitzenden des Nationalitätenrats, der zweiten Kammer des Obersten Sowjets.

FRAGE: Georgij Stanislawowitsch, was wurde nun eigentlich entschieden?

ANTWORT: (...) Die Emigration hat in der Tat Massencharakter angenommen. Insgesamt 207 000 Sowjetbürger deutscher Nationalität haben das Land verlassen – mehr als 10 Prozent der deutschen Bevölkerung des Landes. Von den Motiven ist wichtig die Unzufriedenheit damit, dass Sprache, Kultur, nationale Traditionen und Gewohnheiten verloren gehen. Diesen Umstand verbinden die Sowjetdeutschen mit der Liquidierung ihrer nationalen Staatlichkeit – der autonomen Republik an der Wolga. (...) Unbestreitbar ist der Hang des Menschen zu seinem Geburtsort.

FRAGE: Wird aber dies nicht eine Beschneidung der Rechte und Interessen der Bevölkerung bedeuten, die jetzt auf dem betreffenden Territorium lebt?

ANTWORT: Indem man einem etwas gibt, muss man dies nicht unbedingt jemand anderem wegnehmen. Durch die Vereinigung der Kräfte gewinnen nicht selten beide Seiten. (...) Ich bin davon überzeugt, dass nach der Rückkehr der Sowjetdeutschen der Boden nicht weniger, sondern mehr fruchtbar sein wird. Und wenn man schon die Frage nach der Restituierung der Gerechtigkeit stellt, dann muss es sich nicht um eine teilweise, sondern um eine vollständige Wiederherstellung der deutschen Autonomie an der Wolga handeln (...).

FRAGE: Wie viele Rücksiedler sind zu erwarten?

ANTWORT: Man nennt unterschiedliche Zahlen: von 100- bis 200 000.

FRAGE: Entsteht nicht die Frage nach der teilweisen Aussiedlung der Einwohner aus den Bezirken, in welche die Sowjetdeutschen zurückkehren?

ANTWORT: Diese Frage wurde niemals gestellt. Nehmen wir an, im landwirtschaftlichen Bereich eines Bezirks wird keine zusätzliche Arbeitskraft gebraucht, dann muss man die Frage der Schaffung von verarbeitenden Produktionen untersuchen. Auch andere Varianten sind möglich.

FRAGE: Kann man behaupten, dass wir nun zu den Problemen der Sowjetdeutschen (...) eine politische Entscheidung haben?

ANTWORT: Im Prinzip ja.[25]

Dieses «im Prinzip ja» musste den Sowjetbürgern wie die bekannte Pointe der Radio-Jerewan-Witze vorkommen:[26] Statistisch fundierte Hochrechnungen über die Kosten einer eventuellen Rückkehr von Deutschen an die Wolga gab es durchaus. Die von Gorbatschow initiierte Staatliche Kommission zur praktischen Lösung der Rehabilitierungsfragen der deutschen und krimtatarischen Minderheit erarbeitete sogar zwei Varianten: Der Aufwand für 200 000 Rücksiedler würde sieben, der für 333 000 acht Milliarden Rubel betragen. Man dachte an 170 000 Hektar Ackerland und drei Millionen Quadratmeter Wohnraum[27] – diese Leute konnten rechnen, und ihre Vision war konkreter als die poetische Phantasie von Hugo Wormsbecher. Konkreter ja – aber leider dennoch um nichts realistischer. Womit sie zu wenig rechneten, war der menschliche Faktor, die Wahrnehmung der sowjetdeutschen Autonomiepläne bei den nichtdeutschen, mehrheitlich russischen Einwohnern der ehemaligen Kolonien an der Wolga.

Der Widerstand gegen die Autonomie

Autonomisten der ersten Stunde sahen in dem Anfang 1989 aufkommenden russischen Protest gegen die Rückkehr der Deutschen an die Wolga vor allem den Aufstand der Kader gegen die Perestroika. In der Tat standen manche Funktionäre den Reformen zwar nicht feindselig, aber doch gänzlich verstört gegenüber, da sie noch in einer anderen Zeit lebten. So berichtete der stellvertretende Minister für Kultur, Jurij Chiltschewskij, Ende April 1990 dem Ministerrat der UdSSR über ein Abkommen mit dem Kulturministerium der DDR: 1991 sollten zehn sowjetdeutsche Schauspieler jeweils anderthalb Monate lang eine Studienreise in die DDR unternehmen. Für September 1990 war ein Gastspiel des nunmehr in Alma-Ata residierenden deutschen dramatischen Theaters in der DDR geplant, und als Gegenleistung war in der Saison 1991/1992 ein Auftritt des Sorbischen Volkstheaters aus Bautzen in der UdSSR vorgesehen. Chiltschewskij bedauerte nur, dass weitere Studienreisen von sowjetdeutschen Theaterleuten nach Bonn, Wien oder Bern unmöglich seien, da «das Kulturministerium der UdSSR für diese Zwecke über keine Valuta verfügt.»[28]

Die lokalen Machthaber an der Wolga ahnten wohl, dass hinter den schwachen Formulierungen der Deklarationen und Beschlüsse aus dem

Kreml eine wirkliche Führungsschwäche steckte. Deshalb verstärkten sie ihre Gegenkampagne, gleich nachdem die Absicht, die Sowjetdeutschen vollständig zu rehabilitieren, öffentlich geworden war. Betriebsversammlungen und Meetings nahmen zu, und die Losungen wurden rabiater: «Souveränität der Nationen ist nicht gleich Autonomie» – «Das Wolgagebiet gehört Russland!» – «Nein zu den Grenzen von 1941 an der Wolga!» – «Nein zum Bürgerkrieg an der Wolga!» – «Wir haben die Wolga 1941 verteidigt, wir verteidigen sie auch jetzt!» – «Lasst kein neues Karabakh zu!» – «Das Wolgagebiet darf nicht zu einem neuen Baltikum werden!» Die Versammlung von «Vertretern der russischsprachigen Bevölkerung des Marxschen Bezirks» forderte am 2. Dezember, nicht ganz zu Unrecht, dass Entscheidungen über die Wiederherstellung der Wolgaautonomie nur unter Berücksichtigung der Meinungen und Interessen der lokalen Bevölkerung vonstatten gehen sollten. Gleichzeitig drohten sie mit einem Proteststreik – eine herbe Ankündigung angesichts der Tatsache, dass soeben der größte Streik der sowjetischen Geschichte, die Arbeitsniederlegung von 500 000 Bergleuten im Donezk-Becken, mit Ach und Krach geschlichtet worden war.

Mit diesen noch organisierten und geordneten Protestformen verbanden sich die Emotionen einer unter der Ernährungs- und Versorgungskrise leidenden Bevölkerung. Vergleichsweise nüchterne Stimmen wie die der informellen russischen Oppositionsgruppe «Sprawedliwost» (Gerechtigkeit) gehörten zu einer schwindenden Minorität. «Gut, alle Deutschen zurück an die Wolga; aber nur, um sie darin zu ersäufen»,[29] hörte der SPIEGEL-Korrespondent bereits im Herbst 1989. Der KGB-Natschalnik der Stadt warnte seine Landsleute offen vor Übertreibungen und Ausschreitungen, obwohl er die Deklaration des Obersten Sowjets als «explosiv gefährlich» kritisierte: «Ich möchte keine Worte wie Streik oder Arbeitsniederlegung hören. Ich möchte den Lehrern, besonders im Technikum, sagen: Sie müssen genau beobachten, wie Ihre Schüler denken. Denn einige von ihnen besitzen bereits Schlagringe ‹für die Begegnung mit den Deutschen›. Von wem haben sie diese Gedanken? Von den Erwachsenen. Versteht doch: Blut brauchen wir nicht, für Blut bezahlt man mit Blut.»[30]

Offensichtlich waren die lokalen Drohgebärden an der Wolga dazu geeignet, den ohnehin verunsicherten Entscheidungsträgern in Moskau Angst vor der eigenen Courage einzujagen. Selbst wenn sich mit Gorbatschows Unterschrift unter dem Rehabilitierungsbeschluss eine feste Absicht verband und die große Geste nicht nur seiner gewohnten Improvisationskunst zuzuschreiben war, musste er nun die Gefahr der Entstehung eines neuen Konfliktherds wittern. Deshalb begann er, wie so oft, fast zeitgleich mit der Ankündigung des kühnen Projekts damit, es auszubremsen.

Die Spaltung

Eine kleine Zeitbombe tickte bereits in dem mit der Wiederherstellung der deutschen Autonomie beauftragten Apparat. Während die zentrale Organisation der «Wiedergeburt» zunächst «njeformal», also informell blieb, kooptierte man einige ihrer führenden Mitglieder wie Wormsbecher und Haar in die staatliche Kommission, was auch mit finanziellen Vorteilen und einer gewissen Machtnähe einherging. Für Groth fand man dagegen in einem eher repräsentativen parlamentarischen Gremium einen Platz, von dem er sein Gehalt erhielt. Die «Wiedergeburt» lebte zunächst mehr schlecht als recht von den Spenden der Mitglieder und den inzwischen landesweit entstehenden «neuen kommerziellen Strukturen», also Privatfirmen. Eine davon war die Kooperative «Fortschritt» des sibirischen Geschäftsmanns und Vizepräsidenten der «Wiedergeburt», Alfred Scholenberg, eines Exporteurs von Wildprodukten. Unter den mehr als tausend neuen privaten Geldinstituten befand sich auch die in Alma-Ata gegründete «Wiedergeburtsbank». So war ein Teil der nationalen Bewegung in die parteistaatlichen Stellen eingebettet, während ein anderer zu dem halbwegs legitimierten Milieu der «Informellen» sowie den Pionieren der Privatisierung gehörte. Schon diese Doppelbindung stellte die ursprüngliche Einheit der Gründungsväter immer wieder auf die Probe. Auch war der Hang zur Wolgarepublik bei Sowjetdeutschen unterschiedlicher Generationen und Abstammungsgebiete nicht gleich intensiv. Die Identifizierung mit der Forderung nach Autonomie an der Wolga bedeutete nicht unbedingt einen direkten Wunsch nach Rückkehr, zumal die Reibungen mit der dort ansässigen russischen Bevölkerung nicht zu leugnen waren.

Wie zerbrechlich der Konsens über die Wolgaautonomie war, zeigte sich bereits vor der Deklaration über die vollständige Rehabilitierung der deutschen Minderheit. Im Oktober 1989 veröffentlichte die damals durch und durch politisierte «Literaturnaja Gaseta» den Aufsatz des Wirtschaftsredakteurs der Wochenschrift «Neues Leben», Kurt Widmeier, eines Veteranen der nationalen Bewegung, der im Sommer 1965 ein Teilnehmer der mit Mikojan verhandelnden sowjetdeutschen Delegation gewesen war. In dem kurzen Text sprach er seine Zweifel an der Zweckmäßigkeit einer Rückkehr an Russlands symbolträchtigen Fluss aus: Ökologisch sei die Gegend schwer belastet und ihr Klima um nichts besser als das in Nordkasachstan. Ökonomisch lasse sich die neu zu gründende Autonomie nur durch regelmäßige Geldspritzen aufrechterhalten, und der Autor zitierte Heraklit: «Man kann nicht zweimal in denselben Fluss steigen.»[31]

Zugleich skizzierte Widmeier sein Gegenprojekt, die sogenannte Kaliningradsche oder baltische Variante. Der Weg zurück zur Gerechtigkeit sollte in eine andere geographische Richtung gehen. In diesem Fall wäre die russische Exklave im Baltikum die neue Heimat der Sowjetdeutschen und gleichzeitig eine Zone des freien Unternehmertums, wie Kanton in der Volksrepublik China. Das Sondergebiet «könnte von beiden deutschen Staaten vielseitige Hilfe zur Kultur und Bildung, außerdem von der BRD Kredite, Subsidien und private Spenden erhalten», was wiederum zur Verbesserung der Umwelt, zu kulturellem Aufschwung, Neubau von Hotels und zur Ausweitung des internationalen Tourismus beitragen würde.

Obwohl all die utopischen Pläne der Perestroikajahre äußerst interessant und lehrreich sind, muss man gleich anmerken, dass Widmeier in seinem kleindeutschen Staatstraum nicht nur die schwierigen historischen Bezüge von Ostpreußen und Königsberg außer Acht ließ, sondern auch hier den Faktor negierte, welcher der Restitution der Wolgarepublik im Wege stand: die Reaktion der auf den 15 000 Quadratkilometern lebenden 800 000 Russen. So fiel es dem Präsidenten der «Wiedergeburt», Heinrich Groth, argumentativ leicht, auf der zweiten Konferenz der Organisation, die vom 16. bis 18. Januar 1990 im Kulturhaus der «Prawda» stattfand, die «Kaliningrader Variante» als illusorisch abzulehnen und an der Wolgarepublik als einziger Option festzuhalten, zumal die sowjetische Führung mit dieser «im Prinzip» einverstanden war. Die damals nach außen noch geschlossene Führung war sich jedoch der Tatsache bewusst, dass Königsberg wegen des Misstrauens gegenüber den Moskauer Versprechungen als Floh im Ohr weiterhin wirken konnte. Deswegen erklärte sie feierlich, «den Vertrauensvorschuss für die Führung des Landes» bis zum Abschluss der Frühjahrstagung des Obersten Sowjets, also bis Ende März 1990, zu verlängern. Sei bis dahin in der Sache nichts geschehen, dann könne es passieren, dass die «Wiedergeburt» «die freie Ausreise der Sowjetdeutschen aus der Sowjetunion»[32] fordere. Laut einer anderen Quelle soll Groth, noch im Einvernehmen mit den anderen beiden Präsidenten Wormsbecher und Haar, von einer kollektiven Ausreise der Mitglieder der Organisation gesprochen haben.[33] Diese Politik wurde als «zweite Ausrichtung» bezeichnet.

Offensichtlich begriffen die Entscheidungsträger am Alten Platz, dem Sitz des Zentralkomitees der KPdSU, die wachsende Unruhe der politisch engagierten Sowjetdeutschen und wussten auch um die endlosen Schlangen der Ausreisewilligen vor der Konsularabteilung der bundesdeutschen Botschaft in Moskau. Einen offenen Zusammenstoß mit der faktisch anerkannten «informellen» Vereinigung der Sowjetdeutschen wollten sie jedoch vermeiden. Also starteten sie, um Zeit zu gewinnen, eine neue Initiative. Im März 1990, nachdem die Frist des «Vertrauensvorschusses» der «Wiedergeburt» abgelaufen war, schlugen sie das Projekt einer «exterritorialen Assoziation der sowjetischen Deutschen als Form des nationalen Lebens und der nationalen Entwicklung» vor. Diese neue Organisation sollte von einem zukünftig einzuberufenden «Kongress der Sowjetdeutschen» geschaffen bzw. legitimiert werden. Sofort wurde ein Vorbereitungskomitee gegründet mit dem bekannten sowjetdeutschen Raketentechniker Boris Rauschenbach als Vorsitzendem, dem nachgesagt wurde, einen direkten Draht zu Gorbatschow zu haben.

Eindeutiges Ziel war es, für die wegen des russischen Protestes verhinderte territoriale Autonomie an der Wolga eine Alternative anzubieten. Die Funktionäre hofften darauf, die staatliche Neugründung werde «die Aktivität der Informellen [der «Wiedergeburt»] zur Organisation der Umsiedlung an die Wolga senken. Die Assoziation könnte auch eine Übergangsform der gewöhnlichen Autonomie werden – falls sich diese überhaupt als möglich erweist».[34] Die Moskauer Bürokraten hatten also eine mit der «Wiedergeburt» rivalisierende Organisation ins Leben gerufen, ohne deren Ziel eindeutig zu benennen. Diesen Schachzug bewerkstelligten sie über die Staatliche Kommission, in der wiederum einige kompromiss- und damit salonfähigere Führer der «Wiedergeburt» saßen. Das ursprüngliche, ohnehin unpräzise Versprechen der Wolgaautonomie sollte außerdem relativiert werden. Allerdings musste man damit rechnen, dass dieser Schritt die Basis der «Wiedergeburt» enttäuschen und eine Krise in der Bewegung auslösen würde. Ein Krach war unter diesen Bedingungen vorprogrammiert.

Es war Michail Gorbatschow höchstpersönlich, der am 27. April 1990 in einer Rede vor den Werktätigen der Stadt Nischnij Tagil am Ural Öl ins Feuer goss. Nachdem er vom Kongress der Volksdeputierten soeben mit nur 59 Prozent der Stimmen zum Präsidenten der UdSSR gewählt worden war, näherte sich seine Popularität einem vorläufigen Tiefpunkt. Seine demokratischen Gegner hielten ihm das Blutbad vor, das die sowjetischen Streitkräfte durch ihren Einmarsch in Baku Mitte Januar angerichtet hatten. Und die Funktionäre wiederum konnten ihm den Verzicht auf das Machtmonopol der KP nicht verzeihen. Zudem gehörte Nischnij Tagil zum Gebiet Swerdlowsk (Jekaterinburg), der engeren Heimat seines Erzrivalen Boris Jelzin. Gorbatschow sprach vor russischem Publikum und äußerte sich auch über die Belange der Sowjetdeutschen: «Wir wollen dieses Problem gerecht lösen. Vieles ist schon getan, damit der Umfang der Veröffentlichung von Büchern in der Muttersprache vergrößert wird. (…) Wir planen auch die Ausweitung des Lernens in der Muttersprache. Aber es geht um die Autonomie. Dort, wo einmal in den Bezirken des Wolgagebiets die deutsche Autonomie bestand, sind die Bezirke mit anderen Menschen besiedelt. Wir können wohl nicht ein Problem lösen, indem wir ein anderes entstehen lassen. Deswegen glaube ich, dass wir gemeinsam nachdenken und Lösungen suchen müssen. Ich begrüße die Initiative aus dem Gebiet Uljanowsk. Sie haben nachgedacht, kalkuliert und eine Einladung an die Genossen deutscher Nationalität geschickt, in ihr Gebiet zu kommen. Mit dieser Methode des Einvernehmens und guten Willens beider Seiten können wir weitergehen, um das schwierige Problem ohne den Zusammenstoß der beiden Völker zu lösen.»[35]

In der Tat war die Initiative des Gebiets Uljanowsk ein sinnvolles Pilotprojekt, vor allem weil es mit dem Einverständnis des dortigen Ablegers der «Wiedergeburt» geplant worden war. Es ging dabei um die Einladung von 3000 Familien, mit Arbeitsmöglichkeiten und Wohnstätten in eigenen Siedlungen. Vorgesehen waren auch Schulunterricht in der Muttersprache, wöchentliche Rundfunk- und Fernsehsendungen für die Neusiedler sowie die Schaffung der deutschsprachigen Zeitung «Nachrichten». Offensichtlich verbanden die Genossen aus Uljanowsk – ehemals Simbirsk, Lenins Geburtsstadt – diese Idee mit der Hoffnung auf mögliche Investitionen aus der Bundesrepublik und Österreich in ihrem Gebiet.[36] Wie rational und wünschenswert dieser Vorstoß auch gewesen sein mochte, so wäre seine erfolgreiche Realisierung doch nicht mehr als ein Tropfen auf den heißen Stein gewesen. Er konnte weder die Sehnsucht nach der Wolga mindern noch die Rückwanderung nach Deutschland aufhalten. Ob der Präsident an das Angebot aus Uljanowsk glaubte oder danach nur als Rettungsring griff, sei dahingestellt. Die Botschaft seiner Rede in Nischnij Tagil, der Stadt, in deren Nähe sich einmal eines der größten Lager der Trudarmisten befunden hatte, lautete jedenfalls: «Hofft auf nichts».

Die Doppelzüngigkeit der Regierungsstellen führte mit dazu, dass auch die realistischer klingenden Versprechungen aus dem Kreml bei den Sowjetdeutschen wenig Gehör fanden. Diese betrafen die Schaffung von autonomen Selbstverwaltungen auf Bezirksebene, den Aufbau von Kulturzentren und die Rehabilitierung der ehemaligen Trudarmisten, entweder durch Gleichstellung mit den Frontkämpfern oder aber durch Auszeichnungen «für die ruhmreiche Arbeit während des Großen Vaterländischen Krieges». Auf der Rückseite des Ordens war zwar Stalin abgebildet, doch brachte er für die Ausgezeichneten eine höhere Rente und zahlreiche Privilegien mit sich. All diese Verlockungen erschienen jedoch den meisten Sowjetdeutschen mit ihrer aufgestauten Enttäuschung nur als Ausflüchte und waren ein völlig unzureichender Ersatz für die Rückgabe des verlorenen Gartens Eden.

Zwischen der zweiten und der dritten (außerordentlichen) Konferenz der «Wiedergeburt» (Januar bzw. August 1990) veränderte sich das Umfeld, in dem die deutsche Autonomiebewegung agierte, vollständig. Erstens hatte der Verzicht der KPdSU auf ihre «führende Rolle» im Staat die Grundlagen des Sowjetsystems erschüttert, zweitens entwickelten sich die Autonomie- und Unabhängigkeitsbewegungen der einzelnen Republiken in atemberaubendem Tempo. Im Juni 1990 fand die größt-

nung nach nur politisches Spiel und keine Politik. Es gibt nicht so viele Kommissionen und Komitees, wo wir präsent sind, so dass wir uns erlauben könnten, heute einfach etwas zu verlassen.»[39] Aus demselben Grund schlug er vor, die Idee der Assoziation als mögliche «exterritoriale Regierung» mitzutragen und auf die Maximalforderungen zu verzichten. Obwohl der Beschluss der Konferenz auf eine Kompromisslinie zwischen den Anhängern von Wormsbecher und Groth hinauslief, entstand zwischen beiden Richtungen ein irreparabler Riss, der – neben den rasant wachsenden Ausreisezahlen – die Durchsetzungsfähigkeit der «Wiedergeburt» und ihre Akzeptanz als Verhandlungspartnerin massiv beeinträchtigte. Zunächst jedoch konnte Groth mit seiner «zweiten Ausrichtung», dem Konfrontationskurs gegenüber der Sowjetmacht, einige Pluspunkte sammeln. Neue Kräfte strömten in die «nationale Bewegung», deren Mitgliederzahl nun geschätzte 80 000 oder gar 100 000 erreichte. Allerdings kamen viele von den Neuzugängen, wie Jurij Haar im Dezember 1990 auf einer stürmischen Sitzung der Führung sarkastisch bemerkte, «nicht um neu geboren zu werden, sondern damit die ‹Wiedergeburt› ihnen zur Ausreise verhilft».[40] Beim Ausfüllen des Fragebogens im bundesdeutschen Konsulat beriefen sich die Antragsteller gerne auf ihre Zugehörigkeit zur Autonomiebewegung.

Haar machte noch auf einen peinlichen Nebenumstand von Groths Ultimatum aufmerksam: Ausgerechnet im Sommer 1990 befand sich eine 33-köpfige Delegation der «Wiedergeburt» in Deutschland, wo sie Gespräche mit dem Verband der Auslanddeutschen (VDA) führte. Die Vertreter des VDA schlugen ein ausgedehntes Austauschprogramm vor sowie eine Hilfe von anderthalb bis zwei Millionen D-Mark für die Infrastruktur der «Wiedergeburt» – ein sicheres Zeichen dafür, dass sie mit einer langfristigen Aktivität der Autonomiebewegung rechneten. Es war eindeutig, dass hinter diesem Angebot die Bundesregierung stand. Die Begegnungen in Deutschland bezeichnete selbst Groth als bedeutenden Erfolg seiner Organisation. Eine gleichzeitige Drohung mit massenhafter Ausreise bedeutete, dass die «zweite Ausrichtung» der Politik der ersten Ausrichtung ein Bein stellen konnte. Gehen und Bleiben waren selbst kurzfristig ein unvereinbares Programm. Aus dieser Ausweglosigkeit entstand mit der Zeit der innere Zwist der «Wiedergeburt», ein ewiger Konflikt der Fraktionen mit gegenseitigen Schuldzuweisungen und Animositäten, die bis zum heutigen Tag andauern.

Das Dilemma der Bundesrepublik

Der Kalte Krieg war zu Ende, und Helmut Kohl und Michail Gorbatschow einigten sich Mitte Juli 1990 während eines gemeinsamen Spaziergangs in Archis, Gebiet Stawropol – Gorbatschows einstiger Domäne als Parteifunktionär –, über die Modalitäten der deutschen Wiedervereinigung. Anschließend gaben sie unter Beteiligung ihrer Außenminister Hans-Dietrich Genscher und Eduard Schewardnadse im Sanatorium Eichenhain eine Pressekonferenz vor zweihundert Journalisten. Ein Korrespondent richtete an Gorbatschow die Frage: «Ist das Problem der Russlanddeutschen auch zwischen Ihnen erörtert worden? Und wie wollen Sie dieser Volksgruppe Genugtuung, Gerechtigkeit angedeihen lassen, ohne ihr ein autonomes Territorium zu geben?» Gorbatschows Antwort: «Wir haben dieses Problem angesprochen unter vier Augen. (…) Mit ihm beschäftigen sich bei uns die obersten Organe des Staates, der Oberste Sowjet. Man hat eine Lösung gefunden unter Einbeziehung aller beteiligten Seiten, übrigens auch der sogenannten Wolga-Deutschen. Aber es gibt natürlich immer noch Probleme, die in den Jahren gewachsen sind und denen man nicht ausweichen kann. Wir sind zu einer Lösung gekommen, die auf den Vorschlägen der Sowjetmenschen selbst basiert. Und in diese Richtung möchten wir ruhig in einer für alle befriedigenden Weise gehen.»[41]

Die Russlanddeutschen auf beiden Seiten der von ihnen selbst errichteten Barrikaden horchten auf. Wenn der Präsident behauptete, dass für ihr Problem bereits die Lösung gefunden worden sei, und zwar unter ihrer Beteiligung, dann konnte sich das nur auf Gorbatschows Rede in Nischnij Tagil beziehen. Das konnte nur heißen: Der Traum von der Wolga musste als ausgeträumt betrachtet werden, zumindest unter den aktuellen Herrschaftsverhältnissen. Helmut Kohls Schweigen war unter diesen Bedingungen nur als stillschweigendes Einverständnis interpretierbar. Heinrich Groth machte seiner Empörung Luft, in dem er auf der Dritten Konferenz die rhetorische Frage an Gorbatschow stellte: «Wie lange noch, Genosse Präsident, betrachten Sie die schicksalhaften Probleme des eigenen Volkes unter vier Augen mit dem Haupt eines ausländischen Staates?»[42] Es war eine mehr als groteske Fragestellung, eine Mischung aus Selbstüberschätzung und Minderwertigkeitsgefühl. Aber dennoch steckte darin die latente Enttäuschung von mehreren Generationen Russlanddeutschen, die Groth des Weiteren noch präziser formulierte: «Der Präsident der UdSSR macht die Lösung des nationalen Problems der Sowjetdeutschen, das Schicksal eines der Völker der Sowjetunion, abhängig von den zwischenstaatlichen Beziehungen, vielleicht auch vom Prozess der deutschen Wiedervereinigung. Offensichtlich bleiben wir, was wir waren, ein Volk von Geiseln, nunmehr in der Hand eines Menschen, der ein zivilisiertes, neues Denken propagiert.»[43] Die Charakterisierung von Gorbatschows Vorgehen und dessen Beweggründen war exakt beobachtet. Aber sie traf auf Helmut Kohls Politik ebenso zu.

Die Bundesrepublik und die Sowjetunion waren niemals zuvor so stark aufeinander angewiesen. Kohl erwartete von Gorbatschow die Bestätigung seiner Deutschlandpolitik, die in Europa gemischte Gefühle ausgelöst hatte, und befürchtete eine Schwächung oder gar den Sturz des Vaters der Perestroika, solange noch im östlichen Teil Deutschlands Hunderttausende Soldaten der Roten Armee stationiert waren. Gorbatschow jedoch war seinem «Gelmut» noch mehr ausgeliefert. Sein ökonomisch zerrüttetes und ethnisch zerfallendes Reich hing am Tropf der westlichen, hauptsächlich westdeutschen Hilfe. Es ging um Verhungern oder Überleben. Ausgerechnet während der Pressekonferenz in Schelesnowodsk ließ der sowjetische Staatsmann, verpackt in einen längeren Gedankengang über ökonomische Zusammenarbeit, die vorsichtige Anspielung fallen: «Es geht nicht nur um Fragen wie etwa die Verlängerung unserer Schulden, unserer Kredite.»[44] Der vage Halbsatz löste bei den Kreditgebern der Supermacht beinahe Panik aus. Wo konnten die armen Sowjetdeutschen in einem Diskurs von solcher Tragweite noch Raum finden?

Für die Bundesrepublik stellte sich immer mehr die Frage, ob sie das Projekt der Wiederherstellung der Wolgarepublik oder die Rückwanderung der Russlanddeutschen finanzieren sollte. Dabei gingen die verantwortlichen Politiker davon aus, dass viele Sowjetdeutsche in der UdSSR bleiben wollten und dass die Aufnahmekapazitäten der Bundesrepublik, belastet durch die Wanderungsbewegungen nach der ostmitteleuropäischen Wende, recht beschränkt waren. Sowjetdeutsche Entscheidungsträger hörten aus Gorbatschows Mund Mikojans Worte von 1965: «Ihr habt kein Territorium.» Andererseits warnte Bonn vor einer vorschnellen Ausreise. Dieses Vakuum produzierte Zwangsvorstellungen und teilweise wilde Gerüchte. So wurde zum Beispiel gemunkelt, die Sowjetdeutschen sollten in die neuen Bundesländer übersiedeln, direkt in die Quartiere der zurückkehrenden sowjetischen Streitkräfte, während sich die Soldaten und Offiziere die leerstehenden Wohnungen der Sowjetdeutschen von Kemerowo bis Taschkent aneignen würden. Gegenüber diesem phantastischen Projekt nahm sich sogar die Phantasie einer Massenausreise nach Argentinien noch rational aus, wie sie 1990 von Heinrich Groth in einem SPIEGEL-Interview zum Ausdruck gebracht wurde (vgl. 42/1990). In ihrer Befremdlichkeit spiegelte sie sicherlich die reale Bedrängnis vieler Russlanddeutscher wider.

SPIEGEL: Absurd scheint uns Ihre Idee, massenhaft nach Argentinien auszuwandern. Was treibt Sie eigentlich in die Pampa?

GROTH: Ist es absurd, wenn man sich jede Möglichkeit offen lässt? Wir machen nur das, was schon in unserem Programm steht: Wenn wir hier nicht bleiben können, kümmern wir uns um Alternativen. In den letzten zwei Jahrhunderten sind immer wieder Russlanddeutsche nach Südamerika ausgewandert.

SPIEGEL: Woher sollen denn die 20 000 Dollar Aufnahmegebühr kommen, die Argentinien pro einreisender Familie verlangt?

GROTH: Aus Deutschland.

SPIEGEL: Da werden Sie lange warten. Schon deshalb, weil der Rechtsanspruch, einen Antrag auf Aufnahme in der Bundesrepublik zu stellen, durch eine Übersiedlung nach Südamerika nicht verlorenginge.

GROTH: Auf diesen Anspruch würden wir verzichten. Allerdings sagen wir, dass Argentinien nur ein Notbehelf ist.

Das letzte Jahr der Perestroika brachte trotz hektischer Konferenztätigkeit, zahlloser Komiteesitzungen und Versammlungen keine bedeutsamen und positiven Veränderungen für die Problematik der Sowjetdeutschen. Im Gegenteil: Alles geriet durcheinander. Einige Tage vor dem geplanten Kongress der Sowjetdeutschen wurde dieser vom Organisationskomitee mit dem Vorwand abgesagt, der Oberste Sowjet habe die Rehabilitierungspläne noch nicht weitgehend genug ausgearbeitet. Da sich jedoch Hunderte von Delegierten bereits in Moskau aufhielten, fand der Außerordentliche Kongress zwischen dem 12. und 15. März

1991 dennoch statt. Es wurde ein «Provisorischer Rat der Wolgadeutschen Republik» ins Leben gerufen und ein Moratorium bis zum Jahresende festgesetzt. Während dieser Zeit sollte geklärt werden, ob die Sowjetmacht bereit und imstande sei, die von ihr selbst verursachten Probleme zu lösen. Wenn nicht, erklärte die «Wiedergeburt», dann sollte eine zweite Runde des Kongresses «radikale Maßnahmen ergreifen».[45] Allerdings existierte am Jahresende die auf diese Weise bedrohte Sowjetmacht bereits nicht mehr.

Die Sowjetdeutschen der gemäßigten Fraktion gingen nun den Weg der Radikalisierung nicht weiter mit. Vielmehr arbeiteten sie an einem neuen Projekt, dem «Bund der Deutschen der UdSSR», der nach wie vor die Zusammenarbeit mit den staatlichen Stellen befürwortete. Vor allem sie wurden am 7. Mai 1991 zu einer Begegnung mit dem Staatschef in den Kreml geladen. Für alle Beteiligten, darunter auch die russische Führungselite des Wolgagebiets, war die Tatsache offensichtlich, dass die direkte Forderung nach Restitution der Wolgarepublik unerwähnt blieb. Allein eine rhetorische Anmerkung Gorbatschows ließ sich als Anspielung darauf betrachten: «Wenn wir alle für die Wiederherstellung der Republik sind, dann stellt sich die Frage: Wo? Man braucht ein Zentrum. Wenn wir uns darauf im Prinzip einigen könnten, dann würde man auf eine etappenweise Wiederherstellung weniger empfindlich reagieren.»[46]

Hugo Wormsbecher beschwerte sich, in zwei Tagen, wenn der große Sieg über Hitlerdeutschland gefeiert werde, würden die Sowjetdeutschen wieder unerwähnt bleiben, obwohl ihre Väter durch ihre Arbeit zu diesem Sieg beigetragen hätten. So kam es zu einer etwas peinlichen Episode: Gorbatschow fragte überrascht den neben ihm sitzenden Apparatschik, wo der von ihm vorgestern unterzeichnete Ukas über die Auszeichnung der Trudarmisten für ihre Leistungen geblieben sei. Der Funktionär stotterte verlegen, dieser könne erst am 16. Mai vom Obersten Sowjet geprüft werden. Hugo Wormsbecher bat darum, wenigstens diese Tatsache zu veröffentlichen, damit die Delegation nicht ganz mit leeren Händen von diesem Treffen gehe, und der Präsident willigte ein.

Boris Rauschenbach erzählte in seinen Erinnerungen in Form eines langen Gesprächs mit Eduard Bernhard, Gorbatschow habe in einer Gesprächspause ihn und einige beteiligte Gebietsparteisekretäre zum

Teetrinken eingeladen. Bei dem Gespräch im kleinen Kreis, so der Raketentechniker, «begriff ich, dass er mit ihnen nichts ausmachen kann – diese Gebietstypen hören einfach nicht auf ihn. Er ist zu schwach. Egal was er sagt, sie lächeln und tun das Gegenteil. (...) Jelzin, der könnte sich eher durchsetzen (...). Er hätte gebrüllt, auf den Tisch geschlagen. Aber dieser hier sprach nur höfliche Worte, im Grunde auch richtige, nur die husten auf die Richtigkeit.»[47]

Jelzin – die letzte Enttäuschung

Boris Jelzin, der russische Präsident, der sich gern als demokratische Alternative zu Gorbatschow bezeichnete, schickte an die Zweite Konferenz der «Wiedergeburt» im August 1990 ein Grußtelegramm. Er würdigte darin den Beitrag der Sowjetdeutschen zum Sieg über den Faschismus, den Beitrag eines Volkes, das «eine gesetzeswidrige Deportation und die Hölle der Arbeitslager» ertragen musste und «ungerecht Vertriebener in der eigenen Heimat wurde». Gleichzeitig hütete er sich, für die Zukunft eine konkrete Aussage zu machen. Es kam nur der nebulöse Satz: «Erlauben Sie mir die Überzeugung zum Ausdruck zu bringen, dass das nationale Problem der Sowjetdeutschen auf dem Wege der Demokratie, der Ausgeglichenheit, der historischen Verantwortung und unter Berücksichtigung der Interessen aller Seiten gelöst wird.»[48]

Formal konnte man diese Grußbotschaft eines frisch gebackenen, noch etwas unsicher im Sattel sitzenden Staatschefs als korrekt bezeichnen. Schließlich musste der russische Präsident auch die Meinung der Russen berücksichtigen, und diese wandten sich, wohl ahnend, dass Gorbatschow nicht mehr die einzige Autorität im Lande war, an ihren damals populärsten Landsmann. In einem Brief an Jelzin ging die russische «Konferenz der Arbeitskollektive auf dem Gebiet der ehemaligen Wolgarepublik, Stadt Marx» in der Ablehnung einer Wiederherstellung der deutschen Autonomie weiter als alle anderen Gegenspieler. Erstens behauptete sie, dass die Organisation der deutschen Autonomie in einer für Sowjetrussland sehr komplizierten militärpolitischen Situation stattgefunden habe, womit sie die Querelen um den Frieden von Brest-Litowsk meinte. Daher sei der Akt der Gründung der deutschen Wolgaautonomie «gesetzeswidrig und ungerecht» gewesen. Diese Behauptung enthielt zweifellos ein Quäntchen Wahrheit – Lenin und sein

Volkskommissar für nationale Angelegenheiten, Stalin, mussten wohl dem Druck des Deutschen Reiches Rechnung tragen und die Abwanderung der Wolgadeutschen aufhalten. Allerdings handelten sie im Kontext einer Revolution, die alle bisherigen Legitimitäten, auch die des früheren Russischen Reiches, in Frage gestellt hatte.

Die zweite wichtige Botschaft an den zukünftigen alleinigen Präsidenten Russlands bestand in der Warnung, dass die Tätigkeit der «Wiedergeburt», die «auf die Gründung eines deutschen Staates in Russlands Zentrum gerichtet ist, unmittelbar und stabil mit der Politik der Regierung und einflussreichen Kreisen der BRD zusammenhängt.» Daher bestehe die Gefahr, dass das Schicksal der Russlanddeutschen, wie so oft, wieder «von der Wechselbeziehung der beiden Staaten abhängig werde und auch zur Quelle unvorhersehbarer Verwicklungen im Verhältnis zwischen ‹Germania› und der Sowjetunion werden könnte.» Ob Jelzin diesen Brief gelesen oder ob man ihm nur dessen Inhalt berichtet hat, sei dahingestellt. Es ist aber eine Tatsache, dass Jelzin kaum einen Monat nach dem Zerfall der Sowjetunion und seinem Einzug in den Kreml vor Werktätigen im Gebiet Saratow eine vom zentralen Fernsehen übertragene Rede hielt und Folgendes verkündete:

«Ich will hier eine verbindliche Erklärung abgeben, damit das allen klar ist: Dort, wo es keine kompakte Ansiedlung der deutschen Bevölkerung gibt, das heißt, wo die Wolgadeutschen keine Mehrheit bilden, wird es keine Autonomie geben! Das versichere ich als Präsident! (Aus der Menge: Hurra!). Anders steht es mit dem 300 000 Hektar großen militärischen Testgelände [Raketentestgelände Kapustin Jar] im Wolgograder Gebiet, das unbesiedelt ist und von Marschall Schaposchnikow freigegeben wurde. Und dort, nehmen wir an, werden sie angesiedelt. Und sie sollen diesen Boden, der mit Geschossen gespickt ist, sie sollen ihn also bearbeiten. Und Deutschland wird dabei mithelfen. Irgendwann wird dann dort vielleicht so ein Bezirk entstehen, vielleicht auch ein Rayon, ein nationaler Rayon der Wolgadeutschen, aber erst dann, wenn dort 90 Prozent Deutsche sein werden.

Bei euch bilden vorrangig die Russen die Mehrheit. Bei euch leben und in eurem Betrieb arbeiten über 50 Nationalitäten. Von welcher deutschen Autonomie des Wolgagebiets kann bei euch, auf eurem Territorium, die Rede sein? Kein einziges Haus, nirgends, wird wegen der Wolgadeutschen abgetragen. Das garantiere ich euch. Das sollt ihr wis-

Abb. 25: Während seines Besuchs im Januar 1992 im Wolgagebiet erteilte Präsident Jelzin dem Projekt der Wiederherstellung der «Deutschrepublik» eine Abfuhr.

sen und allen anderen weitersagen. Das steht nicht zur Debatte. Und es soll auch keinen Streit entfachen. Ohnehin ist jetzt … (Stimme: «Entschuldigung, ich unterbreche … Wenn diese Erklärung rechtzeitig gemacht worden wäre, hätte es diese Welle nicht gegeben, glauben Sie mir»). Nun, ich wusste nicht, dass es bei euch diese, na also diese Bewegung gibt, aber wie ihr seht, antworte ich sofort und erkläre verantwortungsbewusst …».[49]

Zeitzeugen behaupten, dass der Präsident seinen kategorischen Imperativ in angetrunkenem Zustand aussprach, was bei ihm des Öfteren vorkam, auch vor großer und illustrer Öffentlichkeit. Andererseits spielte dieser Umstand für die Absicht des Gesagten keine wesentliche Rolle. Denn trotz mühevoller Anstrengungen seiner Diplomatie, dem Skandal die Schärfe zu nehmen – so durch seinen Ukas vom 21. Februar 1992 «Über die sofortige Rehabilitierung der Russlanddeutschen» –, änderte sich an Jelzins Verhältnis zur deutschen Autonomie in der Praxis so gut wie nichts. In diesem Sinne kann der Historiker nur konstatieren, dass Jelzins Ansprache gewissermaßen den letzten Akt im dramatischen Kampf der Russland- bzw. Sowjetdeutschen darstellte, sich als Volk über die Zugehörigkeit zu einem eigenen Territorium zu legitimieren. Von diesem Datum an, dem 9. Januar 1992, können wir nur noch von einer «Nachgeschichte der Russlanddeutschen» reden.

Epilog

Wie ich bereits erwähnt habe, gab es eine besonders bizarre Idee der «Wiedergeburt»-Führer zur Lösung der «sowjetdeutschen Frage»: Man schlug vor, die Auswanderer in den früheren Kasernen der Sowjetarmee auf dem Boden der ehemaligen DDR unterzubringen. Abgesehen von den organisatorischen Schwierigkeiten wäre dieses wahrscheinlich aus der Verzweiflung geborene Vorhaben schon allein an dem katastrophalen ökologischen Zustand der Militärobjekte, etwa in der brandenburgischen Prignitz, gescheitert. Anderenorts jedoch, in der badischen Kleinstadt Lahr, wurde die sowjetdeutsche Utopie eines kompakten Zusammenwohnens en miniature verwirklicht. Achttausend ehemalige Sowjetbürger bezogen die leer gewordenen Wohnblöcke der in Deutschland ehemals stationierten kanadischen Streitkräfte. Die neuen Bewohner des Kanadierrings stellten nun in der Stadt Lahr 20 Prozent der Bevölkerung. Die Journalistin Merle Hilbk beschreibt in einer einfühlsamen Reportage das Bild dieser Siedlung: «Betonfassaden, die sich durch nichts unterscheiden als durch die Namen, die unten auf den beleuchteten Klingelschildern stehen. Fast nur deutsche Namen sind es, die ich dort lese: Erhardt, Deister, Hoppe, Hoffmann. Nur die an die Balkone geklemmten Satellitenschüsseln deuten darauf hin, dass hier Menschen wohnen, die Abendnachrichten lieber in Russisch schauen (...). Denn diese Schüsseln sind nach Osten ausgerichtet.»[1]

Laut Angaben des Bundesamtes für Migration und Flüchtlinge aus dem Jahre 2007 stellten die Spätaussiedler mit 2,8 Millionen die stärkste Migrantengruppe in Deutschland – ihnen folgten die Türken mit 2,5 Millionen. Die Auswanderung der Deutschen aus Polen und Rumänien begann bereits vor der Wende, gefördert durch das «Kopfgeld». Hinzu kamen die Deutschen aus der ehemaligen Sowjetunion in den neunziger Jahren mit ungefähr 1,8 Millionen Auswanderern. Aus historischer

Sicht handelte es sich um eine Ergänzung der sogenannten Wiedervereinigung zwischen der BRD und der zusammenbrechenden DDR. Wie jeder historische Prozess verlief auch dieser nicht ganz geradlinig, sondern war von Widersprüchen, Fehl- und Rückschlägen geprägt. Willy Brandts auf Ostdeutschland gemünzte Beruhigungsthese («Jetzt wächst zusammen, was zusammengehört») lässt sich auch auf die sowjetischen Spätaussiedler anwenden – allerdings mit einigen spezifischen Charakteristika.

Zwar waren die DDR-Bürger von ihren westdeutschen Mitmenschen durch Mauer, Stacheldraht und Minenfelder getrennt. Doch lebten sie trotzdem in einer Nachbarschaft, die durch die kontinuierliche Medienpräsenz der Bundesrepublik und die allmählich wiederhergestellten west-östlichen Familienkontakte zum Alltagsphänomen wurde. Jedenfalls waren sämtliche Antennen westwärts ausgerichtet. Im Gegensatz dazu lebten die Sowjetdeutschen in Kasachstan, Sibirien und im Altai-Gebiet streng isoliert und waren weitgehend von Lebensweise, Kultur und Tradition ihres russischen Umfelds geprägt. Selbst wenn sie untereinander ihre Muttersprache verwendeten, blieb Russisch für sie als «Lingua franca» der UdSSR das soziale Kommunikationsmedium. Liest man etwa Memoiren wie «Abschiedsstart» von Wiktor Diesendorf, so staunt man über seine gefühlsbetonte russische Stilistik voller Reminiszenzen aus einer Erfahrungswelt, die fast nur ehemaligen Sowjetbürgern zugänglich ist: «Ich sah mehrmals die herzzerreißenden Bilder der Verabschiedung von Russlanddeutschen im Moskauer Flughafen Scheremetjewo 2. Auf den Gesichtern von vielen sah man nicht einfach Kummer, Schmerz oder Tränen, sondern irgendeine verständnislose und nicht artikulierbare Erstarrung. Im Grunde wird ihr ganzes bisheriges Leben zerstört. In Deutschland muss man vieles von neuem anfangen. Und zu Anfang steht ihnen ein wahrhaft trauriger Abschiedsstart bevor.»[2] Diese Szene könnte ohne jede Veränderung in den Erinnerungen eines russischen Dissidenten stehen.

Das Drama der Elite und der Masse

Die wenigen Dutzend Männer und Frauen, die 1988 und 1989 die russlanddeutsche Bürgerbewegung auf die Beine gestellt haben, setzten voll und ganz auf dieses Projekt, ob sie nun Mikrobiologen wie Groth oder

Zeitungsredakteure wie Wormsbecher waren. Sicherlich rechneten sie damit, in den zukünftigen Strukturen der von ihnen erträumten neuen Wolgarepublik verdientermaßen führende Positionen bekleiden zu können. Sie waren keine Berufspolitiker, und den Verkehr mit Funktionären auf Augenhöhe waren sie nicht gewohnt. Erst nach und nach merkten sie, dass sie von diesen an der Nase herumgeführt worden waren. Die dramatische Ausreisewelle der Jahre 1990 und 1991 erlebten sie als eine Katastrophe, und sie fühlten sich wie Generäle, denen die Armee abhanden gekommen war. Als die Sowjetunion zerfiel, war ihnen der Boden unter den Füßen vollends entzogen. Trotzdem dauerten die Rückzugsgefechte um die versunkene «Deutschrepublik» noch lange an, ebenso wie die Grabenkämpfe zwischen den Fraktionen der «Wiedergeburt» und deren Nachfolgeorganisationen.

Die Mehrheit der Sowjetdeutschen entschied sich früher oder später für den Weg der Auswanderung. Dies folgte der Einsicht, dass jegliche Hoffnung in die Wiederherstellung ihrer Autonomie vergeblich war, und der Angst vor den von Tag zu Tag chaotischer werdenden Zuständen im Lande. Allein die Tatsache, dass mehr als anderthalb Millionen Auswanderer durch das Verlassen der Wahlheimat ihrer Vorfahren den apokalyptischen neunziger Jahren in Russland und der Gemeinschaft Unabhängiger Staaten (GUS) entkommen konnten, war Grund und Rechtfertigung genug für diese Entscheidung. Gleichzeitig gibt es keinen Grund, den Neubeginn der Russlanddeutschen in der Bundesrepublik zu idealisieren. Trotz eines ausgedehnten Systems der sozialen Unterstützung – Eingliederungshilfe, Sprach- und Bildungsförderung, Spezialprogramme für Jugendliche, Akademiker und Rentner – gelang es im ersten Jahrzehnt nach ihrer Einwanderung kaum, die mitgebrachten Probleme der Emigranten abzubauen. Vor allem ihre Situation auf dem Arbeitsmarkt war und blieb ungünstig.

Dies war nicht so sehr an der Arbeitslosenrate erkennbar – der Höchststand lag 1997 bei den Spätaussiedlern der ersten Generation gerade mal bei 10 Prozent, in absoluten Zahlen 150 000; danach war die Tendenz rückläufig. Problematisch war eher deren Zusammensetzung: Zu den Risikogruppen gehörten Frauen, weibliche Jugendliche und junge Erwachsene sowie die Altersgruppe zwischen 55 und 65 Jahren.[3] Die unterschiedliche Beschäftigungslage der beiden Geschlechter führen einige Forscher auf ihre frühere Berufstätigkeit zurück. Vor der Auswanderung waren die Männer eher in Industrie und Handwerk beschäftigt, während Frauen ihre Arbeitsplätze vor allem im Dienstleistungsbereich fanden. Allerdings kamen alle aus einem Land, in dem die Vollbeschäftigung Gesetz war, und verfügten über gänzlich andere Arbeitsbiographien als die Bundesdeutschen. Allenfalls befanden sich Männer mit technischen Fertigkeiten im Vorteil gegenüber den Frauen. In vielen Fällen – und das gilt für beide Geschlechter – kam es zu einem Abstieg in der Berufshierarchie: «Aus Lehrerinnen werden Erzieherinnen, aus Bürokräften Reinigungskräfte», so liest man in einer Studie.[4] In einer besonderen Situation befanden sich die Akademiker, deren Diplom nicht oder nur mit einem zusätzlichen Studium akzeptiert wurde, so im Bereich der elektronischen Datenverarbeitung, aber natürlich auch in Disziplinen wie Recht und Ökonomie, die in der UdSSR stark ideologisiert waren. Diese Umstellung auf neue Anforderungen führte immer auch zu Anpassungsdruck.

Wie die Arbeitssuche im Einzelnen vor sich gehen konnte, schildert in ironischen Tönen die Journalistin Swetlana Felde, die erst 1999 von Kasachstan nach Deutschland übersiedelte. Obwohl sie in den russischsprachigen Medien der zentralasiatischen Republik als gesuchte Autorin galt, war es ihr nicht gelungen, in Deutschland als Journalistin Fuß zu fassen. Da sie ihren Sohn allein erzog, absolvierte sie eine dreijährige Ausbildung zur Krankenschwester und arbeitete anschließend fünf Jahre lang in einem Altersheim. Dann zog sie aus privaten Gründen in eine andere deutsche Stadt und versuchte dort eine feste Anstellung zu finden. Nachdem sie nicht ganz ohne Schwierigkeiten das Bewerbungsformular ausgefüllt und alle Dokumente gesammelt hatte, kam es endlich zu Bewerbungsgesprächen.

«An einem Ort interessierte sich der Chef der Personalabteilung dafür, warum ich mich für die Ausreise entschieden habe. Keine andere Frage wurde gestellt. Der andere Chef befragte mich, warum ich nach Deutschland gekommen sei, wie oft ich meine alte Heimat besuche … Der dritte fragte, warum ich von allen Hobbys die Blumenzucht bevorzuge.» Später, während eines Bewerbungsgesprächs im Altersheim, wollte der potentielle Arbeitgeber «die Einzelheiten der Geschichte der Russlanddeutschen klären, präzisierte, wo mein Vater geboren sei, wo er studiert habe und warum er sich entschlossen habe, aus Russland nach Kasachstan zu ziehen. Er wollte auch genau wissen, welche Sprache wir zu Hause sprechen, ob ich russischsprachiges Fernsehen habe und ob bei mir Probleme mit der deutschen Literatursprache vorhanden seien. Nebenbei gesagt, kam mir die letzte Frage mehr als seltsam vor, denn unser Gespräch fand ohne Dolmetscher statt.» Schließlich landete Swetlana Felde in einer Klinik, deren Chef «den Atlas vom Bücherregal nahm und mich bat, über Almaty und Astana zu erzählen. Ihn interessierte sehr, was die Seidenstraße[5] sein sollte, er lobte meinen Arbeitskittel, fragte, wo ich ihn gekauft habe, wollte wissen, wie alt mein Sohn ist und wünschte alles Gute.»[6] Hierauf folgte ein anstrengender Probearbeitstag. Fast zeitgleich erhielt die Kandidatin eine positive Antwort aus dem Altersheim und von der Klinik – sie entschied sich für letztere. Der Direktor des Altersheims war enttäuscht und verkündete, falls der Job bei der Konkurrenz ihr nicht gefiele, stünden ihr die Tore des Altersheims offen. «Ein Labsal für die Seele», schloss Swetlana Felde ihren Bericht.

Die merkwürdigen Erlebnisse der Journalistin lagen vielleicht nur in ihrem russischen Akzent begründet. Dennoch machen sie auf tiefer liegende Kontaktprobleme zwischen den deutschen Migranten aus der UdSSR und den «deutschen Deutschen» aufmerksam. Ebenso wie den Einwanderern die saturierte, perfekte, schillernde bundesdeutsche Wirklichkeit völlig neu war, mussten sich auch die Bürger des wiedervereinigten Deutschlands auf die Neuankömmlinge einstellen, die in ihrer Art, das Deutschtum zu pflegen, sich in Landsmannschaften zu versammeln, Volkslieder zu singen, auf das wiederentdeckte «Germania» stolz zu sein, sicherlich unmodern oder gar politisch unkorrekt erschienen. Zudem waren sie posttraumatisch mit dem Leid mehrerer Generationen behaftet, was nur indirekt mit Deutschland zu tun hatte. Jedenfalls entstand aus dieser Begegnung das Gefühl einer Fremdheit, die wie eine Fortsetzung des mitgebrachten Komplexes wirkte und ein wenig vereinfacht in dem Aphorismus ihren Ausdruck fand: «Dort waren wir Deutsche und hier sind wir halt Russen.» Dieses unbequeme Lebensgefühl äußert sich unter anderem in der gelegentlich bemerkbaren Tendenz zur Segregation innerhalb der deutschen Gesellschaft, besonders dort, wo Sowjetdeutsche relativ kompakt angesiedelt sind, wie etwa in den Berliner Bezirken Lichtenberg und Marzahn.

Deutsche und russlanddeutsche Identität

Auf den ersten Blick schien der Sprachverlust für die Integrationsschwierigkeiten der Spätaussiedler verantwortlich zu sein. Der offizielle Sprachtest von 1996 ging sowohl in seiner «einfachen» als auch «qualifizierten» Version an dem eigentlichen Problem vorbei. Der entsprechende Passus des Vertriebenengesetzes beinhaltete die prinzipielle Aussage: «Zu den bestätigenden Merkmalen der deutschen Volkszugehörigkeit zählt die Weitergabe der deutschen Sprache in der Familie.»[7] Wer die Geschichte der Russlanddeutschen einigermaßen kennt, muss diese Maxime als lebensfremd einstufen. Die «Weitergabe der deutschen Sprache» in der Familie fiel je nach der Lage in der Gesellschaft der «Titularnation» recht unterschiedlich aus. Die Nachkommen der «Trudarmisten», die Deutsch als Muttersprache in der Schule, wenn überhaupt, dann erst in den sechziger und siebziger Jahren lernen konnten, waren sogar gegenüber den Rumäniendeutschen benachteiligt, denn in Ceausescus Diktatur blieb bei aller Unterdrückung der deutschen (und ungarischen) «zusammenwohnenden Nationalität» die muttersprachliche Schule – mit Rumänisch als Pflichtfach – erhalten.[8] Damit war eine gewisse Kontinuität der sprachlichen Kommunikation beziehungsweise des Erhalts der Muttersprache gewährleistet. Ein Phänomen wie die rumäniendeutsche Literatur mit der Aktionsgruppe Banat oder dem Literaturkreis Adam Müller-Guttenbrunn, das der deutschen Literatur Talente wie Herta Müller oder Richard Wagner geschenkt und sich wie selbstverständlich in die bundesdeutsche Kultur integriert hat, konnte es für die Sowjetdeutschen auch in der liberalsten Phase des Systems nicht geben. Ihr Los war und blieb die Isolation in der russischen und zentralasiatischen Provinz.

Volk, Nation und Tradition

Sich selbst betrachteten die Sowjetdeutschen als «Volk» (narod), während sie unter dem berüchtigten «Punkt 5» im Personalausweis als «Nationalität» (nationalnostj) eingetragen waren. Da es ihnen seit dem Niedergang der Wolgarepublik nicht mehr möglich war, sich über geographische Kriterien zu definieren, war auch ihr Selbstverständnis als Volk in Frage gestellt. Gleichzeitig hatten die nach 1990 noch in den ehemaligen Föderativen Republiken verbliebenen 600 000 Deutschen durch die weitgehende sprachliche und kulturelle Assimilation ihre Bedeutung als Nationalität beziehungsweise nationale Minderheit eingebüßt. Ihre Präsenz in den Hauptstädten der GUS wird heute noch durch die dort tätigen Institutionen gefördert – Lokalorganisationen der «Wiedergeburt», Goethe-Institute sowie das Netz der «Deutschen Häuser». Dennoch scheint der Prozess der Auflösung in der Mehrheitsgesellschaft ebenso unaufhaltsam zu sein wie in Rumänien, Polen, Tschechien oder Ungarn.[9] Die Nachfahren von Katharinas und Maria Theresias Gästen kehren in die Heimat ihrer Ahnen zurück und hoffen, dass ihre Existenz nie mehr von einem Krieg bedroht wird.

Sollte man, kann man dem «ehemaligen Volk» der Russlanddeutschen einen vorsichtigen Rat geben? Wenn überhaupt, dann nur einen: Neben ihrer direkten Traditionspflege, die sich virtuell in einer weit verzweigten Internetpräsenz artikuliert, sollten sie die russische Komponente ihrer Vergangenheit nicht einfach auf die Kochkünste oder das Medienangebot ihrer früheren Heimat reduzieren. Schließlich sind sie eine große Gruppe von «westlich gewordenen» Deutschen, die über eine direkte und sehr intensive Erfahrung mit dem «Osten» verfügt. Das Russische in ihnen ist ein Kapital, das mittel- und langfristig bei der Annäherung zwischen Deutschland und Russland sehr nützlich sein kann.

Berlin, Juni 2014.

Anmerkungen

Die heile Welt der Kolonisten

1 Zitiert nach Hélène Carrère d'Encausse: Catherine II. Paris, 2002.

2 Lydia Klötzel benennt in ihrer Arbeit «Die Russlanddeutschen zwischen Autonomie und Auswanderung» (Münster u. a., 1999, S. 30) drei solcher Privatgesellschaften: 1. Ferdinand Ganeau de Beauregard und Otto de Monjou, 2. Le Roy und Sonntag, 3. Baron de Boffe, Meunier de Précourt und d'Hauterivé. Sie standen in Rivalität sowohl untereinander als auch mit den Anwerbern in anderen europäischen Staaten. Einige, wie Baron de Boffe, Beauregard und Monjou, bekleideten später wichtige Posten in der Kolonistenverwaltung. Nach Beauregard und Monjou wurden sogar Siedlungen im Wolgagebiet benannt.

3 Герман А. А., Илларионова Т. С., Плеве И. Р. История немцев в России. Хрестоматия. Приложение к учебному пособию «История немцев в России». (Geschichte der Deutschen in Russland. Chrestomatie. Eine Anlage zum Lehrstoff) Moskau, 2007, S. 11. Im Weiteren: «Chrestomatija».

4 Ebenda, S. 28.

5 http://stahl-am-karaman.com/index.php/geschichte/memoiren-von-j-g-moehring.

6 Ebenda.

7 Der Feldzug des Bauernführers wurde in einer Redensart als Sinnbild chaotischer Zustände verewigt: «Do geht's zu, als wann Pugatschow drhinner wär.» Пословицы и поговорки немцев Поволжья: [Сборник / Междунар. союз нем. культуры]; Составители Е. М. Ерина и др. – М.: Готика, 2000, S. 143 (Sprichworte und Sprüche der Wolgadeutschen).

8 Wahrscheinlich handelt es sich um die «Kayserl. Reichs Ober Post Amts Zeitung zu Cölln», der Vorläuferin der «Kölnischen Zeitung», die seit 1763 viermal wöchentlich herauskam.

9 Voltaires Briefwechsel mit Katharina II. Berlin, 1944. (Im Internet seit September 2009 unter http://www.welcker-online.de/Texte/Voltaire/Katharina/katharina_II.pdf.)

10 Die Sarpinka-Produktion, wie überhaupt die ökonomische und soziologische Problematik der wolgadeutschen Bevölkerung, beschäftigte intensiv den jungen Lenin in seiner wichtigen Arbeit «Die Entwicklung des Kapitalismus in Russland», die 1891 erschien, lange bevor er als Revolutionsführer direkten Einfluss auf das Schicksal der Wolgadeutschen hatte. Leider konnte Viktor Kriegers Quellenstudie über Lenins Werk erst 1988 publiziert werden, als die langjährige Tabuisierung des Themas durch Glasnost überwunden werden konnte.

11 Das biblische Sarepta lag in Phönizien, zwischen Tyrus und Sidon. Siehe: Das erste Buch der Könige, 17,9.

12 Siehe Герман А. А., Плеве И. Р. Немцы Поволжья: Краткий исторический очерк. Учебное пособие. – Саратов: Издательство Саратовского университета, 2002 (Deutsche im Wolgagebiet. Anlage zum historischen Lehrstoff).

13 Zitiert nach Чеботарева В. Г. Государственная национальная политика в Республике

немцев Поволжья. 1918–1941 гг. М., 1999, S. 46 (Staatliche nationale Politik in der Republik der Deutschen im Wolgagebiet).

14 Ebenda, S. 23–26.

15 Geschildert bei dem Agrarwissenschaftler August Franz von Haxthausen: Die ländliche Verfassung Russlands. Münster, 1866, zitiert bei Чеботарева В. Г, a. a. O., S. 26.

16 Siehe Ауман В. А., Чеботарева В. Г. (сост.) История российских немцев в документах. Том I.: (1763–1992 гг.). – М.: Международный институт гуманитарных программ, 1993. – 448 с (Die Geschichte der Russlanddeutschen in Dokumenten, Bd. 1).

17 Chrestomatija, S. 37–38.

18 «Neu» waren diese Gebiete, weil sie infolge des Krimkriegs vom Osmanischen Reich an Russland abgetreten worden waren.

19 Ab 1795 «Heiliges Kreuz», zwischen 1935 und 1957 und wieder ab 1973 Budjonnowsk, benannt nach dem Marschall Budjonnyj, 1995 Ort der blutigen Geiselnahme des Tschetschenenführers Schamil Bassajew.

20 1815 zogen Deutsche von der Wolga und der Krim dorthin und bauten eine reformierte Kirche. Die Ortschaft heißt heute nach dem Kosakenoffizier und Architekten der kaukasischen Eisenbahnlinie «Inosemtsewo», im Volksmund aber «Schotlandka».

21 Armenische Kleinstadt in Berg Karabakh.

22 Alexanderfeld im Landkreis Krasnodar, gegründet von lutherischen Kolonisten aus dem Gebiet Riebendorf.

23 Diese Angaben entstammen erst der Volkszählung von 1897, lassen sich aber sicher mit einigen Verschiebungen auch für frühere Zeiten verallgemeinern.

24 Составители Е. М. Ерина и др. – М. : Готика, 2000 (Sprichworte und Sprüche der Wolgadeutschen), S. 199.

25 Siehe Ауман В. А., Чеботарева В. Г., a. a. O., S. 60–61.

26 Zitiert nach Чеботарева В. Г. Государственная национальная политика в Республике немцев Поволжья. 1918–1941 гг. М., 1999, S. 51.

27 Siehe Klötzel, a. a. O., S. 24–25.

Genesis eines Konflikts

1 Allerdings folgte nicht jeder Achtundvierziger diesem Beispiel. Freiligraths Mitstreiter und Erzrivale Georg Herwegh dichtete über denselben Krieg: «Du bist im ruhmgekrönten Morden/ Das erste Land der Welt geworden:/ Germania, mir graut vor dir!»

2 Hier und im Folgenden stützt sich meine Schilderung teilweise auf Klötzel, a. a. O., S. 43 ff.

3 Gemeint ist Karl-Robert Nesselrode, Außenminister, danach Kanzler des Russischen Reichs.

4 Zitiert bei Klötzel, a. a. O., S. 48.

5 Siehe А. Г. Достоевская. Воспоминания (Erinnerungen). Издательство: Правда, 1987.

6 Aus dem Russischen von Rolf-Dietrich Keil.

7 Герман А. А., Илларионова Т. С., Плеве И. Р. История немцев в России. Хрестоматия. Приложение к учебному пособию «История немцев в России». Moskau, 2007, S. 72. Das Schweigen über die Deutschen ist besonders auffällig, da das Gesetz die Rekrutierung der Juden und Muslime sowie den traditionellen Einsatz der Kosaken konkret erwähnt.

8 Ebenda, S. 33.

9 Aus: Volkslieder und Kinderreime aus den Wolgakolonien. Saratow, 1914, S. 215. Von diesem Lied existieren mehrere Versionen, unter anderem aus dem Burgenland und aus Bessarabien, allerdings mit dem Zielort Amerika.

10 Den Historiker fasziniert dabei der Hinweis auf die meteorologischen Vorteile von Südamerika angesichts der Behauptung der zaristischen Agentur, das Klima des Wolgagebiets sei mit dem Südfrankreichs vergleichbar. Lügen haben historisch kurze Beine.
11 Geschichte der Russlanddeutschen, Bd. 1, S. 433–435 sowie S. 65–66.
12 Kleine ugro-finnische Volksgruppe an der Wolga.
13 Wie dies im Einzelnen aussah, schilderte ein hoher Saratower Beamter bereits 1868 in düsteren Farben: «Im Schulhaus fand ich in einem Saal 450 Schüler (...), und das war nur die Hälfte, die sogenannte morgendliche Klasse. Die anderen 450 kamen nach dem Mittagessen.» Die Kinder saßen ganz eng auf den Bänken mit dem Lehrbuch in der Hand, da es keine Tische gab. Sie saßen im Mantel und in vom Schnee feuchten Schuhen, fast alle Gesichter waren schweißnass. Ein Hilfslehrer beschäftigte sich mit den «ABC-Schülern», während die Hauptlehrkraft die «Testamentschüler» im Chor in die Glaubenskunde einweihte. Zitiert nach Чеботарева В.Г. Государственная национальная политика в Республике немцев Поволжья. 1918–1941 гг. М., 1999, S. 53.
14 Zitiert nach Chrestomatija, S. 76–80.
15 Siehe Русский календарь на 1912 А. Суворина, Ст. Петербург, 1911, S. 262–263 (Suworins russischer Kalender für das Jahr 1912).
16 Stundisten: unter den Russlanddeutschen gebildete pietistische freikirchliche Bewegung, an deren Gottesdiensten («Stunden») mit der übernommenen orthodoxen Liturgie auch Russen teilnehmen konnten. Darauf reagierte die Staatskirche mit Ausschluss der russischen Stundisten.
17 Zitiert nach Герман А.А., Илларионова Т.С., Плеве И.Р., a. a. O., S. 88.
18 Hier und im Folgenden stützt sich der Autor bei dem zitierten Dokument auf das Buch Т.Н. Плохотнюк Российские немцы на Северном Кавказе. Москва, 2001, S. 79 (T. Plochotnjuk: Die Russlanddeutschen im Nordkaukasus).
19 Zitiert nach Chrestomatija, S. 89–90.
20 Ebenda, S. 91.
21 Образование и становление немецких колоний в Западной Сибири в конце XIX – начале XX веков. Im Internet: museum.omskelecom.ru/deutsche_in_sib/BOOK/create_col.htm (Die Bildung und Entstehung der deutschen Kolonien in Westsibirien am Ende des 19., Anfang des 20. Jahrhunderts).
22 Siehe Русский календарь на 1912 А. Суворина, Ст. Петербург, 1911, S. 136 (Suworins russischer Kalender für das Jahr 1912).
23 Zitiert nach Chrestomatija, S. 89–90.
24 Образование и становление немецких колоний в Западной Сибири в конце XIX – начале XX веков. Im Internet: museum.omskelecom.ru/deutsche_in_sib/BOOK/create_col.htm.
25 Manche Stimmen im Chor gegen die Kolonisten erscheinen in ihrer Stilistik als Vorzeichen von viel späteren, düsteren Zeiten. So der Leserbrief einer anonymen «berühmten sibirischen Persönlichkeit»: «In Sibirien erschien ein ganzer deutscher Staat, in dem nicht russisch gesprochen wird, in welchem man dem russischen Durchreisenden nicht nur kein Essen gibt, sondern man läßt ihn nicht einmal in das Haus während des wilden sibirischen Schneesturms.» Siehe Chrestomatija, S. 82.

Zwischen den Fronten, 1914–1917

1 Emil Ludwig: Juli 14. Hamburg, 1964, S. 199, 203.
2 Laut einer Sendung von Radio Swoboda (München) 2009 wurde der Diplomat, als er einige Jahre später russischer Oberkonsul in Rom war, von der italienischen Geheimpolizei observiert und als «tedescofilo» («deutschfreundlich») eingestuft.

3 Siehe György Dalos: Die Reise nach Sachalin. Auf den Spuren von Anton Tschechow. Hamburg, 2001, S. 58–59.
4 Es gehört in den Bereich des Tragikomischen, dass der brave Hotelier diese doppelte Handlung 1939 respektive 1945 wiederholte.
5 Zitiert nach Ingeborg Fleischhauer: Die Deutschen im Zarenreich. Stuttgart, 1986, S. 449.
6 Ebenda, S. 450.
7 Виктор Кригер: Российские немцы вчера и сегодня. Народ в пути. M., 2010 (Viktor Krieger: Deutsche aus Russland gestern und heute. Volk auf dem Weg).
8 Fleischhauer, a. a. O., S. 461.
9 Die Beziehung der Russlanddeutschen zum Kaiser der Franzosen war ebenso zwiespältig wie die der Russen. Ihr Liedschatz enthält zwar ein Spottlied über den Verlierer von Borodino, aber es wurde auch Heines wunderbar sentimentales, von Schumann vertontes Gedicht «Nach Frankreich zogen zwei Grenadier» gesungen. Vgl. Volkslieder und Kinderreime aus den Wolgakolonien. Saratow, 1914, S. 266 und 274.
10 Chrestomatija, S. 93.
11 Die zaristischen Wiedertäufer ahnten wohl nicht, dass ihre Namensgebungen nur den Anfang für die traditionsfeindliche Praxis und die Manie der Neubenennungen in der Sowjetzeit bilden würden. Allein Medweschje wechselte nach 1917 viermal seinen Namen. In den dreißiger Jahren hieß es Jewdokimowskoje nach einem Kommissar, der den roten Terror in der Gegend organisiert hatte. Nach dessen Hinrichtung 1937 während der Stalin'schen Säuberungen nannte man Medweschje nach dem Spitzenpolitiker Molotow schlicht Molotowskoje und nach dessen Sturz 1957 Krasnogwardejskoje – so heißt es bis heute. Erwähnenswert ist der Bezirk, in dem es sich befindet, auch deshalb, weil hier die juristische Laufbahn von Michail Gorbatschow begann.
12 Т. Н. Плохотнюк: Российские немцы на Северном Кавказе. Москва, 2001, S. 82 (Die Russlanddeutschen im Nordkaukasus).
13 1927–1941: wieder Sichelberg, seit 1942: Serpogorskoje.
14 Zitate nach Олег Айрапетов: Немецкий погром в Москве в июне 1915 г. в контексте боев на внешем и внутреннем фронте (Internet) (Oleg Ajrapetow: Das Deutschenpogrom in Moskau im Juni 1915 im Kontext der Kämpfe an der äußeren und inneren Front).
15 Zitiert nach Олег Айрапетов, a. a. O.
16 Ganz ähnlich verhielt es sich mit der Propaganda und der bitteren Wahrheit auf der anderen Frontseite in den sogenannten Höfer-Berichten, zum Beispiel im August 1914 während des russischen Vormarsches («Dampfwalze»): «Die Öffentlichkeit, gewöhnt, nur von Siegen zu hören, nimmt jede Nachricht, in der nicht von Vorstößen und Eroberungen die Rede ist, mit Mißtrauen und Besorgnis auf. Allgemein herrscht die Befürchtung, die Russen könnten bis Königsberg vordringen, eine absurde Vermutung, die jeder Grundlage entbehrt. Die deutsche Heeresleitung bereitet die Öffentlichkeit schon jetzt darauf vor, dass es dem Feind gelingen könnte, in diesem Gebiet Fuß zu fassen, da man weder Zeit noch Truppen damit verschwenden will, Königsberg zu verteidigen.» Zitiert nach György Dalos: Mein Großvater und die Weltgeschichte. Berlin, 1985, S. 31–32.
17 Олег Айрапетов, a. a. O.
18 Ленин В. И. Полное собрание сочинений Том 26 (Lenins Gesamtwerk, Bd. 26). Moskau, 1969, S. 331. Der russische Ausdruck für «Krawalle» («besobrasija») erlaubt zahlreiche Synonyme wie Unordnung, Gemeinheit, Randale, Radau.
19 Zitiert nach Fleischhauer, a. a. O., Stuttgart, 1986, S. 508.
20 Der Historiker Alfred Eisfeld schätzt die Zahl der unter militärischem Zwang ausgesiedelten Wolhyniendeutschen auf 200 000 und spricht von einer Deportation. In:

mögliche Sezession statt: Der Kongress der Volksdeputierten der Russischen Föderativen Sowjetrepublik erklärte Russlands Souveränität und wählte Boris Jelzin zum Präsidenten. Dadurch wurde praktisch eine Doppelherrschaft zwischen ihm und Gorbatschow begründet.

In dieser Situation war es seitens des Präsidenten der «Wiedergeburt» nur folgerichtig, die Tätigkeit der Organisation neu auszurichten. «Es ist unübersehbar», erklärte Groth vor den 602 Delegierten, dass die Macht in der UdSSR an die Unionsrepubliken übergegangen sei, «unter ihnen an die Russische Föderative Sozialistische Sowjetrepublik, mit der wir unsere letzten Hoffnungen auf die Wiederherstellung der Autonomie verbinden. In diesem Zusammenhang unterbreite ich euch den Vorschlag, den Beschluss der zweiten Konferenz der ‹Wiedergeburt›, der eine organisierte Ausreise der Mitglieder der Organisation vorsah, provisorisch wieder aufzunehmen.»[37] Groth und seine Anhänger dachten dabei an einen Exodus aller Sowjetdeutschen als Form des politischen Protestes, wobei die Aussiedler ihr Vermögen nach offiziellem Kurs in DM tauschen und in ihre neue Heimat Bundesrepublik mitnehmen können sollten. Bereits im Vorfeld der dritten Konferenz hatte er in einem Interview die Absicht signalisiert, «wie jedes andere auf sich achtende Volk einen Beschluss über die massenhafte Ausreise zu treffen».[38]

Diese Forderung war als Ultimatum gemeint und auf die Formel «Republik oder massenhafte Ausreise» gebracht – die Krimtataren agierten bereits 1987 mit dem von Fidel Castros bärtigen Revolutionären übernommenen Slogan «Vaterland oder Tod». Während jedoch die 250 000 Menschen zählende krimtatarische Volksgruppe keine geographische Alternative, wie etwa eine tatarische ASSR an der Wolga, akzeptieren wollte und auch dabei blieb, übte auf die zwei Millionen deutscher Schicksalsgefährten die real existierende Bundesrepublik eine geradezu unwiderstehliche Anziehungskraft aus. Diese Kraft übertrug auf der dritten Konferenz der «Wiedergeburt» Heinrich Groth auf die Gemäßigten in den Reihen der Führung. Er richtete vor allem an Hugo Wormsbecher und Jurij Haar die Forderung, die Staatliche Kommission unverzüglich und demonstrativ zu verlassen.

Wormsbecher reagierte in seinem Koreferat mit dem vielsagenden Titel «Zeit praktischer Angelegenheiten»: «Aufforderungen zur Abberufung der sowjetdeutschen Vertreter aus der Regierungskommission und dem Vorbereitungskomitee des Kongresses – dies ist meiner Mei-

Deutsche in Russland und in der Sowjetunion 1914–1941, Herausgegeben von Alfred Eisfeld, Victor Herdt und Boris Meissner. Berlin u. a., 2007, S. 127.

21 Zitiert nach Fleischhauer, a. a. O., S. 472–473.

22 «Dessen Vater wir noch unter dem Namen Trepphof kannten», spöttelte Lindemann. Der deutsche Nachname galt in einschlägigen Kreisen stets als Reizwort wie auch bei den Antisemiten der jüdische. Umso grotesker wirkte die Ernennung von Trepows Vorgänger, Rasputins Gefolgsmann Boris Stürmer, zum Regierungschef.

23 Siehe http://wolgadeutsche.net/lexikon/_Lindemann.htm.

24 Ebenda. Der General gehörte zu den wenigen Offizieren des zaristischen Heeres, die von der Roten Armee als Experten übernommen wurden, weshalb die monarchistische Emigration ihn als Verräter verdammte.

25 Ein jüdisches Pendant hierfür könnte der Elsässer Alfred Dreyfus sein, der 1894 von einem Pariser Gericht als angeblicher deutscher Spion auf die Teufelsinsel verbannt wurde. 1914 diente er aus patriotischer Begeisterung an der Front als Oberstleutnant.

26 Chrestomatija, S. 114–115. Der Kommandeur der 4. Armee an der Südfront, Alexei Ewert, erbat Ende Januar 1915 in einem Telegramm an seinen Vorgesetzten, Artilleriegeneral Nikolaj Iwanow, die Aussiedlung und Konfiszierung des Vermögens *der Eltern* fahnenflüchtiger Kolonistensöhne. Iwanow gab zu bedenken, dass «die Eltern für die Taten ihrer Kinder nicht verantwortlich sind». Einige Monate später befahl er dem Kommandierenden des Kiewer Militärbezirks, Kolonisten als Geiseln für die Loyalität ihrer Gemeinde zu nehmen.

27 Ebenda, S. 96–97.

28 Unter dem «trüben Schaum» begriff der Schriftsteller gewiss die deutschfeindliche Hysterie der Kriegsjahre. Diese jedoch überlebte das große Massaker, die Revolutionen und selbst die Sowjetära. Bezeichnenderweise blieben bis zum Anfang der Gorbatschow'schen Glasnost viele Texte des ansonsten offiziell kanonisierten Korolenko tabu. So konnte der zitierte Aufsatz erst am 6. November 1989 in der Moskauer deutschsprachigen Zeitschrift «Neues Leben» auf Betreiben von Viktor Krieger, damals Dozent der Technologischen Hochschule in Dschambul (Kasachische SSR), wieder veröffentlicht werden.

29 Siehe История российских немцев в документах (1763–1992 гг.) Т. 1. – М.: МИГУП, 1993, S. 36 (Die Geschichte der Russlanddeutschen in Dokumenten, Bd. 1).

30 Radikalere Germanophobe optierten für die Sperrfrist vom 1. Juni 1870. An diesem Tag wurde das Gesetz über Erwerb und Verlust der Bundes- und Staatsangehörigkeit im «Norddeutschen Gesetzblatt» veröffentlicht, das Abstammung als Kriterium für den Erwerb der norddeutschen (später reichsdeutschen) Staatsbürgerschaft vorsah. Als Dorn im Auge betrachtete St. Petersburg die spätere Zulassung der doppelten Staatsbürgerschaft, die von der russischen Gesetzgebung strikt abgelehnt wurde.

31 Плохотнюк Т. Н.: Российские немцы на Северном Кавказе. М., 2001, S. 87–89.

32 Die Boulevardpresse sprach sogar von «Vergewaltigung» oder «Unterjochung».

33 Fleischhauer, a. a. O., S. 521.

Deutsche in der Feuertaufe

1 Laut statistischen Angaben wurden in dem unruhigen Jahr 1907 wegen «Staatsverbrechen» 3856 russische, 557 jüdische, 316 polnische und lediglich 41 deutsche Untertanen des Russischen Reichs verurteilt. Siehe Русский календарь на 1912 А. Суворина. Ст. Петербург, 1911, S. 178. Unter den deutschstämmigen Helden der Revolution von 1905 wurden zwei auch in der Sowjetära gewürdigt: Der eine ist der in Kasanj geborene Tierarzt und Berufsrevolutionär Nikolai Baumann, der im Oktober 1905 von einem monarchistischen Attentäter erschlagen wurde – bis heute ist

ein Moskauer Bezirk nach ihm benannt. Der andere ist der Marineoffizier Pjotr Schmidt aus Odessa, der sich auf dem Panzerkreuzer «Otschakow» auf die Seite der meuternden Matrosen schlug und deshalb standrechtlich erschossen wurde. Sein Andenken hat der Dichter Boris Pasternak in seinem Poem «Dewjatsot pjatyj god, Lejtenant Schmidt» (Das Jahr 1905, der Leutnant Schmidt) von 1927 verewigt.

2 In: Deutsche in Russland und in der Sowjetunion 1914–1941. a. a. O., S. 127.

3 Am 2. April 1917 erschien die Verordnung «Über die Aufhebung der konfessionellen und nationalen Einschränkungen», die unter anderem die antijüdische Gesetzgebung von beinahe zwei Jahrhunderten beendete – ohne allerdings das Wort «jüdisch» zu verwenden.

4 Ленин В. И. Полное собрание сочинений Том 31. Moskau, 1969, S. 114.

5 Schilderung nach: Deutsche in Russland und in der Sowjetunion 1914–1941, S. 129.

6 Als Leiter der Mühlenfirma «Gebrüder Schmidt» in Saratow galt Fjodor Petrowitsch als «Zar des Brotmarktes». Siehe http://www.rusdeutsch.ru/biblio/files/dening.pdf.

7 Fleischhauer, a. a. O., S. 553.

8 Geschildert nach Auszügen aus dem Protokoll der Versammlung in: http://wolgadeutsche.net/bibliothek/kongress_1917.htm.

9 Mit der am 4. April 1917 eröffneten Freiheitsanleihe in Höhe von fünf Milliarden Rubeln wollte die Provisorische Regierung einerseits die klaffende Lücke in den Staatsfinanzen decken, andererseits die patriotische Gesinnung der Bevölkerung steigern. Zu den besonderen Zielgruppen der großen Kampagne gehörten die soeben «rehabilitierten» Russlanddeutschen und die nunmehr gleichberechtigten jüdischen Bürger des Landes, beides hoffnungsvolle ökonomische Faktoren.

10 Über den Lehrer Jäger verrät das Dokument noch, dass er auf der Versammlung mit der Forderung einer von Russland getrennten Föderativen Republik aufgetreten war, ohne die Hörerschaft für diese Idee gewinnen zu können. Gewissermaßen kann der Linkssozialist als geistiger Vater der wolgadeutschen Autonomiebestrebungen betrachtet werden.

11 Fleischhauer, a. a. O., S. 555.

Die Geburtswehen einer Republik, 1918–1924

1 Laut dem im Februar 1918 per Dekret eingeführten gregorianischen Kalender war es der 7. bis 9. November.

2 Der legendäre «Sturm auf das Winterpalais» gehörte angesichts der äußerst schwachen Truppenstärke der Provisorischen Regierung eher zur Theatralik der Ereignisse. Seine sechs Todesopfer waren eine Bagatelle angesichts des darauffolgenden Bürgerkriegs mit Millionen Opfern. Ursprünglich sprach man von einem «Umsturz» (pereworot), erst im Nachhinein wurde er zur «Großen Sozialistischen Oktoberrevolution» hochstilisiert.

3 Anfänglich bezeichnete sich Lenins Regierung in ihren Deklarationen ebenfalls als «provisorisch», was zumindest einer taktischen Akzeptanz der Konstituierenden Versammlung gleichkam. Diese abwartende Haltung änderte sich offensichtlich unter dem Eindruck der Wahlergebnisse vom 25–27. November 1917 – die Bolschewiki erhielten lediglich 25 Prozent der Stimmen der vierzig Millionen Wähler, während ihre Rivalen, die Sozialrevolutionäre, es auf 50 Prozent brachten.

4 Siehe Ауман В. А., Чеботарева В. Г. (сост.) История российских немцев в документах. Том I.: 1763–1992 гг.. – М.: Международный институт гуманитарных программ, 1993, S. 68.

5 Ленин В. И. Полное собрание сочинений Том 31. Moskau, 1981, S. 383.

6 Das Wort «Kontribution» war dem Vokabular des Weltkriegs entnommen und

wurde recht kurios verwendet. So forderten die Einheiten der Roten Armee nach einem opferträchtigen, aber siegreichen Kampf von der südrussischen deutschen Gemeinde Morosowo 205 000 Rubel, und zwar je 10 000 für die drei gefallenen und je 5000 für die 35 verwundeten Rotarmisten. Siehe Alexander Besnosow: Zur Frage der Beteiligung der deutschen Kolonisten und der Mennoniten am Bürgerkrieg im Süden der Ukraine (1917–1921). In: Deutsche in Russland und in der Sowjetunion 1914–1941, a. a. O., S. 150.

7 Ähnliche Einheiten zur Verteidigung ihrer Dörfer haben zur gleichen Zeit Ukrainer und Bulgaren in Bessarabien als Schutz vor rumänischen Übergriffen, ebenso Juden zum Schutz ihrer «Stetl» vor Petljuras Pogrombanden aufgestellt.

8 Vgl. Von der Autonomiegründung zur Verbannung und Entrechtung. Die Jahre 1918 und 1941 bis 1948 in der Geschichte der Deutschen in Russland. Herausgegeben von Alfred Eisfeld. Stuttgart, 2008, S. 68–69.

9 Vgl. Alexander Besnosow, a. a. O., S. 90–91.

10 Sándor Kellner, einer der bekannten ungarischen «Internationalisten», kehrte noch im Jahre 1918 im Auftrag von Béla Kun nach Ungarn zurück und spielte eine wichtige Rolle in Sopron als Kommissar der Räteregierung, nach deren Niederlage er von ungarischen Weißgardisten bestialisch ermordet wurde.

11 Герман А. А. Немецкая автономия на Волге. 1918–1941, 2007. Im Internet: «Die Geschichte der Wolgadeutschen», S. 20. Bei der Schilderung der Geschichte der Wolgaautonomie stütze ich mich neben dieser Arbeit hauptsächlich auf das Werk von Чеботарева В. Г. Государственная национальная политика в Республике немцев Поволжья. 1918–1941 гг. М., 1999.

12 Weder die Vornamen noch die spätere Laufbahn der beiden konnten ermittelt werden.

13 Чеботарева В. Г., a. a. O., S. 73.

14 Allein während der durch den Frieden von Brest-Litowsk ermöglichten deutschen Okkupation der Ukraine verließen 120 000 Deutsche das Land, die Hälfte davon allerdings in Richtung Nord- und Südamerika. Siehe Klötzel, a. a. O., S. 113.

15 Wilhelm Graf von Mirbach wurde am 6. Juli 1918 von linken Sozialrevolutionären vor dem Botschaftsgebäude erschossen. Die beiden Täter waren Mitarbeiter der von Felix Dzeržinski geleiteten Geheimpolizei Tscheka.

16 So erzwang Österreich-Ungarn während der Verhandlungen in Brest-Litowsk – gegen den Willen des großen deutschen Verbündeten – einen Frieden mit der soeben entstandenen ukrainischen Regierung. Im Gegenzug versprach die Ukraine die Lieferung von einer Million Tonnen Getreide an die k. u. k. Monarchie. Außenminister Ottokar Graf Czernin dazu: «Der Friede mit der Ukraine ist unter dem Drucke der ausbrechenden Hungersnot zustande gekommen.» In Ottokar Czernin: Im Weltkriege. Berlin/Wien, 1919, S. 338.

17 Nachzulesen in Babels «Reiterarmee»: Worte des jüdischen Antiquitätenhändlers Gedali, als ein Rotarmist sein Grammophon requirieren will.

18 Etwa die Größe von Belgien, das aber über eine zwanzigmal größere Bevölkerungszahl verfügte.

19 Die sieben Kilometer lange Eisenbahnbrücke zwischen Saratow und Engels wurde im Oktober 1935 für den Verkehr geöffnet.

20 Siehe Чеботарева В. Г., a. a. O., S. 83. Die Autorin präzisiert Bergs Angaben zur konfessionellen Zugehörigkeit der Kolonisten: Katholiken stellten damals weniger als ein Viertel der deutschen Bevölkerung an der Wolga.

21 Russischer Ortsname für Warenburg.

22 Geschildert nach Герман А. А., a. a. O., S. 40–41.

23 Ernst Reuter machte zuerst eine steile Karriere in der KPD, kehrte jedoch nach Konflikten mit dem Parteivorstand in die SPD zurück und wurde von den Nationalsozialisten zweimal im KZ interniert, bevor er emigrieren konnte. Nach dem Krieg

wurde er Regierender Bürgermeister von Westberlin. Seine kommunistische Vergangenheit an der Wolga warf einen langen Schatten auf seine Laufbahn, ähnlich wie dies bei Herbert Wehner der Fall war – bis auf den Unterschied, dass man Reuter keine direkte Beteiligung am Terror der Sowjets nachweisen konnte. Selbst 1933 sprachen zwei Diplomaten des Auswärtigen Amts zu seinen Gunsten, die 1918 als Saratower Vertreter der «Kommission der Fürsorge für Rückwanderer» mit ihm zusammengearbeitet hatten.

24 Zitiert nach Герман А. А., a. a. O., S. 54.

25 Volkstümliche Bezeichnung für Petrograd.

26 Russisch «Wossmuschka». Die Tagesration Brot lag in Petrograd bei einem Viertelpfund.

27 Mit dieser wahrscheinlich stark übertriebenen Angabe wollten die Autoren des Briefes offenbar die Adressaten beeindrucken. Bis Mitte November hatte die ganze Kommune 2058212 Pud geliefert.

28 Siehe Герман А. А. История Республики немцев Поволжья в событиях, фактах, документах. – 2-е изд. М.: Готика, 2000, (Im Weiteren: German 2), S. 156–157.

29 Der Lette Dr. Pēteris Stučka, Volkskommissar für Justiz, formulierte in seinen «Leitsätzen zum Dekret über das Gericht» unmissverständlich: «Die Revolutionstribunale sind in der Auswahl ihrer Mittel und Maßnahmen im Kampf gegen die Verletzer der revolutionären Ordnung frei.»

30 Siehe Чеботарева В. Г., S. 173.

31 German 2, S. 159–164.

32 Чеботарева В. Г., S. 181.

33 Die zweite sollte erst nach Stalins Tod und der öffentlichen Entlarvung seiner Verbrechen durch Chruschtschow auf dem XX. Parteitag der KPdSU erfolgen, die dritte im Verlauf von Gorbatschows Perestrojka, die in den Kollaps des Regimes und den Zerfall der Union mündete.

34 Ленин В. И. Полное собрание сочинений Том 44. Moskau, 1974, S. 67. Kaum zehn Jahre davor betrachtete Lenin aus seinem Pariser Exil die Hungersnot von 1911, deren Dimension weit unterhalb der Katastrophe von 1891 blieb, als Scheitern der «infantilen Hoffnungen auf die Stolypinsche Agrarreform». Er dozierte: «Ein realer Kampf gegen die Hungersnöte ist undenkbar ohne Überwindung des bäuerlichen Landmangels, ohne die Lockerung des Abgabendrucks, ohne Erhöhung des Kulturniveaus der Bauern, ohne entschiedene Veränderung ihrer rechtlichen Lage, ohne Konfiszierung des Gutbesitzes – ohne die Revolution.» «Der Hunger und die schwarze Duma», Ленин В. И. Полное собрание сочинений Том 21. Moskau, 1968, S. 117, 120.

35 М. Горький Неизданная переписка, Москва «Наследие» 2000, S. 183–184 (Gorkij: Unveröffentlichte Korrespondenz. Moskau, 2000).

36 Zitiert bei Чеботарева В. Г., S. 180.

37 Zitiert bei Герман А. А., S. 113.

38 Zitiert ebenda, S. 120.

39 Über die Einzelheiten der Hungerstatistik siehe Wiktor Diesendorfs Studie in http://wolgadeutsche.net/diesendorf/hungersnot.htm.

40 Die Romanze erlangte enorme Popularität durch den Sänger Fjodor Schaljapin und galt als Markenzeichen der russischen Seele. Die Folkloristin Larissa Pusejkina kennt mindestens sechs Varianten der «Vertextung» der Melodie durch anonyme russlanddeutsche Autoren. «Ach, wie traurig kam die Botschaft», so begann die Version über die Deportationspläne des Zaren Nikolai II., und «Wir vertriebne Sowjetdeutsche» über die durch Stalin vollzogene Deportation. Das «Hungerlied» nahm der große Sprachwissenschaftler Wiktor Schirmunskij in sein «Deutsches Volksliedarchiv» auf. Die Ballade über Stenka Rasin hören Sie auf http://www.youtube.com/watch?v=rXc4AXAm7lo.

41 Die Bezeichnung «Kanton», die bereits während der Ansiedlung der Deutschen an der Wolga auftauchte, wurde von den sowjetischen Behörden statt des landesüblichen «Rayon» 1922 genehmigt. Siehe www.wolgadeutsche.net (Lexikonteil).

Jahre mit Januskopf, 1924–1928

1 Герман А. А. Немепкая автономия на Волте. 1918–1941, (Arkadij German, Die deutsche Autonomie an der Wolga), 2007 (im Weiteren German 1)
2 Chrestomatija, S. 168.
3 German 2, S. 28–29.
4 Tschebotarewa, S. 142–143.
5 Der gebildete Altbolschewik und spätere Diplomat Walerian Ossinskij erlaubte sich zur gleichen Zeit in einer Rezension für die KP-Zeitung Prawda vom 4. Juli 1922 Lobesworte für ein Gedicht der verfemten Dichterin Anna Achmatowa, verbunden mit dem Zitat der Unliebsamen: «Alles geplündert, verkauft und verraten». Siehe György Dalos: Der Gast aus der Zukunft. Hamburg, 1996, S. 59.
6 Jörg Baberowski: Verbrannte Erde. Stalins Herrschaft der Gewalt. München, 2012, S. 115. Der Autor datiert diese Absicht auf das Jahr 1926.
7 Chrestomatija, S. 162.
8 Staatlich betriebene Schnapsbuden.
9 Zitiert bei Tschebotarewa, S. 206, aus der russischsprachigen offiziösen «Trudowaja Prawda».
10 In der Ukraine verwendete man den Begriff «Ukrainisazija», in Weißrussland «Belorussisazija» und bei der griechischen Minderheit «Ellenisazija».
11 Herder, Johann Gottfried: Briefe zur Beförderung der Humanität, in: Werke, Bd. 7. Frankfurt am Main, 1991.
12 Diese erschütternde Zahl hat der Historiker Arkadij German errechnet und festgestellt, dass der Analphabetismus die erste Generation der Sowjetdeutschen in die Nähe der kasachischen und tatarischen Minderheit brachte. Siehe German 1, S. 224.
13 Es begann eine neue Fluchtwelle – 23 000 Menschen verließen das Wolgagebiet. German 2, S. 56.
14 Mit wem genau, konnte nicht ermittelt werden. Die Vermutung, dass er auch von Friedrich Ebert empfangen wurde, kann nicht stimmen, denn der Reichspräsident war im Februar 1925 verstorben. Im Mai 1925 wurde Paul von Hindenburg zum Reichspräsidenten gewählt.
15 German 2, S. 178–179.
16 Im Juni 1926, nach der großen Überschwemmung, fasste der Rat der Volkskommissare der Autonomen Republik den Beschluss «Über die Rekonstruktion der Hauptstadt der ASSRdW», den es jedoch mangels Finanzmittel nur auf dem Papier gab. Siehe German 2, S. 60. Die Konturen der heutigen modernen Stadt Engels entstanden erst in der Mitte der dreißiger Jahre, als auch die Eisenbahnbrücke zwischen Engels und Saratow eröffnet worden war.
17 Deutsche Ausgabe: Stephans Teppich. Eine Erzählung aus dem Leben der Wolgadeutschen. Berlin, 1925.
18 Einige Minuten der 2006 gefundenen fragmentarischen Kopien finden sich unter http://www.reporter-smi.ru/arhiv/28_19.htm.
19 Weitere Beispiele für die Freiheit der Vornamenwahl waren, um nur aus dem Vokabular der Produktion Beispiele zu nehmen, «Kombajn» (Mähdrescher) für Männer und «Industrija» für Frauen.
20 Unsere Wirtschaft, 1925/19, S. 601. Siehe http://www.wolgadeutsche.net/presse.htm.
21 German 2, S. 230. Die Verhärtung der sowjetischen Zensur hing unmittelbar mit

der Affäre um Boris Pilnjak (1894–1938) zusammen. Wegen der Veröffentlichung einer Erzählung von ihm im Mai 1926 war die Moskauer Zeitschrift «Nowyj mir» konfisziert worden. Pilnjak war als Bernhard Wogau in einer deutschen Kolonistenfamilie geboren worden und hatte enge Kontakte zu intellektuellen Kreisen seiner Heimat. «Unsere Wirtschaft» widmete dem berühmten Landsmann anerkennende Artikel, während die Zensurbehörde Glawlit ihn im Mai 1926 durch einen Rundbrief zeitweilig tabuisieren ließ. Siehe Культура и власть от Сталина до Горбачева. Документы. Moskau, 2004, S. 103 (Kultur und Macht von Stalin bis Gorbatschow. Dokumente).

22 German 2, S. 177.
23 German 1, S. 199.
24 Istorija rossisjkij nemtsev v dokumentakh (Geschichte der Russlanddeutschen in Dokumenten), Bd. 1, S. 82.
25 Ebenda, S. 85.
26 German 1, S. 237.
27 Dieser Einwand war nicht unbegründet. Die mangelnde Investitionsbereitschaft westlicher Firmen hing jedoch damit zusammen, dass der Sowjetstaat die von der zaristischen Regierung gemachten Schulden weder anerkennen noch zurückzahlen wollte.
28 Siehe Chrestomatija, S. 169–170.
29 German 2, S. 166.
30 Der Gummibegriff «müheloses Einkommen» geisterte durch die sowjetische Geschichte bis zur Mitte der achtziger Jahre, bevor im Laufe von Gorbatschows Perestrojka das «Gesetz über die individuelle Arbeitstätigkeit» die ersten kleinen privaten Handwerks- und Transportunternehmen legalisierte.
31 Istorija rossijskij nemtsev v dokumentakh, a. a. O., Bd. 1, S. 108.
32 Teilnehmer dieser als «Revolutionstourismus» geplanten Reise war der linke Sozialdemokrat und Atheist Erich Mäder, dessen Bericht «Zwischen Leningrad und Baku: Was sah ein proletarischer Freidenker in Sowjetrussland?» (Windischleuba, 1926) wegen seines kritischen Tons von der KPD strikt abgelehnt wurde.
33 Praktisch verstand man darunter alle protestantischen Konfessionen, von den Lutheranern bis zu den Mennoniten.
34 Chrestomatija, S. 169.
35 Siehe Плохотнюк Т. Н. Российские немцы на Северном Кавказе – М.: Общественная академия наук российских немцев, 2001, S. 115.
36 Egon Erwin Kisch: Zaren, Popen, Bolschewiken. Berlin, 1927, S. 282–283.
37 Ebenda, S. 285–286.

Die Sowjetisierung

1 Siehe György Dalos: Gorbatschow. Mensch und Macht. München, 2011, S. 47. Bereits 1967 sagte der damals frisch ernannte KGB-Chef Jurij Andropow: «Wir können uns nicht mehr damit abfinden, dass wir das Land nicht ernähren können.»
2 Siehe Erich Mäder: Zwischen Leningrad und Baku. Was sah ein proletarischer Freidenker in Sowjetrussland? Windischleuba, 1926, S. 46, 54.
3 Ebenda, S. 45.
4 Ebenda, S. 47.
5 http://www.wolgadeutsche.net/lexikon/_emich_adam.htm.
6 http://deevka.ucoz.ru/indes/dokument_52/0-66.
7 Chrestomatija, S. 163–164.
8 Ebenda, S. 172–173.
9 Tschebotarewa, S. 213–214.
10 Nachrichten, 29. Dezember 1929, in: http://www.wolgadeutsche.net/.
11 Unter Arbeitern und Bauern in der UdSSR. Von Lorenz Kamphausen, ehem. Funk-

tionär der KPD. Herausgegeben in Verbindung mit der «Studienstelle deutscher Rückkehrer aus der Sowjetunion» in der Anti-Komintern. Berlin/Leipzig, 1938.

12 German 1, S. 361.

13 Poslovici i pogovorki nemtsev Povolshja, S. 110 (Sprichworte und Sprüche der Wolgadeutschen).

14 German 1, S. 252.

15 Der barbarische Feldzug galt laut offizieller sowjetischer Auffassung bis in die achtziger Jahre hinein als legitim. Erst 1987, im Rahmen der Vorbereitung von Gorbatschows Bericht zum 70. Jahrestag der Oktoberrevolution, brachte Außenminister Schewardnadse die Idee auf, diesen Terminus zu vermeiden, denn er werde im Westen mit der physischen Vernichtung assoziiert. «Die Idee dürfen wir behalten, aber müssen ein anderes Wort suchen.» V Politbjuro ZK KPSS. Moskau, 2006, S. 219.

16 Kultúra i vlast ot Stalina do Gorbatschowa. Moskau/Rosspen, 2004, S. 186 (Kultur und Macht von Stalin bis Gorbatschow).

17 German 2, S. 212–215.

18 German 1, S. 271.

19 Siehe Viktor Krieger: Verweigerung, Protest und Widerstand der Russlanddeutschen im Sowjetstaat. In: Volk auf dem Weg, 3/2007, S. 13.

20 Is istorii nemtsew Kasachstana. Sbornik dokumentov (Aus der Geschichte der Deutschen in Kasachstan. Dokumentensammlung). Almaty/Moskau, 1997, S. 31.

21 Ebenda, S. 41.

22 Ebenda, S. 57. Slawgorod («ruhmvolle Stadt») entstand 1910 als eine Neugründung des Regierungschefs Pjotr Stolypin, der im Rahmen seiner Agrarreform die Besiedelung von Sibirien forcierte. Freiwilligen Kolonisten, unter ihnen viele Deutsche, ließ er spezielle Waggons, die sogenannten «Stolypinkas», zur Verfügung stellen.

23 Ebenda, S. 44.

24 Ebenda.

25 Ebenda, S. 62–63.

26 Tatjana Plochotnjuk, Rossijskije nemtsy na Severnom Kavkase. Moskau, 2001, S. 119.

27 Ebenda, S. 122. Die Historikerin Tatjana Plochotnjuk zitiert die Kollegin J. Osokina, welche die Zahl der Todesopfer des Hungers im Nordkaukasus mit 416 664 Menschen angibt.

28 Berliner Tageblatt, 1. April 1933, Bericht des Londoner Korrespondenten Paul Scheffer.

29 German 1, S. 325–326.

30 Is istorii nemtsew Kasachstana, S. 89.

31 Siehe: Über unsere Mundarten in: http://www.wolgadeutsche.net/lexikon/_Dinges.htm.

32 German 1, S. 291.

33 Tschebotarewa, S. 271–272.

34 German 1, S. 295.

35 Tschebotarewa, S. 270.

36 German 1, S. 374.

37 German 1, S. 377.

38 In Kasachstan lebten vor der Deportation der Russlanddeutschen circa 50 000 Vertreter dieser Minderheit. Die kasachische KP hatte im Juni 1938 nur 141 deutsche Mitglieder. Siehe: Is istorii nemtsew Kasachstana, S. 92.

39 Tschebotarewa, S. 264–265.

40 Ebenda, S. 348–349.

41 German 1, S. 338.

42 Istorija rossijskih nemtsew v dokumentah. Bd. 2, Moskau, 1994, S. 16.

43 German 1, S. 342.

44 Tschebotarewa, S. 309.
45 Aus dem Russischen von Hugo Huppert.
46 http://www.wolgadeutsche.net/presse.htm.
47 Tschebotarewa, S. 311.
48 Wie verblendet oder übereifrig manche deutsche Exilautoren gegenüber dem sowjetischen System als potentiellem Hauptgegner Hitlers waren, zeigte Heinrich Manns Erklärung nach seinem Besuch in der Wolgarepublik: «Dies sind Deutsche. Sie besitzen die Freiheit, alle bürgerlichen Rechte, ihre wirtschaftliche Unabhängigkeit, politische Selbstbestimmung; und erzogen werden sie zu dem sozialistischen Humanismus, der die Menschenwürde selbst ist.» Zitiert bei Robert Korn in: http://www.wolgadeutsche.net/korn/stimmen.htm.
49 Exil in der UdSSR. Herausgegeben von Klaus Jarmatz, Simone Barck und Peter Diezel. Leipzig, 1979, S. 313.
50 Ebenda.
51 Vgl. Alexander Watlin: «Was für ein Teufelspack». Die deutsche Operation des NKWD in Moskau und im Moskauer Gebiet 1936 bis 1941. Berlin, 2013.
52 Siehe Benjamin Pinkus/Ingeborg Fleischhauer: Die Deutschen in der Sowjetunion. Baden-Baden, 1987, S. 227. Ein als Quelle dieser Behauptung genanntes Buch von Paul Werner («Ein Schweizer Journalist sieht Russland». Olten, 1942) erwähnt diesen Plan weder auf den angegebenen Seiten 64 ff. noch anderenorts. Lydia Klötzel wiederum übernahm diesen Hinweis (a. a. O., S. 120). Nach diplomatischen Gepflogenheiten hätte auf Ribbentropps Moskaubesuche (August und September 1939) der Gegenbesuch der sowjetischen Seite folgen müssen, und Hitler hätte auch «Herrn Stalin» gerne in der Reichshauptstadt empfangen, was jedoch die Sowjets für keine gute Idee hielten. Auf mehrfaches Drängen der deutschen Seite schrieb Stalin am 13. Oktober 1940 direkt an «Herrn Hitler»: «Herr Molotow ist damit einverstanden, dass er Ihnen eine Berlinvisite schuldig ist.» Nach den darauffolgenden, atmosphärisch bereits abgekühlten Verhandlungen fiel über weitere Besuche kein Wort mehr. Während am Anhalter Bahnhof das Militärorchester zu Molotows Ehren die damals noch als sowjetische Staatshymne geltende «Internationale» anstimmte, befand sich der Plan «Barbarossa», der Generalangriff auf die UdSSR, bereits in der Vorbereitungsphase. Siehe: SSSR – Germanija, 1939. Vilnius, 1989, S. 90, 93.
53 German 2, S. 222–223.
54 Ebenda, S. 225–227.
55 German 1, S. 330.

Deportation und Trudarmee

1 Das Buch Hitler. Herausgegeben von Henrik Eberle und Matthias Uhl. Bergisch Gladbach, 2005.
2 In Bezug auf die Kämpfe um Smolensk siehe Berthold Seewald: Die Soldaten der 7. Division, in: Welt am Sonntag, 29.5.2011.
3 Randolph L. Braham: The Kamenets Podolsk and Délvidék Massacres: Prelude to the Holocaust in Hungary, in: Yad Vashem Studies, IX (1973), S. 133–156.
4 Hier und im Folgenden beziehe ich mich häufig auf die Beiträge des Portals www.wolgadeutsche.de. Die einzelnen Autoren benenne ich im Literaturverzeichnis bzw. im Personenregister.
5 Tatsächlich war das der 30. August, aber wahrscheinlich lag das Ereignis noch vor dem 30. August.
6 Genauer: Der Erlass vom 28. August bezog sich auf die Deutschen im Wolgagebiet, und er war der erste in einer langen Reihe ähnlicher Verordnungen für andere deutsch bewohnte Gebiete der UdSSR.

7 Zitiert aus Герольд Бельгер: Координаты. Алматы, 2011, S. 48–49 (Koordinaten).
8 Wiederhergestellt aufgrund von Fotoaufnahmen und Baron von Klodts Entwürfen im Jahre 2007.
9 «Fortjagen muss man sie». Zeitzeugen und Forscher berichten über die Tragödie der Russlanddeutschen. Moskau, 2011, S. 15.
10 Chrestomatija, S. 211.
11 Stalins Rede vor dem Obersten Sowjet, in der er die neue Verfassung kommentierte, enthielt unter anderem den Hinweis, dass die Einreihung unter die Unions- bzw. die Autonome Republik einer nationalen Gebietseinheit keine Bewertung des wirtschaftlichen und kulturellen Entwicklungsniveaus bedeute. «Dasselbe muss man von der Republik der Wolgadeutschen und von der kirgisischen Unionsrepublik sagen, von denen die erste in kultureller und wirtschaftlicher Beziehung höher steht als die zweite, obwohl sie eine autonome Republik bleibt.» Offensichtlich wagten es die Redakteure nicht, an dem heiligen Text zu rütteln, und erwähnten damit ungewollt die nicht mehr existierende Wolgaautonomie. In: Die Stalinsche Verfassung. Berlin, 1950, S. 40.
12 In: Viktor Krieger: Bundesbürger russlanddeutscher Herkunft. Historische Schlüsselerfahrungen und kollektives Gedächtnis. Berlin/Münster, 2013.
13 Fast direkt vor der Unterzeichnung des Molotow-Ribbentrop-Paktes erschien im Sommer 1939 im Moskauer Militärverlag eine für das höhere Offizierkorps bestimmte Broschüre, die alle Klischees über die Russlanddeutschen beinhaltete, die auch von den Germanophoben à la Gutschkow im Ersten Weltkrieg verkündet worden waren. Die deutschen Kolonisten, so hieß es im Vorwort des Militärhistorikers Wladimir Minajew, «vermehrten sich wie Pilze nach dem Regen in den unterschiedlichsten Ecken von Russland», und: «Die Kolonisierung [vor dem Ersten Weltkrieg] wurde nach einem vom deutschen Generalstab erarbeiteten Plan durchgeführt.» Auch wurde in diesem Machwerk die Zarin Katharina dafür gelobt, dass sie die deutschen Einwanderer in angemessener Entfernung von den Grenzen des Imperiums siedeln ließ. Siehe: Germansko-avstrijskaja raswedka v zarskoj Rossii (Die deutsch-österreichische Spionage im Zarenrussland). Vojenisdat, 1939, S. 7–8.
14 Siehe Alexander Watlin: «Was für ein Teufelspack!» Die Deutsche Operation des NKWD in Moskau und im Moskauer Gebiet 1936 bis 1941. Berlin, 2013, S. 9. Der Fall Elender und seine Handhabung wiesen ähnliche Merkwürdigkeiten auf wie der Rapport von der Südfront. Stalins Reaktion erfolgte auch in diesem Fall zeitversetzt: Im Dezember 1936, als die Angelegenheit mit den «faschistischen Knöpfen» dem Kremlherrn berichtet wurde, befand sich der angebliche Täter bereits im Lager. Er wurde zu zwei Jahren Haft verurteilt, ein ungewöhnlich mildes Strafmaß. Siehe Watlin, S. 196.
15 Anatolij Kusin: Dalnewostotschnyje korejtsy – ziznj i tragedija sudby (Fernöstliche Koreaner – Leben und Schicksalstragödie). Dalnewostotschnoje kniznoje izdatelstwo, 1993, S. 32.
16 Krieger, Bundesbürger, S. 22.
17 German 1, S. 417.
18 Ebenda, S. 409.
19 Igor Plewe: Prowerka na lojalnost Dejatelnost organow NKWD ASSR NP I – awguste 1941. (w awguste 1940, awguste 1941) (Test auf die Loyalität. Die Tätigkeit der Organe des NKWD der ASSR der Wolgadeutschen von 1940 bis August 1941). In: www.wolgadeutsche.net. Insgesamt 16 der 11 664 «Helden der Sowjetunion» waren Deutsche, so der in Marxstadt geborene Partisan Robert Klein oder der aus Weißrussland stammende Meisterflieger Nikolaj Frantzewitsch Gastello sowie der Mathematiker Otto Schmidt, groteskerweise auf einer Liste mit den viel später aus diplomatischen Gründen hoch dekorierten Kommunisten Walter Ulbricht, Erich Honecker und Erich Mielke. Unter den deutschstämmigen «Helden der Sowjet-

union» kam der aus Baku stammende Kundschafter Richard Sorge für seinen Funkbericht aus Tokio zu Weltruhm, in dem er mitteilte, dass Japan im Herbst 1941 keinen Angriff auf die UdSSR plane. Damit leistete er einen lebenswichtigen Beitrag zu Moskaus Verteidigung, da nun fernöstliche Divisionen abgezogen werden konnten. Allerdings erhielt der von den Japanern hingerichtete legendäre «Ramsai» den Titel erst postum, 1964.

20 In: www.wolgadeutsche.net. Die Geschichte der Wolgadeutschen = Социалистическое земледелие, (Sozialistische Landwirtschaft) Nr. 102 (3610), 24 августа 1941 г.htm.

21 Geschildert bei Krieger, S. 23.

22 Ebenda.

23 Krasnaja Swesda, 28. August 1941.

24 Nur die Direktive des Oberkommandos der Roten Armee zur Evakuierung der Krimdeutschen enthielt eine doppeldeutige Formulierung, eher aus Versehen. Ziel der Aussiedlung sei, so hieß es im Geheimdokument, «die Reinigung der Krim von ortsansässigen Deutschen *und* anderen antisowjetischen Elementen». Siehe: W. L. Martynenko: Deportacija nemtsev s territorii Ukrainy (Deportation der Deutschen aus dem Gebiet der Ukraine). In: «Fortjagen muss man sie», S. 127.

25 Plewe, S. 7.

26 Chrestomatija, S. 246–248.

27 Ebenda, S. 249–252.

28 Jedenfalls gehörten nicht alle zu diesen Glückspilzen. Zwei von der Vorschlagsliste: Wladimir Gergert, Geschäftsführer des Obersten Sowjets der Autonomie, und Theodor Trautwein, Sekretär des Parteikomitees im Kanton Jaroslaw, wurden direkt aus der Arbeitskolonne herausgenommen und in den berüchtigten Prozess gegen die Mitglieder der letzten Regierung der Wolgarepublik hineingezogen. Siehe Viktor Krieger: Prozess protiv clenov poslednego pravistelstva ASSR Nemtsev Povolshja (Prozess gegen die Mitglieder der letzten Regierung der ASSR der Deutschen am Wolgagebiet). In: wolgadeutsche.net/krieger/rukowod.htm.

29 German 1, S. 424.

30 «Fortjagen muss man sie», S. 27.

31 Viktor Krieger: Memorandum. In: Keiner ist vergessen. Gedenkbuch zum 70. Jahrestag der Deportation der Deutschen in der Sowjetunion. Stuttgart, 2011, S. 30.

32 German: Nemetskaja avtonomija na Wolge, S. 432. Offensichtlich gelang es einigen russischen Müttern, über die Trennung vom Gatten wenigstens ihre Kinder vor dem Weg ins Ungewisse zu retten. Dieses tragische Motiv enthält der Roman des in Alma-Ata lebenden Autors Gerold Berger: Dom Skitalza (Haus des Wanderers). Almaty, 2007.

33 German 2, S. 432.

34 György Dalos: 1956: Der Aufstand in Ungarn. München, 2006, S. 188.

35 Beim Anklagepunkt «Korruption» handelte es sich um persönliche Bereicherung aus Kriegsbeute – ein Vorwurf, der beliebig, so auch gegen den Marschall Schukow, gebraucht worden war.

36 Istorija rossijskih nemtsew w dokumentah, Bd. I, S. 163.

37 «Fortjagen muss man sie».

38 Gerhard Wolter: Sona polnovo pokoja (Zone der totalen Ruhe). Moskau, 1991, S. 84.

39 Dieser Text gehörte Alexander Jost, es gab jedoch ebenso zahlreiche Versionen wie von der Stenka-Rasin-Ballade. Bei einem unbekannten Autor hört sich der Refrain so an: «Wir sind die Arbeitssoldaten / und schaffen mit Säg und Spaten / im Wald.» In: Keiner ist vergessen. Gedenkbuch zum 70. Jahrestag der Deportation der Deutschen in der Sowjetunion. Stuttgart, 2011, S. 75.

40 Hanna Nolls Erinnerung in: «Fortjagen muss man sie», S. 40. Die Geschichte mit dem Männerchor erzählt aus der Familienüberlieferung die ebenfalls in Sarepta geborene Lydia Steinle. In: ebenda, S. 42.

41 Ebenda, S. 51. Ich habe mir erlaubt, die deutsche Textversion dem Original näher zu bringen. Gy. D.
42 Zitiert bei German 1, S. 438.
43 Pisma Pasternaka B. L. k zene, S. N. Nejgaus-Pasternak (Briefe von B. L. Pasternak an seine Frau, S. N. Neuhaus-Pasternak). Moskau, S. 55. Pasternaks bester Freund und früherer Mann seiner Gattin Sinaida, Heinrich Neuhaus, ein berühmter Pianist, befand sich zu dieser Zeit im Gefängnis Butyrki, weil er die Zwangssiedlung verweigert hatte. Mitte 1942 wurde er auf Grund zahlreicher Interventionen sowjetischer Intellektueller, darunter Emil Gilels, freigelassen und nicht deportiert.
44 German 1, S. 437.
45 Krieger: Bundesbürger, S. 33.
46 Zitiert nach German 1, S. 439.
47 Ein Beispiel dafür, wie vergesslich Bürokratie sein kann: Erst Ende März 1944 entschied das Präsidium des Obersten Sowjets «über die Vollmachten der Abgeordneten der liquidierten ASSR der Wolgadeutschen» «wegen fehlender Verbindung zu den Wählern» – welch eine Umschreibung der mitsamt ihrer Wählerschaft hinter Stacheldraht versteckten «Parlamentarier». Siehe Krieger, Bundesbürger, S. 34.
48 German 1, S. 515–516.
49 Vgl. Istorija rossijskih nemtsew v dokumentah, Tom II (Geschichte der Russlanddeutschen in Dokumenten, Band II). Moskau, 1994, S. 24.
50 German 1, S. 444.
51 Is istorii nemtsew Kasachstana, S. 98.
52 «Fortjagen muss man sie», S. 170.
53 Is istorii nemtsew Kasachstana, S. 101.
54 Ebenda, S. 103–104.
55 Ebenda, S. 107.
56 Ebenda, S. 107–108.
57 Ebenda, S. 109.
58 German 2, S. 242–246.
59 Lexikon der Vertreibungen. Deportation, Zwangsaussiedlung und ethnische Säuberung im Europa des 20. Jahrhunderts. Herausgegeben von Detlef Brandes, Holm Sundhausen und Stefan Troebst. Wien u. a., 2010.
60 Chrestomatija, S. 273.
61 Krieger, Bundesbürger, S. 52, 55.
62 Chrestomatija, S. 280–281.
63 Ebenda, S. 282.
64 Viktor Krieger: Einsatz im Zwangsarbeitslager. In: Von der Autonomiegründung zur Verbannung und Entrechtung. Herausgegeben von Alfred Eisfeld. Stuttgart. 2008, S. 148.
65 «Im Ural herrscht 12 Monate Winter, in der übrigen Zeit Sommer», zitierte Gerhard Wolter in seinem Buch «Zone der totalen Ruhe», Moskau, 1991, S. 22. Die Schilderung der Verhältnisse in der Trudarmee basiert auf seinen Erinnerungen, einer russlanddeutschen Version des «Archipel Gulag».
66 Jedenfalls gab Nikita Chruschtschow in einem Gespräch mit dem jugoslawischen Botschafter am 2. April 1956 zu, dass Stalins Terror gegen die Nationalitäten unter den «Wolgadeutschen» nach den Georgiern die meisten Todesopfer gefordert hat. In: Veljko Mičunovič: Moskovske godine (Moskauer Jahre).
67 In: Keiner ist vergessen, S. 91.
68 Ebenda, S. 19.
69 Viktor Krieger: Prozess nad clenami ... Судебный процесс над членами последнего правительства АССР Немцев Поволжя (Gerichtsprozess gegen die Mitglieder der letzten Regierung der Autonomen Sowjetrepublik der Deutschen im Wolgagebiet.) In: http://wolgadeutsche.net/krieger/rukowod.htm

70 Krieger, Bundesbürger, S. 58.
71 Siehe Chrestomatija, S. 275.
72 www.pseudology.org/GULAG/Glava10.htm. Originalsprache: Russisch.
73 Den wirklichen Ruhm ernteten die Henker, wie zum Beispiel der Lagerkommandant des Metallurgischen Kombinats in Tscheljabinsk, Alexander Komarowskij, der die Listen von allen wegen «Sabotage» Verurteilten, darunter auch erschossenen Zwangsarbeiter, zwecks «Belehrung» der Trudamisten öffentlich bekannt gab. Er erhielt alle möglichen Auszeichnungen, wurde im Rang eines Armeegenerals pensioniert und veröffentlichte unter anderem das Buch «Aufzeichnungen eines Erbauers» (1972). Angesichts seiner höchst zweifelhaften Verdienste trägt bis heute eine Straße in Tscheljabinsk seinen Namen. Die Liste der 25 hingerichteten Sowjetdeutschen siehe bei Krieger, Bundesbürger, S. 77.
74 Wolter, a. a. O., S. 91.
75 Von der Autonomiegründung, S. 177.
76 Ebenda, S. 196. Zum Vergleich: Der russische Autor Sergej Bobrow beschwerte sich im April 1942 in einem Brief an Ilja Ehrenburg aus der Evakuierung in Fergana, dass er als Lehrer monatlich 200 Rubel erhielte, während ein Kilo Kartoffeln 20 Rubel koste. Potschta Erenburga (Briefe an Ehrenburg). Moskau, 2006, S. 88–89.
77 Ebenda.
78 Irina Tscherkanzjanowa in: Von der Autonomiegründung, S. 198 f.
79 Arkadij German: Repatriatsija graschdan SSSR nemetskoj naziolnalnostji. In: «Fortjagen muss man sie», S. 287, 293.
80 Chrestomatija, S. 304–305.
81 Ebenda, S. 307.
82 Ebenda, S. 311.
83 Anton Tschechow: Die Insel Sachalin. Berlin, 1982, S. 312.

Eine sogenannte Rehabilitierung

1 РеабɴлɴтацɴЯ: как зто было. Том 3. Середɴна 80-х годов – 1991/сост. А.Н. Артɴзов (Rehabilitierung: wie hat sie sich ereignet, Bd. 3). Moskau, 2004, S. 222.
2 Bei der Verurteilung und Verniedlichung des Stalin'schen Terrors als «Personenkult» schöpfte der Redner aus dem reichen Fundus der Klassiker. Er zitierte Marxens Brief an Louis Kugelmann vom 11. Juli 1867.
3 Chruschtschows Geheimrede in http://www.1000dokumente.de/?c=dokument_ru&dokument=0014_ent&object=translation&l=de.
4 Vgl. Lexikon der Vertreibungen.
5 Chrestomatija, S. 311. Diesen Ukas mussten die «Sondersiedler» durch ihre Unterschrift bestätigen und damit auf jede Entschädigung verzichten. Siehe Wolter, S. 145.
6 Ebenda, S. 312.
7 Ebenso überlebte das Potemkinsche Dorf «Jüdisches Autonomes Gebiet» im sibirischen Birobidschan sämtliche Wirren der Sowjetära, inklusive der «antizionistischen» Kampagnen. Dort lag die Anzahl der jüdischen Bewohner höchstens bei 40 000, und heute, bei verbleibendem Status im Rahmen der Russischen Föderation, unterhalb 2000.
8 Siehe die historisch-archivarische Zeitschrift «Istotschnik» (Quelle), 4/1997, S. 50.
9 Ebenda, S. 62.
10 Krieger, Bundesbürger, S. 206.
11 Chrestomatija, S. 316–317.
12 Neues Deutschland, 6. Januar 1965.
13 Ebenda.

14 Nicht nur Parteimitglieder, sondern auch Intellektuelle und Studenten erhielten in den darauffolgenden Tagen mündliche Information anlässlich von Seminaren über historischen Materialismus, Parteigeschichte oder Politökonomie. Die Vortragenden betonten ausnahmslos, dass sie über keine offiziellen Informationen verfügten und lediglich ihre private Meinung als Kommunisten äußerten. Diese wiederum entpuppte sich in allen Fakultäten – von Physik bis Musik – als völlig identisch (Anmerkung des Autors als ehemaliger Student der Moskauer Universität).

15 Der Triumph der Leninschen nationalen Politik. Iswestija, 30. 12. 1962.

16 Is istorii nemtsew Kasachstana, S. 205–207.

17 http://www.memorial.krsk.ru/DOKUMENT/KK/630212.htm.

18 Siehe Hugo Wormsbecher, Протуберанцы мужества и надежд (Ausbrüche des Muts und der Hoffnung). Erinnerungen. In: http://www.wolgadeutsche.net/wormsbecher/delegat_1_2.htm.

19 So flehte ihn die Partei- und Staatsführung der Kasachischen Sowjetrepublik mehrmals an, den deutschen «Sondersiedlern» auf ihre mitgebrachten Quittungen gegen abgegebenes Vermögen Vieh bzw. Getreide zukommen zu lassen. In: Is istorii nemtsew Kasachstana, S. 100, 115.

20 Diesem Zweck diente der Besuch von Chruschtschows Schwiegersohn Alexej Adschubej, dem Chefredakteur der «Iswestija», im August 1964. In einem flotten Interview ließ er durchsickern, dass sein mächtiger Schwiegervater bereit sei, mit dem neuen Bundeskanzler über «große Dinge» zu sprechen. Spiegel 32/1964.

21 Das «Neue Leben» (Auflage seinerzeit: 200 000) druckte den Erlass bald darauf, die russischen Zeitungen erwähnten ihn vor 1989 mit keiner Silbe.

22 Dieser Vergleich wurde gewöhnlich mit den 551 Titeln des Staatsverlags in Engels gezogen.

23 Ein entsprechender Erlass erschien im Jahre 1972.

24 Laut Hugo Wormsbecher in http://www.wolgadeutsche.net/wormsbecher/delegat_1_2.htm.

25 Ebenda.

26 Schilderung laut Istorija rossijskih nemtsew v dokumentach. Bd. II, S. 21–41.

27 Siehe Wormsbecher in http://www.wolgadeutsche.net/wormsbecher/delegat_1_2.htm.

28 Ebenda.

29 Alexander Becker, »Held der Arbeit» deutscher Abstammung aus dem Gebiet Neuland (»zelynnij kraj») in Kasachstan, doch kein von den Sowjetdeutschen gewählter Abgeordneter.

30 Eine merkwürdige Vorstellung von den Wahlen ins sowjetische Parlament seitens des Vorsitzenden. Die Deutschen konnten aufgrund ihrer territorialen Zersplitterung keinen nationalen Wahlkreis aufstellen.

31 Wie bekannt, erschien der Deportationserlass auch in der russischsprachigen Presse der Wolgarepublik («Bolschewik», 30. August 1941).

32 Siehe: Wladimir Koslow: Neisvestnij SSSR. Protivostojanije naroda i vlasti, 1953–1985 (Die unbekannte UdSSR. Konfrontation des Volkes und der Macht, 1953–1985), S. 425.

33 Petro Grigorenko: «V podpolje moschno vstretitj tolka krys» (Unter der Erde findet man nur Ratten). Memoiren. Moskau, 1997, S. 463.

34 Wormsbecher, a. a. O.

35 Из докладной записки отдела УКГБ при СМ СССР по Хакасской автономной области (...) о стремлении немцев выехать на жительство в Западную Германию (Aus dem Rechenschaftsbericht der Führung des Komitees für Staatssicherheit beim Ministerrat der UdSSR im Chakassischen Autonomen Gebiet (...) über das Bestreben der Deutschen zur Ausreise zwecks Aufenthalts nach Westdeutschland). In: http://www.memorial.krsk.ru/DOKUMENT/KK/560912.htm.

36 Gerold Belger: Dom skitalza (Haus des Wanderers). Almaty, 2007, S. 214–215.
37 In Ljudmilla Sykinas Interpretation, hören Sie www.youtube.com/watch?v=dt3A-wWRN9tA.
38 György Dalos: Lebt wohl, Genossen! Der Untergang des sowjetischen Imperiums. München, 2011, S. 10.
39 Die Zahlen aus Istorija rossijskih nemtsew, Bd. II, S. 56; Viktor Krieger: Rhein, Wolga, Irtisch. Almaty, 2006, S. 261.
40 Istorija rossisjskih nemtsew, Bd. 1, S. 186–187.
41 Ebenda.
42 Ebenda, S. 188.
43 Amantaj Köken: Nemese Tafi da nemis avtonomijasi turali (in kasachischer und russischer Sprache). Astana, 2011, S. 320.

Falsche Morgendämmerung
Die Sowjetdeutschen in der Perestroika

1 Istorija rossijskih nemtsew v dokumentah, Bd. 1, S. 204. Der statistische Eifer der Berichterstatter hatte einige Haken. Erstens siedelten viele Ausreisewillige in der Ukraine oder den kaukasischen Republiken, was seit 1972 erlaubt war, und stellten ihren Antrag bei den dortigen Behörden, um die Statistik nicht zu verderben. Zweitens beantragten manche deutsche Sowjetbürger aufgrund von verwandtschaftlichen Beziehungen einen Pass für die DDR.
2 Ebenda, S. 202. Auch hier steckt der Teufel im Detail: Der Anteil der Deutschen an der Gesamtbevölkerung Kasachstans lag bei 6,1 Prozent, die Unterrepräsentanz in der KP ist also eindeutig. Noch auffälliger war nur ihr niedriger Proporz im Apparat, der gerade 1,8 Prozent betrug (vgl. S. 203).
3 Zitiert von Viktor Krieger, in: Volk auf dem Weg, 12/2007, S. 12.
4 Istorija rossisjskih nemtsew v dokumentah, Bd. II, S. 41–44.
5 Ebenda, S. 47.
6 Ebenda, S. 48–50.
7 Scherbitzkij war der ukrainische Parteichef, und die Krim war 1954 der Ukrainischen Sowjetrepublik von Chruschtschow «geschenkt» worden.
8 Sojuz moschno bylo sochranjitj (Die Union könnte bewahrt werden), S. 20.
9 Zitiert in: V Politbjuro ZK KPSS. Po sapisjam Anatolija Tschernjajewa, Wadima Medwedewa, Georgija Schachnasarowa (1985–1991). Moskau 2006. (Im Politbüro des ZK und der KPdSU. Nach den Aufzeichnungen von Anatolij Tschernjajew, Wadim Medwedew und Georgji Schachnsarow).
10 Istorija rossijskij nemtsew, Bd. II, S. 52.
11 Istorija sowjetskij nemtsewv, Bd. I, S. 232–239.
12 Ebenda, S. 237. Dieses Plenum war angesichts des Dramas um Berg Karabakh kurzfristig geplant, fand jedoch erst im Oktober 1989 statt.
13 Rebilitacija: Kak eto bylo – Seredina 80-yh godov – 1991. Dokumenty. Moskau, 2004, S. 143.
14 www.wolgadeutsche.net. Telefax, Kopiergeräte (Xerox, Canon) und die ersten Computer mit Textverarbeitungsprogrammen waren die typischen «Produktionsmittel» der osteuropäischen Wende, die jedoch nur als staatlicher Besitz existierten. Ihre Einfuhr aus dem Westen für Privatpersonen galt zunächst als illegal und wurde später an strenge Zollbestimmungen gebunden, in Ungarn und Polen ab 1988 völlig freigegeben.
15 Siehe Istorija rossijskih nemtsew, Bd. II., S. 97.
16 Ebenda, S. 67–69.
17 Ebenda, S. 92.
18 Ebenda, S. 93.

19 Ebenda, S. 75.
20 Ebenda, S. 99.
21 Spiegel, 11. 09. 1989.
22 Istorija rossijskih nemtsew v dokumentah, Bd. I, S. 266.
23 Ebenda, S. 267.
24 Siehe György Dalos: Gorbatschow. Mensch und Macht. München 2011, S. 222–223.
25 Iswestija, 29. November 1989.
26 Frage an Radio Jerewan: «Kann man mit dem sowjetischen Minimallohn auskommen?» Antwort: «Im Prinzip ja, aber wir haben es noch nicht probiert.»
27 Istorija rossijskih nemtsew v dokumentah, Bd. II, S. 192–193.
28 Istorija rossijskih nemtsew v dokumentah, Bd. I, S. 300.
29 Spiegel, 11. September 1989.
30 Istorija rossijskih nemtsew v dokumentah, Bd. II, S. 120–121.
31 Literaturnaja gaseta, 11. Oktober 1989, zitiert nach www.rusdeutsch.ru/.
32 Istorija rossijskih nemtsew v dokumentah, Bd. II, S. 148.
33 Ebenda, S. 181.
34 Istorija rossijskih nemtsew v dokumentah, Bd. I, S. 293–295.
35 Istorija rossijskih nemtsew v dokumentah, Bd. II, S. 173.
36 Ebenda, S. 317–318.
37 Ebenda, S. 181.
38 Die Gewerkschaftszeitung «Trud», 13. Juli 1990.
39 Ebenda, S. 184.
40 Hugo Wormsbecher: Triptich v traurnoj ramke (Triptychon im Trauerrahmen), in: www.wolgadeutsche.net.
41 Text: 2 + 4 Chronik (www.2plus4.de).
42 Istorija rossijskih nemtsew v dokumentah, Bd. II, S. 174.
43 Ebenda, S. 177.
44 Text: 2 + 4 Chronik (www.2plus4.de).
45 Ebenda, S. 259.
46 Istorija rossijskij nemtsew v dokumentah, Bd. 1, S. 369.
47 Boris Rauschenbach: Schtrichi k sudjbe naroda (Skizzen zum Schicksal einer Volksgruppe). Moskau, 2000, S. 173.
48 Istorija rossijskij nemtsew v dokumentah, Bd. II, S. 215.
49 Deutscher Text von Viktor Krieger, in: www.wolgadeutsche.net.

Epilog

1 Merle Hilbk: Die Chaussee der Enthusiasten. Eine Reise durch das russische Deutschland. Berlin, 2008, S. 91.
2 Виктор Дизендорф: Прощальный взлет (Abschiedsstart). Moskau, 2007, S. 16.
3 Siehe Daniel Dorsch: Sind die Aussiedler eine Belastung oder ein Gewinn für Deutschland? In: Heimat/Ро́дина, 10. 11. 2013.
4 Ute Heinen: Zuwanderung und Integration in der Bundesrepublik Deutschland. In: http://www.gesetzeskunde.de/Rechtsalmanach/Aktuelle%20Politik/Zuwand-bpb02.pdf.
5 Seidenstraße – Karawanenroute zwischen dem mittelalterlichen China und Nordafrika, die über Zentralasien (auch die kasachischen Steppen) führte.
6 Aus der russischen Wochenzeitung Новое поколение (Novoje pokolenije, Neue Generation), 20. Oktober 2011.
7 Ute Heinen, a. a. O.
8 Bei meinen Reisen in Siebenbürgen 1979 und 1980 sah ich viele Schüler und Schülerinnen vor einem Gymnasium in Brasov (Kronstadt), wo sie in ihrer rumänischen

Schuluniform mit den daran genähten Identifikationsnummern ungezwungen Deutsch sprachen. Eine ähnliche Szene war in Karaganda oder Barnaul in den siebziger oder achtziger Jahren kaum vorstellbar.

9 In Tbilisi ist die «Einung» aktiv, die «Assoziation der Deutschen Georgiens» mit ungefähr 2000 Mitgliedern, dem Rest der aus Georgien deportierten und dorthin zurückgekehrten ehemaligen Sowjetbürger. Angesichts des vorgerückten Alters vieler Mitglieder versieht die Assoziation soziale Aufgaben, unter anderem betreibt sie eine Suppenküche des evangelischen Hilfswerks.

Dank

Der Autor bedankt sich für umfassende Anregungen und Ratschläge bei Dr. Viktor Krieger. Seit 1999 ist er Projektmitarbeiter an der «Forschungsstelle für Geschichte und Kultur der Deutschen in Russland» und Lehrbeauftragter am Seminar für Osteuropäische Geschichte der Heidelberger Universität. Barbara Freifrau von Münchhausen, Leiterin des Goethe-Instituts Almaty, sowie ihre Mitarbeiterinnen haben mir bei meinen Recherchen sehr geholfen. Dafür herzlichen Dank, ebenso wie bei der Autorin Eleonore Hummel für Informationen über den Alltag der Sowjetdeutschen. Außerdem bedanke ich mich bei der langjährigen Bearbeiterin meiner deutschsprachigen Bücher, Elsbeth Zylla, die in diesem Fall die besonderen stilistischen Probleme des deutsch-russischen (sowjetdeutschen) Sprachgebrauchs der einzelnen Quellen und Erinnerungen zu bewältigen hatte.

Zeittafel

Zur Geschichte der Russlanddeutschen
(Quelle: www.viktorkrieger.homepage.t-online.de/Deutsche_aus_Russland.pdf)

1763 Manifest der Zarin Katharina II., Beginn der Masseneinwanderung der Deutschen.
1857 Regelung der Rechtslage der deutschen Kolonien in Russland.
1861 Aufhebung der Leibeigenschaft.
1874 Einführung der allgemeinen Wehrpflicht auch für deutschstämmige Untertanen.
1897 Eine Volkszählung registriert 1,7 Millionen Russlanddeutsche.
1905 Russische Revolution. Vereinsgründungen der Russlanddeutschen.
1914 Ausbruch des Ersten Weltkriegs.
1915 Liquidationsgesetze und Pogrom gegen die Russlanddeutschen.
1917 Februarrevolution suspendiert antideutsche Gesetze – Entstehung politischer Organisationen der Russlanddeutschen. Die bolschewistische Oktoberrevolution deklariert die Grundrechte der Russlanddeutschen.
1918 Der Frieden von Brest-Litowsk ermöglicht die Rückwanderung der Russlanddeutschen in das Deutsche Reich. Errichtung der Gebietsautonomie der Wolgadeutschen.
1919 Bauernaufstände gegen gewaltsame Lebensmittelrequirierungen.
1921 Der große Hunger – internationale Hilfsorganisationen sind im Wolgagebiet aktiv.
1924 Gründung der Autonomen Sozialistischen Sowjetrepublik der Wolgadeutschen mit Pokrowsk (ab 1931 Engels) als Hauptstadt.
1928 Beginn der «totalen Kollektivierung» und «Liquidierung des Kulakentums als Klasse» in der Sowjetunion. Massenhafte Verbannung deutscher Bauern nach Kasachstan und Nordrussland.
1929 Kampagne gegen die Religion, Enteignung der Kirchen auch im Wolgagebiet.
1930 Eröffnung des Deutschen Pädagogischen Instituts in Pokrowsk (Engels).
1933/34 Die zweite Hungersnot in der Ukraine («Holodomor») und an der Wolga.
1937/38 Durch den Großen Terror verlieren rund 55 000 Russlanddeutsche ihr Leben.
1941 Am 28. August Erlass des Obersten Sowjets über die Zwangsaussiedlung der Deutschen aus dem Wolgagebiet aufgrund ihrer angeblichen Kollaboration mit der Deutschen Wehrmacht. Auflösung der Autonomen Republik. Bis Jahresende werden zusätzlich mehr als eine Million Sowjetdeutsche nach Kasachstan, Sibirien und ins Altaigebiet verbannt.
1942 Einführung der Zwangsarbeit («Trudarmee») für die verbannten Sowjetdeutschen mit rund 70 000 Todesopfern.
1943/44 Deportation von Tschetschenen, Kalmücken, Krimtataren, Balkaren und

anderen Volksgruppen nach Zentralasien und Sibirien aufgrund angeblicher Kollaboration mit der deutschen Besatzungsmacht.

1948 Dekret des Obersten Sowjets: Die Verbannung der deportierten Völker wird «auf ewig» festgeschrieben.

1955 Bundeskanzler Konrad Adenauer besucht Moskau. Aufhebung der Bewegungseinschränkungen für deutsche «Sondersiedler», aber kein Recht auf Rückkehr zu ihrem früheren Wohnort.

1956 Nach Chruschtschows Geheimrede auf dem XX. Parteitag der KPdSU zu den Verbrechen Stalins werden einige verbannte Völker (u. a. Tschetschenen, Kalmücken, Balkaren) rehabilitiert und ihre territorialen Autonomien wiederhergestellt – mit Ausnahme der Sowjetdeutschen und der Krimtataren.

1957 Erscheinen der deutschen Wochenschrift «Neues Leben» in Moskau.

1964 Am 29. August hebt ein Dekret des Obersten Sowjets die Kollaborationsanklage gegen die Sowjetdeutschen aus dem Jahre 1941 auf, ohne das Recht auf Rückkehr bzw. die Wiederherstellung der Wolgaautonomie.

1965 Januar und Juli – zwei Delegationen von Sowjetdeutschen reisen auf eigenen Kosten nach Moskau, um ihre Forderung nach vollständiger Rehabilitierung durchzusetzen. Verhandlungen mit Regierungsstellen enden ergebnislos.

1967 Erscheinen der deutschsprachigen Zeitung «Freundschaft» in Kasachstan.

1970 Eine Volkszählung registriert 1,8 Millionen Sowjetdeutsche.

1971–1982 Mehr als 70 000 Sowjetdeutsche reisen in die Bundesrepublik, zum Teil auch in die DDR aus.

1979 Gescheiterter Versuch der Schaffung einer deutschen Autonomie in Kasachstan.

1980 Eröffnung eines deutschen Theaters in Temirtau (Kasachstan).

1988/89 Drei weitere Delegationen der Sowjetdeutschen reisen nach Moskau. Am 28. März Gründung der Gesellschaft «Wiedergeburt» in Moskau. Am 14. November deklariert der Oberste Sowjet die Rehabilitierung aller von den Stalin'schen Deportationen betroffenen Völker inklusive ihres Rechts auf Rückkehr in die frühere Heimat und Wiederherstellung der aufgelösten Autonomien. Die von den Sowjetdeutschen erwünschte Restitution der Wolgarepublik wird jedoch durch die Protestbewegung der dort ansässigen russischen Bevölkerung und den Widerstand der lokalen Parteikader torpediert.

1989 Eine Volkszählung registriert mehr als zwei Millionen Sowjetdeutsche, aber weniger als die Hälfte geben Deutsch als Muttersprache an. Aufgrund des Scheiterns der Autonomiebewegung beginnt die massenhafte Abwanderung in die Bundesrepublik Deutschland.

1992 Nach der Auflösung der Sowjetunion erteilt im Januar der russische Präsident Boris Jelzin den Autonomieprojekten der Sowjetdeutschen eine klare Absage.

Literatur

Eine Auswahl

Ауман В. А., Чеботарева В. Г. (сост.) История российских немцев в документах. Том I.: (1763–1992 гг.). (Auman, Tschebotarewa Hg., Die Geschichte der Russlanddeutschen in Dokumenten, Band 1), 1993.

Ауман В. А., Чеботарева В. Г. (сост.), История российских немцев в документах. Том II: Общественно-политическое движение за восстановление национальной государственности (1965–1992 гг.). (Auman, Tschebotarewa, Die Geschichte der Russlanddeutschen in Dokumenten, Bd. 2), 1994.

Герман А. А. Немецкая автономия на Волге. 1918–1941, (Arkadij German, Die deutsche Autonomie an der Wolga), 2007 [Zit. als German1].

Герман А. А. История Республики немцев Поволжья в событиях, фактах, документах. (Arkadij German, Geschichte der Republik der Deutschen des Wolgagebiets in Ereignissen, Fakten und Dokumenten), 2000 [Zit. als German 2].

Герман А. А., Илларионова Т. С., Плеве И. Р. История немцев в России. Хрестоматия. Приложение к учебному пособию «История немцев в России» (German, Illarionowa, Plewe, Geschichte der Deutschen in Russland. Chrestomatie. Eine Anlage zum Lehrstoff), 2007 [Zit. als Chrestomatija].

Чеботарева В. Г. Государственная национальная политика в Республике немцев Поволжья. 1918–1941 гг. (Tschebotarewa, Staatliche nationale Politik in der Republik der Deutschen im Wolgagebiet), 1999.

Виктор Кригер, Российские немцы вчера и сегодня. Народ в пути (Viktor Krieger: Deutsche aus Russland gestern und heute, 2010 (Deutsch und Russisch).

Т. Н. Плохотнюк, Российские немцы на Северном Кавказе (Plochotnjuk, T.: Die Russlanddeutschen im Nordkaukasus), 2001.

Jörg Baberowski, Verbrannte Erde. Stalins Herrschaft der Gewalt, 2012.

Detlef Brandes, Holm Sundhausen, Stefan Troebst (Hg.), Lexikon der Vertreibungen. Deportation, Zwangsaussiedlung und ethnische Säuberung im Europa des 20. Jahrhunderts, 2010.

Ingeborg Fleischhauer, Die Deutschen im Zarenreich, 1986.

A. German, O. Silantjewa, «Fortjagen muss man sie». Zeitzeugen und Forscher berichten über die Tragödie der Russlanddeutschen. Moskau, 2011 (Deutsch und Russisch).

Alfred Eisfeld (Hg.),Von der Autonomiegründung zur Verbannung und Entrechtung, 2008.

Merle Hilbk, Die Chaussee der Enthusiasten. Eine Reise durch das russische Deutschland, 2008.

Lydia Klötzel, Die Russlanddeutschen zwischen Autonomie und Auswanderung, 1999.

Viktor Krieger, Bundesbürger russlanddeutscher Herkunft. Historische Schlüsselerfahrungen und kollektives Gedächtnis, 2013.

Benjamin Pinkus/Ingeborg Fleischhauer, Die Deutschen in der Sowjetunion, 1987.

Alexander Spack (Hg.), Geschichte der Wolgadeutschen, www.wolgadeutsche.net. Das Portal besteht seit 2005 (Deutsch und Russisch).

Alexander Watlin, «Was für ein Teufelspack». Die deutsche Operation des NKWD in Moskau und im Moskauer Gebiet 1936 bis 1941, 2013.

Gerhard Wolter, Die Zone der totalen Ruhe, 2003.

Bildnachweis

akg-images, Berlin: *Abb. 1, 2, 3, 4, 6, 8, 9, 10, 12, 13, 14, 15, 16, 17, 19*
Aus Rjabicenko, Sergej: Pogromy 1915 g.: tri dnja iz zizni neizvestnoj Moskvy. Moskau 2000 (S. 17): *Abb. 5*
Archiv des Autors: *Abb. 7, 18, 22*
Russian Picture Service/akg: *Abb. 11, 20, 21*
akg-images/RIA Nowosti: *Abb. 23, 24, 25*

Karte (S. 8): Nach «Deutsche aus Russland gestern und heute», hrsg. vom Bundesministerium des Innern und der Landsmannschaft der Deutschen aus Russland e. V., 7. Aufl. 2006, S. 31 (© Peter Palm, Berlin)

Personenregister

Weitere im Text vorkommende Personen

Aus dem Verlagsprogramm

György Dalos bei C.H.Beck

(Bearbeitung aller Werke: Elsbeth Zylla)

Ungarn in der Nußschale

Ein Jahrtausend und dreißig Jahre. Geschichte meines Landes
3., durch ein neues Kapitel erweiterte Auflage. 2020
240 Seiten. Paperback

Für, gegen und ohne Kommunismus

Erinnerungen
2019. 312 Seiten mit 18 Abbildungen. Gebunden

Der letzte Zar

Der Untergang des Hauses Romanow
2. Auflage 2017. 231 Seiten mit 23 Abbildungen. Gebunden

Gorbatschow

Mensch und Macht
2012. 288 Seiten mit 12 Abbildungen im Text. Paperback

Lebt wohl, Genossen!

Der Untergang des sowjetischen Imperiums
Herausgegeben von Christian Beetz und Olivier Mille
2011. 174 Seiten mit 65 Abbildungen. Klappenbroschur

Der Vorhang geht auf

Das Ende der Diktaturen in Osteuropa
2010. 272 Seiten. Paperback

1956

Der Aufstand in Ungarn
2006. 247 Seiten mit 17 Abbildungen. Gebunden

Verlag C.H.Beck